AMRA

ERNST MULDASHEV

DAS DRITTE AUGE

UND DER URSPRUNG DER MENSCHHEIT

Spektakuläre Erkenntnisse zur Herkunft unserer Zivilisation

Aus dem Russischen von Uwe Selke

AMRA

Besuchen Sie unseren Shop:
www.AmraVerlag.de

Ihre 80-Minuten-Gratis-CD erwartet Sie.
Unser Geschenk an Sie … einfach anfordern!

5. Auflage

Russische Originalausgabe:
ОТ КОГО МЫ ПРОИЗОШЛИ? Сенсационные результаты научной гималайской экспедиции

Ein spiritueller Klassiker im AMRA Verlag
Auf der Reitbahn 8, D-63452 Hanau
Hotline: + 49 (0) 61 81 – 18 93 92
Service: Info@AmraVerlag.de

Herausgeber & Lektor	Michael Nagula
Einbandcollage	Heiko Tenzer
Layout & Satz	Birgit Letsch
Druck	Tschechien

Die Originalausgabe erschien 1999 im Verlag АРИА–АиФ, Moskau. Die deutsche Erstausgabe (auf der Basis der neunten russischen Auflage) im B&S-Verlag, Halle und Berlin 2001, haben wir gründlich durchgesehen und den Einband für diese Neuausgabe angepasst. Das Frontispiz schuf Udo Sobiech, inspiriert von der Mitarbeit an der deutschen Erstausgabe. Einleitung und Laudatio, aus dem Englischen von Michael Nagula, erscheinen hier erstmals – desgleichen etwa zwei Dutzend Bilder.

Printausgabe 2026: ISBN 978-3-95447-308-3
eBook-Ausgabe: ISBN 978-3-95447-309-0

Inhalt

TEIL III

Was sagten die nepalesischen und tibetischen Lamas? 113

TEIL IV

Die Welt ist komplizierter, als wir denken. Philosophische Betrachtung der Fakten 293

INTERNATIONAL EXPEDITION OF HUMANITY ORIGIN RESEARCH

Einleitung des Autors

Ich bin ein typischer Wissenschaftler, und mein ganzes Berufsleben war dem Studium des Aufbaus und der Biochemie des menschlichen Gewebes gewidmet und seiner anschließenden Verwendung als Transplantationsmaterial für Augen und in der plastischen Chirurgie. Ich neige nicht zum Philosophieren und habe wenig Geduld mit Menschen, die sich zu anderweltlichen Phänomenen wie außersinnlicher Wahrnehmung, Hexerei und sonstigen Merkwürdigkeiten hingezogen fühlen. Jedes Jahr führe ich 300 bis 400 sehr komplizierte Operationen durch, und ich bin darin ausgebildet, die Resultate wissenschaftlicher Forschungen nach eindeutigen und konkreten Parametern einzuschätzen: Sehschärfe, Abmessungen des Gesichts und dergleichen mehr. Darüber hinaus bin ich das Produkt eines kommunistischen Landes und wurde, ob es mir gefällt oder nicht, mit atheistischer Propaganda und dem Lenin-Kult großgezogen – obwohl ich nie wirklich an die Ideale des Kommunismus geglaubt habe –, und ich habe nie Religion studiert. Deshalb hätte ich mir auch niemals vorstellen können, dass ich eines Tages, aus wissenschaftlicher Perspektive, eine Studie durchführen würde, bei der es um Fragen geht wie die Erschaffung der Welt, den Ursprung der Menschheit und das philosophische Konzept der Religion.

Es begann alles mit einer vermeintlich ganz einfachen Frage: Warum schauen wir einander in die Augen? Die Frage interessierte mich als Augenarzt, und schon bald, nachdem ich mit meinen Forschungen begonnen hatte, entwickelte mein Team ein Computerprogramm, mit dem es möglich wurde, die geometrischen Parameter des Auges zu analysieren. Wir nannten diesen Forschungsbereich »Augengeometrie«, und es war uns möglich, viele wertvolle Einsatzmöglichkeiten für diese neue Forschungsrichtung zu identifizieren – etwa in Bezug auf Personenerkennung, die ethnische Identifikation und Diagnose psychischer Krankheiten. Aber der bei Weitem interessanteste Befund war, dass wir, nachdem wir Individuen aller Rassen der Welt fotografiert hatten, das »mittelstatistische Auge« berechnen konnten, und es stellte sich heraus, dass es die Augen der tibetischen Rasse waren.

Danach war es uns durch den mathematischen Vergleich der Augen anderer Rassen mit denen des statistischen Durchschnitts möglich, die Migrationswege der Menschheit aus Tibet heraus zu bestimmen. Zu unserer Überraschung entsprachen die Befunde den historischen Fakten. Dann erfuhren wir, dass jeder Tempel in Tibet und Nepal die Besucher mit der Darstellung eines riesigen und ungewöhnlichen Augenpaars begrüßt. Als wir diese Darstellung einer mathematischen Analyse nach den Prinzipien der Augengeometrie unterzogen, gelang es uns, das äußere Erscheinungsbild des Wesens zu bestimmen, dem diese Augen gehörten – und das stellte sich als wahrhaft seltsam heraus.

»Wer war das?«, fragte ich mich. Ich begann die östliche Literatur zu studieren und konnte nichts Derartiges finden. Und so hätte ich mir nie träumen lassen, welchen überwältigenden Eindruck unser »Porträt« dieses eigenartigen Wesens, eine Zeichnung, die ich in Indien, Nepal und Tibet ständig bei mir trug, auf Lamas und *Svâmin* machen würde.

Kaum sahen sie das Bild, riefen sie aus: »Das ist Er!« Ich hatte damals noch keine Ahnung, dass dieses Porträt uns als Leitfaden zur hypothetischen Entdeckung des größten Geheimnisses der Menschheit dienen würde: *des menschlichen Genpools.*

Für mich ist Logik die Höchste aller Wissenschaften. Im Laufe meiner gesamten wissenschaftlichen Karriere habe ich mich bei der Entwicklung neuer Operationstechniken und neuer Transplantate stets der Logik bedient. Auch in diesem Fall beschloss ich, als wir – die Zeichnung dieses seltsamen Wesens in Händen – zu unserer wissenschaftlichen Trans-Himâlaja-Expedition aufbrachen, meinem üblichen logischen Ansatz zu folgen. Mittels der Logik konnten wir aus der Vielzahl von Aussagen, die Lamas, Gurus und *Svâmin* uns gegenüber trafen, sowie aus literarischen und religiösen Quellen eine schlüssige Argumentation erstellen. Diese Argumentation brachte uns nach und nach zu der Erkenntnis, dass ein System existierte, das in Form von Individuen unterschiedlicher Rassen, die unter Zuhilfenahme von *Samâdhi* »konserviert« wurden und tief unter der Erdoberfläche leben, den Fortbestand des Lebens auf unserer Welt gewährleistete – einen menschlichen Genpool. Es gelang uns sogar, eine ihrer Höhlen zu finden und von sogenannten besonderen Menschen, welche die Höhle einmal im Monat besuchten, Beweise zu erhalten.

Auf welche Weise hat unsere Zeichnung dabei geholfen? Wie sich herausstellte, hatten besondere Menschen unter der Erdoberfläche bereits Individuen mit einem ungewöhnlichen Aussehen entdeckt – und sie suchten sie immer wieder auf. Und darunter befand sich auch ein Wesen, das dem Individuum auf unserer Zeichnung glich. Sie nennen dieses Wesen »Er«. Wer ist dieser »Er«? Ich kann es nicht genau sagen, aber ich glaube, das »Er« ein Mensch aus Shambhala ist.

Obwohl ich ein rationaler Wissenschaftler und Chirurg bin, glaube ich inzwischen vorbehaltlos an die Existenz eines menschlichen Genpools. Logik und wissenschaftliche Fakten haben mich zu dieser Schlussfolgerung geführt. Gleichzeitig begriff ich, dass unsere Neugier nicht viel wert war und wir lediglich dazu gebracht worden waren, die Tür zu einem großen Mysterium einen Spalt weit zu öffnen; es war unwahrscheinlich, dass es uns möglich sein würde, diese »konservierten« Individuen in naher Zukunft zu berühren oder zu fotografieren. Wer sind wir denn? Im Vergleich mit den Lemurern, die die größte Zivilisation auf Erden errichtet haben und den Genpool gründeten, sind wir immer noch irrationale Kinder. Für den Fall einer globalen Katastrophe oder der gegenseitigen Auslöschung aller Zivilisationen auf der Erde den Genpool zu bewachen, die Stammväter der Menschheit, ist eine zu große Mission.

Zusätzlich dazu gelang es uns, die Bedeutung des Wortes »Amen« zu verstehen, mit dem wir unsere Gebete abschließen. Dieses Wort ergab sich aus der sogenannten letzten Botschaft »So'Ham«. Es stellte sich heraus, dass unsere Zivilisation – die fünfte – als Konsequenz daraus, dass wir uns selbst entwickeln müssen, nicht auf das Wissen der Anderen Welt zugreifen kann. Es ist für uns »blockiert«. Danach begriff ich allmählich den Ursprung des Wissens der Eingeweihten, wie Nostradamus, Madame Blavatsky und anderer, denen es möglich gewesen war, das Prinzip des »So'Ham« zu transzendieren und in das Allgemeine Informationsfeld einzutreten, in das Wissen der Anderen Welt oder des Jenseits, wie wir es auch nennen mögen.

Dieses Buch besteht aus vier Teilen. In Teil I lege ich kurz die Logik unserer Forschungen dar, wobei ich mit der Frage »Warum schauen wir einander in die Augen?« beginne und mit einer Analyse des auf den tibetischen Tempeln abgebildeten menschlichen Gesichts ende.

Teil II und Teil III des Buchs ist dem Faktenmaterial gewidmet, das wir während unserer Expedition durch Gespräche mit Lamas, Gurus und *Svâ-*

min gesammelt haben. In diesen Kapiteln erlaube ich mir Abschweifungen, um literarische Quellen wie Madame Blavatskys *Die Geheimlehre* zu analysieren und Fragen zu beantworten wie »Wer war Buddha?« und »Welche Zivilisationen gab es früher schon auf der Erde?«.

Am komplexesten ist der letzte Teil des Buchs, der aus einer philosophischen Betrachtung der gesammelten Fakten besteht. In diesem Teil IV wird die Leserin oder der Leser viele eigenartige Ideen über den Genpool der Menschheit finden, aber auch über die Mysterien des Shambhala und von Agartha, die zunehmende Verwilderung des Menschen sowie über die Rolle, die Güte, Liebe und das Böse im Leben der Menschen spielen.

Ehrlich gesagt hat es mich selbst überrascht, dass ich das Buch mit einer Analyse von etwas beende, bei dem es sich auf den ersten Blick um so einfache und natürliche Konzepte wie Güte, Liebe und das Böse handelt. Doch erst nach Abschluss dieser Analyse begriff ich endlich, warum alle Religionen der Welt ausnahmslos von der Bedeutung der Güte und Liebe sprechen. Erst nach dieser Analyse begann ich die Religion zu achten und aufrichtig an Gott zu glauben.

Möglicherweise habe ich mich in manchem, was ich geschrieben habe, getäuscht – aber bei anderem hatte ich sicherlich recht. Meine Freunde und Kollegen, die mich auf der Expedition begleiteten (Valerij Lobankov, Valentina Iakovleva, Sergej Seliverstov, Olga Ishmitova, Vener Gafarov), waren oft nicht meiner Meinung, argumentierten mit mir und korrigierten mich. Auch die ausländischen Teilnehmer an unserer Expedition – Sheskand Ariel, Kiram Buddhaacharai (Nepal), Dr. Pasricha (Indien) – waren uns eine große Hilfe. Sie trugen alle zu unserem gemeinsamen Projekt bei, und ich möchte ihnen gerne danken. Mein herzliches Dankeschön erstreckt sich auch auf Marat Fatkhlislamov und Anas Zaripov, die mich bei der Niederschrift des vorliegenden Buches mit der einschlägigen Literatur versorgten und mir halfen, sie zu analysieren.

Ich spüre, dass dies erst der Anfang war.

Die Forschungen gehen weiter.

Prof. Dr. med. Ernst Muldashev

Laudatio von R. T. Nigmatullin

Ernst Rifgatovich Muldashev, den Sie auf diesem Foto abgebildet sehen, ist vieles: ein Doktor der Medizin, ein Professor, Generaldirektor einer staatlichen Einrichtung namens Gesamtrussisches Zentrum für Augenheilkunde und Plastische Chirurgie der Russischen Bundesbehörde für Gesundheit und Soziale Entwicklung, ein Verdienter Wissenschaftler der Russischen Föderation, Träger der Ehrenmedaille für außerordentliche Leistungen zur Gesundheit der Nation, ein erstklassiger Chirurg, Mitglied der Amerikanischen Akademie für Augenheilkunde, zugelassener Augenarzt in Mexiko und ein Meister im Orientierungslauf, als solcher dreifacher Champion der UdSSR.

Ernst Muldashev ist einer der bekanntesten russischen Wissenschaftler auf der Welt. Er ist der Erfinder der Alloplant-Biomaterialien, die als Grundlage für eine neue Richtung in der Medizin dienten – der Regenerativen Chirurgie, die darauf abzielt, menschliches Gewebe »nachwachsen« zu lassen.

Als Wissenschaftler hat Dr. Muldashev mehr als 130 neue Operationsverfahren entwickelt, mehr als 100 Arten von Alloplant erfunden, über 500 wissenschaftliche Arbeiten veröffentlicht und in Russland und anderen Ländern 64 Patente angemeldet. Als Vortragsredner und Chirurg hat er weltweit mehr als 50 Länder besucht. Jedes Jahr führt er 300 bis 400 schwierige Operationen durch.

Aufgrund der Erkenntnis, dass Alloplant – das aus dem Gewebe Verstorbener gewonnen wird – ein enormes Potenzial für die Regeneration des menschlichen Körpers hat, beschloss Dr. Muldashev, weiter über dieses Material zu forschen – nicht nur mit Unterstützung von Wissenschaftlern unterschiedlicher Disziplinen, sondern auch, indem er sich mit den Grundlagen alten Wissens befasste.

Dazu richtete er acht wissenschaftliche Expeditionen in den Himâlaya aus, nach Tibet, Indien, Syrien, Ägypten, Kreta und Malta sowie in den Libanon, die Mongolei und zu den Osterinseln. Sie haben nicht nur sein medizinisches Wissen vertieft, sondern ihm auch die Möglichkeit geboten, die Ursprünge des Universums und der Menschheit auf neue Weise zu sehen.

Dr. Muldashevs Interesse am Ursprung der Menschheit ist kein Zufall. Als Wissenschaftler mit einer umfassenden Weltsicht begann er sich auch in philosophischer und universeller Hinsicht mit dem medizinischen Problem menschlicher Energie zu befassen. Das führte letzten Endes zu seiner wissenschaftlichen Studie des Mysteriums über die Ursprünge der Menschheit. Und mehr noch: Diese gleichermaßen philosophische wie aufsehenerregende Abhandlung führte obendrein noch zu praktischen Schlussfolgerungen, die in grundlegend neue Behandlungsmethoden mündeten.

Dr. Muldashev verfügt über eine sehr eigenständige Denkweise und versteht es, komplexe wissenschaftliche Sachverhalte leicht verständlich darzulegen. Aus diesem Grund schlage ich Ihnen auch vor, *Das Dritte Auge und der Ursprung der Menschheit* weiterzuempfehlen. Es wurde zwar in einem sehr literarischen Stil verfasst, aber nichtsdestoweniger handelt es sich um ein wissenschaftliches Grundlagenwerk.

Prof. Dr. med. R. T. Nigmatullin
Verdienter Wissenschaftler der Russischen Föderation

TEIL I

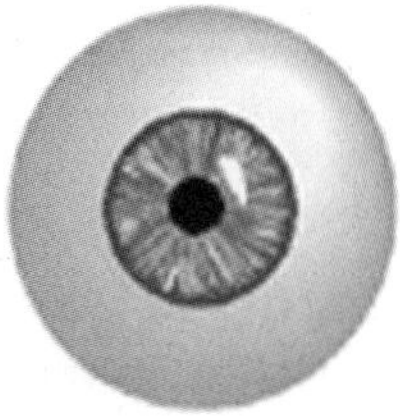

Die Augengeometrie – ein neuer Weg zu neuen Erkenntnissen über die Abstammung der Menschheit

1 Warum schauen wir einander in die Augen?

Ich habe einen Freund, Juri Lobanov. Von Natur aus ist er schüchtern, weshalb er während eines Gespräches oft den Blick senkt. Als ich einmal zufällig Zeuge eines Gesprächs mit seiner Braut wurde, wurde ich auf deren Satz aufmerksam:

– Juri, sieh mir in die Augen! Warum senkst du den Blick, hast du etwas zu verbergen?

Warum bat sie Lobanov, ihr in die Augen zu sehen?, dachte ich. Wahrscheinlich wollte sie in seinen Augen lesen, was er mit Worten nicht sagte.

Bei meiner Arbeit als Augenarzt sehe ich den Menschen täglich in die Augen. Daher weiß ich, dass wir fähig sind, aus den Augen eines Gesprächspartners zusätzliche Informationen zu erhalten. Wie oft ist beispielsweise zu hören, jemand schaut traurig oder verliebt drein oder Angst spricht aus seinen Augen.

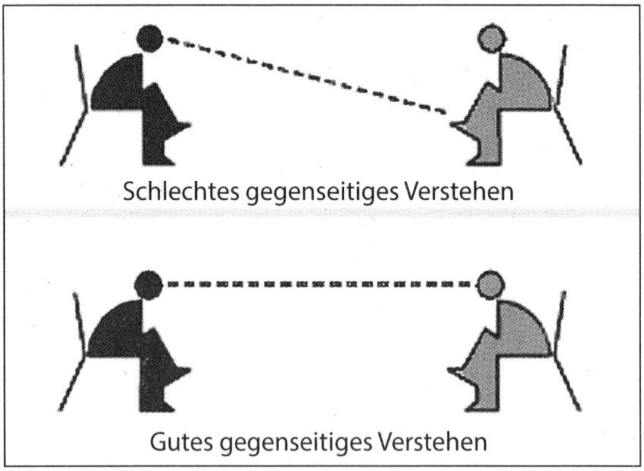

Was aber lässt sich tatsächlich aus den Augen ablesen? Forschungsergebnisse zu diesem Thema fand ich in der Literatur keine. Also führte ich die folgenden beiden Experimente durch.

Ich bat zwei hochgebildete Menschen, einander gegenüberzusetzen und sich zu unterhalten, dabei aber ununterbrochen dem anderen auf die Füße zu schauen. Solange das Gespräch um ein trockenes, wenig emotionales Thema ging, verstanden sich die beiden, obwohl sie sich sichtlich unbehaglich fühlten. Sobald ich aber das Gespräch auf ein emotionales Thema lenkte, wurde meine Forderung, sich gegenseitig auf die Füße zu sehen, für die Testpersonen unerträglich.

– Ich muss die Richtigkeit des Gesagten anhand seiner Augen kontrollieren, sagte einer von ihnen.

In der Situation »Wir schauen uns in die Augen« fühlten sich beide Testpersonen einvernehmlich wohl, bei weniger wie auch bei stark emotionalen Themen. Aus diesem Experiment zog ich die Schlussfolgerung, dass die Zusatzinformationen, die wir aus den Blicken des Gesprächspartners erhalten, eindeutig bedeutsam sind.

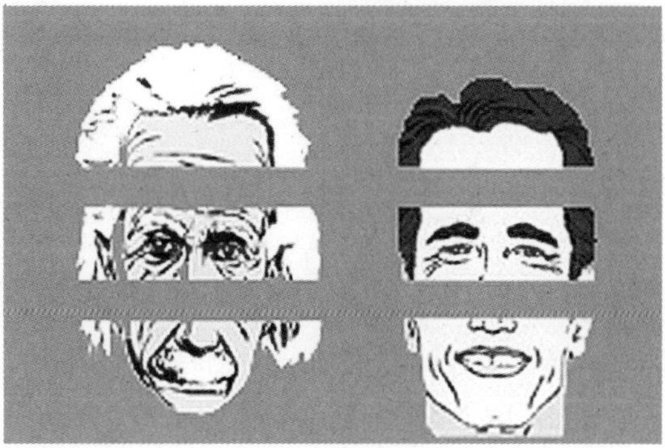

Das zweite Experiment bestand darin, dass ich Fotos bekannter Schauspieler, Politiker und Wissenschaftler nahm und sie einfach in drei Teile zerschnitt: Stirnpartie, Augenpartie und Nase-Mund-Partie des Gesichts. Unter den Fotos befanden sich auch Abbildungen von Alla Pugatchova, Michail Gorbatchov, Oleg Dali, Arnold Schwarzenegger, Albert Einstein, Sofia Rotaru, Vladimir Vysotzki, Leonid Breshnev und anderen.

Danach bat ich sieben Personen unabhängig voneinander anhand der Stirnpartie die Frage »Wer ist wer« zu beantworten. Alle Testpersonen waren irritiert, und nur in einem Fall erkannten sie Gorbatchov durch das Feuermal auf seinem Kopf. Die gleiche Unsicherheit verspürten die Testpersonen bei der Bestimmung der Personen nach der Nasen-Mund-Partie auf den Fotos. Nur eine erkannte den Mund von Breshnev. Anhand der Augenpartie konnten die meisten Testpersonen die Frage »Wer ist wer« überwiegend richtig beantworten, wenn auch nicht immer auf Anhieb. Schwierigkeiten hatten alle aus irgendeinem Grund mit der Bestimmung von Sofia Rotaru.

Durch dieses Experiment kam ich zu der Annahme, dass wir gerade aus der Augenpartie des Gesichts ein Maximum an Informationen für die Einschätzung der Persönlichkeit erhalten. Aber welche? Es ist bekannt, dass der menschliche Blick wie ein scannender Strahl arbeitet; die Augen machen beim Sehen kleinste Bewegungen, wobei der Blick das betrachtete Objekt kreuz und quer abtastet. Und genau das gestattet uns auch, das Volumen, die Ausmaße und viele Details eines Objekts zu sehen.

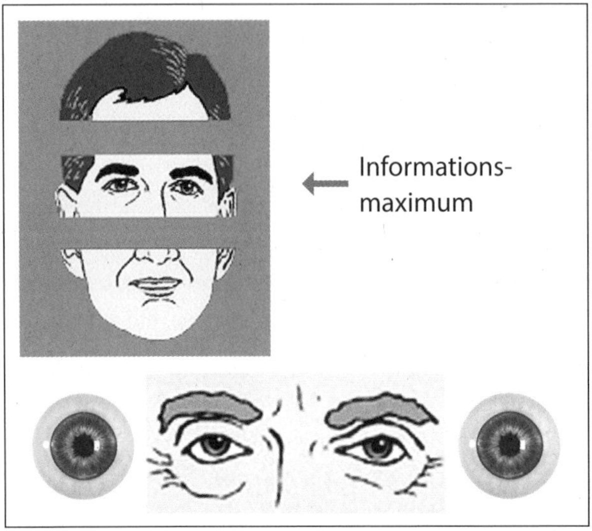

Beim Scannen des Augapfels können wir nur wenige Informationen erhalten, weil der Augapfel als anatomisches Organ im sichtbaren Teil nur vier bedeutsame Parameter besitzt: die weiße Augenhaut (Sklera), die durchsichtige, uhrglasförmige Hornhaut (Kornea), die Pupille und die Farbe der Iris, wobei sich diese Parameter unabhängig vom Zustand des Menschen nicht ändern. Das ließ die Schlussfolgerung zu, dass wir beim Sehen eine gescannte Information aus der gesamten Augenpartie des Gesichts aufnehmen, wozu die Lider, die Augenbrauen, die Nasenwurzel und Augenwinkel gehören. Diese Parameter bilden eine komplexe geometrische Konfiguration um die Augen, die sich ständig ändert, abhängig vom emotionalen Zustand des Menschen (Freude, Schmerz).

Folglich schauen wir uns in die Augen, um die Änderungen der geometrischen Parameter des augennahen Bereichs wahrzunehmen.

Diese gescannten augengeometrischen Informationen werden durch das Auge an die Hirnzentren unter der Gehirnrinde weitergeleitet, wo sie verarbeitet werden. Weiter gelangt die derart verarbeitete Information zur Hirnrinde in Form von Bildern, nach denen wir über den Gesprächspartner urteilen.

Aber was sind das für Bilder? Vor allem geht es hier um die Emotionen wie Angst, Freude, Interesse oder Teilnahmslosigkeit, die aus den Augen des Gesprächspartners ablesbar sind. An den Augen können wir die Nationalität eines Menschen erraten, etwa ob er Japaner, Russe oder Mexikaner ist. Wir können aber auch einige mentale Charakteristika wie Willensstärke, Furchtsamkeit, Güte oder Wut bemerken. Und nicht zuletzt können Ärzte anhand der gescannten augengeometrischen Information augenscheinlich den Habitus eines Kranken bestimmen, einen allgemeinen Eindruck von seinem Zustand gewinnen oder eine Krankheit diagnostizieren.

Die Diagnose von Krankheiten nach dem Habitus eines Menschen war besonders unter den Landärzten im neunzehnten Jahrhundert verbreitet, als es noch keine ausreichende diagnostische Ausrüstung in den Krankenhäusern gab. Die Landärzte nutzten zunehmend ihre Erfahrung, um durch Blickkontakte zur richtigen Diagnose zu kommen.

»Sie, Väterchen, haben Tuberkulose«, konnte der Landarzt beispielsweise nach einem Blick in die Augen des Patienten sagen.

Ich selbst als Arzt war erstaunt, wie es bei einiger Übung ausreichend gut gelingt, über Diagnose und Zustand eines Kranken zu urteilen, nur nachdem man ihn betrachtet hat. Dabei schaut man in der Regel in die Augen des Kranken, ohne ihn erst einmal untersucht zu haben. Diese Beobachtungen zeigten, dass das wissenschaftliche Studium der Augenpartie recht bedeutsam für die Lösung vieler Fragen sein kann, so zum Beispiel für die Diagnose psychischer Erkrankungen oder einen objektiven Eignungscheck für einige Berufe.

Computeranalyse vom Augenbereich des Gesichts

Wie aber kann man diese Gesichtspartie studieren?

Es gelang mir, eine kleine Gruppe von Wissenschaftlern für diese Idee zu interessieren, und wir starteten eine Untersuchung einer großen Gruppe von Menschen, rund 1.500 Personen.

Ausgehend davon, dass der scannende menschliche Blick der Augenpartie des Gesichts geometrische Informationen entnimmt, machten wir von dieser Partie detaillierte Fotos. Danach versuchten wir, anhand der Fotos Prinzipien für die geometrische Abarbeitung der Augenspalte (Lidspalte), Lider, Brauen und Nasenwurzel zu finden. Einiges fanden wir heraus, jedoch keine allgemeinen geometrischen Parameter. Auch mit Dias, die wir stark vergrößert an die Wand projizierten, blieben wir erfolglos.

Im Weiteren nutzten wir ein Computersystem, um die Augenpartien auf dem Bildschirm darstellen und mit Hilfe spezieller Programme analysieren zu können. Diese Methode erwies sich als wesentlich effektiver, da sich die geometrischen Parameter der Augenpartie genauer vermessen und speichern ließen. Allgemeine geometrische Parameter fanden wir auch dabei nicht.

Wir stellten die Arbeit sogar für einige Zeit ein. Das Nachzeichnen der geometrischen Figuren war sehr eintönig, und es gelang nur, sie in relativen Zahlen zu vergleichen, was eine statistische Abarbeitung ausschloss. Wir waren nahe dran, diese wissenschaftliche Idee zu verwerfen.

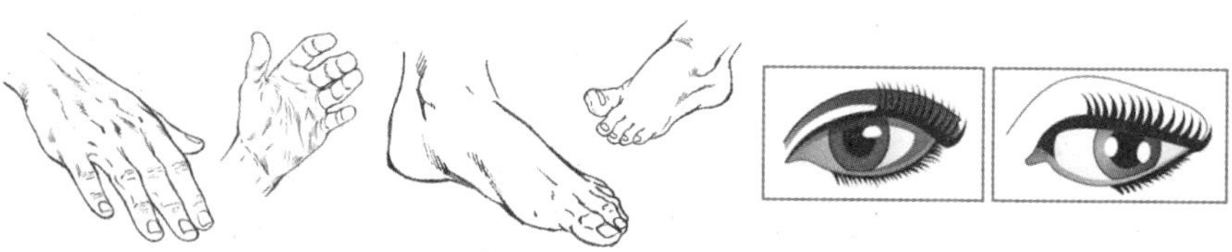

Eines Tages aber stieß ich zufällig auf einen interessanten Sachverhalt, der zunächst keinen direkten Bezug zu den augengeometrischen Forschungen zu haben schien. Ein fünfjähriges Mädchen saß bei einer Konsultation auf dem Schoß seiner achtundzwanzigjährigen Mutter. Die sah der Tochter ins Gesicht, pustete ihr ins Ohr, um so dem Arzt zu helfen, die Augen des Mädchens zu untersuchen. Ermüdet von der Untersuchung des Augenhintergrundes lehnte ich mich zurück und schaute Mutter und Tochter gemeinsam an. In diesem Moment fiel mir auf, dass die Kornea von Mutter und Tochter gleich groß war. Warum ist die Kornea bei ihnen gleich groß?, dachte ich. Bei einem kleinen Mädchen sollte die Kornea doch auch kleiner sein als bei seiner Mutter. Ich unterdrückte zunächst meine Neugier und untersuchte das Mädchen, stellte die Diagnose, notierte den Befund für eine Operation. Der nächste Patient stand schon auf der Schwelle. Bei seiner Untersuchung stellte ich fest, dass seine Kornea genau so groß war wie bei dem kleinen Mädchen.

Die Maße der Kornea schienen wirklich gleich zu sein. Jetzt konnte ich mich nicht mehr zurückhalten und bat die Sekretärin, durch die Klinik zu gehen und zwanzig Personen unterschiedlichen Alters, beiderlei Geschlechts, größere und kleinere, zu versammeln. Ich griff zum Augenspiegel und verglich ihre Augen. Der Gedanke, dass die Kornea des Menschen bei allen, unabhängig von Größe, Gewicht und Alter, möglicherweise gleich groß war, bestätigte sich.

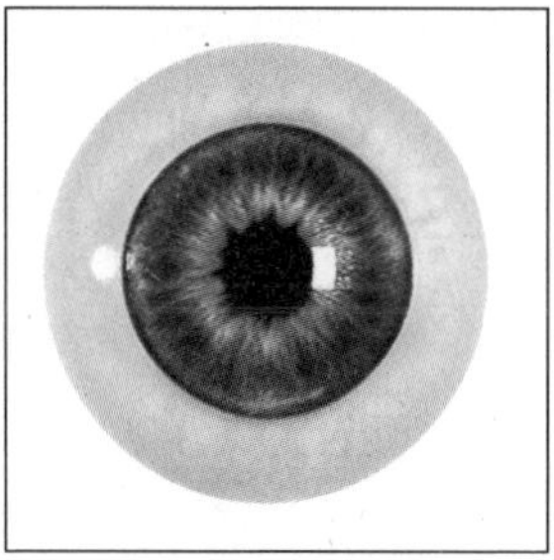

Merkwürdig, dachte ich. Sollte die Größe der Kornea eine Konstante des menschlichen Organismus sein, eine absolute Maßeinheit im Organismus?

Neben mir saß unsere Chirurgin Venera Galimova, eine zierliche, schöne Frau. Ich schaute auf ihre Füße und fragte: »Venera, welche Schuhgröße haben Sie?« – »35«, erwiderte sie. »Warum?«

»Ich habe 43. Kommen Sie mal mit zum Spiegel?«

Wir gingen zum Spiegel: Zwei Augenpaare mit gleich großer Kornea schauten uns an.

Jetzt sinnierte ich weiter: Alle menschliche Organe haben unterschiedliche Maße. Die Größe der Hände – unterschiedlich; die Fußgröße – unterschiedlich; das Gesicht – verschieden groß; die Körperhöhe – unterschiedlich; der Bauch – beim einen dick, beim anderen flach, und sogar die Größe des Gehirns und der inneren Organe (etwa Leber, Magen, Lungenflügel) unterscheidet sich bei jedem. Allein die Größe der Kornea ist gleich. Und das soll kein Wissenschaftler bisher bemerkt haben?

Ich analysierte die Fachliteratur, fand aber nichts zu diesem Thema. Des Weiteren organisierte ich eine Kornea-Vermessung im großen Stil mit einem speziellen chirurgischen Zirkel unter dem Operationsmikroskop im Vergleich mit Breiten- und Längenmessungen der Handflächen und Fußsohlen. Wir stellten verschiedene Messreihen auf, werteten sie statistisch aus und fanden heraus, dass der Durchmesser der

Kornea unabhängig von der Größe der Handflächen und Fußsohlen fast konstant ist und 10,56 Millimeter beträgt.

Das Ausmaß des Augapfels (Längsachse des Auges), mit Ultraschall gemessen, vergrößert sich, wie sich herausstellte, vom Zeitpunkt der Geburt an und erreicht erst im Alter von 14 bis 18 Jahren seine mittlere Größe von 24 Millimeter. Der Durchmesser der Kornea jedoch wächst nur geringfügig von der Geburt bis zum vierten Lebensjahr und bleibt ab diesem Alter absolut konstant. Das Wachstum des Augapfels überholt also das der Kornea. Deshalb erscheinen bei kleinen Kindern die Augen größer als bei Erwachsenen.

Der Durchmesser der Kornea ist unabhängig von der Größe des Gesichts.

Aber wieso bleibt die Größe der Kornea konstant? Mir fällt es schwer, auf diese Frage zu antworten. Ich weiß nur, dass es so ist. Doch diese absolute Größe lässt sich als Maßeinheit nutzen, speziell bei augengeometrischen Forschungen.

Die Idee, dass die konstante Größe der Kornea zum entscheidenden Moment bei der Bestimmung grundlegender augengeometrischer Parameter werden könnte, kam mir schon, als ich erstmals auf die gleiche Größe der Kornea aufmerksam wurde. Aber bestätigt wurde dieser Gedanke erst nach den statistischen Untersuchungen und nach dem Versuch, die geometrischen Schemata der Augenpartie herauszufinden.

Zu dieser Zeit kam der Chefgynäkologe der Stadt Ufa zu mir. Eine imposante Erscheinung: groß, gut aussehend, ovales Gesicht mit Vollbart und hoher Stirn. Fast gleichzeitig mit ihm betrat eine Operationsschwester, Lena Voroniza, mein Zimmer, eine hübsche, gut aussehende zierliche Frau. Die Gesichter der beiden unterschieden sich dermaßen, dass ich ihnen spontan vorschlug, sich als Versuchspersonen für eine augengeometrische Aufnahme per Computer zur Verfügung zu stellen. Wenn ihre Gesichter derartig unterschiedlich sind, dachte ich, wie unterscheiden sich dann ihre Augen?

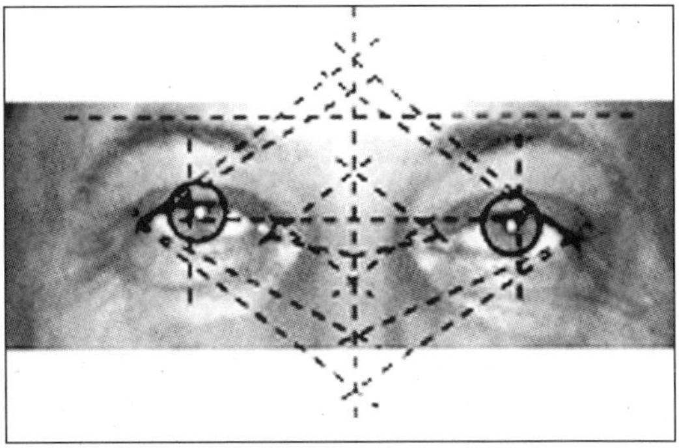

Augengeometrische Charakteristiken im Augenbereich des Gesichts

Wir gaben die Aufnahmen der beiden Gesichter in den Computer ein, und zusätzlich noch die eines 14-jährigen Jungen. Danach begannen wir mit der Analyse der geometrischen Schemata, die wir durch Anlegen der Tangenten an die oberen und unteren Lider ermittelten. Wir erhielten zwei Vierecke, ein großes (die Verbindung der Tangenten, die am inneren Bogen der Lider entlangführten) und ein kleines (die Verbindung der Tangenten, die am äußeren Bogen der Lider entlangführten). Form und Größe der erhaltenen Vierecke erwiesen sich bei den drei untersuchten Personen als völlig unterschiedlich, aber die Größe der beiden Kornea, die sich in dem Schema innerhalb des großen Vierecks befanden, war absolut gleich. Das brachte mich auf den Gedanken, den Durchmesser der Kornea sowohl als Maßeinheit für die mathematische Analyse des großen und kleinen Vierecks als auch ihres gegenseitigen Verhältnisses zu nutzen. Das gestattete uns letztlich, die mathematischen Charakteristika dieser Vierecke als Gleichung auszudrücken, deren Lösung eine Zahl ergab, die die Augengeometrie der untersuchten Person charakterisierte.

Der Vergleich der entsprechenden »augengeometrischen Zahl« zeigte bei den drei Personen deutliche Unterschiede. Der Chefgynäkologe hatte die Zahl 3474, Lena Voroniza 2015 und der Junge 2776.

Konnte man die individuellen Charakteristika des großen und kleinen Vierecks vielleicht sogar mit den Gesichtszügen jedes Menschen in Bezug setzen? Wir teilten das Gesicht des Chefgynäkologen in eine Kombination geometrischer Figuren auf. Das gleiche taten wir mit den anderen beiden Gesichtern. Im weiteren bemühten wir uns, mathematische Abhängigkeiten zwischen diesen geometrischen Figuren, die die Gesichtszüge beschrieben, und den geometrischen Charakteristika der zwei Vierecke zu finden. Diese Abhängigkeiten stellten sich ziemlich deutlich heraus, wodurch es uns gelang, anhand der Vierecke des Chef-

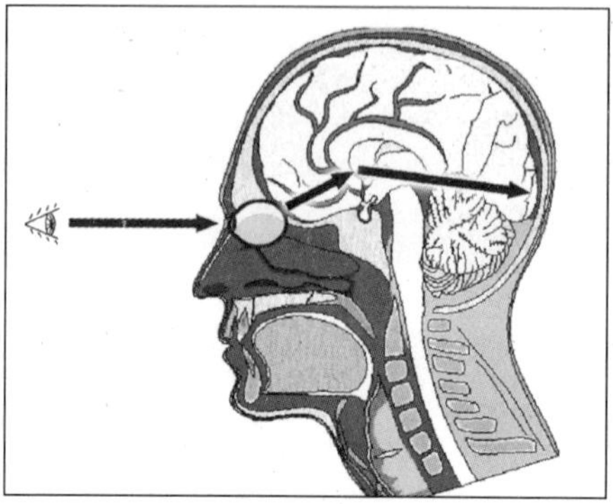

Analyse der augengeometrischen Informationen durch das Gehirn

gynäkologen seine wesentlichen Gesichtszüge zu rekonstruieren, die prinzipiell dem Original nahe kamen. Das Gleiche gelang uns mit den anderen beiden Gesichtern.

Damit war es uns gelungen, in groben Zügen ein Prinzip zu finden, das Gesicht eines Menschen anhand der geometrischen Charakteristika der Augen zu rekonstruieren.

Auf der Grundlage des Materials der 1.500 untersuchten Personen verfeinerten wir dieses Prinzip. Eine hohe Genauigkeit erreichten wir dabei allerdings nicht, denn wir fanden insgesamt 22 augengeometrische Charakteristika, während die beiden Vierecke nur zwei von ihnen darstellen. Die mathematische Analyse aller 22 Parameter jedoch erwies sich als so kompliziert, dass wir damit nicht zurechtkamen. Mehr noch, alle diese 22 Parameter änderten sich ständig in Abhängigkeit von den Emotionen, von der Befindlichkeit des Menschen, von Krankheiten und anderen Faktoren.

Über welche enorme Rechenleistung müssen die Ganglien in der Hirnrinde verfügen, die die augengeometrischen Informationen verarbeiten!, dachte ich. Sind sie doch in der Lage, diese komplexen Informationen augenblicklich auszuwerten und in Form von Bildern, Gefühlen und anderen Empfindungen an die Hirnrinde weiterzugeben, abgesehen davon, dass die Größe solcher Hirnknoten (ca. 1 cm) nicht annähernd vergleichbar mit der Größe eines modernen Computers ist. Nun ja, wir konnten nur zwei von 22 Parametern abarbeiten. Dennoch, schon diese geringe mathematische Leistung lässt mit hinreichender Sicherheit die Aussage zu, dass die augengeometrischen Parameter jedes Menschen sehr individuell sind und so etwas wie ein Muttermal darstellen. Dieses augengeometrische Muttermal ändert sich ständig, abhängig von wechselnden Emotionen und ähnlichen Faktoren, bewahrt aber in seinen Grundzügen die angeborene Individualität.

Da die individuellen augengeometrischen Parameter mit den geometrischen Charakteristika der Gesichtszüge verbunden sind und sogar mit einigen Körperpartien, besteht die Möglichkeit, das Äußere eines Menschen anhand der geometrischen Charakteristika der Augenpartie annähernd zu rekonstruieren. Und gerade deshalb können wir, wenn wir in die Augen eines Menschen schauen, über mehr als nur die Augen urteilen.

Und letztlich ist die einzige Konstante des menschlichen Körpers, der Durchmesser der Kornea, im Bereich der augengeometrischen Schemata der reinste Fingerzeig darauf, dass dieser die Maßeinheit in der Augengeometrie darstellt.

In den Augen spiegelt sich fast alles wider, was im Organismus und Gehirn vor sich geht, und dies alles kann man sehen anhand der Abweichungen von den angeführten 22 (vielleicht auch mehr!) Parametern für die Augenpartie des Gesichts. Die Augengeometrie wird künftig besser erforscht werden müssen und sicherlich zur Lösung vieler Fragen der Medizin und Psychologie beitragen. Die Natur selbst bringt uns darauf.

Eine mathematische Darstellung von Gefühlen und Empfindungen ... so kann man, bildlich gesprochen, die Augengeometrie charakterisieren. Der Blick, arbeitend wie ein scannender Strahl, entnimmt die Information aus der Augenpartie des Gesichts, in welcher auf Grund winzigster Bewegungen der Lider, der Brauen, des Augapfels und der Haut unsere Gefühle und Empfindungen abgebildet werden, aber auch die Individualität eines jeden Menschen sichtbar ist. Wir schauen einander in die Augen, weil wir aus den Augen (richtiger: aus der Augenpartie des Gesichts) zusätzliche Informationen über die menschliche Individualität und ihre Veränderung durch Gefühle und Empfindungen erhalten.

Nutzung der Augengeometrie

Es kann natürlich sein, dass das In-die-Augen-schauen auch telepathischen Charakter trägt. Dennoch darf man die Informationsgewinnung aus der Augenpartie keinesfalls außer Acht lassen.

Folgende Möglichkeiten zur praktischen Nutzung der Augengeometrie lassen sich absehen: die Identifizierung von Personen, die Rekonstruktion des Äußeren eines Menschen, die Bestimmung der mentalen Charakteristika einer Persönlichkeit, die objektive Analyse von Gefühlen und Empfindungen eines Menschen, die Diagnose psychischer und physischer Erkrankungen, die Feststellung der Nationalität und das Studium über die Herkunft der Menschheit.

1. Was die Identifizierung der Persönlichkeit betrifft, haben wir hier schon ausreichend überzeugende Daten erhalten, so dass durch das Stu-

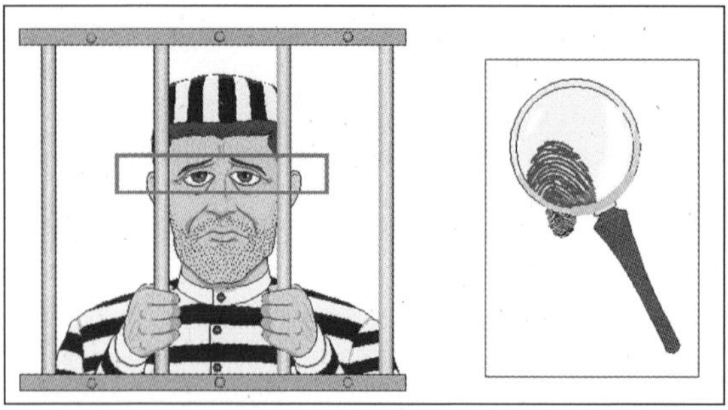

Augengeometrische Daten können der Identifikation bestimmter Personen dienen.

dium von nur zwei (von 22) augengeometrischen Parametern die Persönlichkeit des Menschen mit einer genauen Zahl beschrieben werden kann, die für ihn absolut charakteristisch ist. Statistische Untersuchungen haben gezeigt, dass diese individuelle Zahl eine ausreichend genaue Wiederholbarkeit bei erneuten augengeometrischen Computeraufnahmen sichert, das heißt, sie ist tatsächlich charakteristisch für den jeweiligen Menschen. Die Genauigkeit der individuellen augengeometrischen Zahl wird sich zudem durch die Einbeziehung einer größeren Anzahl augengeometrischer Parameter noch erhöhen.

Wichtig ist bei der computermäßigen Erfassung der augengeometrischen Parameter für die Identifizierung der Persönlichkeit ein ruhiger und ausgeglichener Zustand der untersuchten Person, um den Einfluss gefühlsbedingter Faktoren weitgehend auszuschließen.

Bisher benutzt man zur Identifizierung von Personen vor allem die Fotografie des Gesichts und die Daktyloskopie. Die augengeometrische Identifizierung kann hier eine zusätzliche Methode darstellen und sich als nützlich erweisen, wenn zum Beispiel das Gesicht verändert wurde oder entstellt ist oder die Finger verstümmelt sind. Die augengeometrische Identifizierung von Personen wird sicher von der Polizei, im militärischen Bereich, im Bankwesen und ähnlichen Bereichen genutzt werden.

2. Die mögliche Rekonstruktion des Äußeren eines Menschen wurde von uns nur bei einigen Personen angewendet. Aber nichtsdestoweniger sind die Prinzipien ausreichend genau bestimmt worden. Dabei konnte eine annähernde Übereinstimmung zwischen Rekonstruktion und untersuchtem Gesicht erreicht werden.

Wir setzten diese Forschungen allerdings nicht fort, weil wir bei der Rekonstruktion des Äußeren des Menschen, der auf den tibetischen Tempeln abgebildet ist, ein so interessantes Gesicht erhielten, dass wir alle Kraft darauf konzentrierten, der Herkunft der Menschheit auf die Spur zu kommen.

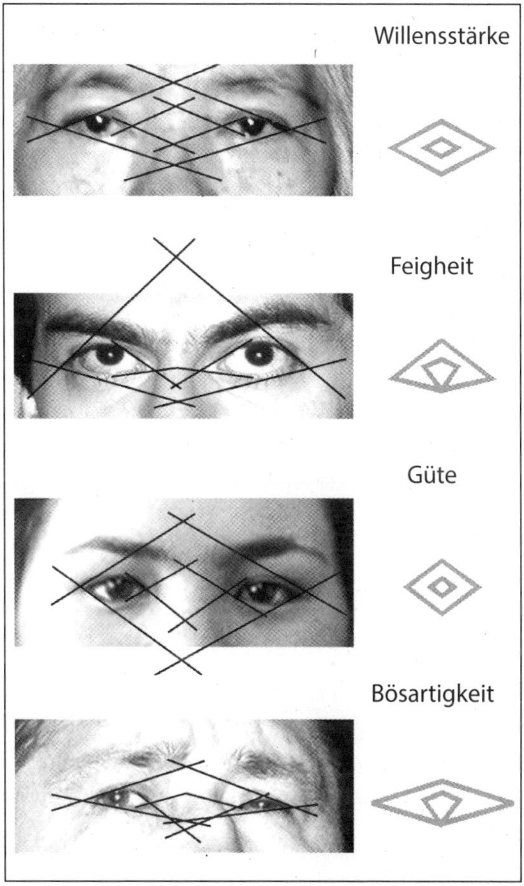

3. Die augengeometrische Bestimmung der mentalen Charakteristika von Personen kann sich als zweckmäßig erweisen zum Beispiel für einen objektiven Eignungscheck bei der Auswahl von Piloten, Kosmonauten oder Chirurgen. Solche Eignungschecks werden in der Praxis zwar angewandt, sind jedoch meistens eher subjektiv (das heißt abhängig von der Person des Durchführenden) als objektiv.

Zum Studium dieser Frage suchten wir Personen mit stark ausgeprägten Eigenschaften wie Willensstärke, Feigheit, Güte, Bösartigkeit aus, für jede Gruppe sechs Personen. In die einzelnen Gruppen kamen nur Probanden, von denen wir genau wussten, dass sie über die jeweilige Eigenschaft verfügen. Die augengeometrische Einschätzung wurde anhand der besagten zwei Vierecke durchgeführt, dem großen und dem kleinen. Im Ergebnis stellte sich Folgendes heraus:

Bei den willensstarken Personen waren das große und das kleine Viereck gleichschenklig, sie waren den Winkeln nach einander sehr ähnlich, und das kleine Viereck passte recht gleichmäßig in das Innere des großen Vierecks.

Bei den Personen, die zur Gruppe »Feigheit« gehörten, näherte sich das große Viereck einem Dreieck an mit unten liegender Basis, und das kleine Viereck näherte sich ebenfalls einem Dreieck an, jedoch mit oben liegender Basis. Die Unterschiede zwischen diesen beiden Gruppen waren so deutlich, dass es keiner statistischen Bestätigung bedurfte.

Die Personen der Gruppe »Güte« wiesen ein großes Viereck auf, ähnlich einem auf der Seite liegenden Rhombus. Das kleine Viereck hatte eine ähnliche Form und passte recht gleichmäßig ins große hinein.

In der Gruppe »Bösartigkeit« war zu beobachten, dass das große Viereck etwas abgeflacht und verhältnismäßig schmal war, aber das kleine Viereck die Form eines Dreiecks annahm mit oben liegender Basis. Der Unterschied zwischen den Gruppen »Güte« und »Bösartigkeit« war ebenfalls sehr deutlich.

Die durchgeführten Untersuchungen blieben eher unvollkommen, allein schon wegen der geringen Anzahl der untersuchten Personen. Obwohl eine signifikante Genauigkeit damit nicht erreicht werden konnte, sind diese Angaben doch recht interessant, weil willensstarke Menschen offensichtlich meistens auch »gute« Menschen sind, während feige Menschen meist eine Neigung zur Bösartigkeit haben (gleichartige kleine Vierecke) und umgekehrt – bösartige Menschen sind also oft auch feige.

Natürlich gibt es viele Zwischenformen, die man augengeometrisch vermessen könnte, und auch andere mentale Charakteristika ließen sich vermessen.

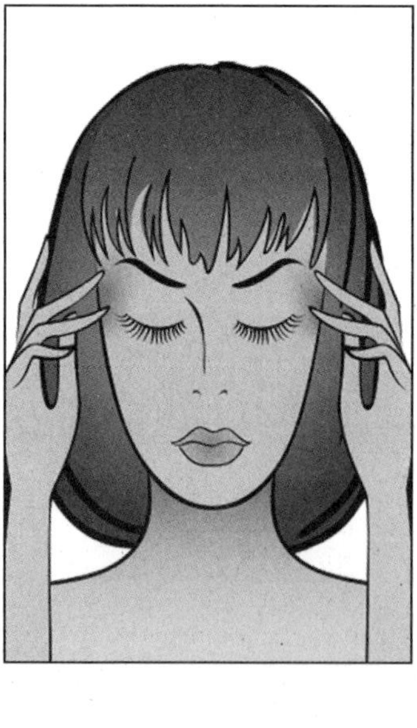

4. Die objektive Analyse von Gefühlen und Empfindungen wurde von uns nur oberflächlich durchgeführt, doch selbst die dabei gewonnenen Kenntnisse waren schon bemerkenswert.

Gefühl – was ist das? Das ist Liebe, Empörung, Verbitterung, Genugtuung und vieles andere. Dichter und Schriftsteller beschreiben all diese Gefühle. Ärzte hingegen richten ihre Aufmerksamkeit selten auf die Gefühle bei der Behandlung von Krankheiten, obwohl im leidenden Organismus das gefühlsmäßige Element immer gegenwärtig ist.

Sollte es etwa auch möglich sein, augengeometrisch zum Beispiel den Grad von Verliebtheit oder Empörung zu messen? Wenn man in die Computeranalyse mehr Parameter einbezieht, sollte das gelingen. Solange wir aber nur zwei von 22 Parametern analysieren können, bleiben derartige Untersuchungen zwangsläufig ungenau.

Empfindungen wie beispielsweise Schmerz und Unwohlsein kann man mit den zwei aufgezeigten Parametern bereits genauer messen. Zur Durchführung von Untersuchungen mit statistischer Analyse fehlte uns aber einfach die Kraft, sind wir doch eine chirurgische Klinik, deren eigentliche Aufgabe die Vorbereitung und Durchführung von Operationen ist.

Dennoch kann man sagen, dass die augengeometrische Analyse von Gefühlen und Empfindungen nicht nur für die Medizin, sondern auch für andere Wissenschaftsgebiete neue Perspektiven eröffnet. Besonderen Nutzen könnte sie der Psychologie bringen. Die Psychologie der Zukunft wird zweifellos mathematische augengeometrische Methoden anwenden.

5. Die Diagnostik psychischer Erkrankungen wurde durch uns an einigen Kranken mit der Diagnose Schizophrenie durchgeführt. Was die Parameter des großen Vierecks betrifft, so konnten wir keinerlei typische Analogien feststellen. Das kleine Viereck jedoch näherte sich bei allen untersuchten Schizophrenen der Form eines Dreiecks mit oben liegender Basis an.

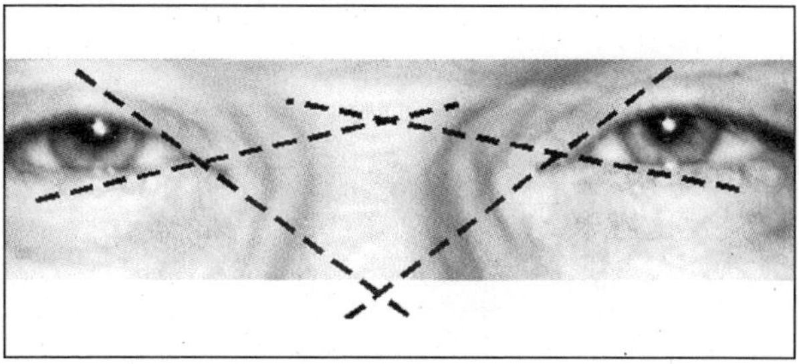

Schizophrenie

Natürlich kann man, nur von den Veränderungen des kleinen Vierecks ausgehend, keine Schizophrenie diagnostizieren. Dazu braucht man eine größere Anzahl augengeometrischer Parameter sowie eine aufwendige mathematische Abarbeitung.

Meines Erachtens nach hat die Diagnostik psychischer Erkrankungen mittels der Augengeometrie allerdings eine große Perspektive, zumal die heutigen Psychiater »hochwissenschaftliche« subjektive Diagnosemethoden nutzen, die sich auf subjektive Auffassungen des Arztes zu gestellten diagnostischen Fragen stützen. Dieser Subjektivismus hat dazu geführt, dass weltweit über das Vorhanden- oder Nichtvorhandensein einer psychischen Erkrankung mehr oder weniger spekuliert wird. Die augengeometrische Untersuchung wird zusätzlich objektive Informationen zur Diagnostik psychischer Erkrankungen liefern können.

6. Die Diagnostik physischer Erkrankungen mittels augengeometrischer Methoden wurde durch uns am Beispiel von vier Zirrhose- und vier Krebskranken (im Frühstadium) durchgeführt. Bei den Krebskranken gelang es uns nicht, spezifische Veränderungen des großen oder kleinen Vierecks zu finden, weshalb man von einer Krebsdiagnostik nicht sprechen kann.

Bei den Kranken mit Leberzirrhose hingegen war eine Annäherung des kleinen Vierecks an die Form eines Dreiecks mit oben liegender Basis erkennbar. Ein diagnostisches Merkmal für Leberzirrhose ist das natürlich nicht. Die Annäherung des kleinen Vierecks an die Dreiecksform haben wir auch schon bei den an Schizophrenie Erkrankten, bei der Gruppe der bösartigen Personen und der feigen Personen gefunden. Doch bei all diesen Personen ist ein negatives Moment vorhanden: eine organische Erkrankung (Leberzirrhose), eine Geisteskrankheit (Schizophrenie) oder negative mentale Eigenschaften (Bösartigkeit, Feigheit). Das lässt vermuten, dass das kleine Viereck ein Indikator für negative psychische Energie ist.

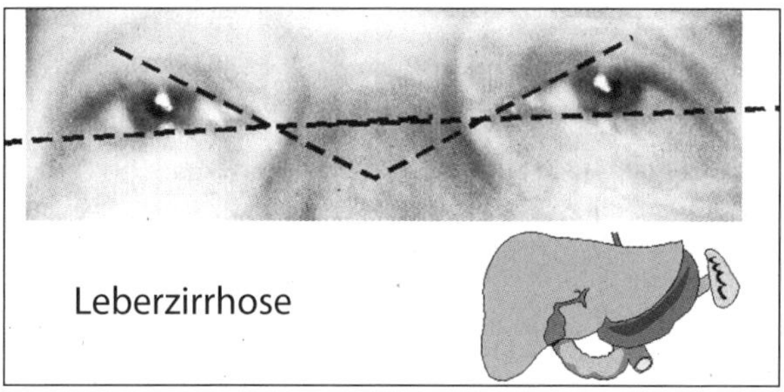
Leberzirrhose

Als ich mich mit dieser Frage beschäftigte, wusste ich noch nicht, dass die Befreiung des Organismus von negativer psychischer Energie die Grundlage der alten östlichen Heilmethoden (der Heilung mittels »innerer Energie«) darstellt. Da vermutete ich noch nicht einmal, dass Liebe und Mitgefühl, die im Osten propagiert werden, Gegenmittel nicht nur gegen Bösartigkeit und Feigheit sind, sondern auch gegen das Entstehen von Krankheiten. Und natürlich konnte ich mir zu dieser Zeit selbst in meinen kühnsten Träumen nicht vorstellen, dass die Befreiung des Organismus von negativer psychischer Energie zu solchen Wundern wie dem *Samâdhi* nführt, der Konservierung des lebenden menschlichen Körpers unter Erhaltung seiner Lebensfähigkeit über eine unvorstellbar lange Zeit hinweg.

Zur Diagnostik organischer Erkrankungen mittels der Augengeometrie habe ich derzeit keine Erkenntnisse.

7. Die Bestimmung der Nationalität von Menschen durch die Augengeometrie zeigte, dass diese Kriterien ausreichend greifen. Anhand des großen und kleinen Vierecks kann man nicht nur Chinesen von Europäern oder Schwarze von Indonesiern unterscheiden, sondern auch feinere nationale Züge.

Dies studierten wir eingehend bei der Analyse der verschiedenen Menschenrassen. Das wurde notwendig, da wir uns entschlossen, mittels der Augengeometrie der Abstammung der Menschheit nachzugehen.

Abschließend sei festgestellt, dass wir uns nicht aus reiner Neugier gegenseitig in die Augen schauen. Aus den Augen eines Gesprächspartners erfahren wir einfach viel über sein Befinden, seine Gefühle und Empfindungen, die sich in der Augenpartie als komplexe Konfiguration geometrischer Parameter widerspiegeln, unabhängig von seinen Worten. Wenn Sie also ein offener Mensch ohne Hintergedanken sind, schauen Sie Ihrem Gesprächspartner immer in die Augen. Das wird Sie als ehrlich und stark ausweisen.

Gleichgesinnte – unser Team

2 Das »mittelstatistische Auge«. Migrationswege der Menschheit

Die Frage nach dem Ursprung der menschlichen Rassen ist äußerst interessant. Und in der Tat, warum unterscheiden sich Menschen, die in verschiedenen Gegenden unseres Planeten wohnen, voneinander? Gibt es etwa Gesetzmäßigkeiten, die das Äußere des Menschen in Abhängigkeit davon prägten, in welcher Region des Erdballs er lebt? Wo stand die Wiege der Menschheit? Von wem stammen wir ab?

Viele Wissenschaftler bemühten sich, Antworten auf diese Fragen zu finden. Einige von ihnen bewiesen die göttliche Abstammung des Menschen (die Idealisten), andere die Abstammung vom Affen (die Materialisten-Darwinisten). Zur zweiten Gruppe von Wissenschaftlern gehörten auch einige, welche die Auffassung vertraten, dass die verschiedenen Menschenrassen von verschiedenen Affenarten abstammen.

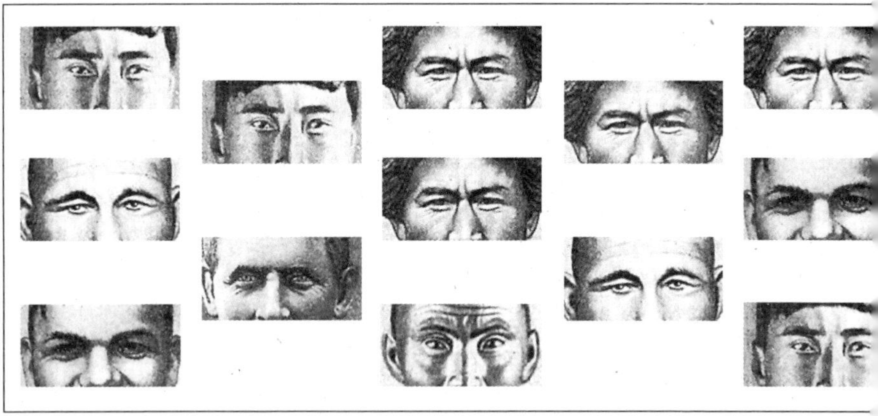

Es gibt viele Klassifikationen der menschlichen Rassen. Der französische Wissenschaftler Georges Cuvier (1969-1832) unterschied drei Rassen – die weiße, die schwarze und die gelbe. A. U. Däniker (1902) meinte, dass auf der Erde 29 menschliche Rassen existieren. In der *Encyclopedia Bri-*

tannica (1986) werden 16 menschliche Rassen beschrieben. Meiner Meinung nach erstellte der sowjetische Wissenschaftler A. Jarcho (1935/36) die vollständigste und fundierteste Klassifikation, als er 35 menschliche Rassen unterschied, belegt durch ausgezeichnete Fotos und Zeichnungen. Wir begannen das Studium der menschlichen Rassen mit detaillierten Fotokopien aller 35 Rassen aus dem Buch von A. Jarcho und schnitten aus ihnen die Augenpartien der Gesichter heraus, scannten sie ein und führten die augengeometrische Analyse durch. Die augengeometrischen Unterschiede der menschlichen Rassen waren klar zu erkennen. Aber lassen sich zwischen ihnen irgendwelche mathematischen Gesetzmäßigkeiten entdecken?

Das »mittelstatistische Auge«

Auf der Suche nach einer Antwort auf diese Frage errechneten wir aus allen menschlichen Rassen das »mittelstatistische Auge«. Gut, dass die Kornea-Konstante uns gestattete, die augengeometrischen Parameter in absoluten Zahlen auszudrücken. Als wir die Berechnungen abgeschlossen hatten, waren wir erstaunt. Das »mittelstatistische Auge« entsprach eindeutig dem der tibetischen Rasse! Hatte Nicholas Roerich doch recht?, fragte ich mich. Ich verehre Roerich schon lange, sehe ihn als Idol der russischen Wissenschaft an. Er machte in den Jahren 1925/1935 einige Tibet- und Himâlaja-Expeditionen, die ihn zu der Annahme brachten, dass die Menschheit in Tibet entstanden ist und sich von dort aus über die Erde verbreitete. Roerich kam zu dieser Ansicht durch die Analyse historischer und religiöser Fakten.

Nicholas Roerich

Nun führte auch unsere mathematische Analyse der Augen verschiedener Rassen zur tibetischen Rasse. War das ein Zufall oder gibt es hier direkte Analogien?

Als Nächstes versuchten wir, die Augen der verschiedenen Rassen nach der Stufe der mathematischen Annäherung an das »mittelstatistische Auge« zu ordnen. Anfangs wollte uns das nicht gelingen: Die au-

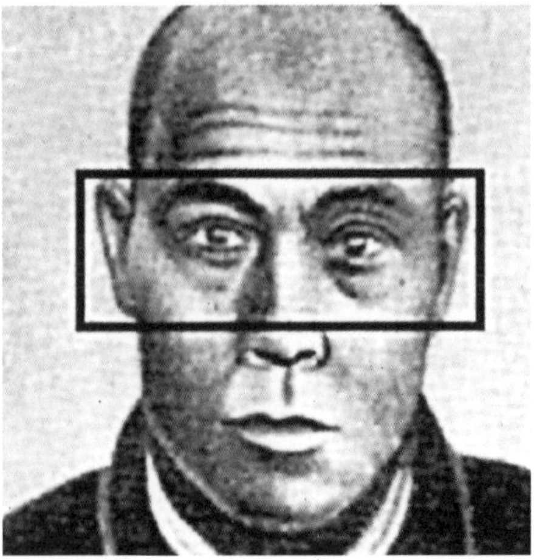

Die tibetische Rasse – das »mittelstatistische Auge«

gengeometrischen Parameter verschiedener Rassen ließen sich nicht in eine geordnete Linie bringen. Das gelang uns erst, als wir die Augen in vier Grundrichtungen vom »mittelstatistischen Auge« der tibetischen Rasse anordneten.

Mit anderen Worten, vier Rassen wiesen ungefähr den gleichen Grad der mathematischen Annäherung an das Auge der tibetischen Rasse auf: die paläosibirische Rasse, die südasiatische, die Pamir- und die armenoide Rasse.

Im Unterschied zu den ersten drei Rassen hatte die armenoide einen relativ geringen Grad der mathematischen Annäherung, aber ohne sie neben die tibetische Rasse zu stellen, wäre das Ordnungssystem der Rassen nach dem Grad der mathematischen Annäherung an das »mittelstatistische Auge« nicht möglich gewesen.

Als wir einmal die vier Grundrichtungen gefunden hatten, gelang es uns auch, die menschlichen Rassen entsprechend der mathematischen

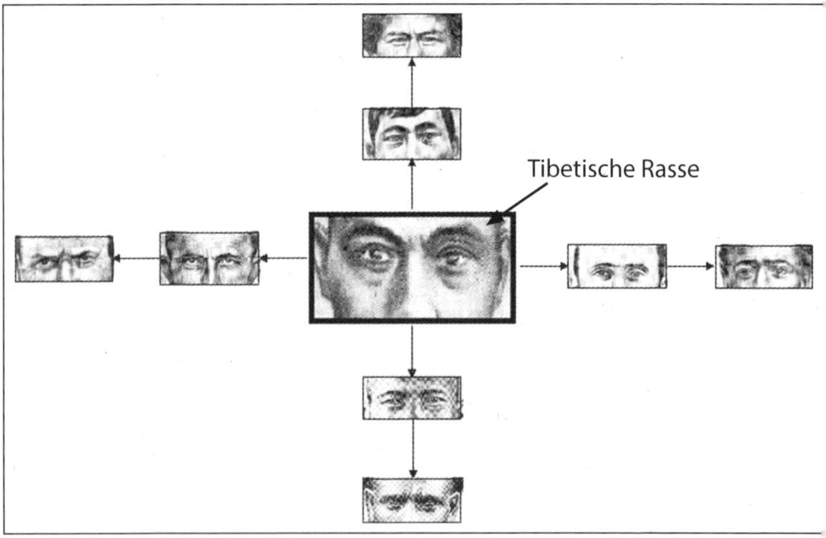

Annäherung ans »mittelstatistische Auge« diesen Grundrichtungen zuzuordnen. Es entstand ein geordnetes System.

Im Weiteren ordneten wir Fotos der menschlichen Rassen auf der Weltkarte den historisch angestammten Regionen zu und verbanden sie mit Linien entsprechend dem Grad der mathematischen Annäherung der Augen unter Einbezug der vier Grundrichtungen. So erhielten wir das augengeometrische Schema der Migration der Menschheit über den Erdball.

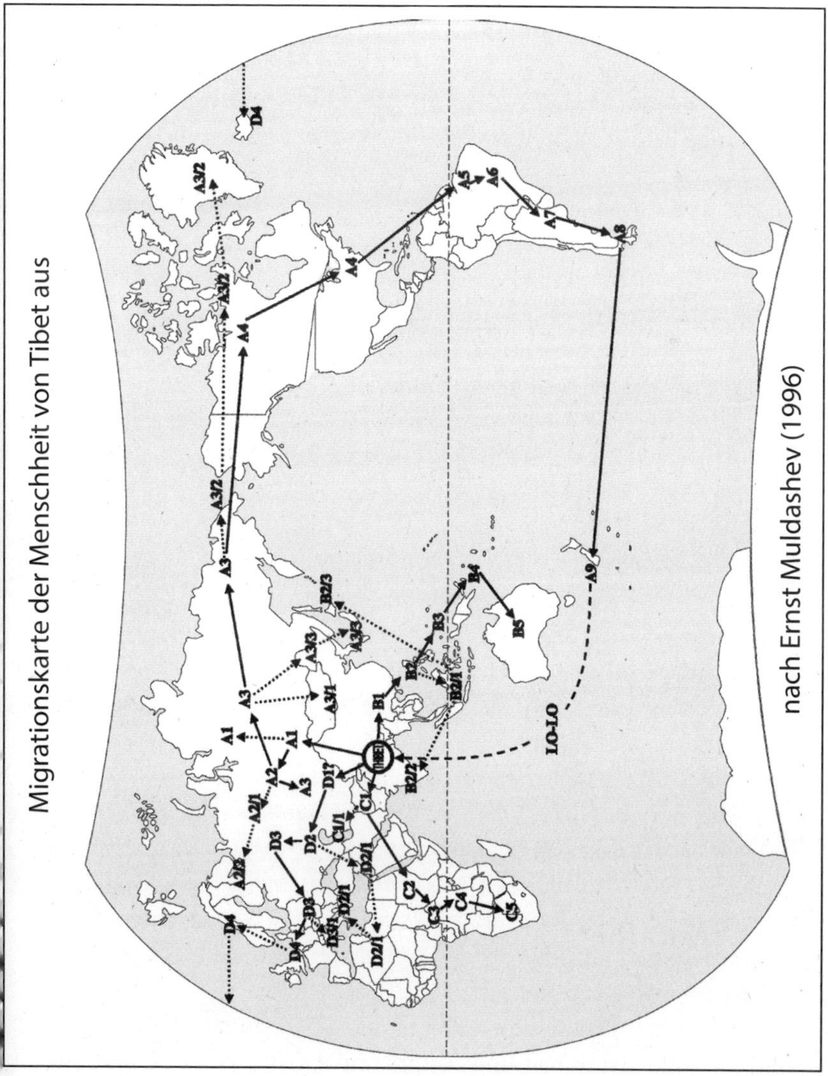

Migrationswege der Menschheit

Auf diese Art und Weise fanden wir heraus, dass die Menschheit in Tibet entstand und sich von dort aus in vier Hauptrichtungen über die Erde verbreitete:

- Weg A: Sibirien – Amerika – Neuseeland
- Weg B: Thailand – Indonesien – Australien
- Weg C: Pamir – Afrika
- Weg D: Kaukasus – Europa – Island

Auf jedem dieser Migrationswege der Menschheit von Tibet weg konnte eine deutliche Dynamik in der Veränderung der augengeometrischen Parameter verfolgt werden, ausgehend vom Grad der mathematischen Annäherung dieser Parameter an das »mittelstatistische Auge« der tibetischen Rasse. Auf jedem dieser Migrationswege wurden die Vertreter der menschlichen Rassen dabei so angeordnet, dass die nächsten zwei Rassen den maximalen Grad der Annäherung der augengeometrischen Parameter aufwiesen, aber der Grad der mathematischen Annäherung an die Augen der tibetischen Rasse mit wachsender Entfernung von Tibet abnahm.

Schauen wir uns jeden dieser Migrationswege etwas detaillierter an und vergleichen wir sie mit einigen historischen Fakten.

Migrationsweg A

Zu diesem größten Weg (Sibirien – Amerika – Neuseeland) gehören in der Nachfolge zur tibetischen die folgenden Rassen: die paläosibirische, die Ural-Altai-, die laponoide, die baltische, die südsibirische, die zentralasiatische, die Eskimo-, die mandschurisch-koreanische, die atlantische, die südamerikanische, die paläoamerikanische, die Stiller-Ozean-Rasse, die mittelamerikanische und die polynesische.

Dabei gehen von der Hauptlinie einige Abzweigungen ab: von der Ural-Altai-Rasse die laponoide und baltische Rasse (eine aus der anderen hervorgehend); von der südsibirischen Rasse die zentralasiatische, die Eskimos und die mandschurisch-koreanische Rasse (jede für sich) und aus der patagonischen Rasse die Stiller-Ozean-Rasse.

Da ich kein Historiker bin, fällt es mir schwer zu beurteilen, welche gegenwärtigen Nationen und Nationalitäten zum Bestand der einen

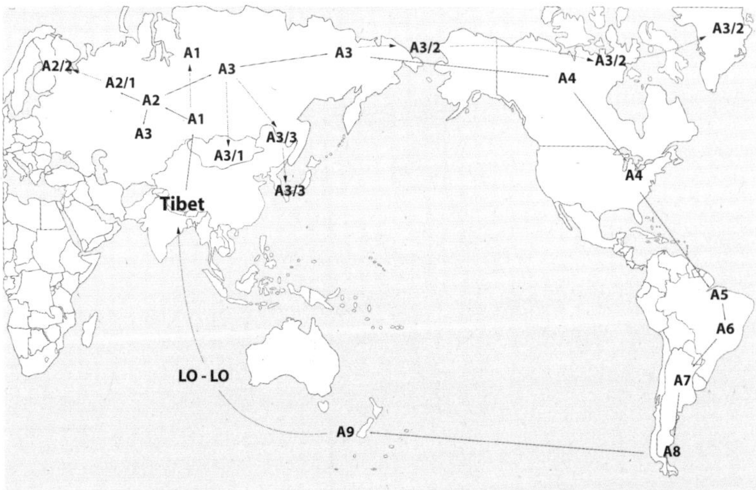

A1 – paläosibirische
A2 – Ural-Altai–Rasse
A2/1 – laponoide
A2/2 – baltische
A3 – südsibirische
A3/1 – zentralasiatische
A3/2 – Eskimos
A3/3 – mandschurisch-koreanische
A4 – atlantische
A5 – südamerikanische
A6 – paläoamerikanische
A7 – patagonische
A7/1 – Stiller–Ozean-Rasse
A8 – mittelamerikanische
A9 – polynesische

oder anderen menschlichen Rasse gehören. Ich bin Professor der Augenchirurgie, und einzig um der wissenschaftlichen Logik willen war ich gezwungen, dieses für mich so unspezifische Gebiet zu streifen. Nichtsdestoweniger gestatte ich mir, diesen und die anderen Migrationswege der Menschheit von Tibet aus zu beschreiben. Hoffentlich verurteilen mich die Geschichtswissenschaftler nicht allzusehr für die Sünden, die ich dabei sicherlich zugelassen habe.

Auf dem Weg A wanderte die Menschheit von Tibet nach Norden. Die neuen Lebensbedingungen hinterließen ihre Spur im Aussehen, besonders in der Augenpartie des Gesichts (paläosibirische Rasse). Aus der paläosibirischen Rasse ging die Ural-Altai-Rasse hervor, vertreten heutzutage, denke ich, durch die Altai-Bewohner und Baschkiren.

Die Ural-Altai-Rasse war die Stammmutter des blinden westlichen Zweiges, zu dem, auseinander hervorgehend, die laponoide (Lappen) und die baltische Rasse gehören. Vertreter der Letzteren sind meiner

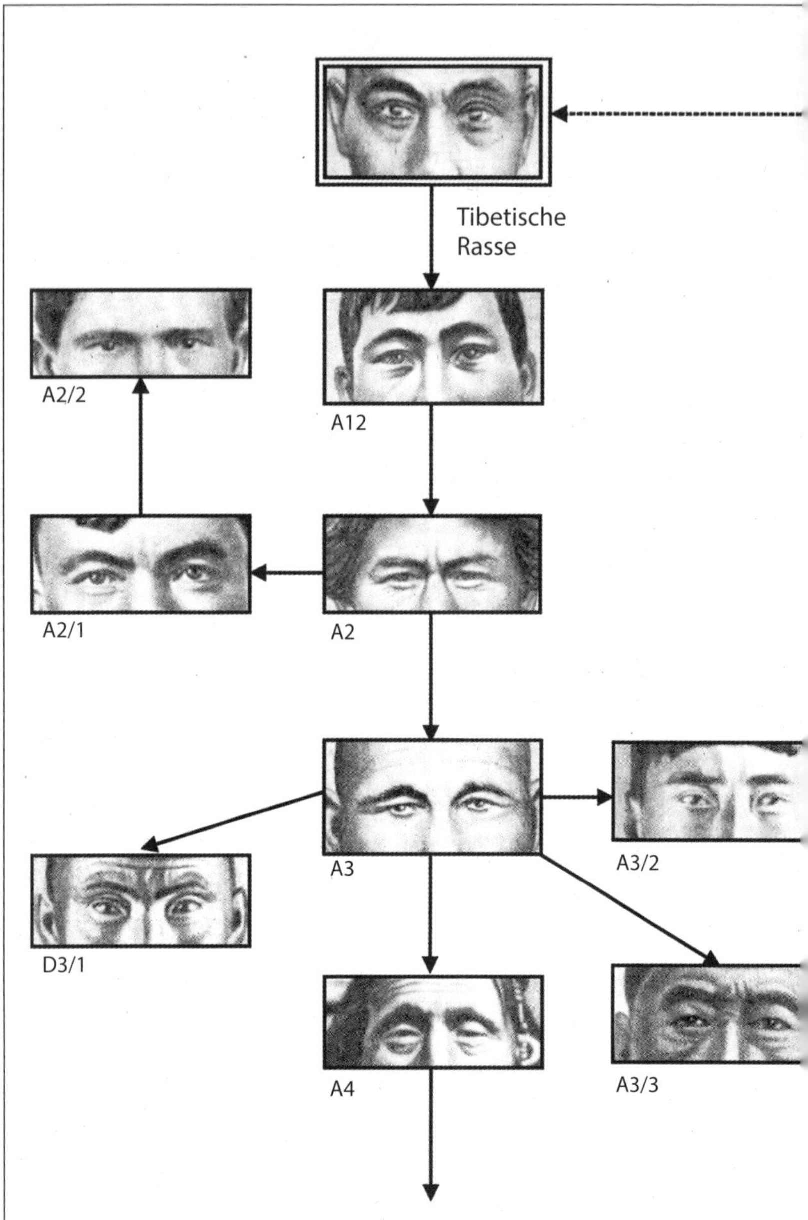

Meinung nach die Finnen. Ich schließe aber auch nicht aus, dass die baltische Rasse (möglicherweise gemeinsam mit der laponoiden) die Ahnen der heutigen Tataren sind, deren Augen ich studiert habe. Zu die-

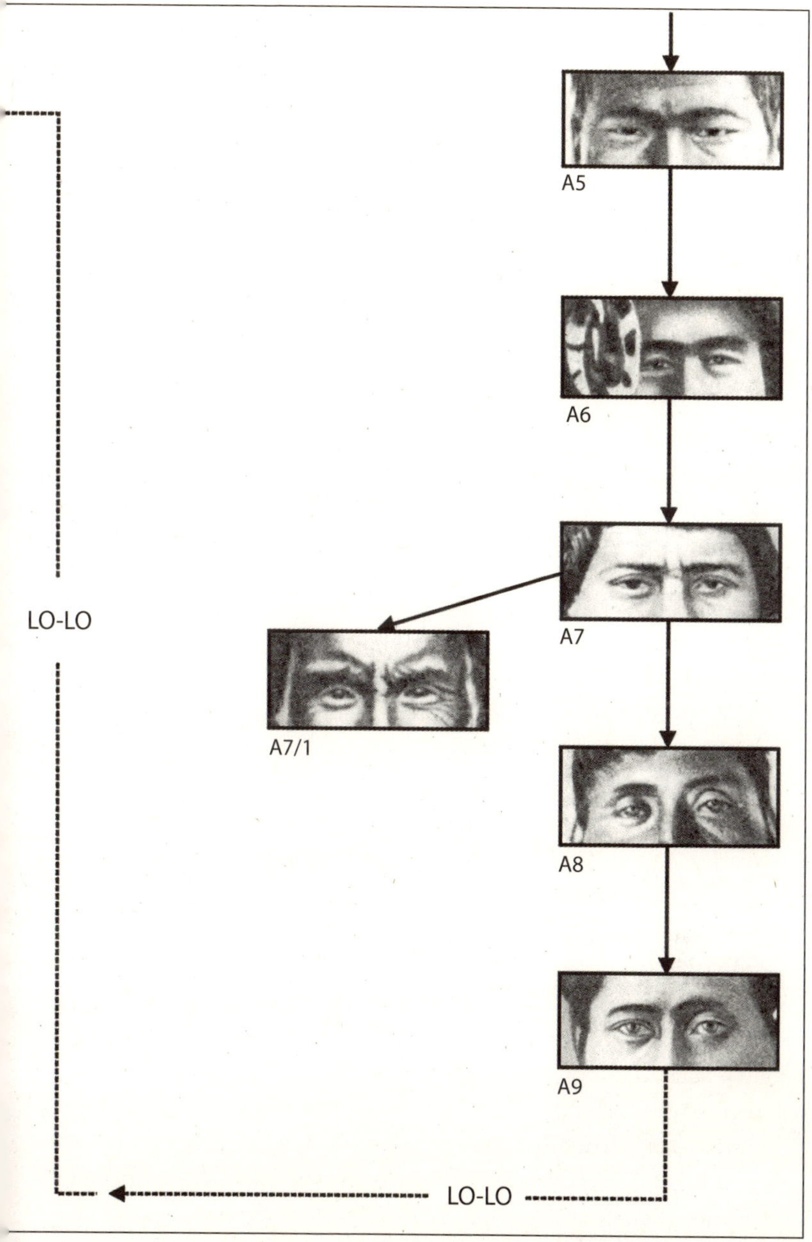

sem blinden Zweig könnten auch die Esten und Ungarn in Beziehung stehen. Und die nächste Etappe der augengeometrischen Veränderung stellt die südsibirische Rasse dar, die sich weit über die Territorien Sibiriens und Kasachstans verbreitete. Dieser Rasse ordne ich die heutigen Kasachen und zahlreiche Völker des Nordens zu (etwa die Nenzen, Jakuten und Tschuktschen).

Die südsibirische Rasse war der Ausgangspunkt für drei blinde Zweige: der zentralasiatischen und der mandschurisch-koreanischen Rasse sowie der Eskimos. Vertreter der zentralasiatischen Rasse sind offensichtlich die Mongolen. Die mandschurisch-koreanische Rasse wurde zum Ahnen der heutigen Nordchinesen, Japaner und Koreaner. Der blinde Zweig der Eskimos verbreitete sich über das Territorium der Tschuktschen, Alaskas und entlang der Küsten Kanadas und Grönlands.

Die südsibirische Rasse hat sich außerdem über den amerikanischen Kontinent verbreitet, wo sie sich schrittweise in die atlantische Rasse transformierte (nordamerikanische Indianer). Bei der weiteren Ausbreitung der Menschheit über den amerikanischen Kontinent löste eine Rasse die nächste ab. Aus der atlantischen ging die südamerikanische Rasse hervor, die meiner Meinung nach irgendwo in Mittelamerika entstand, aber ohne besondere Vermischung in den Süden des Kontinents weiterzog. Aus der südamerikanischen ging die paläoamerikanische Rasse hervor, aber aus ihr die patagonische Rasse, die ihrerseits den blinden Zweig der Stillen-Ozean-Rasse hervorbrachte. Aus der patagonischen ging, so die Resultate der Augengeometrie, die zentralamerikanische Rasse hervor, welche später aus dem Süden Amerikas in das Gebiet Zentralamerikas wanderte und die heutigen Mexikaner (Maya, Azteken) sind.

Aus der zentralamerikanischen ging die polynesische Rasse hervor. Letztere konnte mittels Wasserfahrzeugen den Stillen Ozean überqueren und ins ferne Neuseeland gelangen, eine Möglichkeit, die Thor Heyerdahl mit der Überquerung des Stillen Ozeans in seinem Papyrusboot *Ra* nachwies. Folglich kamen die Aborigines Neuseelands nicht aus dem nahen Australien, sondern aus dem fernen Südamerika. In der Literatur fand ich auch, dass der Stamm der Lo-Lo aus Neuseeland bis nach Tibet gelangte, womit sich der Kreis schließt.

Stimmt das Schema der Augengeometrie nun mit den historischen Fakten überein? Die Historiker urteilen in der Regel über Nationen und Nationalitäten anhand von Besonderheiten der Sprache und Kultur. Aber das scheint mir unzureichend zu sein. Die Sprache kann bei engem Kontakt mit einem anderen Volk übernommen worden sein, wie zum Beispiel die russische Sprache zur beherrschenden und sogar einzigen für viele kleine Völker Russlands wurde (man trifft heute Vertreter der Tschuwaschen, Mordwiner, der Komi und anderer Völker, die nur russisch sprechen und die russische Sprache als ihre Muttersprache ansehen). Auch die Kultur eines Volkes verändert sich bei engem Kontakt mit anderen Völkern. Die Frage der Rassen, Völker und Nationen ist äußerst kompliziert und verzwickt. Nichtsdestoweniger bemühen wir uns, einige Parallelen aufzuzeigen.

In Moskau lud ich einen Finnen und einen Japaner zu einer Diskussion über die Abstammung der Völker ein. Der hochgewachsene blonde Finne und der kleine dunkelhaarige Japaner sahen sich mehrfach interessiert an, während ich über meine Untersuchung der Augen verschiedener Rassen und von meiner Schlussfolgerung sprach, dass Finnen und Japaner die gleichen Vorfahren haben. Ich bat sie, sich genau anzublicken und herauszufinden, ob es zwischen ihnen irgendetwas Gemeinsames gibt.

Die beiden sahen sich unverwandt an, offensichtlich bestrebt, gemeinsame Züge zu entdecken, und fingen einmütig an zu lachen.

– Zwischen uns gibt es keine Gemeinsamkeiten, wenn man davon absieht, dass wir beide Menschen sind, sagte der Japaner.

– Bitte übereilen Sie nichts, meine Herren, fuhr ich fort, es existierten vier Wurzeln der Abstammung der unterschiedlichen Rassen. Sie beide haben die gleichen Vorfahren (erste Wurzel). Schauen Sie auf die augengeometrische Karte der Migration der Menschheit von Tibet aus: Die erste Wurzel hat mehrere Zweige der Migration, ein Zweig bei Ihnen, den Finnen (der baltischen Rasse), ein anderer bei Ihnen, den Japanern (der mandschurisch-koreanischen Rasse). Aber die Wurzel der Abstammung ist bei Ihnen beiden gleich. Also müssen bei Ihnen gemeinsame Merkmale zu finden sein, wenn auch sehr verborgene, weil sie sehr alt sind. Nennen Sie bitte einfache Alltagswörter – Feuer, Wasser, Himmel, Erde, Haus, Frau und ähnliche Begriffe – auf Japanisch und Finnisch. Vielleicht finden Sie dabei Ähnlichkeiten oder gleiche Wurzeln. Versuchen Sie bitte auch Parallelen zwischen alten Bräuchen der Japaner und Finnen zu entdecken.

Zwischen dem Finnen und dem Japaner entspann sich ein intensives Gespräch in relativ schlechtem Russisch, das ungefähr zwei Stunden dauerte. Anfangs versuchte ich noch, finnische und japanische Wörter mitzuschreiben, die gemeinsame Wurzeln haben könnten, oder Gemeinsamkeiten bei den alten Bräuchen zu finden. Aber bald ließ ich das bleiben, da die beiden sich so in das Gespräch hineinsteigerten, dass ich nicht mehr dazu kam, das eine oder andere Wort zu notieren. Deshalb kann ich es hier nur sinngemäß wiedergeben.

– Sieh, sagte der etwas forschere Japaner, es gibt doch Gemeinsamkeiten mit den Finnen. Wir sind Blutsbrüder.

– Apropos, sagte der Finne. Sie sollten Ihre Forschungen breiter propagieren. Sie werden dem Weltfrieden dienen. Alle denken, dass die *Âryas* die am höchsten entwickelte Rasse sind. Wir beide haben aber herausgefunden, dass es zwischen unseren Sprachen und Bräuchen Ähnlichkeiten gibt. Ich habe mein Gegenüber wie einen Blutsbruder angeschaut, obwohl er mir überhaupt nicht ähnlich sieht.

– Sagen Sie, kann man auch Ähnlichkeiten zwischen mir und einem Schwarzen finden?, fragte der Japaner.

– Kaum, aber zwischen einem Schwarzen und einem Pamir-Bewohner, das kann man, antwortete ich.

Natürlich war das nur ein Gespräch, aus dem sich wissenschaftlich nichts ableiten lässt. Aber dass sie viele Gemeinsamkeiten fanden, war für mich sehr interessant.

Andere historische Parallelen, die den beschriebenen Migrationsweg bestätigen, könnten sein die Hypothese über die asiatische Abstammung der amerikanischen Indianer, die amerikanische Abstammung der neuseeländischen Aborigines sowie die engen Kontakte der Aborigines Tschuktschiens und Alaskas.

Verständlicherweise ist unser Forschungsgegenstand, dessen Wurzeln weit in das Altertum zurückgehen, umstritten. Hier ist es schwer, direkte Beweise zu finden. Aber ungeachtet dessen werde ich die Beschreibung der anderen Migrationswege fortsetzen.

Wir fanden zum Beispiel heraus, dass zum südöstlichen Migrationsweg im Gefolge der tibetischen Rasse nacheinander folgende Rassen gehören: die südasiatische, die papuanische, die melanesische, die weddo-indonesische und die australische. Von der Hauptlinie der Augenveränderung geht ein Abzweig ab: Aus der papuanischen Rasse ging die asiatisch-pygmäische hervor, die ihrerseits die drawidische Rasse und die Ainu hervorbrachte.

Migrationsweg B

In den Grenzen dieses Weges migrierte die Menschheit in grauer Vorzeit von Tibet aus nach Südosten. Die natürlichen Lebensbedingungen beeinflussten das menschliche Aussehen, wodurch die südasiatische Rasse entstand, zu deren Vertretern meiner Meinung nach heute die Thailänder, Vietnamesen, Kambodschaner und Südchinesen gehören.

Die Verbreitung auf die südlichen Inseln (Philippinen, Indonesien) führte zur Entstehung der papuanischen Rasse, die wiederum die asiatisch-pygmäische in Indonesien hervorbrachte.

Nach unseren Vorstellungen stellen die Papuas und Pygmäen den Gipfel der menschlichen Wildheit dar. Ich war zwar in Indonesien, mit reinrassigen Pygmäen habe ich mich aber nicht unterhalten, so dass ich ihre geistigen Fähigkeiten nicht beurteilen kann. Niemand weiß, wer die Pygmäen und Papuas in grauer Vorzeit waren. Es kann durchaus sein,

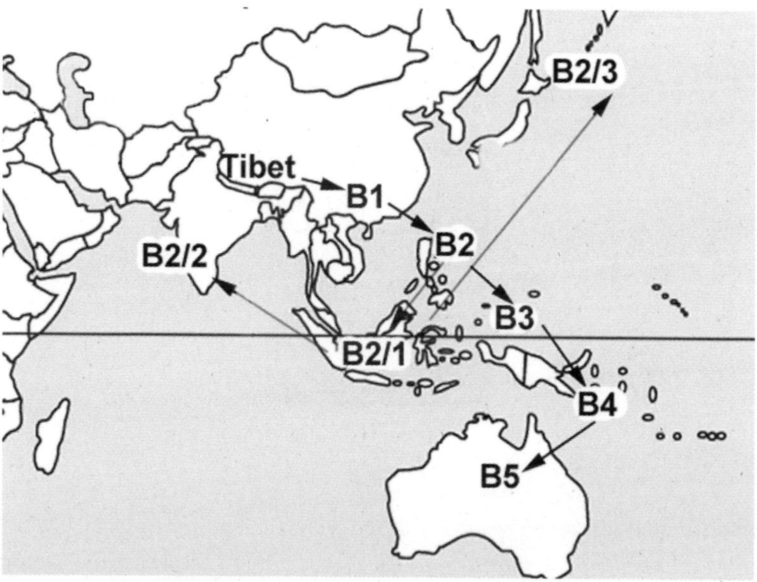

B1	– südasiatische	B2/3	– Ainu
B2	– papuanische	B3	– melanesische
B2/1	– asiatisch-pygmäische	B4	– weddo-indonesische
B2/2	– drawidische	B5	– australische

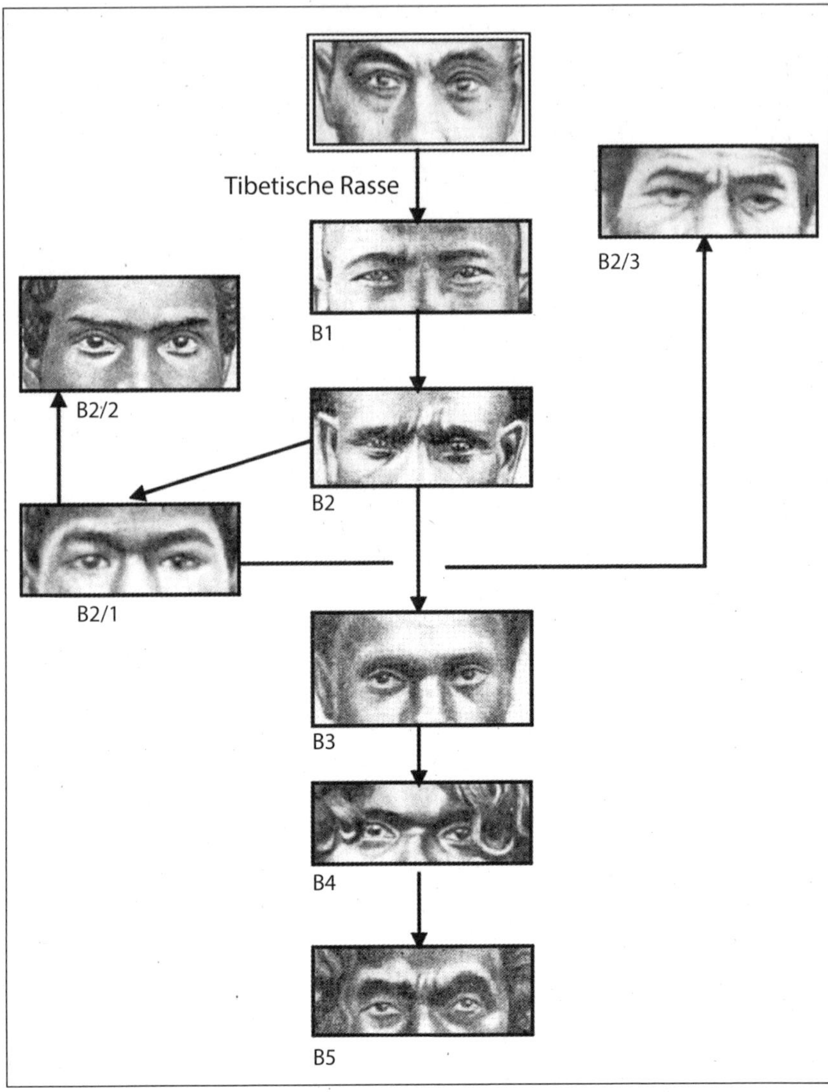

dass sie damals voll entwickelt waren und Rückschritt oder Entwicklungsstillstand später eintraten.

Nach den Daten der Augengeometrie brachte die asiatisch-pygmäische Rasse zwei unabhängige Verzweigungen hervor, die drawidische Rasse und die Ainu. Die drawidische Rasse wird meiner Meinung nach von den Südindern vertreten. Als ich in Indien weilte, fiel mir auf, dass sich die Südinder vom Äußeren her merklich von den Nordindern unterscheiden: Sie sind dunkler, die Haare sind gelockt und die Augen ganz anders als bei den Nordindern. Ich denke, dass die Vorfahren der Nordinder der tibetischen Rasse angehörten, aber die Südinder, wie schon erwähnt, Vertreter der drawidischen Rasse sind.

Auf einer Konferenz in Indien fragte ich einen Arzt, der alle Merkmale der drawidischen Rasse aufwies:

– Sagen Sie, haben Sie eine Vorstellung, woher in Urzeiten die südindischen Stämme kamen?

– Man sagt, dass meine Vorfahren von den polynesischen Inseln nach Indien kamen, antwortete der Arzt.

Auf der gleichen Konferenz fand ich auch einen indischen Arzt, der alle Merkmale der tibetischen Rasse hatte.

– Entschuldigen Sie bitte, wendete ich mich an ihn, die Nordinder unterscheiden sich vom Aussehen von den Südindern. Was denken Sie, kamen die Südinder von woanders aufs Territorium Indiens oder lebten sie schon immer hier?

– Ich weiß es nicht genau, aber die Südinder kamen wohl vor sehr langer Zeit von irgendwo auf das Territorium Indiens, sagte der Arzt mit den Merkmalen der tibetischen Rasse.

– Und Sie, fuhr ich fort, sind offensichtlich ein Vertreter der Nordinder. Kamen Ihre Vorfahren auch irgend einmal aufs Territorium Indiens?

– Wir lebten schon immer hier, entgegnete er.

Ich stimmte ihm zu, denn Tibet und Nordindien grenzen aneinander.

Die asiatisch-pygmäische Rasse brachte, so die Daten der Augengeometrie, auch die Rasse der Ainu hervor. Die leben heute im Norden Japans und unterscheiden sich dem Aussehen nach deutlich von den anderen Japanern. Als ich vor einiger Zeit in Japan war, gelang es mir, einen reinen japanischen Ainu zu finden und mit ihm zu sprechen.

– Sind sie Ainu?

– Nein, ich bin Japaner.

– Ich frage nicht nach Ihrer Staatszugehörigkeit, ich spreche über Ihre Vorfahren. Waren Ihre Vorfahren Ainu?

– Ja.

– Erinnern Sie sich, was man in Ihrem Volk über die Abstammung der Ainu sagt? Von woher sie auf das Territorium Japans gelangten?

– In unserem Volk, das schon nicht mehr so zahlreich ist, sagt man, dass unsere frühen Vorfahren Schiffe bauten und mit diesen aus dem fernen Polynesien herkamen, antwortete der Ainu, dessen Aussehen sich deutlich von dem anderer Japaner unterschied.

Auch hier kann ich nicht für die Wissenschaftlichkeit des Gesprächs bürgen. Die Auskünfte Einzelner geben das nicht her. Das letzte Wort müssen die Historiker haben. Dennoch bleiben solche Aussagen im Hinblick auf die Übereinstimmung mit dem augengeometrischen Modell der Menschheitsmigration von Tibet aus interessant.

Der Migrationsweg B endet in Australien. Die Augen der australischen Aborigines unterscheiden sich deutlich von denen der neuseeländischen Aborigines, aber sie passen genau ins System der augengeometrischen Veränderungen auf dem Migrationsweg B und sind dessen End-Etappe. Wenn wir also dem augengeometrischen Modell Glauben schenken, kamen die australischen Aborigines von den polynesischen Inseln nach Australien, schafften es jedoch nicht, die Meerenge zu überwinden und bis nach Neuseeland zu gelangen. Genauso konnten die Vorfahren der neuseeländische Aborigines den Stillen Ozean überqueren und bis zu den heißersehnten Inseln gelangen, aber auch sie konnten sich nicht auf das benachbarte Australien ausbreiten.

Australien ... das ist ein sehr alter Kontinent. Einige Wissenschaftler gehen davon aus, dass Australien ein übriggebliebener Teil des legendären Atlantis ist und seine unikale Flora und Fauna seit damals erhalten blieb. In Australien gibt es viele Eingeborenenstämme. Möglich, dass ein Teil von ihnen aus dem Gebiet Polynesiens, ein anderer Teil aber aus den Zeiten des alten Kontinents Atlantis stammt.

Migrationsweg C

Unserer Theorie zufolge gehören zu diesem Weg nach der tibetischen Rasse die folgenden: die Pamir-Rasse, die äthiopische, die negride, die afrikanisch-pygmäische und die Buschmänner. Von der Pamir-Rasse gibt es eine Abzweigung, die nordkaukasische.

Das ist der »schwarze Weg« der Migration von Tibet aus. Wir fanden heraus, dass der Urahn der schwarzen Rassen (der äthiopischen, der negriden, der afrikanisch-pygmäischen und der Buschmänner) die Pamir-Rasse ist, die heute von den Tadschiken und anderen Pamir-Völkern vertreten wird. Aus dieser Pa-

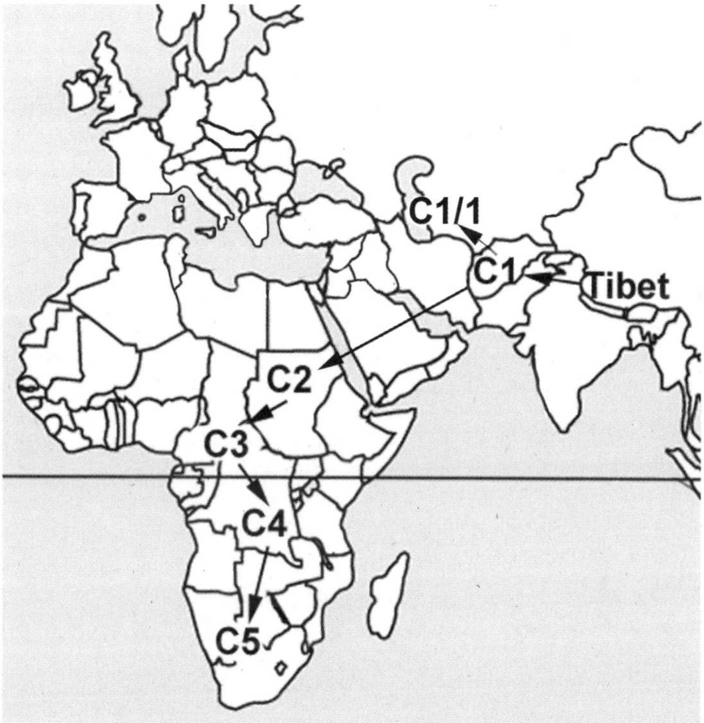

C1 – Pamir-Rasse
C1/1 – nordkaukasische
C2 – äthiopische
C3 – negride
C4 – afrikanisch-pygmäische
C5 – Buschmänner

mir-Rasse ging die nordkaukasische hervor, die heute von einer Vielzahl kaukasischer Völker vertreten wird.

Wieso aber kam es auf diesem Migrationsweg zur Schwärzung der menschlichen Haut? Hier darf man den Einfluss des Klimafaktors nicht ausschließen, zumal es auf anderen Migrationswegen ebenfalls zu Veränderungen der Hautfarbe kam. Auf dem Migrationsweg B änderte sich die Hautfarbe von gelb (tibetische Rasse) zu braun (australische Rasse), und in der Abzweigung, die von der papuanischen Rasse abging, reichte es fast bis zur schwarzen Farbe (drawidische Rasse).

Die ausgeprägt schwarze Hautfarbe der Bewohner des afrikanischen Kontinents könnte jedoch noch eine andere Entstehungsgeschichte haben, bei der die Menschheit sich parallel auch in Afrika entwickelte, wo sie von Anfang an schwarz war. Einigen Literaturquellen zufolge gab

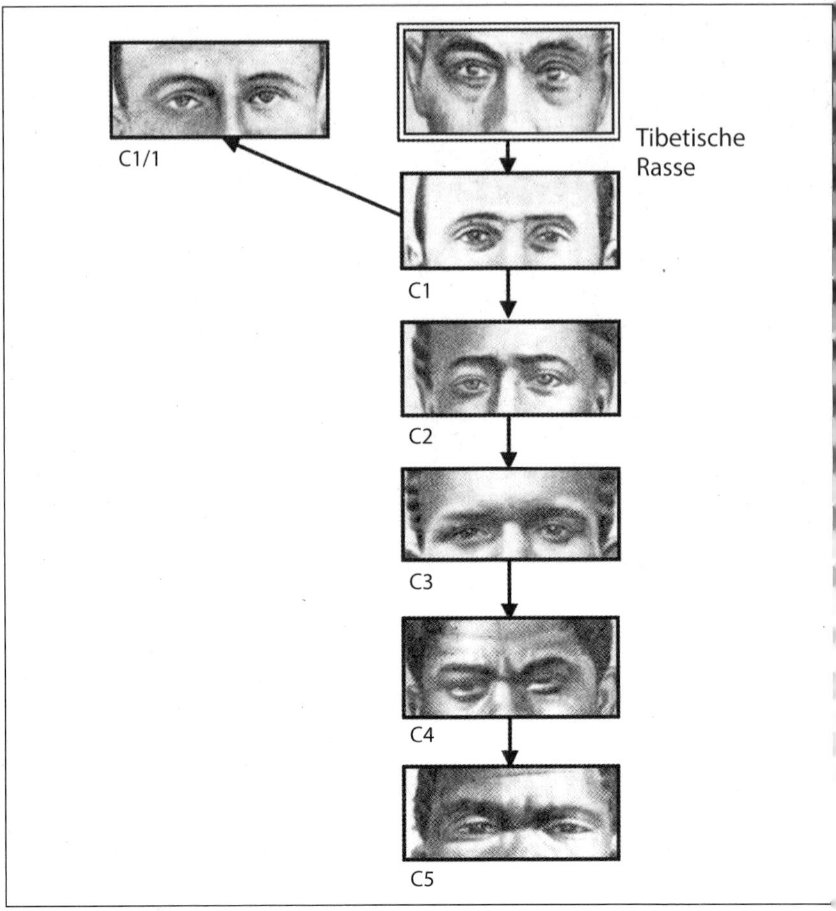

es bereits in der vorangegangenen Zivilisation der Atlanter gelbe und schwarze Menschen. Folglich könnten die afrikanischen Schwarzen die Nachfahren der einst mächtigen schwarzen Atlanter sein.

Migrationsweg D

Zu diesem Weg gehören – wiederum den Daten der Augengeometrie folgend – nach der tibetischen folgende Rassen: die armenoide, die dinarische und die nördliche. Die armenoide Rasse brachte als Abzweigung die mediterrane hervor, die dinarische die alpine. Allerdings gibt es zwischen den Augen der tibetischen Rasse und denen der armenoiden einen größeren Unterschied als zu den anderen benachbarten Rassen – der paläosibirischen, der südasiatischen und der Pamir-Rasse.

Deshalb gehen wir davon aus, dass zwischen der tibetischen und armenoiden Rasse noch eine Rasse sein müsste, die bei der Klassifizierung von Jarcho nicht berücksichtigt ist. Aber welche ist das?

Iranische Frauen

Ich war einige Male im Iran, und jedes Mal wunderte ich mich über die bis zum Absurden gehende fundamental-islamische Realität, dass während des Ramadans Menschen, die vor Sonnenuntergang etwas assen, arretiert werden konnten und dass die Frauen bei einer Hitze von 40 Grad doppelllagige dichte schwarze Tücher trugen, die bis auf die Augen alles bedeckten. Die Iraner sind schwarzhaarig und braunhäutig und ähneln am ehesten den Aserbaidschanern. Aber unter ihnen gibt es ab und zu auch blond- oder rothaarige Vertreter mit ziemlich heller Haut.

– Wer sind diese blonden Menschen?, fragte ich einen iranischen Augenarzt.

– Das sind Perser.

– Aber sind Perser denn nicht schwarzhaarig und dunkelhäutig?

– Die Bevölkerung des Irans besteht zu rund 40 % aus Aserbaidschanern, einem großen Prozentsatz Kurden, Belutschen und anderen Völkern, die alle dunkelhaarig und dunkelhäutig sind. Aber reine Perser sind blond. Es stimmt, sie haben sich vielfach mit anderen Völkern vermischt, aber die richtigen Perser unterscheiden sich von den anderen Völkern des Irans.

Ich erinnere mich, irgendwo gelesen zu haben, dass Hitler die Perser zu den Blutsbrüdern der »arischen« Rasse (er meinte die Deutschen)[1] zählte und zur Auffrischung des »deutschen« Blutes Hochzeiten zwi-

[1] Der Autor weist eigens darauf hin: In vielen seriösen Quellen (Blavatsky, Roerich u.a.) werden *alle* Menschen der modernen menschlichen Zivilisation als »Arier« bezeichnet. Nur die Deutschen als »arische« Rasse zu bezeichnen, ist falsch.

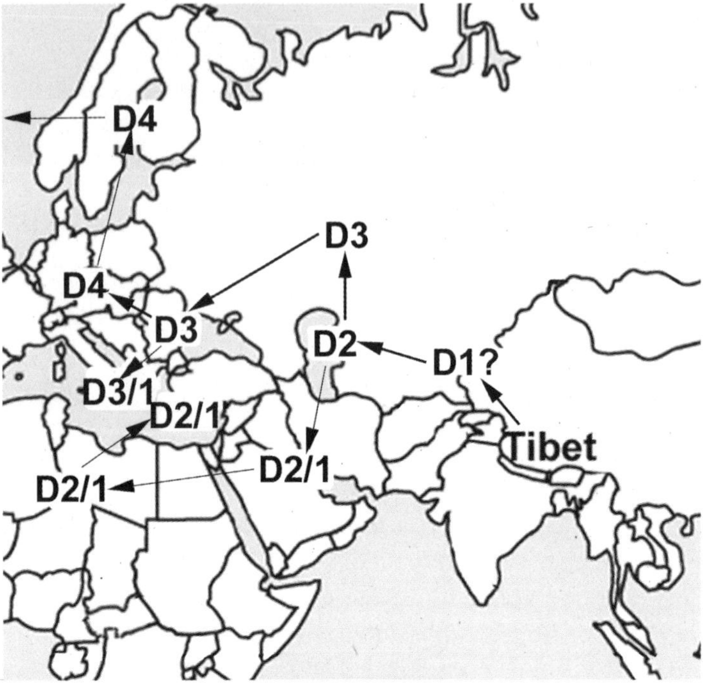

D2	– armenoide	D3/1	– alpine
D2/1	– mediterrane	D4	– nördliche
D3	– dinarische		

schen Deutschen und Persern organisierte. Könnte es sein, dass Deutsche und Perser gleicher Abstammung sind?

Im Iran traf ich bei der Konsultation einer kleinen Patientin deren Mutter, eine blonde Perserin.

– Sind Sie eine reinrassige Perserin?, fragte ich.

– Ja, wieso?

– Ist das Zufall?

– Wir Perser versuchen, möglichst unter uns zu bleiben.

Ich fragte, ob ich ihre Augen fotografieren dürfte, flunkerte ihr vor, ihre Augen nur mit denen ihres Kindes vergleichen zu wollen, denn mir war bewusst, dass in islamischen Ländern das Fotografieren der Augen falsch aufgefasst werden kann.

Nach meiner Rückkehr nach Russland führte ich dann die augengeometrische Analyse durch und stellte fest, dass sie auf dem Migrationsweg

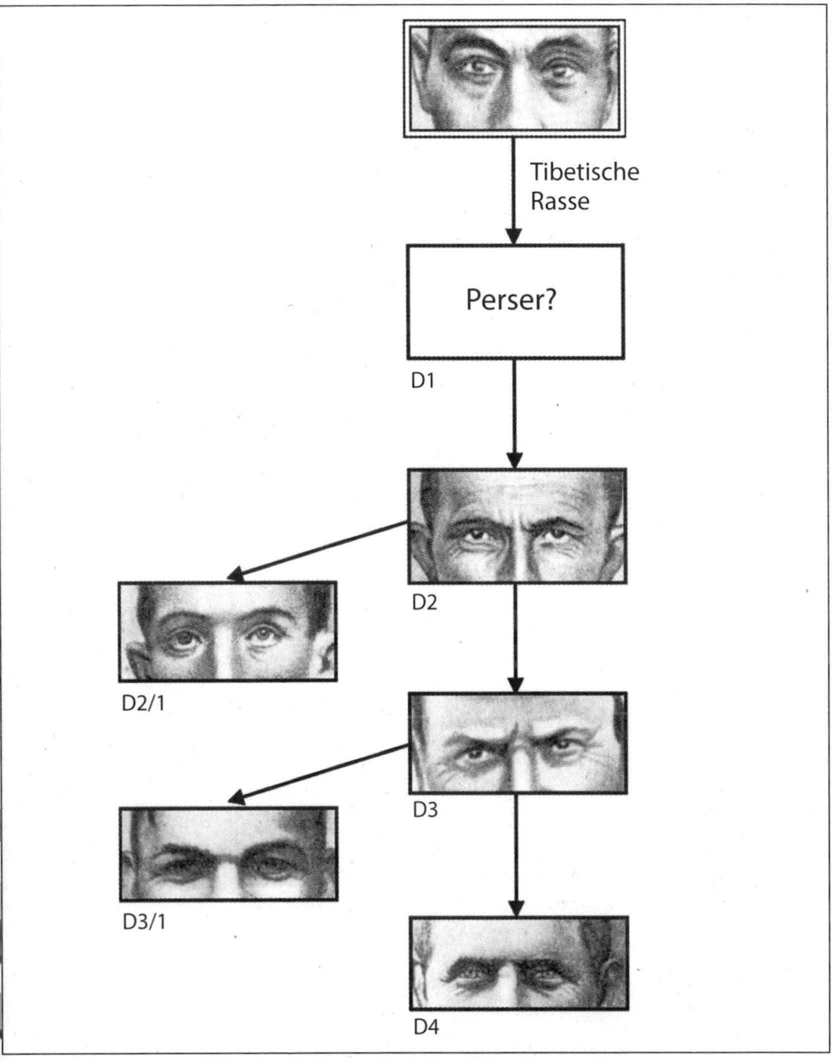

D zwischen denen der tibetischen und der armenoiden Rasse einzuordnen waren.

Die Augen dieser zufällig fotografierten Frau sind natürlich nicht mit den standardisierten Fotografien Jarchos gleichzusetzen, doch gestatten sie uns anzunehmen, dass die persische Rasse existierte und existiert und diese die armenoide Rasse hervorbrachte. In diesem Fall ergäbe der Migrationsweg D, bezogen auf den Grad der mathematischen Annäherung der Augen untereinander, eine klare Linie.

Und in der Tat sind die Perser nach der augengeometrischen Migrationskarte Vertreter des Migrationsweges D, die anderen aber, die Iraner, des Migrationsweges C (nordkaukasische Rasse). Sie sind folglich unterschiedlicher Abstammung, was auch ganz offensichtlich in ihrem unterschiedlichen Äußeren zum Ausdruck kommt.

Also brachte die persische Rasse die armenoide (die Armenier) hervor. Letztere waren die Ahnen der dinarischen Rasse, zu der die Wissenschaftler vor allem die Südslawen zählen, die Ukrainer, Jugoslawen und andere. Außerdem brachte die armenoide Rasse als blinden Zweig die mediterrane hervor, die meiner Meinung nach die Italiener, Griechen, Spanier, Rumänen, Grusinier, Juden, Araber und teilweise auch die Türken einschließt.

Die dinarische war Ursprung der alpinen (Franzosen, teilweise Spanier und Italiener) und der nördlichen Rasse (Deutsche, Engländer, Holländer, Norweger, Isländer, Schweden).

Dieser Migrationsweg über den Tienschan, den Kaukasus und Europa endete offensichtlich in Island,[2] wohin die Wikinger Nordeuropas übersiedelten. Die Religionen entstanden wesentlich später, weshalb sogar innerhalb einer Rasse unterschiedliche Religionen verbreitet sind. Die zahlreichen Kriege in dieser Region brachten die dominierende Rolle einer Sprache und das Verschwinden anderer mit sich, wodurch das sprachliche Merkmal als Rassenmerkmal an Bedeutung verloren hat.

Für uns Europäer ist es sicherlich merkwürdig, dass eine unserer Wurzeln (außer der angenommenen persischen Rasse) die armenoide Rasse ist, wo sich doch die heutigen Armenier von den anderen europäischen Völkern so stark unterscheiden. Aber unter den Armeniern herrscht der Volksglaube, dass die ältesten Vertreter ihres Volkes hellhäutig und blauäugig waren und sich das heutige Aussehen der Armenier nach der Vermischung mit anderen kaukasischen Völkern ergeben hat.

Die armenoide Rasse brachte außer den reinen Europäern (dinarische, nördliche und alpine Rasse) auch die mediterrane Rasse hervor. Die letzte, sich ums Mittelmeer verbreitend, war offensichtlich der Ausgangspunkt für die unterschiedlichsten Völker, die scheinbar nicht vergleichbar sind, zum Beispiel die Italiener und Araber. Sie haben unterschiedliche Sprachen, unterschiedliche Religionen, aber ihre Augen sind verwandt. Ich kann es nicht beweisen, aber ich halte sie für biolo-

---

2 Hier bliebe die Kolonialisierung der Kontinente und die Bildung solcher Länder wie USA und Australien unberücksichtigt, welche viel später vonstatten ging.

gisch verwandt und glaube, die sprachlichen und religiösen Momente entstanden später.

Bei dieser Gelegenheit fällt mir ein, dass die Norditaliener sich von den Süditalienern unterscheiden. Die Süditaliener sind meiner Meinung nach reine Vertreter der mediterranen Rasse, die Norditaliener ihrerseits entstammen der Vermischung der mediterranen mit der nördlichen und alpinen Rasse.

Die dinarische Rasse, hervorgegangen aus der armenoiden, wird heute, nach Meinung von Wissenschaftlern, von den Südslawen (etwa Ukrainern, Bulgaren, Jugoslawen) repräsentiert. Aber das zahlenmäßig stärkste slawische Volk, die Russen, unterscheidet sich dem Äußeren und den Augen nach von den typischen Vertretern der dinarischen Rasse, zum Beispiel von den Jugoslawen.

Wer sind sie, die Russen? Ich habe die Augen der Russen studiert und kann sagen, dass sie am ehesten aus der Vermischung der dinarischen mit der laponoiden und baltischen Rasse (wie den Tataren, Komi, Finnen, Esten) hervorgingen, das heißt mit Rassen, die einem ganz anderen Ursprung der Menschheit, dem Migrationsweg A, entstammen.

Die dinarische brachte unserem Modell zufolge die alpine Rasse (etwa Franzosen und Nordspanier) sowie die nördliche Rasse (beispielsweise Deutsche, Engländer und Schweden) hervor. So sind wir, die Slawen, die engsten »Blutsbrüder« der Franzosen, Deutschen und Engländer. In dieser Hinsicht hatte Hitler nicht recht, als er die Slawen für eine nicht vollwertige Seitenlinie in der Menschheitsentwicklung hielt. Das war einer der großen Irrtümer Hitlers, der die Perser als Blutsbrüder ansah, wo doch die Perser und Slawen eine einheitliche rassengenetische Wurzel haben, den Migrationsweg D.

Das jüdische Phänomen

Die Juden gehören, ausgehend davon, dass ihr Ausgangspunkt auf der Sinai-Halbinsel liegt, zur mediterranen Rasse. Deshalb sind ihre engsten »Blutsbrüder« die Araber, Griechen, Süditaliener und Spanier.

Ihr Aussehen ist jedoch extrem unterschiedlich. Es reicht von blonden europäischen bis zu fast schwarzen äthiopischen Juden. Welche Ursache hat das?

Vor nicht allzulanger Zeit verlor das jüdische Volk seine Heimat und siedelte sich rund um die Erde an, wobei es aber durch religiöses

Gebot Mischehen im Grunde ausschloss. Dennoch unterscheidet sich das Äußere der Juden, geografisch gesehen, beträchtlich. Die Juden Bucharas sind den Usbeken ähnlich, die kaukasischen Juden den Kaukasiern, die deutschen Juden den Deutschen, die marokkanischen Juden den Marokkanern, die äthiopischen den Äthiopiern und so weiter. Mischehen, die natürlich auch vorkamen, konnten das Äußere der Juden doch nicht so stark beeinflusst haben, andernfalls wäre die jüdische Nation assimiliert worden?

Ich sehe die Antwort darauf im Kontakt der Biofelder von Menschen unterschiedlicher Nationen, genauer gesagt, in ihrer gegenseitigen Einwirkung auf die äußeren Merkmale. Auf diesen Gedanken kam ich, als ich die Arbeit von Dr. A. W. Zsjan aus Chabarowsk über Experimente mit Biofeldern von Tierembryonen (Vögeln) und Pflanzensamen las. Indem er ein Hühnerei mit dem Biofeld einer Ente bestrahlte, gelang ihm die Geburt eines Kükens mit Entenfüßen. Auf die gleiche Weise erhielt er eine Melonengurke, einen Birnenapfel und ähnliche genetisch gemischte Arten.

Das würde bedeuten, dass zum Beispiel die Juden Bucharas die Merkmale des Usbeken nicht nur durch Mischehen annahmen, sondern auch dadurch, dass in der Zeit der Embryonalentwicklung eine Beeinflussung der Biofelder der Juden durch die der Usbeken stattfand und umgekehrt. Nach dem gleichen Prinzip verlief sicherlich auch die Einwirkung etwa der dunkelhäutigen Äthiopier, der blonden Deutschen, der braunhäutigen Kaukasier.

Natürlich erfasst diese Übertragung genetischer Informationen nicht alle Funktionsbereiche des menschlichen Organismus wie beispielsweise die Arbeit des Gehirns, des Herzens und der Leber, aber auf die äußeren Merkmale kann sie tatsächlich Einfluss nehmen. Diese Hypothese, das betone ich ausdrücklich, bedarf noch der wissenschaftlich-experimentellen Bestätigung. Wenn die Wissenschaft ein reiferes Stadium beim Studium der Biofeld-Effekte erreicht hat, wird sich das überprüfen lassen.

Rassismus oder Einheit der Völker

Für den Durchschnittsbürger hat das Wort »Rasse« einen negativen Anstrich, da es an den deutschen Faschismus und den weltweiten Krieg erinnert, der von den Faschisten für ihre Idee vom Zaun gebrochen wurde. Ich wiederhole nochmals, der Begriff »arische Rasse« ist nicht rechtens, einfach auf Grund dessen, dass die gesamte gegenwärtige menschliche Zivilisation als »arisch« bezeichnet werden muss (vor uns existierten die Zivilisationen der Atlanter und Lemurer). Hitler und seine Ideologen gestanden diese Benennnung für die gesamte gegenwärtige Zivilisation jedoch nur einem einzigen Volk (den Deutschen) zu und leiteten daraus einen »objektiven« Herrschaftsanspruch »ihrer arischen« Rasse ab.

Das Wort »Rasse« ist aber ein anthropologisch-biologischer Begriff und kein politischer. Es gibt keine Analogien zwischen der Rasse und den geistigen oder unternehmerischen Fähigkeiten der Menschen. Vielmehr haben unsere augengeometrischen Berechnungen eine strenge Abhängigkeit der Veränderung der Augen auf den vier Migrationswegen von Tibet aus gezeigt, was keinen Raum für die Hervorhebung irgendeiner bestimmten Rasse lässt. Genausowenig kann man davon ausgehen, dass die Rassen am Ende eines jeden Migrationsweges die am weitesten entwickelten sind, was Vergleiche zum Beispiel der Migrationswege D und B belegen, die hochentwickelte nördliche Rasse am Ende des Weges D und die halbwilde australische Rasse am Ende des Weges B.

Der Entwicklungsgrad verschiedener Rassen hängt meiner Meinung nach also nicht von anthropologisch-biologischen Merkmalen ab, sondern von ihrer historischen Entwicklungsgeschichte sowie den gegebenen Bedingungen beim Hervorbringen kluger, guter und initiativreicher Persönlichkeiten, die in der Lage sind, das Volk auf den Weg des Fortschritts zu führen und die Bedingungen (zum Beispiel Demokratie) für die Sicherung auch einer künftigen progressiven Weiterentwicklung zu schaffen.

Insgesamt haben unsere augengeometrischen Untersuchungen – neben einigen weiteren Hypothesen – ergeben, dass sich die Menschheit aus einem gemeinsamen Ursprung entwickelt hat, letzten Endes aus den Genen eines Urahnen und einer Urahnin. Entstanden in Tibet, hat sie sich weltweit verbreitet. Sie ist mithin biologisch und genetisch *einheitlich*, jeder Mensch ist der Bruder oder die Schwester des anderen.

3 Wessen Augen zieren die tibetischen Tempel?

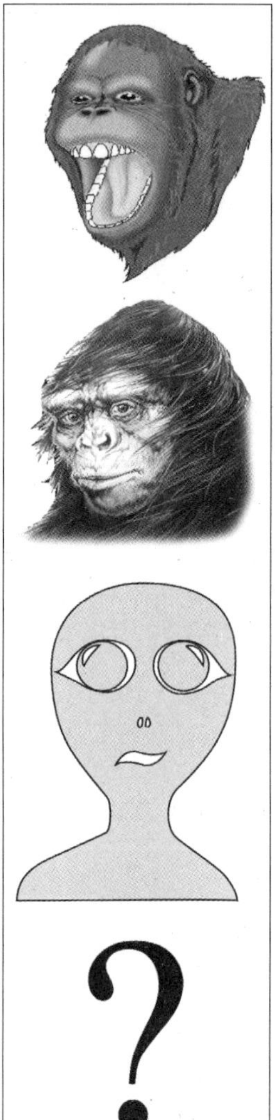

Durch die Augenanalyse kamen wir zu dem Schluss, dass die heutige Menschheit einer einheitlichen tibetischen Wurzel entstammt. Da ist natürlich die Frage berechtigt: Wer brachte die Menschheit in Tibet hervor? Wer sind die Urahnen der heutigen Menschheit?

Dazu gibt es viele Hypothesen. Die meisten Wissenschaftler der materialistischen Strömung stimmen darin überein, dass der Mensch vom Affen abstammt. Als Beweise dafür sehen sie archäologische Funde von Urmenschen und deren primitiver Werkzeuge an, wie etwa Steinäxte. Die dynamische Entwicklung vom Menschenaffen bis zum heutigen Menschen lässt sich auch deutlich verfolgen. Und nicht daran zu glauben, ist eigentlich nicht möglich. Aber diesen Prozess kann man sich genauso gut andersherum vorstellen, dass also der Affe aus dem Menschen hervorging. Beweise dafür gibt es letztlich ebensowenig wie für die darwinistische Hypothese. Vorstellbar ist sie jedoch auch.

Einige Wissenschaftler gehen davon aus, dass der Schneemensch der Ursprung der Menschheit ist – wenn er denn existiert. Legenden über ihn gibt es bei vielen Völkern; so kennt man ihn in Tibet als Yeti und in Jakutien als Tschutschuna. Andere halten es für möglich, dass die Menschenfamilie von Außerirdischen auf die Erde gebracht wurde, wofür es bisher allerdings keine ernsthaften Beweise gibt. Andererseits kennt jeder gebildete Mensch die Legenden über die mächtigen Atlanter, die in längst vergangener Zeit auf der Erde gelebt haben sollen. Der Fachliteratur (siehe beispielsweise H. P. Blavatsky und die östlichen Religionen) kann man die Auffassung entnehmen, dass vor uns schon mehrere andere Zivilisationen auf der Erde existierten, deren Entwicklungsniveau bedeutend höher war als unseres. Kann es sein, dass Atlanter, deren Zivilisation bei einer globalen Naturkatastrophe unterging, den Keim der heutigen Menschheit bildeten? Kann es sein, dass an dem tibetischen Ursprung auch das rätselhafte Shambhala beteiligt ist, das den Legenden nach ebenfalls in Tibet liegt? Kann es sein, dass der Mensch durch Gott auf dem Weg der Verdichtung des Geistes geschaffen wurde und, sich historisch entwickelnd, durch vielstufige Zivilisationen bis in die heutige Zeit gelangte?

Ungewöhnliche Augen auf einem tibetischen Tempel

Um möglichen Antworten näherzukommen, bemühte ich mich um eine wissenschaftliche Herangehensweise an dieses Problem, ungeachtet dessen, dass Forschungen dieser Art nicht unmittelbar auf Beweise hoffen lassen.

Da wir schon begonnen haben, dieses Problem von der Analyse der Augen ausgehend zu erforschen, setzten wir diese Linie weiter fort. Unser Ausgangspunkt: Das »mittelstatistische Auge« ist, bildlich gesprochen, in Tibet zu Hause. Dieser Fakt kann eine zufällige anatomische Variation der Augen der tibetischen Rasse sein, es kann aber auch sein, dass er einen tieferen und sogar geheimnisvollen Sinn hat. Möglicherweise kannten die Menschen des Altertums die Augengeometrie und hinterließen Zeugnis davon in Form von Abbildungen ihrer Augen in

Buddhistischer Tempel in Kathmandu, Nepal

Tibet, damit man anhand derer später einmal ihr Äußeres reproduzieren kann? Kann es sein, dass gerade das »mittelstatistische Auge« der Schlüssel zur Lösung des Rätsels ist, von wem wir abstammen? Aber mit diesen vielen »Kann es sein?« lässt sich die wissenschaftliche Neugier nicht befriedigen. Es war an der Zeit, Fakten zu suchen.

Die Visitenkarte der tibetischen Tempel

Mein Freund und Weggefährte bei der augengeometrischen Forschung, Valerij Lobankov (der nicht mit Juri Lobanov vom Anfang des Buches verwechselt werden sollte), bereitete sich auf eine Reise nach Tibet vor, um dort einen Himâlajagipfel zu besteigen. Vor seiner Abfahrt bat ich ihn, dort in Tempeln oder Pagoden auf das Vorhandensein der Abbildungen von Augen zu achten.

Nach seiner Rückkehr aus Tibet rief er mich sofort an:

– Ja, Ernst, du hattest recht. Hast du schon mal etwas über die Visitenkarte der tibetischen Tempel gehört?

– Nein, was meinst du damit? Ich war doch noch nie in Tibet ...

– Jeder tibetische Tempel, sagte Lobankov, hat seine Visitenkarte, die Darstellung gewaltiger, ungewöhnlicher Augen. Sie blicken auf dich, als würde der ganze Tempel auf dich blicken ...

– Was sind das für Augen?

– Ganz ungewöhnliche! Nicht wie die von Menschen. Obwohl, weißt du, es ist genau der Teil des Gesichts dargestellt, den wir bei der augengeometrischen Forschung untersuchen. Unglaublich! Ich war schockiert, als ich sie erblickte. Genau das, was wir bei den Leuten untersuchen, all unsere augengeometrischen Parameter sind dort vorhanden, aber die Augen sind ganz anders. Und jeder tibetische Tempel hat diese Augen. Sie sind gewaltig, gehen über die halbe Wand! Da hat jemand diese Augen als Heiligtum hinterlassen, fuhr Lobankov fort. Fabelhaft, wir haben das »mittelstatistische Auge« berechnet, ahnten nur, dass es irgendeinen Sinn macht, und nun ...

– Ja, das »mittelstatistische Auge« hatte nicht umsonst einen Anflug von etwas Rätselhaftem. Die wissenschaftliche Logik hat Früchte getragen.

– Und das hat mich echt verblüfft. Kein anderer Tempel auf der Welt hat solche Abbildungen von Augen, soweit ich weiß. Nur in Tibet ...

– Hast du die Lamas gefragt, wessen Augen das sind?, wollte ich wissen.

– Allerdings! Einige Lamas, hauptsächlich die niederen Ranges, sahen darin die Augen Buddhas, aber Lamas höheren Ranges schwiegen nur, sagten rein gar nichts. Ich habe sie sehr eindringlich befragt. Aber sie lenkten das Gespräch sofort auf ein anderes Thema, das Geheimnis muss für sie sehr bedeutsam sein.

– Hast du die Augen fotografiert?

– Selbstverständlich! Und mit der Videokamera habe ich sie auch aufgenommen.

Am gleichen Tag noch traf ich mich mit Lobankov. Gemeinsam mit ihm und Valentina Jakovleva gab ich die Darstellung dieser ungewöhnlichen Augen in den Computer ein. Wir schematisierten sie nach den Knotenpunkten der augengeometrischen Kriterien und begannen mit der Analyse. Wir hatten früher schon die augengeometrischen Prinzipien genutzt, um das Äußere eines Menschen anhand der Augen annähernd zu reproduzieren, und darum bemühten wir uns auch jetzt wieder.

Die Methodik dieser Rekonstruktion hier darzulegen, würde zu weit führen. Ich möchte nur Folgendes bemerken:

Erstens springt das Fehlen der Nasenwurzel ins Auge, die bei der Abbildung gewöhnlicher Augen immer vorhanden ist. Wovon zeugt das Fehlen der Nasenwurzel? Es ist bekannt, dass beim heutigen Menschen die Nasenwurzel den inneren Teil des Blickfeldes verdeckt. Nach außen beträgt das Blickfeld 80 bis 90 Grad, nach innen 35 bis 45. Deshalb verfügt der heutige Mensch über ein binokulares Sehen (ein Sehen mit zwei Augen, wodurch er das Volumen eines Objektes sehen und die Entfernung zu ihm wahrnehmen kann) in einem Bereich von nur 35 bis 45 Grad und nicht 80 bis 90 Grad nach allen Seiten. Diese Unbequemlichkeit, verursacht durch die Nasenwurzel, ist kaum von Belang bei Tageslicht, etwas mehr bei Kunstlicht, beim Licht einer Rotlichtlampe aber stört das schon erheblich, weil es die Orientierung im Raum erschwert. Ohne die Nasenwurzel würden die Menschen im Bereich von 80 bis 90 Grad nach allen Seiten binokular sehen können, was die Orientierung im Raum bei rotem Licht erleichtern würde.

Kann es sein, dass die Besitzer der ungewöhnlichen tibetischen Augen unter den Bedingungen von rotem Licht lebten? Diese Mutmaßung könnte stimmen, denn angesichts der Bedeutsamkeit der Sehfunktion müssten Anpassungsmechanismen existieren, die das Sehen maximal verbessern würden. Ein Anpassungsmechanismus wie das Fehlen der Nasenwurzel wäre für gewöhnliches Tageslicht nicht so wichtig, dafür aber für die Bedingungen unter rotem Licht.

Im *Buch der Prophezeiungen*[3] des bedeutenden Hellsehers Nostradamus (von 1555) las ich, dass die vergangene Zivilisation der Atlanter in blutroter Färbung lebte: Der Himmel war rot, die Bäume hatten eine sattrote Färbung und so weiter. Das lässt die Schlussfolgerung zu, dass auf den tibetischen Tempeln die Augen von Menschen einer vergangenen Zivilisation abgebildet sind, die der legendären Atlanter.

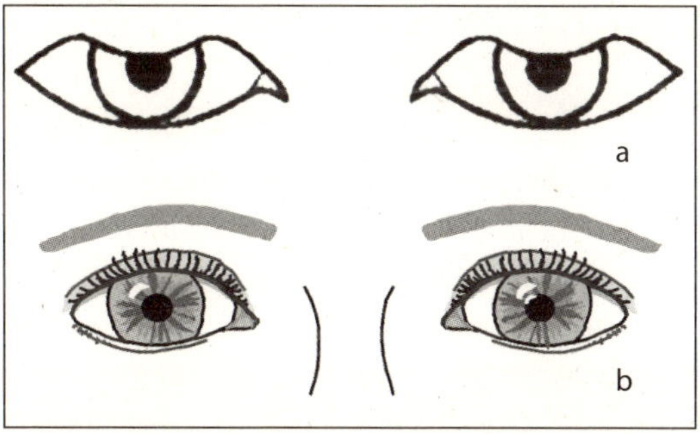

a – Augenschema der Augen auf den tibetischen Tempeln
b – Augenschema des modernen Menschen

Aber heute ist der Himmel blau, und unsere Augen sind entsprechend angepasst. Wahrscheinlich ändert sich mit der Erdachse auch die Farbe des Himmels. Bei Nostradamus las ich außerdem, dass sich im Gefolge der globalen Katastrophe, die die Atlanter vernichtete, die Erdachse veränderte und die Pole wechselten.

Zweitens zieht der ungewöhnliche obere Lidbogen der auf den Tempeln abgebildeten Augen die Aufmerksamkeit auf sich. Während die oberen Augenlider des heutigen Menschen die Form eines klaren Kreisbogens haben, haben die besagten Augen an den oberen Lidern eine zentrale Ausstülpung nach unten, wie über der Kornea hängend.

Was könnte das bedeuten? Vor allem, dass die Lidspalte beim Schließen der Augen nicht vollständig geschlossen wird, da die Ausstülpung des oberen Lides das verhindern würde. In diesem Fall sind die Augen in

[3] Zahlreiche Informationen über Nostradamus und seine Prophezeiungen finden Sie auf www.nostradamus-bibliothek.de.

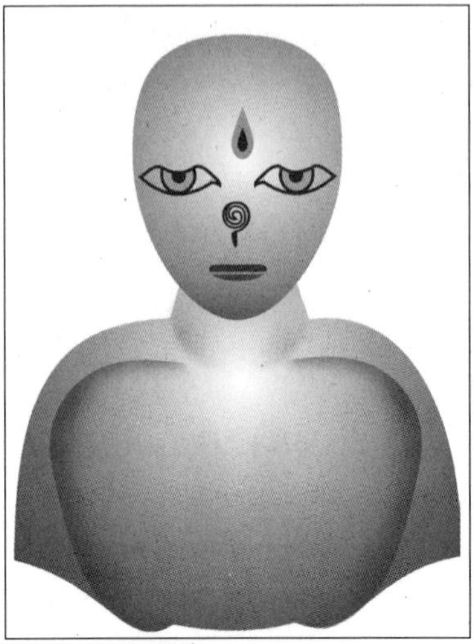

der Lage, das periphere Sehen durch die seitlichen Bereiche der Kornea zu bewahren. Aber da die Nasenwurzel fehlt und das Sehen binokularen Charakter im gesamten Blickfeld trägt, einschließlich der peripheren Bereiche, ist der Besitzer dieser ungewöhnlichen Augen in der Lage, auch bei geschlossenen Augen zu sehen. Solches Sehen ist natürlich nicht sonderlich gut, aber zur Orientierung im Raum völlig ausreichend.

Die Augen des heutigen Menschen können ein ähnliches »orientierendes Sehen« im geschlossenen Zustand nicht haben, da das extrem periphere binokulare Sehen fehlt und das obere Lid nicht die Fähigkeit besitzt, den Hauptteil der Kornea zu verdecken und dabei den restlichen Teil der Lidspalte halb bedeckt zu lassen.

Die Eigenschaft der ungewöhnlichen tibetischen Augen, das orientierende Sehen im geschlossenen Zustand zu bewahren, rief einen weiteren Anpassungsmechanismus hervor: lange, nach unten und innen gezogene Augenwinkel. Das zeugt von einer verstärkten Erzeugung von Tränenflüssigkeit, was zur Erhaltung der Augenfeuchtigkeit bei nicht vollständig geschlossener Augenspalte notwendig ist.

Welchen Grund sollte aber das nicht vollständige Schließen der Augen und die damit verbundene Erhaltung des orientierenden Sehens aufweisen? Wir haben dafür keine andere Erklärung gefunden als die Notwendigkeit, die empfindliche Kornea bei schnellem Schwimmen unter Wasser zu schützen. Der Mensch, dessen Augen auf den tibetischen Tempeln abgebildet ist, konnte schnell unter Wasser schwimmen, die anfällige Kornea durch die Ausstülpung des oberen Lides schützen und dadurch das orientierende Sehen bewahren. Das Vorhandensein einer solchen Anpassung der Augen muss davon zeugen, dass diese Menschen einen Teil ihres Lebens im Wasser verbrachten.

In Nostradamus' *Buch der Prophezeiungen* steht auch, dass die Atlanter zu jener Zeit auf zahlreichen Inseln lebten und Unterwasserplantagen hatten, wo sie Unterwasserkulturen anbauten. Diese Unterwasservariante der Landwirtschaft setzte für die Atlanter voraus, auch bedingt unter Wasser leben zu können.

Die Besitzer der ungewöhnlichen Augen führten ein Leben teilweise unter Wasser.

Nach dieser Schlussfolgerung ergänzten wir unsere Hypothese zum Aussehen der Atlanter. Sie brauchten einen großen Brustkorb und entwickelte Lungen, um während des Tauchens einen großen Luftvorrat aufnehmen zu können.

Leider haben wir bei diesen Berechnungen ein weiteres typisches Merkmal der Atlanter noch nicht geahnt – die Häutchen zwischen Fingern und Zehen –, obwohl sich das aus diesen Überlegungen logisch ergab. Von solchen Schwimmhäuten bei den Atlantern erfuhren wir erst während unserer späteren Tibet-Expedition.

Drittens hatten die Darstellungen auf den tibetischen Tempeln anstelle der Nase eine spiralförmige Öffnung. Warum das? Wenn die Atlanter wirklich teilweise unter Wasser lebten, wäre es denkbar, dass die spiralförmige Öffnung die Rolle einer ventilartigen Atemöffnung erfüllte. Über eine ähnliche ventilartige Atemöffnung verfügen Meerestiere (etwa Delfine oder Wale), weil das im

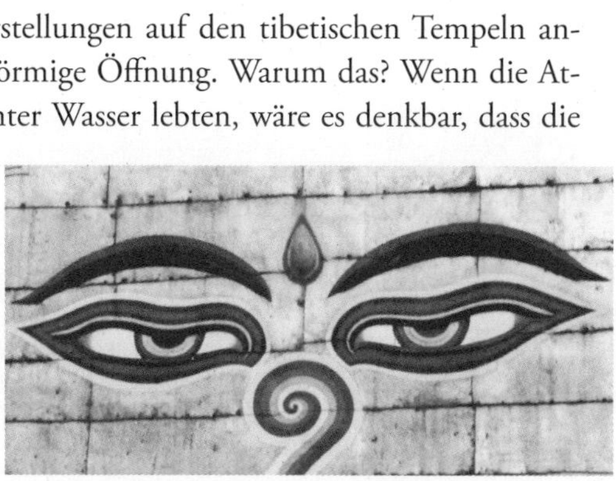

Unterschied zu einer gewöhnlichen Nase hilft, den Eintritt von Wasser in die Atemwege während des Aufenthalts unter Wasser zuverlässig zu verhindern. Eine andere Erklärung für die Zweckbestimmung der spiralförmigen Öffnung fanden wir nicht.

Unverständlich blieben zwei Punkte: Warum war die ventilartige Öffnung spiralförmig und warum hat diese Atemöffnung eine schlitzförmige Fortsetzung nach unten? Aber zu dem Zeitpunkt hatten wir ja auch Ananta Krishna noch nicht getroffen und wussten nichts über die tonerzeugende Funktion dieser Öffnung. Zu dem Zeitpunkt hatte auch Vener Gafarov die embryonal-anatomischen Untersuchungen noch nicht durchgeführt, die ihn zu der Schlussfolgerung über die mögliche Existenz von Kiemenelementen bei diesen teilweise unter Wasser lebenden Menschen kommen ließen.

Viertens: Auf den Darstellungen an den tibetischen Tempeln befindet sich mittig ein wenig oberhalb der Augen ein tropfenförmiger Fleck, ungefähr dort, wo die indischen Frauen ihren Schönheitsfleck hinmalen. Dieser tropfenförmige Fleck stellt wahrscheinlich das hypothetische »Dritte Auge« dar.

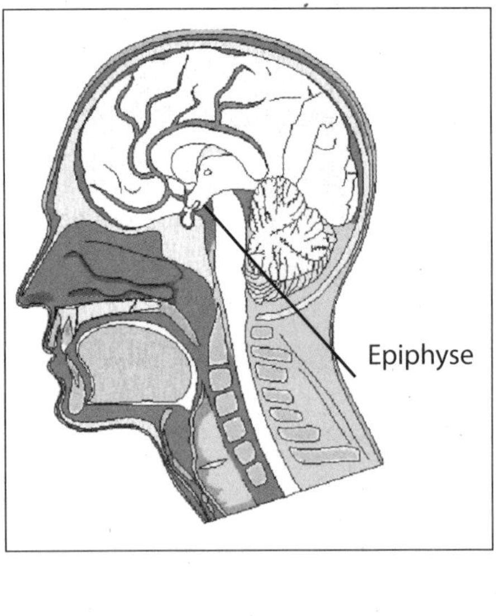

Es ist bekannt, dass das Dritte Auge irgendwann im Altertum bei den Menschen vorhanden war, dafür sprechen die Angaben der Embryologie. Aber beim heutigen

Menschen blieb davon nur ein Rudiment übrig – die Zirbeldrüse oder Epiphyse –, tief im Inneren des Gehirns versteckt. Es wird allgemein angenommen, dass das Dritte Auge das Organ der menschlichen Bioenergie war, zuständig beispielsweise für Telepathie, und den Legenden nach Wunder vollbringen konnte – Gedankenübertragung, Beeinflussung der Gravitation, Heilung von Krankheiten und anderes mehr. Die indischen Frauen tragen den erwähnten Fleck möglicherweise als überliefertes Symbol für dieses wundertätige Organ.

Bei Nostradamus ist auch nachzulesen, dass die legendären Atlanter durch innere menschliche Energie, sozusagen mit ihrem Blick, riesige Lasten bewegen und auf diese Weise monumentale Bauwerke wie Pyramiden errichten konnten.

Es ist schwer zu sagen, wer die Pyramiden denn nun erbaute. Man kann aber nicht ausschließen, dass es die Atlanter waren, noch vor Beginn des Zeitalters der heutigen Menschen. Wenn die Ägypter und Mexikaner sich nicht irren, wäre das durchaus möglich. Es könnte bedeuten, dass nicht sie die Pyramiden bauten, sondern sich ihre Vorfahren zu Füßen der steinernen Kolosse niedergelassen haben.

Auf der Grundlage all dessen entstand die Hypothese, dass an den tibetischen Tempeln die Augen des Menschen einer vergangenen Zivilisation, der Atlanter, dargestellt sind. Die Augenanalyse zeigte, dass die mutmaßlichen Atlanter einen kräftigen Körperbau hatten, höchstwahrscheinlich sehr groß waren, ein Leben teilweise unter Wasser führten und in ihrem Alltag das Dritte Auges nutzten.

Uns hat immer wieder die erstaunliche Übereinstimmung verblüfft, die sich aus dem von uns errechneten »mittelstatistischen Auge« des heutigen Menschen, von uns in Tibet »lokalisiert«, und den von den hypothetischen Atlantern dort hinterlassenen Augendarstellungen ergab, was weitere Schlüsse auf ihr Äußeres und ihre Lebensweise zuließ.

Ananta Krishna

Unsere Überlegungen gaben uns zu denken. Sollten wir ihnen glauben oder nicht? Da brachte uns ein gewisser Ananta Krishna erfreuliche Gewissheit, dass wir mit unserer Arbeit richtig lagen.

Es geschah auf einer Konferenz im September 1995 auf der Krim. Sie hatte das weise Thema *Fundamentale Grundlagen der Ökologie und der menschlichen seelischen Gesundheit*, war aber im Wesentlichen ein Treffen von Leuten, die sich mit den Parawissenschaften beschäftigen. Dabei handelte es sich hauptsächlich um Hexenmeister, Magier, Sensitive, Hexen und andere mit besonderen Fähigkeiten, aber auch um etliche seriöse Wissenschaftler aus vielen Ländern, darunter Indien, der Schweiz, Deutschland und den USA, deren Interessensgebiete ähnlich gelagert waren.

Auf dieser Konferenz hielt ich einen Vortrag über unsere bisher geschilderten Untersuchungen. Ich begann mit der Frage, warum wir uns in die Augen sehen, und endete mit der Beschreibung der hypothetischen Atlanter. Ich hielt meine Rede auf Englisch, jeden Satz ins Russische übersetzend, wodurch alle im Saal mich gut verstanden. Danach wurde lebhaft diskutiert, und es wurden viele Fragen gestellt. Später kam ein indisch gekleideter Teilnehmer auf mich zu und sagte mir, dass er sich nie habe vorstellen können, dass ein westlicher Wissenschaftler allein durch logische Überlegungen eines der wichtigsten Geheimnisse des Ostens entschleiern könne.

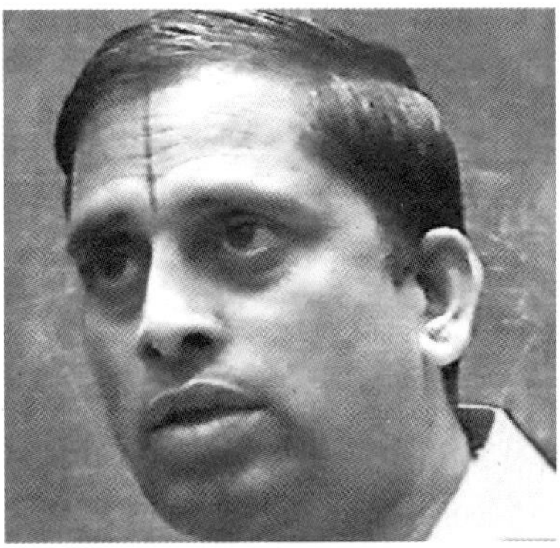

Ananta Krishna

– Die rätselhaften Augen an den tibetischen Tempeln bergen das wichtigste Geheimnis des Ostens?, fragte ich ihn.

– Nicht ganz. Es ist eines der Geheimnisse und auch nicht das wichtigste, entgegnete er.

– Aber welches ist das Hauptgeheimnis?, wollte ich wissen, wobei mir schon klar war, dass dieser Mann hier auf dem Flur kaum mehr preisgeben würde.

– Haben Sie schon von den Geheimnissen der tibetischen Lamas gehört?, antwortete er mit einer Gegenfrage.

– Nun, ich habe von ihrer Existenz gehört, aber mehr weiß ich nicht darüber.

Er stellte sich als Meister Ananta Krishna vor. Wir tauschten unsere Visitenkarten und verabredeten ein Treffen später im Hotel. Dort setzten wir unser Gespräch fort.

– Wie kann man das Wort »Meister« verstehen?, fragte ich ihn.

– Meister, das ist eine besondere Kategorie östlicher religiöser Persönlichkeiten, die in einige Geheimnisse eingeweiht sind.

– Welche Geheimnisse? Die Geheimnisse der Alten? Können Sie mir irgendetwas darüber sagen?

– Lesen Sie *Die Geheimlehre* von Helena Blavatsky.[4] Wenn ich richtig verstehe, haben Sie sie bisher noch nicht gelesen.

– Nein.

– Ihr glücklichen Russen. In Ihrem Land wurde die weltweit bedeutendste Eingeweihte geboren: Blavatsky. In ihrem Buch können Sie viel über die Geheimnisse des Altertums finden. Es stimmt schon, es ist schwer zu verstehen wegen der besonderen göttlichen Logik. Aber wenn Sie sich mit der östlichen Logik und dem östlichen Wissen über das Altertum vertraut machen, werden Sie die Blavatsky verstehen können.

– Können wir nicht ein offenes Gespräch führen?, drängte ich.

– Von mir aus. Aber Ihre Kenntnisse des Ostens sind unzureichend. Sie sind ein westlicher Gelehrter, parierte Ananta Krishna.

– Können Sie mir nicht in aller Kürze das Wesen der östlichen Kenntnisse über das Altertum nahebringen?

– Ja, natürlich ...

Ananta Krishna setzte zu einer Rede an, die nur so gespickt war mit Wörtern wie das »Gute«, die »Liebe«, »Mitgefühl«, »Leid«, das »Böse« – ich verstand rein gar nichts. Ich nickte zwar, versuchte Logik darin zu erkennen, aber es kam nichts dabei raus. Sicherlich sagte Ananta Krishna viel Gescheites, mir aber fehlte das herkömmliche östliche Verständnis solcher Postulate wie Liebe, Güte und Böses.

---

4 Die in diesem Buch enthaltenen Zitate aus Blavatskys *Die Geheimlehre* inklusive der Seitenangaben beziehen sich alle auf die deutsche Erstausgabe von 1899 in der Übersetzung von Dr. Robert Froebe, die 1999 im Verlag Esoterische Philosophie als Faksimile wiederaufgelegt wurde. PDFs zum kostenlosen Download der *Geheimlehre*, allerdings nicht seitenidentisch mit dem Faksimile, finden Sie hier – *Band I: Kosmogenesis* auf http://fvn-archiv.net/PDF/andere/Blavatsky_Geheimlehre_I.pdf und *Band II: Anthropogenesis* auf http://fvn-archiv.net/PDF/andere/Blavatsky_Geheimlehre_II.pdf. Für Studienzwecke wird empfohlen, die entsprechenden Passagen mit der Neuübersetzung unter der Leitung von Hank Troemel zu vergleichen, die ebenfalls seit 1999 in der Edition Adyar vorliegt.

Verzagt lenkte ich das Gespräch auf mir mehr vertraute wissenschaftliche Bahnen.

– Sagen Sie, Meister Krishna, ist meine Analyse der auf den tibetischen Tempeln dargestellten Augen richtig?

– Ja, sie ist richtig.

– Diese Augen, sind das die Augen eines Atlanters?

– Wir nennen die altertümlichen Menschen anders.

– Wessen Augen sind es dann?, hakte ich nach.

– Es sind Seine Augen.

– Wer ist Er?

– Er, der Sohn Gottes. Er erschuf die Menschheit, die jetzt die Welt belebt, gab ihnen ihr Wissen, lehrte sie den Fortschritt und sorgte für ihr Überleben.

– Woher kam der Sohn Gottes?

– ...

– Woher kam er?

– Auf der Erde lebte und lebt noch immer der große Stamm der Söhne der Götter.

– Lebt noch immer? Wo? In Shambhala?

– Ach übrigens, die spiralförmige Öffnung anstelle der Nase bei diesen großen Menschen erfüllte nicht nur die Aufgabe einer Atemöffnung, sie war auch ein tonerzeugender Apparat, brachte Ananta Krishna das Gespräch auf ein anderes Thema.

– Was denn, Sie sprachen mit der Nase und nicht mit der Kehle?, fragte ich.

– Ja. Sie konnten in einem sehr breiten Bereich sprechen, von Ultraschallwellen bis zu infraroten. Deshalb war ihre Sprache auch wesentlich reicher als unsere, und obendrein bedienten sie sich der Telepathie. Sie hatten größere Köpfe. Sie nahmen nur weiche Nahrung zu sich. Sie bewahrten zwei Hauptlaute sorgfältig, die ihnen heilig waren: *So* und *Ham*. Sie lebten nach den Gesetzen des *So'Ham*.[5]

– Was ist das, dieses *So'Ham*? Warum waren das ihre Hauptlaute?

– Sie werden kaum verstehen, was dieses *So'Ham* ist. Es ist eine ganze Philosophie, antwortete Ananta Krishna.

Ich fragte Ananta Krishna noch ein wenig aus, merkte aber, dass er vieles nicht aussprach, und mir fiel es auch schwer, das alles zu verstehen.

5 *So'Ham* ist die Zusammenziehung von »*sah aham*« entsprechend der Sanskrit- Wortklangregeln; »*sah*« = er/dieser, »*aham*« = ich; »*so'ham*« = er/dieser bin ich. Das Hilfsverb »bin« muss man sich im Sanskrit gewöhnlich hinzudenken.

Zu jener Zeit ahnte ich noch nicht, welche Mühen mir bevorstanden bei dem Versuch, wenigstens teilweise in die Philosophie des Altertums einzudringen. Ich verstand noch nichts von der großen letzten Botschaft *So'Ham*, erkannte noch nicht ihre Vielfältigkeit und Schicksalsträchtigkeit für unsere Zivilisation. Meine Gedanken kreisten nur um die Seltsamkeit dieser Laute.

Zu jener Zeit konnte ich mir auch nicht einmal ansatzweise vorstellen, dass die Augen an den tibetischen Tempeln nicht die eines Atlanters sind, sondern einem Vertreter einer noch älteren und rätselhafteren Erdzivilisation gehörten, die Ananta Krishna die Söhne der Götter nannte. Zu diesem Schluss kam ich erst ziemlich spät, weshalb ich die an den tibetischen Tempeln dargestellten Augen einen großen Teil dieses Buches über als die Augen der Atlanter bezeichnet habe.

Bei alldem und als ich schon die Analyse der tibetischen Tempelaugen beendet hatte, quälte mich die Frage: Woher kamen die Vertreter der alten Erdzivilisation in einer so verhältnismäßig späten historischen Periode? Sie waren doch schon längst ausgestorben?

Blieben Menschen der alten Zivilisationen auf der Erde erhalten?

Sicherlich gab es auf der Erde schon vor uns menschliche Zivilisationen. Sie müssen ein hohes technokratisches Niveau erreicht haben, wobei die Nutzung der Gewalt im Sinne des Bösen für sie verhängnisvoll wurde: Diese Zivilisationen zerstörten sich selbst. Aus den Ruinen einer alten Zivilisation ging dann jeweils eine neue hervor.

Aber auch bei dem erreichten Entwicklungsgrad unserer Erdzivilisation der *Âryas* könnte irgendein Staatsoberhaupt (USA, Russland) einfach per Knopfdruck einen Atomkrieg auslösen, der die Menschheit vernichtet. Dann bräche der atomare Winter herein, und der verstrahlte Planet würde für menschliches Leben unbrauchbar werden.

Die Macht des Bösen ist gewaltig. Böses Sinnen und Trachten richtet die wissenschaftlich-technischen Kräfte auf Zerstörung und Vernichtung aus und kann so zur Selbstzerstörung der Zivilisation führen. Noch verstehen wir die Natur des Guten und Bösen schlecht, doch ganz gewiss liegt in ihnen eine mächtige Kraft. Der Kult des Guten führt zum Fortschritt, der des Bösen und der Macht zu Zerstörung und Kriegen. Deshalb hat die geistige Entwicklung der menschlichen Gesellschaft im Sinne des Guten eine so eminent hohe Bedeutung.

Sitzt die Menschheit wirklich auf Waagschalen, schwankend zwischen Gut und Böse? Gibt es keinen irgendwie gearteten gesamtplanetaren Mechanismus, der das Fortbestehen des Lebens auf der Erde nach einer globalen Katastrophe garantiert? Gehen die geistigen und materiellen Werte der Erdzivilisation mit ihrem Untergang unumkehrbar verloren? Unsere Logik sagt uns, nein. *Es muss etwas geben, das die Fortsetzung des Lebens auch nach einer globalen Naturkatastrophe ermöglicht oder sichert.*

Woher und wie kam der Sohn Gottes zu den Menschen unserer Zivilisation in Tibet? Er kann doch nicht vom Himmel gefallen sein. Wenn es tatsächlich die Augen des Sohns Gottes sind, die sich auf den tibetischen Tempeln befinden, dann müssen die Menschen unserer Zivilisation ihn leibhaftig gesehen und mit ihm Umgang gehabt haben. Noch einmal: *Woher kam Er?*

Unwillkürlich fragt man sich, wo die Menschen vergangener Zivilisationen auf der Erde wohl überlebt haben könnten, von wo sie stammten und ob sie nicht wieder unter uns erscheinen könnten. An welchem Ort? Vielleicht in Shambhala?

All diese Fragen wühlten mich und meine Freunde auf. Um sie beantworten zu können, begaben wir uns auf die Trans-Himâlaja-Expedition.

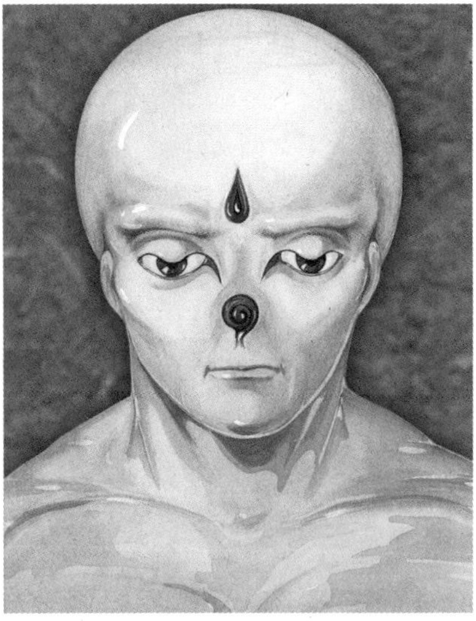

Woher kam Er?

TEIL II

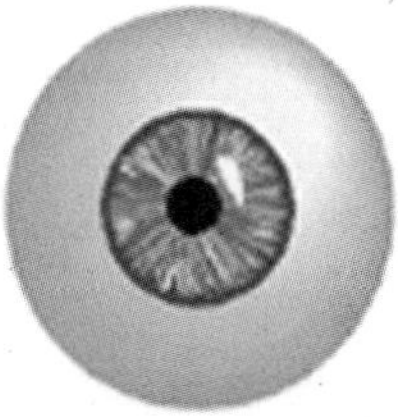

»So'Ham« – die letzte Botschaft

1 Die internationale Expedition zur Suche nach dem Ursprung der Menschheit

Zur Bestätigung oder Widerlegung unserer Hypothese organisierten wir eine internationale Expedition, zu der außer den russischen Teilnehmern noch Vertreter Indiens und Nepals gehörten. Die Expedition wurde unter der Obhut der Internationalen Akademie der Wissenschaften bei der UNO organisiert. Diese Organisation, der führende Wissenschaftler der Welt angehören, darunter viele Nobelpreisträger, brachte für unsere Forschungen großes Interesse auf.

Schon während des internationalen Kongresses auf der Krim hörten einige Mitglieder der Internationalen Akademie der Wissenschaften aus verschiedenen Ländern unseren Vortrag. Sie interessierten sich außerordentlich stark für ihn und diskutierten sehr intensiv mit mir. Sie empfahlen mir, der ich auch Mitglied der Internationalen Akademie der Wissenschaften bin, eine Expedition unter der Obhut dieses Gremiums auszurichten.

Es traf mich völlig unerwartet, dass gestandene westliche und andere Wissenschaftler sich für diese schwer beweisbare Thematik so sehr interessierten. Ich bin an den Konservativismus der Wissenschaft gewöhnt und auch daran, dass Opponenten absolute Beweise fordern, die es in der Natur nur selten gibt, da nun einmal alles relativ ist. Und ich weiß natürlich, dass die moderne Wissenschaft sich schwer tut mit einem logischen Forschungsweg auf der Grundlage einer intuitiven Herangehensweise und – das gegenwärtige Niveau der Wissenschaft als Dogma betrachtend – jedes Abweichen vom Weg der Logik als Zeichen schlechten Tons ansieht. Da hatte ich noch nicht verstanden, dass Logik auf der Basis von intuitivem Gefühl das entscheidende Moment religiöser Erkenntnis ist, dass für die religiösen Meister, mit denen wir uns treffen würden, unser logischer Weg entscheidend für ihr Vertrauen sein und sie sogar veranlassen würde, uns gegenüber einige geheime Kenntnisse der Lamas und *Svâmin* zu lüften. Zu dieser Zeit war mir auch noch nicht bekannt, dass die Logik eine von fünf Wissenschaften ist, die Buddha

Auf der Konferenz der Augenärzte in Indien

für die positive Entwicklung der Menschheit ausgewählt hat. Die Zuständigkeit der Internationalen Akademie der Wissenschaften für unser Vorhaben hielt ich daher für ausgesprochen hilfreich.

Am meisten fürchteten wir, dass man uns kein Vertrauen entgegenbringen würde. Man darf bestehende Widersprüche zwischen religiösen Erkenntnissen und der modernen Wissenschaft nicht unterschätzen, gerade in Indien und Nepal, wo Meditation, Yoga und ähnliche Zustände, die wissenschaftlich schwer erklärbar sind, eng mit der Religion verwoben sind und mit als Hauptwege zur menschlichen Vervollkommnung angesehen werden. Man könnte uns für unwissende Schüler halten und zu uns mit simplen Worten sprechen, egal wie tiefgründig die Computeranalyse der Augen auch war, die wir vorzuweisen hatten.

Deshalb setzten wir uns mit den Gesellschaften für Augenheilkunde Indiens und Nepals in Verbindung und planten mit ihrer Hilfe in verschiedenen Städten Konferenzen und Demonstrationsoperationen für die örtlichen Augenärzte. Unsere neuen Operationsverfahren mit dem Transplantationsmaterial Alloplant, die auf der Züchtung von patienteneigenem Gewebe aus Blutgefäßen, durchsichtiger Kornea, Lederhaut und ähnlichem beruhten, rufen schon seit mehr als einem Jahrzehnt allergrößtes Interesse in der Welt der Augenheilkunde hervor, beson-

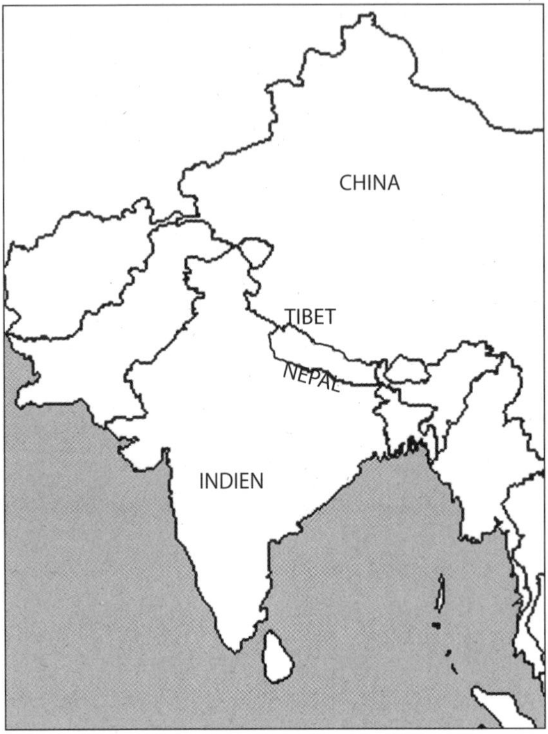

ders weil man damit Kranken helfen kann, die bisher als hoffnungslose Fälle galten. Außerdem wussten wir, dass viele Augenärzte in ihren Städten eine überdurchschnittlich hohe Reputation haben, mehr sogar als jede Administration. Unsere Vorstellung bei den religiösen Meistern durch führende Augenärzte des Landes würde also eine große Rolle spielen, zumal das Auge, dem wir das Sehvermögen zurückgaben, in verschiedenen Sprachen Spiegel der Seele genannt wird.

Unsere Marschroute verlief durch Städte und Ortschaften Indiens und Nepals, in denen aus wissenschaftlicher Sicht die interessantesten hinduistischen und buddhistischen Tempel konzentriert waren. Hier wollten wir uns auch mit Wissenschaftlern treffen, die Religionsgeschichte studierten. Es war geplant, bis zu den kleinen Pagoden Nepals vorzudringen, die weit in den Bergen liegen, und mit Eremiten zu sprechen.

Nach Indien brachen wir zu dritt auf: Sergej Seliverstov, Vener Gafarov und ich. Von Indien aus wollten wir nach Nepal fliegen. Dort sollten Valerij Lobankov und Valentina Jakovleva zuvor schon vorbereitende Untersuchungen durchführen. In Indien und Nepal würden sich uns der indische (Dr. Pasricha) und die nepalesischen Teilnehmer der Expedition (Sheskand Ariel und Kiram Buddhaacharaia) anschließen. Wir alle sprachen Englisch, der eine besser, der andere weniger gut. Und die nepalesischen und indischen Teilnehmer beherrschten dann ja noch die lokalen Sprachen.

Ernst Muldashev, der Leiter der Expedition

Valerij Lobankov, der stellvertretende Leiter

Valentina Yakovleva

Sergej Seliverstov

Vener Gararov

Dr. Pasricha, Indien

Sheskand Ariel, Nepal

Kiram Buddhaacharaia, Nepal

2 Was weiß der Normalbürger über die Herkunft der Menschheit?

Die meisten Menschen in Europa und Amerika akzeptieren mehr oder weniger, dass der Mensch vom Affen abstammt. Sie haben damit keine Probleme – sie halten es für belanglos. Einige andere hingegen glauben, Fremde aus dem Kosmos haben den Menschen auf die Erde gebracht, warum auch nicht.

In Indien und Nepal spricht niemand über Affen, und die Behauptung, auch sie – die Menschen dort – würden vom Affen abstammen, würde bei ihnen nur Gelächter hervorrufen. Die Affen, die dort auf den Hausdächern herumspringen und ständig im Müll kramen, regen ihre Gefühle so wenig an wie bei uns Tauben oder Raben. Dort ist jeder von der göttlichen Abstammung der Menschheit überzeugt, auch wenn nicht jeder erklären könnte, was das bedeutet, obwohl er in der buddhistischen Religion aufgewachsen ist. Viele verstehen vielleicht nicht die zutiefst wissenschaftlichen Thesen der Lehre Buddhas, sie kennen aber Begriffe wie Meditation, das Dritte Auge, Mitgefühl. Der einfache Mensch in diesen Ländern glaubt vor allem aufrichtig an die Größe der religiösen Sichtweise auf die Welt und ist von der Notwendigkeit der geistigen Entwicklung überzeugt.

Die buddhistische Religion ist meiner Ansicht nach die wissenschaftlich fundierteste Religion der Welt. Sie zu verstehen fällt allerdings selbst Wissenschaftlern schwer, denn ihre Vorstellungen sind einfach zu materialistisch. Der moderne Wissenschaftler nimmt gewöhnlich Erklärungen von Indern oder Thais über die bewegende Kraft des Leidens mit einem Lächeln auf, wenn diese erklären, dass du, wenn du von Moskau nach Bombay reist, leidest, weil du dich nicht gerade in Moskau befindest, aber wenn du nach Moskau zurückkehrst, du deswegen leidest, weil du von Bombay weggereist bist – du dich folglich also im Zustand des ständigen Leidens befindest.

Ungeachtet der Simplizität solcher Erklärungen trägt die Betonung der geistigen Kraft Früchte. In dem Milliardenvolk Indiens zum Beispiel leben rund 40 % der Bevölkerung in solcher Armut, dass selbst unser allerärmster Bettler sich das nicht vorstellen kann. Dennnoch sind Verbrechen, besonders Schwerverbrechen wie Mord und Gewalt, wenig verbreitet. Wie sähe das wohl in den Vereinigten Staaten von Amerika aus angesichts eines solchen Elends? Wenn dort 40 % der Bevölkerung unter den gleichen Bedingungen leben müssten? Von den postkommunistischen Ländern gar nicht erst zu reden.

Fast in allen Varianten der buddhistischen Religion gibt es Gebetsmühlen, die den Kreislauf von Leben und Tod symbolisieren. Die einfachsten Menschen gehen zu Klöstern hin und drehen diese Gebetsmühlen, die dort stehen und an die Ewigkeit der Seele und den Zyklus von Leben und Tod gemahnen.

Deshalb fürchten die Menschen des Ostens den Tod nicht. Sie sind überzeugt, dass danach ein neues Leben kommt. Das drückt sich nicht zuletzt im Fahrstil der indischen und nepalesischen Kraftfahrer aus. Die Wege sind hier in einem miserablen Zustand und sehr schmal, aber eine Geschwindigkeitsbegrenzung gibt es nicht. Alle Autos, vom riesigen LKW bis zur kleinsten »Konservenbüchse«, rasen mit einer Wahnsinnsgeschwindigkeit dahin und überholen sich dabei noch gegenseitig. Da denkst du nur noch Gutes über die Verkehrspolizei zu Hause. Die Fahrer nehmen das gleichgültig hin – es ist eben so.

Ich bin in vielen Ländern der Welt auf religiösen Fundamentalismus gestoßen. Besonders ausgeprägt ist er in den islamischen Ländern. Im Iran, im Jemen, in Jordanien, den Arabischen Emiraten und in Bahrain hatte ich immer Mitgefühl mit den Frauen, die selbst bei sengender Hitze gezwungen waren, sich vollständig in schwarze Gewänder zu hüllen und auch noch das Gesicht zu bedecken. In vielen dieser Länder ist der religiöse Fanatismus sogar in den Rang der Staatspolitik erhoben worden.

Die buddhistische Religion hingegen ist sehr sanft und schränkt den Menschen in all seinen Lebensbereichen wenig ein. Die Hebel der Einwirkung auf die Gesellschaft sind hier ganz andere. In den buddhistischen Ländern herrscht ein Kult des Geistes, mit Begriffen wie Gewissen, Mitgefühl, Meditation. In einem weitverzweigten Netz von Schulen wird gelehrt, wie man sich versenkt und selbst analysiert. Die Wirkung auf die Gesellschaft ist auf keinen Fall geringer. Einmal sahen wir, wie im Nordwesten Indiens in einem Sikh-Tempel Gläubige inbrünstig die Stufen des Tempels küssten, was aus hygienischen Gründen sicher nicht ungefährlich ist.

Die Gebetsmühle symbolisiert die Unsterblichkeit der Seele und den Kreislauf von Leben und Tod.

Der buddhistische Seelenkult begünstigte die positive Aufnahme unserer Hypothese über die Abstammung des Menschen. Die vielen Treffen und Einladungen in die verschiedensten Klubs, besonders in Indien, waren meistens von Diskussionen zu diesem Thema begleitet, denn alle interessierten sich dafür. Fast immer erregten sich die Zuhörer, aber danach begannen sie, sich gegenseitig ins Wort fallend, zu erzählen, was sie zu diesem Thema wussten. Anstandshalber schrieben wir alles auf, maßen dem aber keine große Bedeutung zu. Bemerkenswert war allerdings, dass der logische Weg der Erkenntnis dessen, was auf dem gegenwärtigen Stand der exakten Wissenschaft noch nicht mess- oder fassbar ist, keinerlei Bedenken hervorrief, weil jeder von der Existenz höherer Kräfte überzeugt ist. Die Menschen dort stehen über dem »gesicherten« Wissen. Nur die religiös gefasste Logik kann in das Geheimnisvolle vordringen und auf diese Weise jetzt schon zu Fragen und Aussagen führen, die Menschen und Wissenschaft so dringend brauchen.

Praktisch jeder in diesen Ländern ist von der Existenz des Dritten Auges und seiner Hauptfunktion – dem *looking inside* (Schauen ins Innere) – überzeugt. Für einige Leute ist der wesentliche Punkt die Nase, die sich am Kreuzungspunkt der Tangenten der unteren Augenlider befindet, aber über ihre Funktion etwas zu sagen, fällt ihnen schwer. Die meisten gehen davon aus, dass Buddha das Wissen vergangener Zivilisationen in sich trug.

Meditationslehrer

Der russische Mensch hat wesentlich bodenständigere Vorstellungen von seiner Umwelt. Der Geist interessiert ihn recht wenig, doch die Abstammung der Menschheit und alle möglichen seltsamen Phänomene, wie Fakire sie hervorbringen, die manchmal im Fernsehen zu sehen sind ... das interessiert ihn schon sehr. Als gesellschaftlich nützlich betrachtet er, was unmittelbar mit den Händen gemacht wird. Als zum Beispiel unser Teilnehmer Sergej Seliverstov in Kathmandu russische Alpinisten traf, fragte einer von ihnen:

– Was denn, hat Ihr Anführer nichts anderes zu tun? Es wäre doch besser, wenn er Augen operieren würde.

Das war schon schmerzhaft für mich, führe ich doch im Jahr 300 bis 400 sehr komplizierte Operationen durch. Wahrlich, einem solchen Menschen kannst du nicht erklären, dass das von uns entwickelte Alloplant, das schon mehr als einer Million hoffnungslos Erkrankter geholfen hat, bei den letzten Forschungen besondere bioenergetische Eigenschaften offenbart hat; dass nur ein breites Erfassen des Begriffs »biologische und geistige Energie« überhaupt zu konkreten medizinischen Forschungen führen kann, die natürlich die Entwicklung prinzipiell neuer Heilungsmethoden für Kranke zum Ziel haben müssen, denen

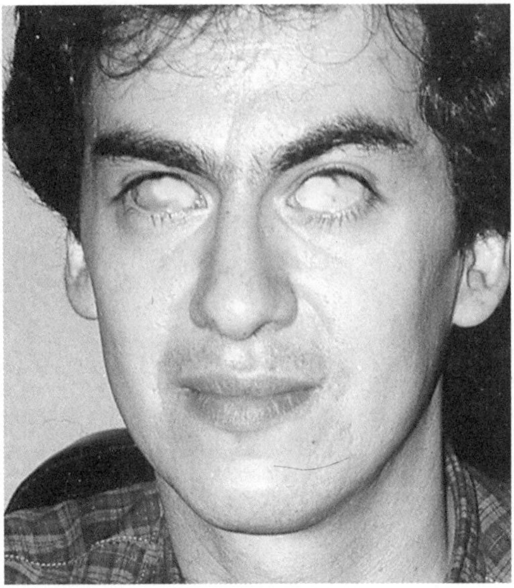

Der hoffnungslos Kranke möchte schon heute wieder sehen können und gesunden.

wir jetzt noch nicht helfen können. Ein konservativer Mensch wird schwerlich verstehen, dass mehr als die Hälfte der Menschheit an die Wahrheit des religiösen buddhistischen Wissens glaubt und dass dieses alte Wissen überkommene Kenntnisse einer vergangenen, höher entwickelten Zivilisation sein dürften und dass man versuchen sollte, sie mit der modernen Wissenschaft zu verbinden, um die heutige Medizin effektiver zu machen.

Aber insgesamt ist der russische Mensch, ungeachtet seiner atheistischen Erziehung in den Jahren des Kommunismus, meiner Ansicht nach romantischer und dem Neuen gegenüber aufgeschlossener als, sagen wir einmal, der Amerikaner. Der langjährige Dollarkult hat den Durchschnittsamerikaner nur für die Neuerungen aufgeschlossen gemacht, mit denen man Geld verdienen kann.

Alle Menschen sind unterschiedlich, und unterschiedlich sind auch ihre Ansichten über die materiellen und geistigen Komponenten im Leben. Nichtsdestoweniger sind die Menschen in einer Hinsicht gleich: Sie sind gleicher Abstammung.

3 Im Tempel Gitas

Dieser wunderschöne Tempel befindet sich in einer kleinen Stadt Indiens, in Karnâl. Viele Statuen rahmen die Fassade ein, im Gebäude selbst sind verschiedene Lebensszenen durch Statuen dargestellt, vollendet wird das ganze Ensemble durch zahlreiche Bilder.

Wir wurden von einem älteren Mann empfangen, dem Gemahl der Mutter Oberin des Tempels. Fast beiläufig gab er zum Besten, dass die Lehre Gitas die Lehre von der menschlichen Weisheit ist, sogar deren Kernempfehlung. So soll man zum Beispiel auf einen Kampf verzichten, wenn die Macht zu schwinden beginnt, man sie aber erhalten will.

Der Tempel Gitas

Mutter Deiyal im Tempel Gitas

Das Gespräch mit Mutter Deiyal führten wir anfangs über den kosmetischen Fleck der indischen Frauen. Die Mutter erklärte, dies sei keinesfalls ein Kennzeichen der Kaste oder der sozialen Stellung. Manchmal tragen die indischen Frauen diesen Fleck auf der Stirn als Zeichen dafür, dass sie verheiratet sind. Von altersher überliefert sei, dass alle (Frauen wie Männer) diesen Fleck als Symbol des Verstehens ihres inneren Zustands tragen.

– Sagen Sie, der Fleck auf der Stirn, könnte er nicht auch eine Erinnerung daran sein, dass alle irgendwann mal ein Drittes Auge hatten?, fragte ich.

– Ich weiß nicht genau ... In unseren Schriften steht dazu nichts Konkretes ... Aber ich weiß, dass der Mensch ein Drittes Auge hatte und noch immer hat.

– Welche Funktionen erfüllt das Dritte Auge?

– Unsere Religion unterscheidet drei Funktionen des Dritten Auges. Die erste, *inside vision* (inneres Sehen), ist die Fähigkeit, in den Organismus hineinzuschauen und zum Beispiel die inneren Organe zu betrachten. Die zweite Funktion ist *meditation vision* (mit Meditation verbundenes Sehen), also die Fähigkeit, seinen eigenen Geist zu betrachten. Die dritte Funktion, *intellectual vision* (intellektuelles Sehen), so nennt sich die Kunst, seine eigenen geistigen Fähigkeiten oder die des Gesprächspartners zu fühlen.

In diesem Moment begriff ich die erste Funktion des Dritten Auges vollkommen, und als Arzt stellte ich es mir wie ein Röntgengerät vor, das den menschlichen Körper durchleuchtet. Auch die dritte Funktion fand ich nachvollziehbar, weil jeder Mensch fähig ist, gefühlsmäßig einen klugen von einem dummen Menschen zu unterscheiden, unabhängig von seinem verbalen Ausdrucksvermögen. Aber die zweite Funktion, verbunden mit Meditation, war für mich zu diesem Zeitpunkt schwer vorstellbar. Ich vermutete dahinter auch noch nicht das enorm aufregende und im Gegensatz zur Meditation doch so materielle Rätsel: das *Samâdhi.*

Nach und nach lenkten wir das Gespräch auf die Nase, weil wir uns an die besondere Nase der hypothetischen Atlanter erinnerten. Die Mutter meinte, man brauche die Nase zum Atmen und zum Wahrnehmen von Gerüchen, aber sie sei auch ein Attribut der Verehrung. Deshalb sei es beispielsweise eine Beleidigung für jemanden, wenn man ihm an die Nase greift.

Der indische Meister Ananta Krishna sagte, dass bei den Menschen früherer Zivilisationen die Nase wichtiger war als heute, da sie gleichzeitig ein tonerzeugender Apparat war, der zudem noch im Ultraschall- und Infrarotbereich arbeitete.

– Kann es sein, dass deshalb die Nase als Attribut der Verehrung überliefert ist?, fragte ich.

– Sicher hat Ananta Krishna recht, antwortete die Mutter.

– Was wissen Sie eigentlich über die Menschen früherer Zivilisationen?

– So manches ...

– Zum Beispiel?

– Das sind geheime Informationen, entgegnete sie.

Wir verstanden, dass sie uns nicht mehr sagen wollte. Ich sah zu Vener Gafarov. Er winkte ab, hielt ebenfalls weiteres Fragen für zwecklos. Warum vertraute man uns nicht? Was machten wir falsch bei der Darbietung unseres wissenschaftlichen Materials? Mir fehlte noch die Einsicht, dass die religiösen Meister eine andere Art des Denkens haben und unser Material

Erinnerung an das Dritte Auge

Im Tempel Gitas

und die Computeranalyse sie mehr oder weniger irritierten, dass der logische Weg der Untersuchungen, über den ich zwar bescheiden schwieg, bei dem ich aber von der Erfahrung im Umgang mit westlichen Wissenschaftlern ausging, das entscheidende Faktum sein würde, um Vertrauen zu gewinnen.

– Wir haben gehört, dass die Menschen früherer Zivilisationen mit der Nase sprachen, hauptsächlich im Bereich der Laute *So* und *Ham*. Ist das so?, fragte ich zaghaft.

– *So* und *Ham*, das sind große Worte, sagte die Mutter plötzlich.

– Wieso das?, fragte ich ängstlich.

– *So'Ham*, das ist die letzte Botschaft.

– Die letzte?

– *Last message* – die letzte Botschaft, sagte die Mutter deutlich.

– Wessen Botschaft?

– Die des höchsten Verstandes.

– Und an wen?

– An die Menschheit.

– Warum die *letzte* Botschaft?

– Mehr Hilfe wird es nicht geben ...

– Was für eine Hilfe? Von wem?

– Das ist ein Geheimnis.

Wir bedankten uns bei der Mutter, machten noch ein paar Fotos und fuhren dann ins Hotel, während wir alle möglichen Vermutungen zu dem vorangegangenen Gespräch anstellten.

Mich begann Ernüchterung zu packen: Wenn die religiösen Würdenträger auch künftig nur von einem Geheimnis sprachen, würden wir gar nichts herausfinden. Wie konnte man sie dazu bringen, dieses Geheimnis zumindest ansatzweise ein wenig zu lüften?

4 Ein Treffen mit dem Meister

Unser nächstes Reiseziel in Indien, Chandigarh, empfing uns mit großer Hitze. Wie schon in anderen Städten, führten wir auch hier eine Konferenz für Augenärzte durch und demonstrierten unsere Operationsmethoden. Gegen Ende der Konferenz legten wir außerdem unsere Hypothese über die Abstammung der Menschheit dar und ließen uns beraten, mit welchen religiösen Führern wir uns zweckmäßigerweise treffen sollten.

Es wurden viele Namen genannt, aber alle, mit denen wir sprachen, hoben einen hervor – einen Meister namens *Svâmin* Sabva Manayam. Man sagte, dass er über geheimes Wissen der *Svâmin* verfüge, dass er im Gespräch die Fernhypnose anwenden könne, dass der Ashram des Ramakrishna, den er führe, einer der wegweisenden in Indien sei und dass diesem Meister besonderes Wissen überliefert worden wäre.

Das Treffen mit ihm organisierte der Vater des führenden Augenarztes der Stadt, der ihn persönlich kannte. Auf dem Weg in den Ashram des

Der Ashram des Sri Ramakrishna

Ramakrishna erfuhren wir von ihm, was die Worte »Meister« und *Svâmin* bedeuten. Meister – das ist ein Lehrer, der über tiefgehendes religiöses Wissen verfügt und selbst entscheidet, in welchem Umfang und an wen er dieses Wissen weitergibt. Man geht davon aus, dass der Höchste Verstand über solche Meister auf die Menschen einwirkt. Und *Svâmin* ist der höchste religiöse Titel, der einem Meister der hinduistischen Lehre zuerkannt werden kann.

– Beachten Sie, stimmte uns der Vater des Augenarztes ein, dass der Meister den Zweck ihres Besuches kennt. Bemühen Sie sich, dass er seine Predigt recht schnell beendet, während der er hypnotisierend auf Sie einwirken wird. Versuchen Sie seinem Blick standzuhalten. Wenn Ihnen das nicht gelingt, wird er sie für schwach halten und schwerlich etwas enthüllen. Der Meister entscheidet nämlich selbst, wem er welches Wissen weitergibt.

Der Ashram Ramakrishnas zeichnet sich durch seinen spartanischen Geist aus. Dort gibt es nichts Überflüssiges: nur schlichte Wände, Fußboden und Decke. An den Wänden hängen Bilder mit religiösen Führern. Alles ist in einem orangen Farbton gehalten.

Der Meister

Der Meister selbst war auch ganz in Orange gekleidet. Ein Gefolge von fünf Leuten begleitete ihn. Wir setzten uns an den Tisch, der Meister ließ sich mit seinem Gefolge uns gegenüber nieder. Es ergab sich, dass Vener Gafarov dem Meister direkt gegenübersaß, links von ihm Sergej Seliverstov, rechts von ihm – ich. Vener konnte nicht ahnen, welcher Bewährungsprobe er mit der Position direkt gegenüber dem Meister ausgesetzt war.

– Ich hörte, dass Sie wegen tiefer Kenntnisse zu mir gekommen sind?, eröffnete der Meister das Gespräch.

– Wir sind gekommen, um unser Wissen mit dem Ihren abzugleichen, antwortete ich.

– Ihr Wissen? Welches?, wollte er von mir wissen. Obwohl, gemeinhin beginnen die Menschen schon dieses und jenes zu verstehen ...

– Hier ist das Hauptergebnis unserer Forschungen, sagte ich und hielt ihm die Darstellung unseres hypothetischen Atlanters hin.

Der Meister streckte die Hand nach dem Bild aus, senkte sie aber sofort wieder, als er es erblickte. Ich wollte es nicht länger halten und legte es ihm hin. Er schaute nochmals kurz darauf, nahm es aber nicht in die Hand. Schweigen.

– Woher haben Sie dieses Wissen?, unterbrach er schließlich das Schweigen.

– Darauf sind wir durch unsere Untersuchungen der Augen verschiedener Rassen gekommen. Gestatten Sie mir, Ihnen kurz zu erklären ...

– Waren Sie in Tibet?

– Nein, noch nicht.

– Haben Sie sich mit tibetischen Lamas getroffen?

– Nein.

– Die wissen nämlich besser Bescheid. Erzählen Sie mir mehr über Ihre Erkenntnisse.

Ich holte unser wissenschaftliches Material hervor und erklärte dem Meister detailliert unsere Forschungen und unsere objektive Computeranalyse der Augen.

Der Meister hörte aufmerksam zu und sagte plötzlich:

– Ein Computer hat keinen Geist. Sie, als Russe, philosophieren genauso wie die Amerikaner. Die Amerikaner verachten Indien wegen seiner geistigen Entwicklung. Der seelenlose Amerikaner wird die Welt zerstören.

– Ich würde gern die erreichten Resultate …

– Verstand ist nicht nur Hirn allein, setzte der Meister fort, als ob er mich nicht gehört hätte, der Körper ist weniger von Bedeutung als die Seele. Es ist wichtig zu verstehen, was das ist, Empfindung. Wir müssen werten, was wir sehen, und zugleich unser Empfinden stärken, weil nur ein starkes Empfinden die Erkenntnis fördert. Die Religion ist nicht die Wahrnehmung des Einzelnen, sondern des Allgemeinen. Man muss den individuellen Verstand von dem des Alls unterscheiden. Meine Wahrnehmung geht vom Verstand des Alls aus ...

Die Predigt des Meisters, sie hatte begonnen. Er sah zu Sergej, der mit der Videokamera filmte, danach zu mir (ich hatte den Kopf gesenkt, weil ich alles ausführlich mitschrieb) und verhielt mit seinem Blick bei Vener Gafarov, der ihm gegenüber saß, und schaute ihm in die Augen.

Dabei spürten wir schon die Schwere dieses Blickes, der zum Glück nicht auf uns gerichtet war. Wir empfanden ein Gefühl der Schwere, als ob in unserem Hirn gewühlt würde, als ob unsere Gedanken stückchenweise herausgesogen würden. Ich senkte den Kopf noch weiter, machte meine Notizen, und Sergej sah weiter in die Kamera.

– Die geistige Entwicklung, fuhr der Meister fort, ist von größter Bedeutung. Sie hat, nach Ramakrishna, körperliche Attribute und kommt in der Form der Augen, der Nase und anderer Organe zum Ausdruck. Eine besondere Rolle spielen gelbe Augen ...

Vener Gafarov schloss unter diesem Blick die Augen, öffnete sie aber mit verstärkter Willensanstrengung wieder und sah den Meister weiterhin an. Sein Gesicht rötete sich, seine Lider schwollen an, er ballte ab und zu die Hände, und seine Stirn bedeckte sich mit Schweiß. Sergej und ich konnten ihm förmlich ansehen, wie er gegen die hypnotischen Einflussnahme des Meisters ankämpfte.

Endlich beendete der Meister seine Rede. Er schaute uns wieder mit normalem und, wie mir schien, warmem Blick an.

– Dürfen wir Fragen stellen?

– Ja.

– Soeben hat Ihr Blick eine besonders starke Wirkung ausgeübt. War das die Wirkung des Dritten Auges?

– Vielleicht, ja.

– Was ist das Shambhala, das der russische Wissenschaftler Nicholas Roerich suchte?

– Das Shambhala ist ein geistiger Begriff und kein körperlicher (physikalischer). Suchen Sie es nicht, Sie werden es nicht finden. Es ist das Kloster der höchsten Wesen, und die höchsten Geschöpfe zeichnen sich vor allem durch höchste Geistigkeit aus, die für Sie nicht erfassbar ist.

– Sagen Sie, Meister, es gibt doch das Prinzip »Alles Geniale ist einfach«, das, so scheint es mir zumindest, von Gott kommt, und weswegen die Naturgesetze auch genial einfach sind. Leider können wir die Genialität des Einfachen nicht immer erkennen und verbergen sie mit allgemeinen Sätzen. Genau deshalb möchte ich Sie gern fragen: Wissen Sie irgendwas Konkretes über Shambhala?

– Ja, durchaus.

– Und was?

– Shambhala, das ist eigentlich eine nicht ganz richtige Bezeichnung. Sie wurde von einigen tibetischen Lamas verbreitet und durch die Bücher Roerichs populär. Eine genaue Bezeichnung dafür gibt es nicht, aber es gibt einen klaren Zustand des Geistes und des Körpers, der zum Begreifen des höchsten Geistes führt. Diesen Zustand begreifen wir gut und wir lehren sein Erreichen …

– Was ist das für ein Zustand?, unterbrach ich die Rede des Meisters.

– Das ist ein Zustand, bei dem durch geistige Energie der Stoffwechsel auf Null abgesenkt wird.

– Aber was hat die höchste Geistigkeit damit zu tun?

– Nun, in diesem Zustand widmet der Mensch nicht sich selbst, sondern der ganzen Menschheit, dem Leben auf der Erde.

– Können Sie das bitte näher erklären?

– …

– Wie soll man das verstehen?

– …

Wieder waren wir auf ein Geheimnis gestoßen. Und obwohl der Meister uns sichtlich gewogen war, erwarteten wir nicht mehr, dass er irgendetwas preisgeben würde von seinem geheimen Wissen.

– Nach unseren Untersuchungen, fragte ich, nachdem ich mich entschlossen hatte, die Sache von einer anderen Seite anzugehen, entstand die Menschheit im Himâlaja und verbreitete sich von dort aus über die Erde. Ist die tibetische Rasse die in geistiger Hinsicht am höchsten entwickelte?

– Vor sehr langer Zeit waren die Menschen des Himâlaja die höchstentwickelten auf der Erde, das Gebiet des Himâlaja war eine hochgeistige Region. Jetzt sind die Zeiten vorbei, und von den heutigen Tibetern kann man das nicht mehr sagen.

– Die alten Tibeter konnten ihren Stoffwechsel auf Null absenken und sich der Menschheit ganz allgemein widmen?

– Das konnten sie.

– Aber wie?

– …

– Welche Rolle spielte das Dritte Auge dabei?

– …

– Und die Nase?

– Überhaupt keine.

Ich spürte starke Ermüdung. Auch Vener und Sergej sahen nach dem zweistündigen Gespräch mitgenommen aus. Ich bat um eine Zigarettenpause. Viele Fragen kreisten in unseren Köpfen. Wie das Gespräch weiterführen? Wie nicht wieder im Schweigen steckenbleiben oder bei dem unglückseligen Wort »Geheimnis«? Und mit der Stoffwechsel-Absen- ……….

Fotos (v.l.n.r.) von Svâmin Vivekananda (1836-1902), Sri Ramakrishna Paramahamsa (1836-1886) und Indiens »Heiliger Mutter« Sarada Devi (1853-1920)

kung bis zum Nullpunkt konnten wir zu diesem Zeitpunkt auch nichts anfangen.

Vener Gafarov informierte uns über seine Empfindungen während der hypnotischen Einwirkung des Meisters auf ihn:

– Mir schien mein Hirn zu sieden. Anfangs wollte ich fast schlafen, ich habe es gerade so geschafft, nicht einzuschlafen. Ich habe mich sogar gekniffen. Danach war mir, als ob das Gesicht anschwillt, ich fühlte, dass die Augen drücken, und im Nacken begann es zu schmerzen, als ob irgend jemand auf mein Gehirn drückt und es bald im Nacken herausspritzen würde.

– Prachtkerl, Vener, hast es überstanden!

– Wozu hat er das gebraucht, hat er uns geprüft?

– Übrigens, warf Sergej ein, haben Sie gesehen, dass er während seiner Predigt ständig unser Bild des Atlanters betrachtet hat? Die Zeichnung hat ihn beeindruckt, er weiß bestimmt alles über die Atlanter.

Nachdem wir an den Tisch zurückgekehrt waren, erklärte ich dem Meister, dass wir in der Wissenschaft den logischen Weg auf der

Grundlage der Intuition anwenden, danach aber die logische Kette mit anderen Mitteln zu beweisen suchen, etwa durch die Computeranalyse, weil der logische Weg allein von unseren Wissenschaftlern kaum angenommen wird.

– Die Mathematik ist eine schwache Wissenschaft, konterte der Meister scharf, weil sie das Geistige nicht berücksichtigt. Die Logik, die auf der Intuition beruht, ist Ausdruck für das Funktionieren des Dritten Auges. Mit Hilfe der Logik kann man Felder betreten, die man wissenschaftlich noch nicht nachweisen kann. Das Elektron beispielsweise kann man nicht greifen, aber die Äußerungen seiner Existenz kann man registrieren. Die Religion befürwortet den logischen Weg der Erkenntnis. Sagen Sie, haben Sie wirklich den logischen Weg genutzt, um das da zu erhalten? Dabei richtete der Meister den Blick auf die Zeichnung des hypothetischen Atlanters.

– Natürlich. Und die Computeranalyse hat es bestätigt.

– Interessant ...

Wir fühlten alle, dass der Blick des Meister wärmer wurde. Schau an, dachten wir, an die Logik glaubt er, an den Computer aber nicht.

– Sagen Sie, fuhr ich fort, entschlossen, direkter zu fragen, der kosmetische Fleck auf der Stirn der indischen Frauen, ist das eine Erinnerung an das Dritte Auge, das die Menschen der früheren Zivilisationen besaßen?

– Ja, bei ihnen war das Dritte Auge sehr entwickelt und wichtig für ihr Leben. Aber auch die heutigen Menschen besitzen ein Drittes Auge, nur ist es wesentlich weniger entwickelt. Schauen Sie sich diese Bilder an – der Meister zeigte auf die Fotos der Anhänger Krishnas – und versuchen Sie das Dritte Auge zu erblicken. Schauen Sie dabei so, als ob Sie hindurchsehen wollten.

Wir gingen zu den Fotos und betrachteten sie. Als Erster entdeckte Sergej das Dritte Auge, dann auch Vener und ich. Auf der Stirn im Bereich der Nasenwurzel zeichneten sich eiförmige Konturen ab, eine doppelte Linie mit einem Punkt in der Mitte. Wir sahen alle dasselbe.

Wir zeichneten, was wir gesehen hatten, und fragten den Meister nach der Richtigkeit des Gesehenen. Er bestätigte es und fügte hinzu, dass das Dritte Auge nicht direkt ein Auge sei, nicht im anatomischen Sinne. Bei den Menschen früherer Zivilisationen hatte das Dritte Auge bestimmte anatomische Charakteristika, aber wie ein Auge sah es nicht aus. Seine Funktion hängt in vieler Hinsicht von der Epiphyse oder Zirbeldrüse ab.

– Der große französische Hellseher Nostradamus schrieb, dass die Menschen früherer Zivilisationen, die er Atlanter nannte, dank des Dritten Auges bioenergetisch auf die Schwerkraft einwirken konnten. Sie hätten mühelos gewaltige Steinblöcke transportieren, also Pyramiden und andere steinerne Monumente bauen können. Wie denken Sie darüber?

– Ich stimme mit ihm überein. Wir haben die gleichen Kenntnisse, fuhr der Meister fort, eine solche Kraft wird sich mit der Zeit auch bei den Menschen entwickeln. Die psychische Kraft ist auch eine physische Kraft. Die Kraft, mit deren Hilfe die Pyramiden erbaut wurden, ist eine gerichtete Kraft, eine ungerichtete Kraft hingegen wäre zerstörerisch.

– Kann die Zivilisation der Atlanter daran zugrunde gegangen sein, dass sie die psychische Energie nicht in einem positiv gerichteten Zustand halten konnte?

– Sie ging unter, weil die psychische Energie vom zentripetalen zum zentrifugalen Zustand überging.

– Wie soll ich das verstehen?

– In der Medizin, mit der Sie sich ja befassen, gibt es die Begriffe Regeneration und Degeneration. Regeneration ist eine gerichtete metabolische Energie, die zum Gewebewachstum führt und Grundlage für das Leben des Körpers ist. Degeneration ist eine ungerichtete metabolische Energie, die zur Zerstörung des Gewebes und zum Tod führt. In der Physik kann gerichtete Energie Flugzeuge und Eisenbahnen bewegen, ungerichtete aber führt zur Explosion. Die psychische Energie kann ebenfalls zwei Zustände haben – zentripetale und zentrifugale psychische Energie. Die Gesetze, denen sich die psychische Energie unterordnet, ähneln in vieler Hinsicht den Gesetzen der metabolischen und physischen Energie. Die psychische Energie ist sogar mächtiger als die metabolische oder physische und kann große Auswirkungen auf die Menschheit haben. Aber es gibt ein Hauptgesetz der psychischen Energie. Sie muss zentrifugal (nach außen gerichtet) oder zentripetal (nach innen) gerichtet sein. Alle Propheten, sei es Buddha, Jesus, Mohammed oder andere, lehrten im Wesentlichen das Gleiche: Die psychische Energie muss nach innen gerichtet sein. Das ist das Grundsätzliche ihrer Botschaft.

– Erläutern Sie das bitte!

– Nehmen sie zum Beispiel Stalin oder Hitler. In der Sowjetunion ersetzte Stalin Gott (Personenkult), in Deutschland war das Hitler. Weder Stalin noch Hitler, denen dieses religiöse Wissen fehlte, richteten das Denken ihres Volkes nach innen, das heißt auf das Streben jedes Menschen, die eigene Seele zu analysieren und in sie hineinzuschauen. Im Gegenteil, besessen von der Idee der Weltherrschaft, bemühten sie sich, die psychische Energie der Völker nach *außen* zu richten, also auf Zerstörung und Krieg. Verstehen Sie richtig: Eine scheinbar unbemerkte tägliche Selbstanalyse der Seele durch jeden Menschen und die Vertiefung ins eigene Ich birgt eine kolossale Kraft. Diese Kraft, den Leuten aus der Seele gerissen und zentrifugal wirkend, führt unbedingt zur Katastrophe, bis hin zur globalen. Gegenwärtig sorge ich mich am stärksten um die Amerikaner. Sie haben nur einen Gott, den Dollar. Sollte Amerika verarmen, wird die psychische Energie zentrifugalen Charakter annehmen.

– Ich stelle mir gerade vor, was auf der Erde geschah, warf Sergej ein, als den Atlantern die psychische Energie, die sogar die Schwerkraft verändern konnte, aus der Seele herausgerissen wurde und zentrifugalen Charakter annahm.

– Die psychische Energie kann sogar auf kosmische Objekte einwirken, ergänzte der Meister.

– Und kann Gott helfen?, fragte ich.

– Gott selbst verfügt nicht über physische Kraft.

– Gott wirkt nur über die Propheten?

– Über die Propheten, über die Religion. Und das Wichtigste dabei ist, die psychische Energie nach innen, auf die Seele zu richten. Darum geht es unter anderem in der letzten Botschaft *So'Ham.*

– Können Sie sich etwas detaillierter zur letzten Botschaft äußern?

– *So'Ham*, das sind große Worte, fing der Meister zu erzählen an. Richtig wird es nicht *So*, sondern *Sah*, und nicht *Ham*, sondern *Aham* ausgesprochen. *So* bedeutet »das Göttliche«, *ham* bedeutet »ich bin es selbst«. Aber der allgemeine Sinn von *So'Ham* lautet – der Meister hob den Finger: »Verwirkliche das Göttliche in dir selbst!«

– Verwirkliche das Göttliche in dir selbst? Wer?

– Die Menschen. Wobei jeder Mensch sich selbst verwirklichen muss. Die letzte Botschaft *So'Ham* kam gleichzeitig zu allen Propheten auf die Erde und verbreitete sich durch sie weltweit. Wer das Prinzip *So'Ham* verwirklichen kann, der wird glücklich. Wenn die Menschheit das *So'Ham* verwirklicht, wird sie überleben. Der Verwirklichung dieser Botschaft widme ich mein ganzes Leben.

– Warum ist diese Botschaft die letzte?

– Richtiger gesagt ist es die *endgültige* Botschaft.

– Warum die endgültige Botschaft?

An der Seite des Meisters

– Weil der höchste Verstand der Menschheit auf der Erde schon viel geholfen hat. Die früheren Zivilisationen der Erde haben sich alle selbst vernichtet. Die Propheten lehrten uns auch, dass die psychische Energie einen nach innen gerichteten Charakter haben muss und nicht übergehen darf in eine nach außen strebende. Ob diese Hilfe des höchsten Verstandes diesmal ausreicht, im Falle unserer Zivilisation? Wenn sie nicht ausreicht ... Erinnern Sie sich, dass Gott selbst keine physische Kraft besitzt. Es reicht! Jetzt *muss* sich unsere Zivilisation selbst verwirklichen, antwortete der Meister.

– Bedeutet das etwa, wenn unsere Zivilisation sich selbst vernichtet, zum Beispiel durch einen Dritten Weltkrieg, dass sie dann die letzte Zivilisation auf der Erde gewesen sein wird?

– Durchaus möglich. Jetzt müssen wir uns selbst verwirklichen, wir selbst.

Schweigen kam auf. Alle überdachten das Gesagte. Ein irgendwie fatales Gefühl drückte auf das Bewusstsein.

– Die gegenwärtige Lage ist, richtig betrachtet, ein bedeutender Zustand, um zu erkennen …, sagte der Meister unvermittelt.

– *Was?*

– Das wissen nur wir – die Meister.

– Sehen Sie sich bitte die Darstellung unseres hypothetischen Atlanters an, sagte ich, das Gespräch überleitend. Haben die Atlanter solche Augen gehabt?

– Nach meinen Kenntnissen – ja. Ihre Augen waren besser als unsere, sie waren größer und erkrankten seltener.

– Hatten sie auch solch eine Nase wie auf unserer Zeichnung?

– Sie hatten eine kleine Nase, so und doch etwas anders, sie hatten eine schlechte Nase, die oft erkrankte.

– Und wie steht's mit dem Dritten Auge?

– Es war bei ihnen sehr gut entwickelt, aber eine Öffnung auf der Stirn hatten sie nicht – das ist nicht richtig.

– Woher wissen Sie das alles?

– Die *Samâdhi* ...

– Die *Samâdhi*? Was ist das?

– ...

Wir mussten erkennen, dass es an der Zeit war, das Gespräch zu beenden.

– Entschuldigen Sie bitte, eine letzte Frage noch: Die Propheten, waren das Menschen früherer Zivilisationen?

– Nicht alle. Rama zum Beispiel war der Sohn Krishnas von einer gewöhnlichen Frau.

Und dann beendete der Meister das Gespräch:

– Es war sehr interessant für mich, mich mit Ihnen zu unterhalten. Das Land Shambhala, es wird von vielen Forschern gesucht. Ich wünsche Ihnen Erfolg dabei. Wenn Sie etwas herausbekommen, dann muss das in gute Hände gelangen. Das Land Shambhala kann sich schützen, schlechte Menschen werden durch besondere Kräfte vernichtet.

Der Meister nahm unsere Zeichnung in die Hand, schaute sie noch einmal an, blickte danach uns an und entfernte sich.

5 Die geheimnisvollen *Samâdhi*

Svâmin Daram

In die nächste Stadt (Amritsar) fuhren wir mit dem konkreten Ziel, den *Svâmin* Daram Radje Bharti zu treffen. Von ihm hatten wir schon an der Universität von Delhi gehört, und viele Geschichtswissenschaftler und religiöse Persönlichkeiten hatten uns ein Treffen mit ihm empfohlen. Er, der den hohen religiösen Titel *Svâmin* trägt, ist nicht irgendein Klostervorsteher, sondern hat sein Leben dem wissenschaftlichen Studium der Religion des Ostens gewidmet. Es hat Seltenheitswert, dass ein Wissenschaftler, der kein religiöser Führer ist, einen solch hohen religiösen Titel trägt. Der *Svâmin* Daram Radje Bharti hat über 700 Bücher des Altertums gelesen, spricht mehrere Sprachen, darunter auch Sanskrit, schrieb selbst viele Bücher, ist in religiösen und Wissenschaftskreisen sehr bekannt und Ehrenbürger seiner Stadt.

Unser Treffen mit dem *Svâmin* Daram wurde vom Chefaugenheilkundler Indiens organisiert. Es fand nicht in einem Tempel statt, sondern im Krankenhaus in einem der Arztzimmer.

Der *Svâmin* Daram war ein kleiner Mann und vom Äußeren her nicht gerade eine Schönheit. Unter herabhängenden Lidern hervor schauten uns große und tiefe Augen an. In diesem kleinen Körper aber steckte der große gewaltige Geist, der weithin von so vielen gerühmt wurde.

Als er über die Rolle der religiösen Wissenschaft zu sprechen begann, verwandelte sich sein Gesicht, enthüllte Wärme und Güte, die Mimik wurde lebendig und unterstrich jedes seiner Worte, sein Lächeln wurde breit und offen. Vor uns saß ein Vertreter des männlichen Geschlechts, in den sich Frauen verlieben, ohne auf das Äußere zu achten. Er strahlte Geist, Kraft und Stärke aus. Das ließ uns erstmals auf einen offenherzigen und leichten Gesprächsverlauf hoffen.

– Die religiöse Wissenschaft wird immer noch vielfach unterschätzt, sagte der *Svâmin* Daram. Religion ist das Wissen früherer, höher entwickelter Zivilisationen. Die Rückständigkeit unserer eigenen Zivilisation lässt es nicht zu, das religiöse Wissen vollständig zu begreifen. Deshalb zwingt die Religion im wahrsten Sinne des Wortes dazu, die religiösen Postulate zu lernen und nach ihnen um der positiven Entwicklung der Gesellschaft willen zu leben. Der Körper ist wissenschaftlich bereits recht gut erforscht, für die Erforschung der Seele aber gibt es noch keine Methoden. Ebensowenig zur Messung der psychischen Energie, an deren gewaltiger Leistungsfähigkeit es keinen Zweifel geben kann. In meinen Arbeiten versuche ich, religiöse und moderne Kenntnisse miteinander zu verbinden, und setze dabei alles daran, dass die Religion zum Objekt der Forschung wird und nicht blinder Glaube. Es gibt hier so viele brennende Geheimnisse ...

Nun war es an uns, ihn mit unseren Hypothesen und Forschungen einschließlich der Computeranalysen vertraut zu machen. Anders als in den früheren Gesprächen sprach ich fast nur nebenbei von der Computeranalyse der Augen.

– Die Intuition ist die Blüte des Geistes, der logische Weg der Hauptweg in der Wissenschaft. Aber die Mathematik im Zusammenwirken mit der Logik kann es ermöglichen, tief ins Innere zu blicken, sogar in die Seele, unterbrach mich der *Svâmin* Daram.

Ich überreichte dem *Svâmin* Daram die Zeichnung des hypothetischen Atlanters.

Er betrachtete sie, hob danach den Blick und sagte laut:

– *Samâdhi!*

– Was ist das?

– Haben Sie seinen Körper in den Bergen gefunden?, fragte der *Svâmin* Daram, als ob er mich nicht gehört hätte.

– Nein.

– Im Meer?

– Nein.

– Wo dann?

– Wir haben überhaupt keinen Körper gefunden. Diese Zeichnung ist das Ergebnis unserer augenmathematischen Analyse der Augen, die auf tibetischen Tempeln abgebildet sind, antwortete ich.

– Es ist nicht alles richtig.

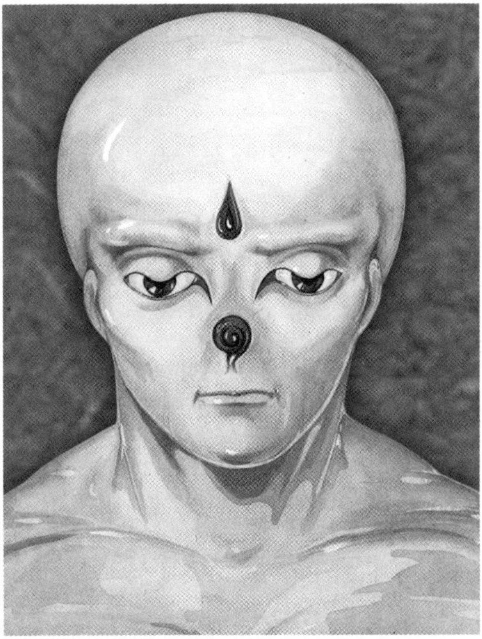

– Aber was sind *Samâdhi*?

– Schauen Sie auf Ihre Zeichnung. Die Augen sind halb bedeckt, als ob er halbtot-halblebend wäre. *Samâdhi* – das ist, wenn mein Körper unbeweglich ist, wie Stein, wie etwas Totes, doch ich lebe. Ein versteinert-unbeweglicher Körper, der trotzdem lebt.

– Was, die tibetischen Lamas schmückten ihre Tempel mit den Augen eines Vertreters einer früheren Zivilisation, der sich im Zustand des *Samâdhi* befindet?, fragte ich.

– Ja, bestätigte der *Svâmin* Daram.

– Woher wissen die tibetischen Lamas, wie die Augen der Menschen vor unserer Zivilisation aussahen?

– Sie haben sie gesehen.

– Wo?

– In den Bergen.

– Wann?

– Vor verhältnismäßig kurzer Zeit.

Ich war verwirrt. Dann bat ich ihn, uns mehr und möglichst detailliert über den *Samâdhi*[6] zu erzählen.

– Lassen Sie mich mit einem historischen Diskurs beginnen. Meister Ramakrishna begründete 1893 in Bengalen eine Yoga-Richtung, mit deren Hilfe es gelang, sich in den Zustand des *Samâdhi* zu versetzen. Einmal versetzte sich Ramakrishna selbst in diesen Zustand, und zwar im Beisein eines Arztes. Der untersuchte den Körper Ramakrishnas, befand ihn für tot und stellte die Diagnose: Exitus. Danach erwachte Ramakrishna wieder. Auch später wurden die Körper von Menschen im Zustand des *Samâdhi* wiederholt untersucht; dabei wurde kein Puls, kein Ausschlag auf EKG und EEG festgestellt, die Körpertemperatur sank. Es sind insgesamt recht viele Fälle beschrieben, in denen Menschen, die sich sogar mehrere Jahre im *Samâdhi*-Zustand befanden, ins Leben zurückkehrten. Ihr Erscheinen verblüffte und verängstigte ihre Umwelt.

– *Samâdhi* ist also kein lethargischer Schlaf?

– Nein. Beim lethargischen Schlaf arbeitet das Herz, das Hirn und die Stoffwechselprozesse laufen. Beim *Samâdhi* geht der Körper in einen versteinert-unbeweglichen Zustand über.

– Wie kann man sich diesen versteinert-unbeweglichen Zustand vorstellen?, fragte ich.

– Der Körper wird unnatürlich fest und kalt. Der Körper eines toten Menschen ist auch fester als ein lebender Körper, bei den *Samâdhi* aber ist der Körper um ein Vielfaches fester. Bildlich gesprochen: Der Körper ist wie ein Stein. Der versteinert-unbewegliche Zustand (*stone-still stale*) ist ein allgemeingültiger Begriff unter den religiösen Wissenschaftlern, die den *Samâdhi* studieren. Natürlich ist hier nicht die Rede von einer Versteinerung des menschlichen Körpers, der Körper wird nur sehr fest.

– Wodurch wird die Verfestigung des Körpers bei den *Samâdhi* erreicht?

– Durch die Absenkung des Stoffwechsels im Organismus auf Null.

– Ich weiß, dass nach dem Tod die Stoffwechselprozesse noch für einige Zeit weiterlaufen; darauf beruht schließlich die Organ- und Gewebetransplantation. Außerdem werden nach dem Tod die Fermente akti-

6 *Samâdhi* (Sanskrit) – Hinduismus: Zustand tiefer Konzentration, Buddhismus: Meditative Konzentration. Vom Autor auch als Bezeichnung für Menschen verwendet, die sich in diesem Zustand befinden.

Samâdhi

viert, die zur Zerstörung des Gewebes führen. Welcherart ist bei den *Samâdhi* der Mechanismus, der den Stoffwechsel auf Null bringt und die Verfestigung des Körpers und seine eigenartige Konservierung bewirkt?, fragte ich nach.

– Das ist ein besonderer Mechanismus, der durch das Wasser im Organismus realisiert wird.

– Ist der Körper im Zustand des *Samâdhi* der Einwirkung von Mikroben unterworfen?

– Fast gar nicht. Aber es ist besser, saubere Orte auszuwählen.

– Wie wirkt die Temperatur auf den Körper im Zustand des *Samâdhi*?

– Besser ist eine niedrige Temperatur.

– Aber wie kann man auf das Wasser des Organismus einwirken, um den Stoffwechsel bis Null abzusenken?

– Über das Biofeld, mittels Meditation, antwortete der *Svâmin* Daram. Biofeld und Wasser verbinden sich im Organismus. Der Mensch muss jedoch lernen, so effektiv zu meditieren, dass das Biofeld beginnt, auf das Wasser des Organismus einzuwirken und über dieses auf den Stoffwechsel. *Samâdhi*, das ist die höchste Form der Meditation. Nicht jeder kann durch Meditation den Zustand des *Samâdhi* erreichen, und nicht jeder, der gelernt hat, diesen Zustand zu erreichen, kann einen so tiefen *Samâdhi* erreichen, dass der Körper mehrere Jahre erhalten bleibt.

– Aber was geschieht mit der Seele im Zustand des *Samâdhi*?

– In der Lehre über den *Samâdhi* gibt es den Begriff OBE (*Out of Body Experience*), was »Erfahrung außerhalb des Körpers« bedeutet, das heißt man kann seinen Körper von außen beobachten. Bei den *Samâdhi* befindet sich die Seele außerhalb des Körpers, wie neben dem Körper. Man kann fortfahren zu leben, seinen Körper wie in einem konservierten Zustand zurücklassend, und später dorthin zurückkehren. Mit Hilfe des *Samâdhi* wird die Seele erlebbar. Man kann seinen Körper sehen, der untätig ist und tot zu sein scheint, fühlt aber, dass man lebt. Im Zustand des *Samâdhi* versteht der Mensch, dass man auch ohne Körper leben kann.

– Der *Samâdhi* belegt also die Möglichkeit des Lebens ohne Körper sowie die Möglichkeit, seinen Körper für mehrere Jahre zu konservieren. Der Körper wartet, bildlich gesprochen, wie auf Abruf, bis er wieder nützlich ist, fasste ich zusammen.

– Der Körper kann Hunderte, Tausende, ja sogar Millionen von Jahren konserviert sein, präzisierte der *Svâmin* Daram.

– Erstaunlich! Wenn das möglich ist, kann *Samâdhi* ja ein rettender Zustand sein, durch den der Mensch in der Lage ist, Natur- und andere Katastrophen, selbst globale, zu überleben. Die Bewahrung des menschlichen Körpers im Zustand des *Samâdhi* könnte das Versprechen zur Schaffung eines Genpools der Menschheit sein. Ist das so?

– ...

– Ist es erforderlich, den menschlichen Körper für den Fall globaler Katastrophen zu bewahren?

– Die Bedeutung des menschlichen Körpers darf nicht so gering geachtet werden, wie es einige Religionen lehren. Er wurde durch eine lange Evolution geschaffen. Warum sollte man diesen Weg von neuem durchschreiten, es ist doch leichter, den menschlichen Körper im Zustand des *Samâdhi* zu bewahren, antwortete der *Svâmin* Daram.

– Ich denke, in der Natur gibt es Präzedenzfälle für den *Samâdhi,* etwa den Winterschlaf der Tiere. Im Hohen Norden befindet sich der Braunbär sieben bis acht Monate im Jahr im Winterschlaf, wobei man die Bärenhöhle schwerlich als warm bezeichnen kann. Wahrscheinlich senkt der Bär, ähnlich wie die *Samâdhi*, seinen Stoffwechsel ab. Oder der Winterschlaf der Zieselmäuse, Murmeltiere, Schlangen, Frösche, Insekten und anderer Lebewesen. Offensichtlich ist dieser *samâdhi*-ähnliche Zustand eine Anpassungsmethode an die Bedingungen des Nordens.

– Ich lebe in einem warmen Land, kenne mich woanders wenig aus, halte jedoch Ihren Vergleich für logisch, meinte der *Svâmin* Daram.

– Aber wo befindet sich die Seele?, hakte ich nach.

– Die Seele wird im Volk Herz genannt. Das Herz ist allerdings nur eine Pumpe. Was ich Herz-Seele nenne, sitzt im Bereich des Nabels.

– In der Medizin gibt es ein Phänomen, bei dem der Mensch dahinvegetiert. Das Herz schlägt, die Stoffwechselprozesse laufen ab, aber der Mensch ist ohne Bewusstsein. Bedeutet das etwa, dass die Seele nicht in den gegebenen Körper zurückkehren will? Kann es sein, dass er der Seele nicht gefällt, er zu zerstört ist?, wollte ich weiter wissen.

– Ja, die Seele kann im Prinzip ohne Körper leben, nur wird er dann bloß vegetieren. Erst wenn die Seele in den Körper zurückkehrt, gibt es wieder den Menschen.

– Aber wie ist das Verhältnis von Körper und Seele im Zustand des *Samâdhi*?

– Solange die Seele sich außerhalb des Körpers im *Samâdhi*-Zustand befindet, wird der Körper im konservierten Zustand bleiben. Wenn die

Seele in ihn zurückkehrt, erwacht der Körper aus dem Zustand des *Samâdhi* und lebt nach fünf, zehn, hundert, tausend, Tausenden oder Millionen von Jahren wieder auf, antwortete der *Svâmin* Daram.

– Wer schickt die Seele in den Körper?

– Der höchste Verstand. Im Zustand des *Samâdhi* zu weilen ist sehr nützlich, weil der Mensch dadurch ein anderes Leben kennenlernt, das Leben der Seele. Er erkennt den höchsten Verstand und wird, mit dem Körper wieder vereint, geistiger ausgerichtet sein und nicht mehr so kampflustig. Wenn die Menschen häufiger im Zustand des *Samâdhi* weilen würden, wäre der Frieden auf Erden sicherer.

– Was ist denn eigentlich die Seele?

– Sie ist ein Teil der Energie des Universums und befindet sich in einem speziell begrenzten Raum. Die Energie der Seele, das ist eine Energie außerhalb des Elektrons und außerhalb des Protons. Aber die Energie der Seele ist sehr stark, sie ist in der Lage, auf die Schwerkraft einzuwirken. Die Energie vieler Seelen besitzt ein kolossales Leistungsvermögen. Es gibt eine positive und eine negative Energie der Seele; sie sind miteinander verflochten. Geistige Energie kann erschaffen und zerstören. Lenin, Stalin, Hitler häuften negative geistige Energie an, was zur Vernichtung von Menschen und in den Krieg führte. Das Böse und das Gute gehen Hand in Hand. Negative geistige Energie kann zerstörerische kosmische Objekte anziehen und auf die Natur einwirken. Deshalb werden Konflikte und Kriege häufig von Meteoritenschlägen, Erdbeben und dergleichen begleitet.

– Die Anziehung kosmischer Objekte durch negative geistige Energie kann man sich also vorstellen wie ein Kugelblitz, der von Elektrizität angezogen wird?, fragte Vener Gafarov.

– Bildlich gesprochen ja. Jedoch wirken hier andere physikalische Gesetze, wandte der *Svâmin* Darma ein.

– Interessant!

– Sie haben Ihre Forschungen mit dem Studium der Augen begonnen, fuhr der *Svâmin* Daram fort, und Ihnen ist bekannt, dass das Auge der Spiegel der Seele ist. Wir sprechen nicht nur mit der Zunge, sondern auch mit den Augen, sie sind nämlich das Fenster zur Seele. Der Blick fällt direkt in die Seele, und das ist verständlich, denn das Sehen ist unser Hauptsinn. Vergleichen Sie mal: Die Entfernung des Sehens – viele Kilometer, die des Hörens – Meter. Zunge und Finger wirken durch Kontakt. Blinde Menschen verlieren viel, nicht nur im physischen Leben, sondern auch im geistigen.

– Wirkt die Energie der Seele also durch die Augen?, fragte ich.

– Ja. Außerdem sind Sie bei ihren Augenuntersuchungen auf ein wichtiges Moment gestoßen: dass die Größe der Kornea nämlich eine absolute Konstante ist. Das stimmt mit religiösem Wissen überein und zeugt davon, dass Gott jedem Menschen die gleichen Möglichkeiten der Selbstverwirklichung gegeben hat.

– Ein faszinierender Gedanke.

– Gerade die Kornea ist das Fenster, durch das die Seele sich selbst verwirklichen kann. Ich würde Ihnen empfehlen, psychische Energie genauer zu studieren, sie zum Beispiel beim Verlassen des Auges zu messen. Nutzen Sie die neuesten Errungenschaften der Physik, regte der *Svâmin* Daram an.

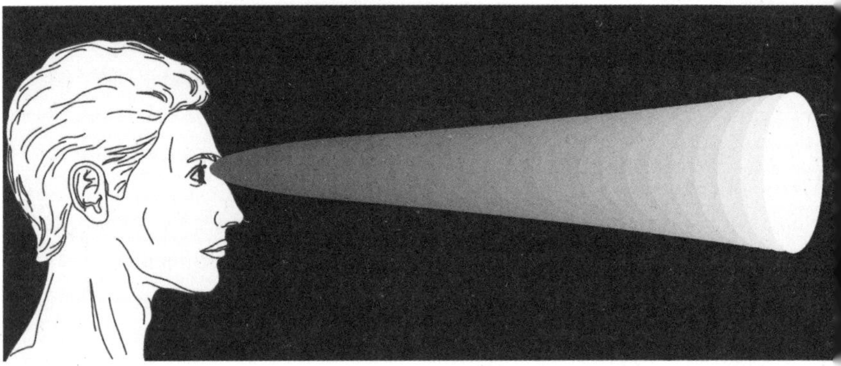

Hier möchte ich einen Abstecher machen und einen logischen Extrakt aus den neuesten Vorstellungen der Physik über die Seele und die psychische Energie anbieten, den unser Expeditionsteilnehmer Valerij Lobankov – ein bedeutender russischer Physiker und Spezialist der Feldphysik – vorbereitet hatte.

Es gibt eine physikalische und eine feinstoffliche Welt. Die physikalische Welt umfasst die Materie (Planeten, Sterne etc.) sowie das elektromagnetische und das Gravitationsfeld. Die feinstoffliche Welt umfasst psychische Erscheinungen (etwa psychische Energie, Bioenergie). Die feinstoffliche Welt beruht auf extrem hohen Frequenzen.

Es existieren außerdem Torsionsfelder, das heißt Drehfelder. Die Erscheinungsform der Torsionsfelder in der physikalischen Welt ist die Trägheitskraft. Die Erscheinungsform der Torsionsfelder in der feinstofflichen Welt ist die Seele – Energieanhäufungen in Form von Drehfeldern. Im

Bereich dieses drehenden Raums (Seele) wird die Information über das Funktionieren des menschlichen Körpers (Astralkörper) und über den Denkprozess (mentaler Körper) bewahrt. Der Denkprozess bewirkt eine Drehung des Raums: Gute Gedanken drehen den Raum in eine Richtung, schlechte in die entgegengesetzte.

Alle Seelen sind ein Teil des Allgemeinen Informationsfeldes, das im Volk als höchster Verstand bezeichnet wird. Einige Menschen wie Helena Blavatsky und Nicholas Roerich können sich in das Allgemeine Informationsfeld einschalten und von dort Wissen erhalten, das uns erstaunlich erscheint. In diesem Informationsfeld ist das Wissen nicht nur unserer Zivilisation, sondern auch das früherer Zivilisationen gesammelt. Der Raum in unserem Universum ist verbunden, und man kann deshalb, wenn man sich in das Allgemeine Informationsfeld einschaltet, die Vergangenheit und die Zukunft sehen.

Anfangs existierten nur der Raum und das Absolute (das absolute Nichts), das heißt, es gab nur einen Entwurf der zukünftigen Schöpfung. Der Raum, das ist neutralisierte Materie und Antimaterie, wo ständig Schaffung von Materie und Antimaterie vor sich geht, die sich aber auch ständig gegenseitig neutralisieren. Das Absolute stört den Prozess der Neutralisierung. Es entsteht Materie und Antimaterie, die sich gegenseitig nicht neutralisieren.

Zuerst entstand die feinstoffliche Welt, danach die physikalische. In der physikalischen Welt verdichtete sich die Materie, wodurch Sterne, Planeten und dergleichen entstanden. Die Verdichtung der feinstofflichen Welt führte zur Schaffung der Seelen.

Die Seelen auf der Erde verdichteten sich allmählich und begannen, physische Gestalt anzunehmen. Anfangs waren die Körper nicht dicht, sie konnten durch Gegenstände hindurchgehen. Dann verdichteten sie sich und nahmen die heutigen Merkmale an. So entstanden Mensch, Tier und Pflanze. Anfangs war das Bewusstsein ständig an das Allgemeine Informationsfeld angeschlossen, doch später ging

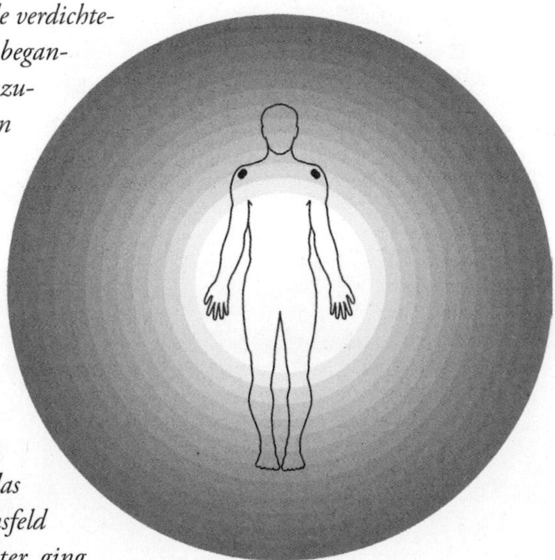

diese Fähigkeit verloren, weil die vorhergehende Zivilisation (die Atlanter) zu viel negative psychische Energie angesammelt hatte, also Torsionsfelder, die sich in negativer Richtung drehten.

Es gibt das Gesetz des Karmas, die Möglichkeit der Seele, nacheinander in verschiedenen Körpern zu leben und dabei positive oder negative psychische Energie anzusammeln. Ein Mensch mit schlechtem Karma muss mittels guter Taten seine Torsionsfelder in positive Richtung drehen, um sich von den negativ drehenden Feldern zu befreien und um glücklicher zu werden. Jeder Seele sind die gleichen Möglichkeiten zur Selbstverwirklichung gegeben.

Doch nun zurück zum Gespräch mit dem *Svâmin* Daram über frühere Zivilisationen.

– Auf der Erde gab es 22 Zivilisationen, sagte er. Diese Zivilisationen hatten tatsächlich ein hohes technokratisches Niveau erreicht, sich dann aber selbst vernichtet. Die Selbstvernichtung erfolgte entweder durch globale Konflikte oder nach kosmischen Katastrophen, meistens hervorgerufen durch die Einwirkung negativer psychischer Energie auf kosmische Objekte. Im Ergebnis der globalen Katastrophen änderte sich das Erdklima. Und sowie das Klima wieder Leben ermöglichte, entstand die Menschheit neu in Form einer neuen Zivilisation. Sie entwickelte sich weiter, erreichte ein hohes technokratisches Niveau und vernichtete sich wiederum selbst.

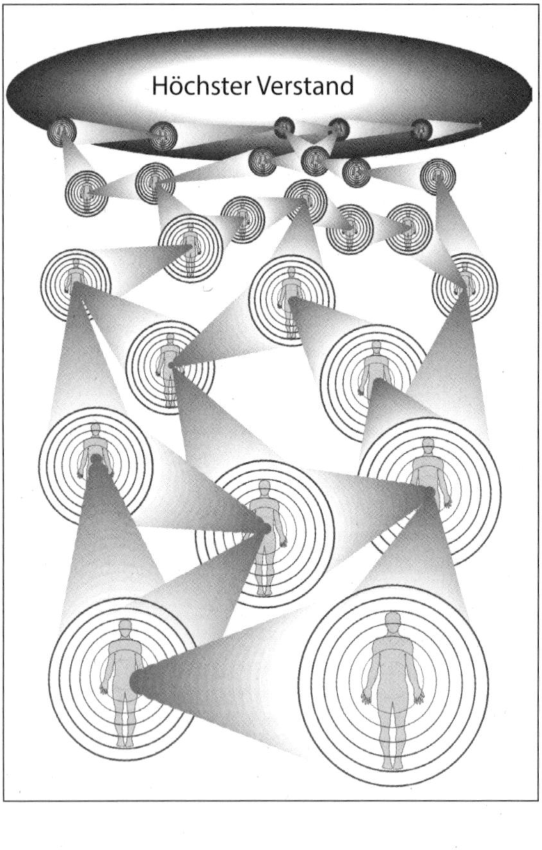

– Schade, dass das durch frühere Zivilisationen angesammelte Wissen mit ihnen vernichtet wurde, bedauerte ich.

– Aber das ist es ja gerade. Das Wissen wurde nicht vernichtet. Das Positive dieses Wissens *(die Torsionsfelder, die sich in positiver Richtung drehten – E.M.)* ging in den höchsten Verstand über *(in das Allgemeine Informationsfeld – E.M.)*. Menschen, die sich mit dem höchsten Verstand verständigen können, wie die Meister oder die Blavatsky *(über sie weiß man in Indien alles – E.M.)*, haben die Möglichkeit, zu diesem Wissen vorzudringen. Das Wissen der früheren Zivilisationen unterscheidet sich krass von unserem heutigen Wissen. Unser Wissen ist äußerst materiell.

– Und Sie, können Sie auch zu diesem höchsten Wissen vordringen?

– Ja, das kann ich, antwortete der *Svâmin* Daram klar.

– Erzählen Sie uns bitte mehr über die letzte der früheren Zivilisationen, die Atlanter, bat ich.

– Diese Zivilisation war weit entwickelt. Sie ertrank im Meer. Das Klima war in jener Zeit sehr warm und feucht. Die Erde bestand aus vielen Inseln. Die Pflanzenwelt war eine andere. Viele Gewächse gediehen unter Wasser. Die Atlanter hatten Unterwasserplantagen, sie schwammen viel. Der Himmel war rot. Sie konnten auf die Schwerkraft einwirken und hatten erstaunliche Fluggeräte. Sie verfügten über gerichtete psychische Energie. Leider sammelte diese Zivilisation viel negative psychische Energie an, was in Konflikten mündete. Es war eine der am weitesten entwickelten Zivilisationen auf der Erde. Aber auch sie konnte sich nicht vor der Anhäufung negativer psychischer Energie bewahren. Im Endergebnis kam es zu einer kosmischen Katastrophe. Die Erdachse neigte sich, eine riesige Flutwelle ging um die Welt, welche die Städte überschwemmte und die Menschheit vernichtete.

– Stammen wir von den Atlantern ab?

– Ja, wir stammen von den Atlantern ab. Die Atlanter konnten ihre Körper im Zustand des *Samâdhi* im Himâlaja erhalten, dem höchsten Gebiet der Erde, das die weltweite Überschwemmung nicht erreichte. Später, als das Wasser zurückging und die Lebensbedingungen auf der Erde wieder günstiger wurden, kehrten die Seelen in die Körper der Atlanter zurück. Sie erwachten zum Leben und bildeten den Keim der heutigen Zivilisation. Ihre Lebensbedingungen waren schwierig. Ihr Äußeres änderte sich allmählich durch die veränderten Lebensbedingungen auf der Erde und nahm Züge der Menschen unserer Zivilisation an.

– Erscheint Ihnen das nicht unwahrscheinlich?

– Daran ist nichts Unwahrscheinliches. Als die Astronauten auf dem Mond waren und Proben vom Mondboden nahmen, wurden darin konservierte Mikroben gefunden. Wenn auf dem Mond eine Atmosphäre entstehen würde, könnten diese Mikroben leben. Der Mensch im Zustand des *Samâdhi* ist ein Mensch in einem ebenso konservierten Zustand. Für die religiösen Meister des Ostens ist der *Samâdhi* ebenso natürlich und verständlich wie für Sie das Newtonsche Gesetz. Die *Samâdhi* sind die einzige Rettungsmöglichkeit bei der Selbstvernichtung der Zivilisationen. Jene Menschen, die sich in den Zustand des *Samâdhi* versetzten und sich in ihm Tausende oder Millionen von Jahren befinden, widmen sich den höchsten Zielen. Das Wichtigste davon ist das Überleben der Menschheit nach der Selbstvernichtung einer Zivilisation.

– Wo werden diese Körper im Zustand des *Samâdhi* denn aufbewahrt?

– Sie können an drei Orten aufbewahrt werden, antwortete der *Svâmin* Daram. Zunächst im Wasser; das ist eine besondere Substanz, unabdingbar für die Entstehung des Lebens auf der Erde. Wasser ist das Mittel zwischen Luft und Erde *(gemeint ist die Dichte – E.M.).* Der Mensch besteht zu 66 % aus Wasser. Der Salzgehalt des Meerwassers und des Wassers im menschlichen Organismus ist etwa gleich. Deshalb kann der menschliche Körper im Zustand des *Samâdhi* im Wasser lange Zeit konserviert sein. Die Absenkung des Stoffwechsels bei den *Samâdhi* erfolgt durch die Veränderung der Wassereigenschaften im menschlichen Organismus.

– Entschuldigen Sie, konnte ich mich nicht zurückhalten. Wir studieren schon einige Jahre das Wasser des menschlichen Organismus und fanden dabei heraus, dass es Informationsträger und für die Regeneration von Gewebe äußerst bedeutsam ist.

– Die Information im Wasser des Organismus ist mit der Seele verbunden, ergänzte der *Svâmin* Daram.

– Sagen Sie, fragte Vener Gafarov, halten Sie die Delfine für Nachfahren von Atlantern, die im Meer aus dem Zustand des *Samâdhi* zurückkehrten und sich im Laufe der Evolution an das Leben im Meer angepasst haben? Dafür sprächen doch wohl die hohen mentalen Fähigkeiten der Delfine, ihre Fähigkeit, sich im Ultraschallbereich zu verständigen (wie die Atlanter), die Form der Atemöffnung und andere allgemeine Merkmale.

– Ich weiß nicht recht. Kann sein, antwortete der *Svâmin* Daram. Ich denke, der Mensch kam aus dem Meer.

– Und der zweite und dritte Ort der Erhaltung von Körpern im Zustand des *Samâdhi*?

– Das sind Gletscher und Höhlen. Im Himâlaja zum Beispiel hat man einen Fisch gefunden, der Millionen Jahre in einem Gletscher lagerte. Als er auftaute, schwamm er fort. Ähnliches kann auch mit Menschen im Zustand des *Samâdhi* geschehen. In den Höhlen hält sich eine konstant niedrige Temperatur, die ebenfalls günstig ist für die Erhaltung des *Samâdhi*-Zustands.

– Ich habe gelesen, warf Sergej ein, dass irgendein russischer Wissenschaftler, entweder Zibikov oder Roerich, in einer der Höhlen in Tibet einen sehr großen Schädel mit einer Öffnung auf der Stirn gesehen hat, die ihn an eine Augenhöhle erinnerte.

– Das Dritte Auge sah nicht wie ein Auge aus. Diese Öffnung könnte traumatischen Ursprungs sein, widersprach der *Svâmin* Daram. Übrigens, ich empfehle Ihnen nicht, in den Höhlen nach Atlantern im Zustand des *Samâdhi* zu suchen.

– Warum?

– Das ist gefährlich für Sie. Diese Höhlen sind außerordentlich schwer zugänglich und bleiben dem menschlichen Blick verborgen. In diesen Höhlen wirken besondere, uns unbekannte und für den Menschen tödliche Kräfte. Diese Kräfte wachen über die Ruhe der Atlanter im Zustand des *Samâdhi*. Sie werden von den Seelen der Atlanter im Zustand des *Samâdhi* gelenkt. Sie besitzen bioenergetischen Charakter und sind Kräfte jener Art, mit deren Hilfe die Atlanter auf die Schwerkraft einwirken, gewaltige Steine bewegen und Pyramiden bauen konnten. Gegenmittel gegen diese Kräfte hat der Mensch unserer Zivilisation nicht, was nicht verwundert, da die Zivilisation der Atlanter wesentlich höher entwickelt war als unsere.

– Ist es möglich, mit den Seelen der Atlanter im Zustand des *Samâdhi* in Kontakt zu treten?

– Schwerlich. Das Entwicklungsniveau der Seele der Atlanter ist bedeutend höher als das unsere. Auch werden sie wohl kaum an unsere guten Absichten glauben. Bedenken Sie: Niemand – kein König, kein Präsident, kein noch so bedeutender Wissenschaftler – kann die Erlaubnis dazu geben, die Atlanter im Zustand des *Samâdhi* in ihrer Ruhe zu stören. Das entscheiden allein sie, die sich in diesem Zustand befinden. Das Eindringen ohne ihre Zustimmung bedeutet den Tod.

– Das Gleiche gilt auch für die Atlanter in den Gletschern und im Wasser?

– Ja, absolut, ohne jeden Zweifel.

Schweigend überdachten wir das alles. Der Schleier über dem Geheimnis hatte sich geringfügig gelüftet, mehr nicht.

– Wer waren die Propheten?, unterbrach ich das Schweigen.

– Die Propheten waren Menschen, die vieles über die vergangenen Zivilisationen wussten und dies der Menschheit übermittelten. Zumeist waren es ganz gewöhnliche Menschen, beantwortete der *Svâmin* Daram meine Frage.

– Was meinen Sie, haben sich die Propheten vergangener Zivilisationen vom Äußeren her von gewöhnlichen Menschen unterschieden?

– Ja, durchaus, wenn einer aus dem Zustand des *Samâdhi* kam, als eine neue Zivilisation sich schon entwickelt und das Äußere der Menschen sich durch die völlig neuen Bedingungen bereits verändert hatte.

– Sicher werden Sie von unserer Fragerei schon erschöpft sein, sagte ich, aber wenn es Ihnen möglich ist, erzählen Sie uns doch bitte noch etwas über das *So'Ham*.

– Hat man Ihnen davon bereits berichtet?

Ich legte kurz dar, was wir über die letzte Botschaft bisher erfahren hatten.

– Nun ja, begann der *Svâmin* Daram zu erzählen, das *So'Ham* ist ein Gespräch mittels der Nase: Einatmen – *So*, Ausatmen – *Ham*. Das kommt von früheren Zivilisationen, sie haben tatsächlich mit der Nase gesprochen. Das *So'Ham* bedeutet vieles: *So'Ham*, das ist ein Ton der Nase, das ist der Ton des Lebens und des Todes. Wenn ein Kind geboren wird, fliegt beim ersten Einatmen die Seele in den Körper des Kindes, das heißt, das Einatmen (*So*) ist das Leben. Wenn der Mensch stirbt, entflieht die Seele aus dem Körper mit dem letzten Ausatmen, das heißt, das Ausatmen (*Ham*) ist der Tod. Das Prinzip *So'Ham* symbolisiert die

Unendlichkeit und die Einheit von Leben und Tod, aber auch, dass sich das Wichtigste jenseits des irdischen Lebens befindet. Das Amen und ähnliche Worte in verschiedenen Religionen, sie alle sind Widerspiegelungen des *So'Ham*.

– Warum nennt man das *So'Ham* letzte Botschaft?

– Weil es jeden Menschen an die Notwendigkeit erinnert, sich während seines Lebens auf der Erde selbst zu verwirklichen, und das positiv. Die Zivilisation der Atlanter verwirklichte sich leider nicht nur in guter, sondern auch in schlechter Richtung. Die Atlanter konnten leicht in den allgemeinen Verstand eindringen *(ins Allgemeine Informationsfeld – E.M.)* und nutzten dieses Wissen nicht nur für gute, sondern auch für schlechte Ziele. Die Botschaft *So'Ham* bedeutet, dass die nächste Zivilisation, also unsere, nicht zur universellen Wissensbank zugelassen wird, weil nicht sicher ist, dass dieses Wissen nur für gute Ziele genutzt wird. Das *So'Ham* bedeutet »verwirkliche dich selbst« vom ersten Einatmen bis zum letzten Ausatmen.

Verwirkliche dich selbst

– Sicher ist es zu gefährlich, die Menschen zur universellen Wissensbank zuzulassen, weil der Besitz von Kenntnissen, zum Beispiel über neue Energiearten, für unsere Zivilisation fatal sein könnte, sagte ich. Das Prinzip *So'Ham* lässt darauf schließen, dass der höchste Verstand den leichten Zugang des Menschen zum allgemeinen Wissen des Menschen beenden will. Sollen sich die Menschen doch selbst verwirklichen, selbst ihr Wissen mehren. Sehe ich das richtig?

– Ja, so ist es, bestätigte der *Svâmin* Daram.

– Aber, folgerte ich weiter, einige Menschen haben doch Zugang zum Allgemeinen Informationsfeld. Das werden wohl jene sein, an deren guten Absichten kein Zweifel besteht, deren Torsionsfelder sich also klar in positiver Richtung drehen. Diese Menschen werden offensichtlich Propheten oder bedeutende Wissenschaftler, aber sie haben es schwer, denn sie kämpfen mit den negativ drehenden Feldern vieler Menschen.

– Solche Leute sind Meister, sagte der *Svâmin* Daram.

– Lassen Sie mich eine Begebenheit schildern, setzte ich fort. Ich hatte Gelegenheit, einen Dokumentarfilm zu sehen über die Konstruktion und den Bau Fliegender Untertassen in Hitler-Betrieben auf der Grundlage von Wissen aus dem universellen Informationsfeld. Zwei »Kontaktlerinnen« vermittelten es den Hitler-Leuten. Diese bauten gegen Kriegsende Fliegende Untertassen, die auch flogen, aber nicht mehr eingesetzt werden konnten. Die bereits hergestellten Fliegenden Untertassen verschwanden auf geheimnisvolle Weise. Die Übergabe der Informationen offensichtlich früherer Zivilisationen über die Fluggeräte an die Hitler-Leute war, wie ich es verstehe, doch eine direkte Verletzung des Prinzips *So'Ham*, also der Selbstverwirklichung. Warum kam es dann zur Übergabe dieser Informationen? Vielleicht als Gegengewicht zu Stalin, an dessen schlechten Absichten ja keine Zweifel bestanden?

– Mag sein, sagte der *Svâmin* Daram. Auszuschließen ist das nicht. Vergessen Sie aber nicht, dass auch ein großer Geist des Bösen existiert. Positive und negative psychische Energie sind miteinander verbunden, und das Gute und das Böse gehen Hand in Hand. Man darf die Rolle der negativen psychischen Energie nicht schmälern.

– Kann das universelle Allgemeine Informationsfeld seine Fehler korrigieren? Kann das der Grund sein für das geheimnisvolle Verschwinden der Fliegenden Untertassen Hitlers?

– Bei Verletzung des Prinzips *So'Ham* kann der höchste Verstand nicht durch Kraft Einfluss nehmen, da dieses Prinzip kraftlos ist, aber es kann die Seelen der Menschen beeinflussen. Beispielsweise die der Erbauer der Fliegenden Untertassen, damit sie die Resultate ihrer Arbeit wieder vernichten. Das Gute *muss* siegen, sonst wird die Welt zerstört.

– Schade, dass wegen des Bösen und der machtgierigen Atlanter unsere Zivilisation von der universellen Wissensbank abgeschnitten ist, sagte ich erregt.

– Natürlich waren nicht alle Atlanter schlecht, aber die schlechte Energie hat in ihrer Zivilisation gesiegt. Wer weiß, was mit *unserer* Zivilisation wird, ob das Gute siegen wird – ich weiß es nicht. Deshalb lehren alle Religionen übereinstimmend, ständig das Amen oder ähnliche Worte zu wiederholen, was eben *So'Ham* bedeutet: Verwirkliche das göttliche Selbst in einer guten Richtung, sagte der *Svâmin* Daram.

– Das *So'Ham* kann sich auch als letzte Warnung an die Menschheit erweisen. Der höchste Verstand kann behilflich sein, die Seele in den Körper im Zustand des *Samâdhi* zurückschicken, wenn sich unsere Zivilisation selbst vernichtet.

– Gut möglich.

– Und nun eine letzte Frage bitte, sagte ich. Als wir Ihnen zu Beginn unseres Gesprächs das Bild des hypothetischen Atlanters zeigten, fragten Sie uns, ob wir einen gesehen hätten. Kann man sie denn heutzutage noch vorfinden?

– Ja. Sie müssten sich bis heute im Zustand des *Samâdhi* befinden. Und nicht nur sie ...

– Wer denn noch?

Diese letzte Frage blieb dann doch unbeantwortet. Wir begleiteten den *Svâmin* Daram noch und verabschiedeten uns lange und herzlich. Was dieser Mensch doch für eine seelische Güte und Kraft ausstrahlte! Sergej und Vener gaben ihm nacheinander die Hand, ich machte Fotos. Lächelnd forderte der *Svâmin* Daram uns noch auf:

– Nutzen Sie dieses Wissen für gute Zwecke.

Was wir in Indien erfahren haben, bestätigte die grundsätzlichen Aussagen unserer Hypothesen zur tibetischen Abstammung unserer Zivilisation, das Aussehen der Atlanter, das Entstehen und die Selbstvernichtung der Zivilisationen auf der Erde und einige andere. Sie erschienen uns jetzt klarer, zutreffender noch als vor der Expedition. Möglicherweise hatten wir, wie man so schön sagt, das Fahrrad gerade zum zweiten Mal erfunden. Aber das ist eben einer jener Fälle in der Wissenschaft, wo eigenständig gewonnene Erkenntnisse und Daten einerseits mit historisch-religiösem Wissen andererseits übereinstimmen. Religion, von vielen Menschen als Märchen oder Anleitung zur Frömmigkeit abgetan, enthält dessen ungeachtet tiefes Wissen, überliefert, wie der *Svâmin* Daram sagte, von früheren Zivilisationen.

Wir mussten erkennen, dass dieses tiefe religiöse Wissen, in das wir nur bedingt eindringen konnten, nicht ohne weiteres preisgegeben wird, dass es geheim gehalten wird, damit es nicht in falsche Hände gerät. Auch wir haben nicht alles preisgegeben, was uns anvertraut wurde, um eine negative Nutzung auszuschließen. Es war vor allem die positiv ausgerichtete Logik unserer Forschungen, die uns den Zugang zu den religiösen Würdenträgern ermöglichte, deren Auskünfte uns beträchtlich weiterhalfen. Am bewegendsten erwiesen sich dabei die für uns neuen Auskünfte über die letzte Botschaft *So'Ham* und die *Samâdhi*. Der besondere Zustand der Seele und des Körpers – der *Samâdhi* – regte unsere Fantasie und Zuversicht an, dass die Erhaltung der Menschheit auf der Erde durchaus ermöglicht werden kann.

Wir brachen nach Nepal und Tibet auf. Jetzt hatten wir einen sehr viel genauer umrissenen Fragenkreis. Was würden die tibetischen Lamas dazu zu sagen haben?

TEIL III

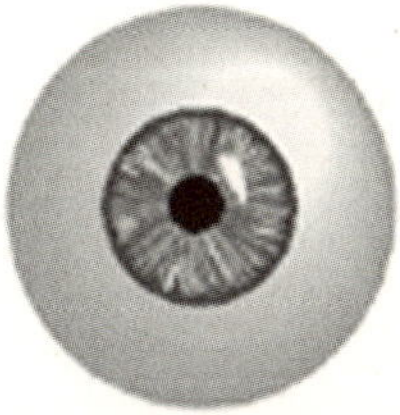

Was sagten die nepalesischen und tibetischen Lamas?

1 Wie versetzt man sich in den *Samâdhi*-Zustand?

Von Delhi flogen wir nach Kathmandu, der Hauptstadt Nepals. Auf dem Flugplatz wurden wir von unseren Expeditionsteilnehmern Valerij Lobankov und Valentina Jakovleva empfangen, die schon über eine Woche in diesem Land arbeiteten. Begleitet wurden sie von Sheskand Ariel, einem der nepalesischen Expeditionsteilnehmer. Der in Nepal bekannte Physiker und Dozent an der Nepalesischen Universität war uns vom Nepalesischen Forschungsrat empfohlen worden als ein Kenner der tibetischen Religion, der zudem in der Lage ist, religiöse Fakten aus wissenschaftlicher Sicht zu analysieren. Er sprach auch gut Englisch.

In Kathmandu

Valerij, Valentina und Sheskand hatten einige Treffen für uns vorbereitet. Dass es nicht leicht sein würde, die tibetischen Lamas zu einem offenherzigen Gespräch zu bewegen, war uns von vornherein klar, denn die meisten titulierten Lamas waren nach Nepal emigriert, als Tibet 1949 unter chinesische Oberhoheit kam. Die Repressionen der chinesischen Kommunisten gegen religiöse Persönlichkeiten

Der Meditationslehrer Shamba Tkhappa mit Valerij Lobankov

Tibets waren in ihrem Gedächtnis haften geblieben und riefen natürlich Misstrauen gegen alle hervor, die sich für ihr Wissen interessierten. Mit schönen Losungen über die allgemeine Gleichheit und Ähnliches allein waren sie nicht zu überzeugen. Dafür saß die Angst bei ihnen noch zu tief.

Unser erstes Treffen hatten wir mit Shamba Tkhappa, einem hervorragenden Meditationslehrer, der das Meditationszentrum in Kathmandu leitete. Von Sheskand wussten wir, dass wir bei ihm vielleicht nicht tiefes Wissen über das Altertum zu erwarten hatten wie bei den Lamas, er aber durch seine täglichen Meditationssitzungen, bei denen er Menschen in den *Samâdhi*-Zustand versetzte, über beachtliche Erfahrungen verfügte.

Herr Shamba Tkhappa empfing uns in seinem Haus. Vom ersten Moment an verhielt er sich uns gegenüber wie zu Meditationsschülern. All unsere Versuche, das zu ändern, waren erfolglos. Er begann sofort, uns die Bedeutung von Meditation zu erklären, und das mit nahezu unfassbaren Sätzen.

Anfangs schrieb ich noch mit, ließ es aber bald sein, weil ich diesen Gedankengängen nicht mehr folgen konnte. Dabei fragte er ständig:

Meditationsunterricht

»*Do you follow my mind?* (Können Sie mir folgen?) Danach machte er eine Pause, blickte mir konzentriert in die Augen und erwartete mein »Yes«. Auch das ließ ich bald bleiben, da sich diese überflüssige Phrase zwei- bis dreimal im Satz wiederholte. So etwas hatte ich bis dahin noch nicht erlebt.

Erst später erkannte ich, dass dieses lästige »*Do you follow my mind?*« keine überflüssige Phrase war, sondern dazu diente, Menschen in den Zustand der Meditation zu versetzen, sie zu zwingen, sich nicht ablenken zu lassen und den Gedanken des Lehrers zu folgen. Aber ich wollte ja nicht meditieren, ich wollte Klarheit über die Meditation als Methode, sich in den *Samâdhi*-Zustand zu versetzen. Um den Charakter des Gesprächs zu ändern, nutzte ich daher jetzt die Methode des Lehrers. In einem passenden Augenblick stellte ich ihm laut und deutlich eine Frage und endete ebenfalls mit »*Do you follow my mind?*«, wobei ich ihm meinerseits konzentriert in die Augen schaute. Nun war er gezwungen, zu antworten. Nachdem ich das einige Male wiederholt hatte, spürte ich, dass es mir gelungen war, diese belehrende Predigt zu unterbrechen und das Gespräch in andere Bahnen zu lenken.

Wir erfuhren von ihm, dass man durch Meditation den *Samâdhi* erreichen kann. Die Lehre von der Meditation entstand in Tibet und verbreitete sich von dort über die ganze Welt. Meditation erreicht man durch Fokussierung, gebündelte Aufmerksamkeit, gerichtet auf ein Objekt oder eine Vorstellung. Allein mit dem Meditieren zu beginnen ist schwer, man sollte es – meiner Auffassung nach – an einer speziellen Schule studieren.

Meditierend gelangt der Mensch ins Innere seiner Seele. Dabei ist er in der Lage, jeden Teil seines Körpers zu fühlen, er kann sogar den gesamten Körper gleichzeitig fühlen, kann die Veränderungen, die dabei im Organismus vorgehen, verfolgen. Im Zustand der Meditation beginnt der Mensch sein Leben tiefer zu verstehen, kann er den Weg für sein Leben finden und erkennt, dass der Körper nur ein Instrument unserer Seele ist. Der Meditation folgt die Überzeugung, dass es nicht lohnt, eine Lanze zu brechen für rein Materielles im Leben, man wird dadurch friedliebend. *Friedfertigkeit zu lehren ist die Hauptaufgabe der Meditation.*

An dieser Stelle möchte ich Sie kurz mit einigen Aussagen zur Meditation vertraut machen, die ich Herrn Singh verdanke, der im Osho-Ashram im indischen Pune arbeitet.

Es gibt 112 Arten der Meditation. Jeder Mensch muss seine eigene Meditationsmethode finden. Meditation, das ist der Übergang von einem »Raum« in einen anderen. Wichtige Momente in der Meditation sind das »Schweigen« und die »Versenkung«. Wenn man während eines Gesprächs zu schweigen beginnt und dabei in sich hineinlauscht, kann man die Versenkung spüren. Hält die Versenkung vier bis fünf Sekunden an, spürt man die Intuition. Die Intuition ist zu 100 % wahr, sie ist kein Denkprozess, sie ist so etwas wie ein »Vorsagen«. Wenn die Dauer der Versenkung 28 Sekunden erreicht, nähert sich der Mensch dem Zustand des *Samâdhi*, er beginnt seinen Körper von außen zu erblicken und sieht ihn als reinen Mechanismus an.

Man meditiert gewöhnlich in der Pose Buddhas. Es gibt verschiedene Vorgehensweisen zur Erleichterung der Meditation.

Außerdem unterschied Herr Singh drei Stadien der Meditation:

1. *Sella*, wenn eine tiefe Moral erreicht wird.
2. *Samâdhi*, wenn die Seele den Körper verlässt und der Körper in einen versteinert-unbeweglichen Zustand übergeht.
3. *Prashna*, wenn die wahre Weisheit in der Erkenntnis des Lebens und des Universums erreicht wird.

Ich fragte: Welche Besonderheiten gibt es bei der Meditation für den Übergang in den Zustand des *Samâdhi*? Können Sie mir folgen?

– Ja, antwortete Herr Singh, um in den *Samâdhi* überzugehen, muss man sich von negativer geistiger Energie befreien. Es ist sehr wichtig, dass Seele und Körper von negativer geistiger Energie befreit werden. In Amerika erforscht man die Möglichkeit, den Körper für viele Jahre zu konservieren, um ihn später einmal wiederzubeleben. Aber sie berücksichtigen nicht, dass die Konservierung des Körpers in der Art der *Samâdhi* nur nach der Befreiung von negativer Energie möglich ist.

– Wie geht denn die Befreiung von negativer geistiger Energie eigentlich vonstatten?

– Dieser Mechanismus ist verbunden mit der Konzentration des Geistes während des Ein- und Ausatmens. Die Atmung, das ist Bewegung innen und außen, auf die man sich konzentrieren muss, um wahrzunehmen, dass das Einatmen das Leben, das Ausatmen der Tod ist und man sich im Kreislauf von Leben und Tod befindet ...

– Also nach dem Prinzip *So'Ham*, dem großen Prinzip, das mit der Atmung durch die Nase verbunden ist?, unterbrach ich ihn.

– Ich kenne das *So'Ham* nicht so gut, darüber weiß man in Indien besser Bescheid, antwortete der Meditationslehrer.

– Der Hauptsinn des *So'Ham*, ließ ich nicht locker, besteht in der Botschaft »verwirkliche dich selbst«, sowohl individuell als auch gemeinschaftlich. Kann es nicht sein, dass während der Meditation mit dem Ziel, den *Samâdhi*-Zustand zu erreichen, die Konzentration des Geistes auf die Selbstverwirklichung des Menschen gerichtet ist, sowohl beim Leben auf der Erde (Einatmen) als auch nach dem Tod (Ausatmen)? Mit anderen Worten, der Mensch konzentriert sich auf die Gedanken: Ich verwirkliche mich selbst, ich verwirkliche mich selbst während des Lebens und nach dem Tod, um das höchste Ziel zu erreichen – Weisheit. Wird dabei das Leben mit dem Einatmen assoziiert und der Tod mit dem Ausatmen?

– Ja, so ist es, sagte der Lehrer. Wir assoziieren in der Tat das Einatmen mit dem Leben auf der Erde und das Ausatmen mit dem Tod. Tatsächlich streben wir danach, uns zur Selbstverwirklichung zu zwingen, weil eben die höchste Form der Selbstverwirklichung die Weisheit ist. Aber zur Weisheit im Sinne der Fähigkeit, die Seele analysieren zu können, gelangt man nur über den *Samâdhi*.

– Ist es schwer, in tiefen *Samâdhi* zu gelangen, wenn der Puls aufhört zu schlagen, wenn die metabolische Energie auf Null abgesenkt wird und der Körper einen versteinert-unbeweglichen Zustand annimmt?

– Sehr schwer, entgegnete der Lehrer, das kann wirklich nicht jeder Mensch machen. Das können nur sehr wenige auserwählte Menschen.

– Warum? Und von wem auserwählt?

– Gewöhnlich begeben sich die Menschen in den Meditationsschulen dreimal am Tag in den *Samâdhi* und verweilen dort nicht länger als eine Stunde. Der *Samâdhi* sagt dir selbst, wie lange du in diesem Zustand verweilen kannst …

– Kann man das so verstehen, dass der *Samâdhi* seine Dauer selbst reguliert?, fragte ich.

– Die Seele, vom Körper befreit, kann Kontakt zu anderen Seelen und dem höchsten Verstand haben. Dort wird auch entschieden, wie lange der Mensch im *Samâdhi*-Zustand verweilen kann.

– Welche Rolle spielt der Gesundheitszustand des menschlichen Körpers für ein längeres Andauern des *Samâdhi*-Zustands?

– Ein gesunder Körper ist schon von Belang, wichtig sind aber auch niedrige Temperaturen, bei denen der Körper im *Samâdhi*-Zustand besser bewahrt wird. Der Körper muss von allem Negativen befreit sein, wie auch die Seele von negativer Energie befreit sein muss. Nur ein Mensch, der frei von allem Negativen ist, kann mit einem Andauern des *Samâdhi*-Zustands rechnen. Aber insgesamt spielt der Körper keine so große Rolle, weil er doch nur ein Instrument der Seele ist. *Do you follow my mind?*, fragte der Lehrer.

– *Yes*. Was Sie soeben gesagt haben, ist sehr wichtig. Ich verstehe es folgendermaßen, begann ich mit Nachdruck: Das Andauern des *Samâdhi*-Zustands über Tausende und Millionen von Jahren hinweg kann man am ehesten als Genpool der Menschheit für den Fall einer globalen Katastrophe ansehen. Die Menschen, die sich in einen tiefen und langen *Samâdhi*-Zustand begaben, verurteilten sich, nach einer globalen Katastrophe zur Urmutter und zum Urvater einer neuen Zivilisation zu werden, verurteilten sich zum Wiederaufleben unter veränderten Bedingungen auf der Erde. *Do you follow my mind?*

– *Yes*, antwortete der Lehrer.

Befreiung von negativer psychischer Energie

– Natürlich, fuhr ich fort, wird nicht jeder Mensch zugelassen zum längsten *Samâdhi* mit dem Ziel, zur Urmutter und zum Urvater einer neuen Zivilisation zu werden. Ein Vertreter des Genpools der Menschheit zu sein, bedeutet eine große Verantwortung. Das müssen auserwählte Menschen sein. Die Seele dieser Menschen muss frei sein von negativer geistiger Energie, darf keine negativ drehenden Torsionsfelder enthalten. Der Körper dieser Menschen muss gesund sein, denn jede Krankheit dreht das Torsionsfeld in negative Richtung, wie uns die augengeometrischen Einheitsparameter zeigten (das »böse« kleine Dreieck als Äußerung des Bösen und von Krankheiten). Es ist also verständlich, dass der höchste Verstand, das heißt das Allgemeine Informationsfeld, die entsprechende Seele mit dem sich in ihr äußernden Körperzustand irgendwie »analysiert«, bevor der Anwärter für den tiefen *Samâdhi* zugelassen wird oder eben nicht. In den tiefen *Samâdhi* zu gehen und Vertreter des Genpools der Menschheit zu werden, ist die höchste geistige Bestimmung des Menschen. Das können aber nur würdige Menschen sein.

– Ja, schloss sich der Lehrer meiner Auffassung an und ergänzte, dass man im *Prashna* als dem höchsten Stadium der Meditation zur Erkenntnis seiner Bestimmung in der Welt kommt. *Do you follow my mind?*

Von den weiteren Thesen unseres Gesprächspartners verstand ich ganz und gar nichts mehr. Sie waren so abstrakt, dass sich mir ihr Sinn nicht mehr erschloss.

– Der Zustand des klinischen Todes, fragte ich zu guter Letzt, ähnelt er eventuell dem des *Samâdhi*?

– Die Seele entweicht im Zustand des klinischen Todes tatsächlich aus dem Körper, aber anders als im *Samâdhi* ist der Körper nicht darauf vorbereitet, lange Zeit im konservierten Zustand zu verbringen, antwortete der Lehrer.

Zwischendurch gab ich eine Geschichte aus meinem Institut zum Besten. Einmal war eine Mitarbeiterin, die bei uns als Näherin arbeitete, zu mir als Leiter des Instituts gekommen. Sie erzählte mir, dass sie sich eine Woche zuvor im Zustand des klinischen Todes befunden hatte, hervorgerufen durch eine schockartige allergische Reaktion. Während des klinischen Todes hatte sie in die Vergangenheit und in die Zukunft geschaut. Deshalb bat sie mich darum, ihr die Möglichkeit zu geben, einen Kurs für Hellseher zu besuchen. Ich stimmte zu. Danach wies ich spaßeshalber an: »Die Mitarbeiterin Iwanova L. ist von der Stelle einer Näherin auf die Stelle einer Hellseherin des Instituts zu setzen, unter Beibehaltung ihres bisherigen Lohns. Bitte mit dem Buchhalter und dem stellvertretenden Direktor für Wissenschaft abstimmen.« Die Personalchefin, eine kluge Frau mit Hochschulbildung, formulierte meine Anweisung entsprechend und legte sie mir zur Unterschrift vor.

– Welcher Abteilung des Instituts sollen wir die Hellseherin zuordnen?, fragte sie mich.

– Stimmen Sie das mit der Buchhaltung und dem stellvertretenden Direktor für Wissenschaft ab, antwortete ich.

Einige Minuten später rief mich der Hauptbuchhalter an.

– Welche Tarifstufe sollen wir für die Hellseherin vorsehen? In keinem Tarifwerk ist eine solche Stelle beschrieben ...

Ich verwies ihn ebenfalls an den stellvertretenden Direktor für Wissenschaft.

Eine halbe Stunde später kam der stellvertretenden Direktor für Wissenschaft zu mir und sagte:

– Vermutlich wollen Sie die Näherin-Hellseherin meiner Abteilung zuordnen. Ich möchte gleich darauf hinweisen, dass ich an ihren hellseherischen Fähigkeiten zweifle. Und ich gehe weiter davon aus, dass die Hellseherei den wissenschaftlichen Prozess der Analyse des Sehapparats beeinträchtigen kann ...

Erst danach gab ich laut prustend zu, dass ich mir nur einen Scherz erlaubt hatte. Wir lachten gemeinsam darüber. Ich fand es erstaunlich, wie widerspruchslos in unserem Land das Wort des Chefs hingenommen wurde. Niemand dachte darüber nach, wofür ein Institut für Augenheilkunde eine Hellseherin überhaupt braucht. Was soll sie da »hellsehen«, etwa, ob eine Operation erfolgreich verlaufen wird oder nicht?

– Man kann nicht als Hellseher *arbeiten*, man muss einer sein, kommentierte der Meditationslehrer meine Geschichte. Der Humor ging spurlos an ihm vorbei. Der Geistliche des Ostens verstand uns mitunter ebenso wenig wie wir ihn.

– Könnten Sie uns die Meditation mit dem Übergang zum *Samâdhi* einmal vorführen?, fragte ich ihn.

– Das geht nicht auf Bestellung, antwortete er, was uns nicht sonderlich überraschte.

In unserem Bemühen, tiefer in das Phänomen des *Samâdhi* einzudringen, waren wir auch bei diesem Treffen wieder einen beachtlichen Schritt vorangekommen. Als Mediziner interessierte uns natürlich vor allem die Frage, wie die Einwirkung auf Seele und Körper des Menschen erfolgt, die zur Wiederbelebung führt.

2 Ist die Wiederbelebung des Menschen möglich?

Bestimmt haben viele von Ihnen schon einen Film über Jesus Christus gesehen und die eine oder andere Szene im Sinn, wie er mit einer Handbewegung Menschen wiederbelebte oder heilte. Was lässt sich nach unseren Erkenntnissen im Verlauf der Expedition sowie aus Sicht der heutigen Wissenschaft dazu sagen?

Natürlich kann man sich vorstellen, dass Jesus Christus, der möglicherweise über die Seele des Menschen einer früheren Zivilisation und ein wesentlich höheres psychoenergetisches Potenzial verfügte, mit Hilfe seiner mächtigen positiven Torsionsfelder die negativ drehenden Torsionsfelder, die charakteristisch für Krankheit und Tod sind, in positive Richtung umkehren konnte. Mit den Worten der buddhistischen Religion: *Er befreite die Seele und den Körper des Menschen von negativer psychischer Energie.* Die Befreiung des Astralkörpers der Seele von negativ drehenden Torsionsfeldern dürfte dabei wohl auf den Metabolismus (Stoffwechsel) des Gewebes gewirkt und so zur Genesung des Organismus geführt haben. Die Seele, die den Körper infolge des Todes verlassen hatte, konnte in den Organismus zurückkehren und ihn wiederbeleben, wenn der Grad der destruktiven Veränderungen nicht zu groß war. Offensichtlich nutzen auch andere Heiler und Sensitive dieses Prinzip.

Min Bahadur Shakya

Aber welche Kraft hat Jesus Christus genutzt, um mit der negativen psychischen Energie zu »kämpfen«? Wodurch unterscheidet sich die Wiederbelebung von der Rückkehr aus dem Zustand des *Samâdhi*? Wie kommt es zur Rückkehr der Seele in den Körper?

Um Antworten auf diese Fragen zu bekommen, empfahl uns Sheskand Ariel ein Treffen mit Herrn Min Bahadur Shakya. Er wird als der bedeutendste Spezialist auf dem Gebiet des *Leidens* angesehen. Zu diesem Zeitpunkt vermutete ich noch nicht, dass ein vom herkömmlichen Standpunkt so banaler Begriff wie Mitgefühl eine so bedeutende Rolle nicht nur bei der Heilung von Krankheiten, sondern sogar für Leben und Tod spielt.

– Warum gerade Mitgefühl? fragten wir Sheskand Ariel.

– Mitgefühl, das ist eine große Wissenschaft im Osten. Sie hat viele Aspekte. Treffen Sie sich mit Herrn Min, es wird sich lohnen, begründete Sheskand Ariel seinen Vorschlag.

Herr Min war sehr freundlich, sprach gut Englisch und beantwortete unsere klaren und konkreten Fragen ebenso klar und konkret. Als wir unsere Hypothese darlegten und ihm die Zeichnung des hypothetischen Atlanters zeigten, rief Herr Min gleich:

– Leidende Augen. Er hat leidende Augen ...

– Wieso?

– Ich habe große Erfahrung damit und kann leidende Augen sofort erkennen. Ach, was sage ich Ihnen das, Sie sind ja Spezialisten der Augenanalyse. Sie verstehen sicher, wie ich das empfinde. Die Augen sind bedeckt, sie werden zu bösen ... Apropos, Sie sprachen über das »böse« Dreieck, ich sehe es irgendwie, doch Bosheit sehe ich darin nur bedingt. Richtiger ist vielmehr Unmut, hervorgerufen durch Leid.

– Es sind Augen, die an Tempeln Ihres Landes dargestellt sind. Wir haben diese Augen wissenschaftlich analysiert und so das Äußere des »dazugehörenden« Menschen rekonstruiert. Wer ist das? Buddha?, fragte ich.

– Nein, das ist nicht Buddha, antwortete Herr Min. Das ist ein alter, sehr altertümlicher Mensch.

– Weshalb leidet er? Kann es sein, dass er nach Tausenden von Jahren aus dem Zustand des *Samâdhi* zurückgekehrt ist und die veränderten Bedingungen auf dem Planeten und veränderte Menschen erblickt hat? Kann es sein, dass er einer der allerersten Propheten war?

– *Samâdhi*, das ist auch Leiden, sagte Herr Min, als ob er meine Fragen nicht gehört hätte.

Er nahm erneut die Abbildung des hypothetischen Atlanters zur Hand, betrachtete sie konzentriert und sagte:

– Das sind eigentlich nicht leidende, das sind mitfühlende Augen. Dieser Mensch befindet sich entweder im *Samâdhi* oder ist gerade aus ihm zurückgekehrt. Das ist ein sehr starker Mensch, kolossal stark. Er besitzt eine gewaltige Kraft des Mitgefühls.

– Was ist das, »Kraft des Mitgefühls«?

– Mitgefühl ist die stärkste gute seelische Kraft, eine gewaltige Kraft für das Leben des Menschen und sein gutes Schaffen.

– Kann man annehmen, dass zum Beispiel Jesus Christus, als er Menschen wiederbelebte oder heilte, die Kraft des Mitgefühls nutzte?, fragte ich weiter.

– Ja, so ist es, zumal man nur mit der Kraft des Mitgefühls negative geistige Energie aus einem Menschen vertreiben kann. Die Erziehung der Menschen zu Mitgefühl im globalen Maßstab ist ganz, ganz wichtig für die Erhaltung der Menschheit, bestätigte Herr Min meine Vermutung.

– Worauf beruht die Lehre vom Mitgefühl?

– Man kann zwei Aspekte von Mitgefühl unterscheiden: Mitgefühl mit Weisheit und Mitgefühl ohne Weisheit, begann Herr Min. Der zweite Aspekt führt zwangsläufig zu Eifersucht, Neid, Bosheit. Nehmen Sie nur die Kraft der Eifersucht – viele Kriege wurden ihretwegen geführt ...

– Aber welcher Art ist denn die Verbindung zwischen *Samâdhi* und Mitgefühl?

– Zum *Samâdhi* gelangt man mittels Meditation, wobei alle negativen Kräfte aus Seele und Körper vertrieben werden. Und negative Kräfte kann man durch Mitgefühl vertreiben. Das ist sehr wichtig. Die Kraft des Mitgefühls vermag negative Kräfte zu vertreiben und Seele und Körper zu reinigen.

– Mitgefühl mit wem?

– Es gibt zwei Arten von Mitgefühl: Mitgefühl mit einem bestimmten Subjekt und Mitgefühl allgemein. Ersteres ist in der Lage, einen Menschen zu heilen, ihn wiederzubeleben oder in einen verhältnismäßig kurzen *Samâdhi* zu versetzen. Die zweite Art des Mitgefühls gilt der Menschheit allgemein, ist Sorge um ihr Schicksal. Ein solches Mitgefühl kann zu einem tiefen *Samâdhi* führen, in dem der Körper ewig aufbewahrt werden kann.

– Folglich, wollte ich bestätigt wissen, hat die gute Kraft des Mitgefühls universellen Charakter: Sie kann ein Heilungsfaktor sein, kann die Seele in den Körper zurückschicken, ihn also wiederbeleben, aber auch zum *Samâdhi* führen, bis hin zu einem ganz tiefen, der das Ziel hat, in den Genpool der Menschheit einzugehen. Offensichtlich dreht die Kraft des Mitgefühls die Torsionsfelder der Seele in eine positive Richtung und kehrt so die sich negativ drehenden Torsionsfelder um. Das ist ja, als würde die Kraft des Mitgefühls verstärkt werden, damit sie einen größeren Heileffekt haben kann?

– Wichtig ist, unterscheiden zu können zwischen echtem und unechtem Mitgefühl, merkte Herr Min an. Viele tun nur so, als hätten sie Mitgefühl. Allem Anschein nach hat *solch* ein Mitgefühl aber keine psychische oder heilende Kraft. Echtes Mitgefühl verfügt über eine große gute Kraft. In meiner Schule lehre ich Mitgefühl. Meine Schüler, die echtes Mitgefühl gelernt haben, üben eine positive und heilende Wirkung auf die sie umgebenden Menschen aus. Es ist angenehm, sich in ihrer Nähe aufzuhalten.

»Tochter, ich heile dich mit meiner Liebe!«

– Sie haben recht, sagte ich. Jeder Mensch hat in seinem Leben schon die Wirkung wahren Mitgefühls gespürt. Durch meine chirurgische Praxis weiß ich, dass bei den Patienten, die das Mitgefühl ihrer Verwandten erfahren und von ihnen umsorgt werden, Operationswunden schneller abheilen und ein besserer Operationseffekt erreicht wird. Die gute Kraft des Mitgefühls kehrt die negativen Torsionsfelder der Krankheit offensichtlich in die positive Drehrichtung um.

– Meine Mutter, entgegnete Valentina Jakovleva, hat mich nie mit Tabletten geheilt. Sie setzte sich neben mich, sah mich mit ihren guten Augen an und sagte: »Töchterchen, ich werde dich mit meiner Liebe heilen.«

– Das ist richtig, stimmte Herr Min zu. Genau darin zeigt sich die Kraft echten Mitgefühls.

– Uns als Mediziner, fuhr ich fort, interessiert natürlich besonders die Möglichkeit der Wiederbelebung des Menschen. Soweit ich verstanden habe, kann die Kraft wahren Mitgefühls selbst aus einem toten Körper noch die negative psychische Energie vertreiben, worauf die Seele in den Körper zurückzukehren vermag. Mein Bekannter Oleg Adamov, ein Sensitiver, der in meiner Stadt als begnadeter Heiler bekannt ist, erzählte, dass der tote menschliche Körper Biofelder besitzt, die ein Sensitiver fühlen kann. Aber das Biofeld eines toten Menschen strahlt, wie er sagte, absolute Pathologie aus. Daraus folgt, dass nicht alle Elemente der Seele, ohne die das Funktionieren des Körpers (des Astralkörpers) unmöglich ist, den Körper mit dem Tod verlassen. Sagen Sie, könnte man mit Hilfe von Mitgefühl das pathologische Biofeld eines verstorbenen Menschen wiederherstellen und so die Seele danach wieder in den Körper zurückrufen, das heißt ihn wiederbeleben?

– Damit Sie mir glauben, dass die Wiederbelebung des Menschen tatsächlich möglich ist, bringe ich Ihnen ein Beispiel, antwortete Herr Min.

– Entschuldigen Sie, unterbrach ich, meinen Sie die Wiederbelebung des Menschen nach dem klinischen Tod, der nach drei bis fünf Minuten eintritt, oder die Wiederbelebung zu einem viel späteren Zeitpunkt nach dem Tod?

– Ich meine nicht eine Wiederbelebung während des klinischen Todes, die ist gut bekannt in der Medizin, sondern die Wiederbelebung zu einem späteren Zeitpunkt, bis zu *vier Tagen* nach dem Tod.

– Und dafür haben Sie ein Beispiel parat?

– Ja, eines, das in Indien, Nepal und in Tibet gut bekannt ist, überliefert vom indischen Meister Pabsamanbut. Wie er schreibt, kam einst eine Frau nach Kathmandu, um den Charakter der Geistesschulen Nepals zu studieren. Diese Frau war eine Yogina. Man erzählte ihr, dass am Tag zuvor der Sohn eines bekannten Bürgers der Stadt von der Polizei erschlagen worden war. Sie begab sich zum Körper des Toten, der sich zum Glück an einem kühlen Ort, einem tiefen Keller, befand, und wirkte allein mit der Kraft des Yoga auf den toten Körper ein. Ich denke, sie nutzte die Kraft des Mitgefühls, die bei ihr sehr stark war. Der junge Mann kam nach dieser Sitzung wieder zu sich. Er war danach sehr lange krank, bis die Folgen der Schläge abgeheilt waren. Über diesen Fall wussten viele Leute Bescheid.

Wenn der Körper zu stark geschädigt ist, wird der Geist nie in ihn zurückkehren. Das Leiden wäre zu stark.

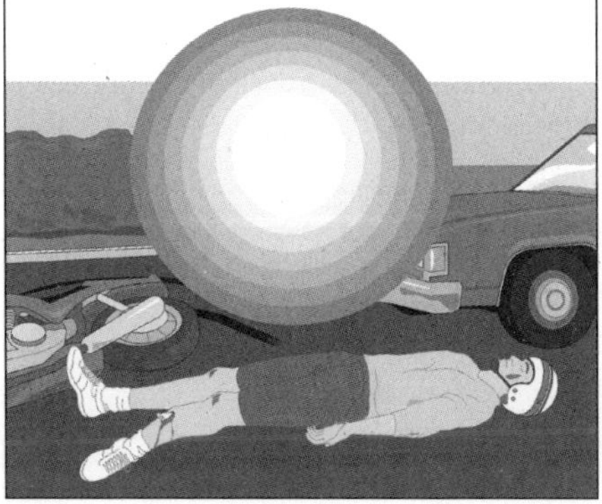

– Sicher hatte er einen traumatischen Schock erlitten wegen der Schmerzen, an denen er verstarb, sagte ich. Aber wahrscheinlich hatte er keine schweren organischen Verletzungen, also keine der großen Blutgefäße oder des Hirns oder dergleichen. Sonst wäre die Seele in den nicht funktionstüchtigen Körper nicht mehr zurückgekehrt.

– Wenn der Körper infolge eines Traumas oder einer Krankheit zu stark geschädigt ist und nicht funktionieren kann, wird der Geist niemals in den Körper zurückkehren. Was ist der Körper? Ein Instrument der Seele. Wenn dieses Instrument, bildlich gesprochen, wieder instandgesetzt werden kann, ist die Seele in der Lage, in den Körper zurückzukehren. Ist dieses Instrument jedoch völlig unbrauchbar geworden, wird die Seele niemals mehr in den Körper zurückkehren: Das Leiden wäre zu stark. Die vom Körper befreite Seele wird nicht einfach so in den Körper zurückkehren. Sie ist frei und überschätzt den Körper nicht, weil sie unsterblich ist und unzählige Leben hat, Reinkarnationen, sagte Herr Min. Sie, die Europäer, verstehen nicht, dass der Mensch vor allem eine Seele ist und nicht ein Körper.

– Aber der Körper ist doch wichtig! Er wurde von der Natur durch eine, in unserer Sprache ausgedrückt, lange Evolution geschaffen. Sie ist ein äußerst komplexes und kostbares Instrument. Klar, in den *Samâdhi-*

Zustand begeben sich nur gesunde Menschen, die besten Instrumente der Seele, gereinigt von negativer psychischer Energie. Außerdem ist der menschliche Körper im *Samâdhi*-Zustand, wie wir gelernt haben, ja Voraussetzung für den Genpool der Menschheit, sagte ich.

– Der Unterschied besteht darin, dass beim *Samâdhi* die Seele nicht in einen neuen Körper reinkarniert, sondern in den bisherigen. Die Seele hält die Verbindung zu eben diesem Körper über Hunderte, Tausende und Millionen von Jahren aufrecht. Wenn entschieden wird, dass die Seele in diesen Körper zurückkehren soll, lebt der Körper wieder auf, führte Herr Min weiter aus.

– Wer entscheidet denn, wann die Seele in den Körper zurückkehrt?

– Der höchste Verstand. Dabei werden viele Faktoren berücksichtigt: die Lebensbedingungen auf der Erde, der Zustand des Körpers und andere. Die Seele nimmt daran aktiv teil.

– In der okkulten Literatur, besonders bei der Eingeweihten Helena Blavatsky, gibt es den Begriff »Silberschnur«. Sie verbindet die Seele über einen bestimmten Zeitraum mit dem verstorbenen Körper. Wenn die Silberschnur reißt, vermag die Seele den Körper nicht mehr zu finden. Kann die Silberschnur im *Samâdhi* über Tausende und Millionen Jahre hinweg erhalten bleiben?, fragte Valerij Lobankov.

– Ja, im *Samâdh*i ist die Seele ständig mit ihrem Körper verbunden, wie lange der *Samâdhi*-Zustand auch andauern mag, bestätigte Herr Min.

– Aber wie lange ist die Seele nach dem physischen Tod mit dem Körper verbunden?, fragte ich.

– Es fällt mir schwer, auf diese Frage zu antworten. Ich weiß allerdings, dass man einen Menschen nur im Laufe von vier Tagen nach seinem Tod wiederbeleben kann. Dabei darf der tote Körper nicht eingefroren werden, wie in Leichenhallen üblich, und auch nicht der Wärme ausgesetzt sein. Das Einfrieren des toten Körpers führt zur Zerstörung der Körperzellen durch Eiskristalle, und in der Wärme kommt es schnell zum Zerfallsprozess. In beiden Fällen braucht man an Wiederbelebung gar nicht erst zu denken.

– Welche Temperatur ist denn optimal geeignet für die Aufbewahrung eines toten Körpers während der vier Tage nach dem Tod, wenn Hoffnung auf Wiederbelebung bestehen soll?, wollte Valerij Lobankov wissen.

– Eine Temperatur nahe Null.

– Der berühmte russische Augenarzt Vladimir Petrovich Filatov transplantierte zur Beseitigung von Grauem Star die menschliche Kornea Verstorbener, die über einen Zeitraum von drei bis vier Tagen bei einer

Temperatur von +4°C gelagert worden war. Offensichtlich hat Filatov dieses Prinzip gekannt.

– Schon möglich, erwiderte Herr Min. Bedenken Sie, dass eine Temperatur nahe Null eine unbedingte Voraussetzung für die Aufbewahrung des Körpers im *Samâdhi*-Zustand ist.

– Hat Filatov über den *Samâdhi* Bescheid gewusst?, grübelte ich. Vielleicht geht die Kornea, die unter diesen Bedingungen gelagert wird, in ihren eigenen geweblichen *Samâdhi*-Zustand über und überlebt deshalb bei der Transplantation in ein fremdes Auge besser.

– Es lässt sich, setzte ich das Gespräch fort, ein gewisser Zusammenhang zwischen der Wiederbelebung und dem *Samâdhi* erkennen. Beim *Samâdhi* des Körpers, der von negativer Energie gereinigt ist, drehen sich die Torsionsfelder in positive Richtung. Beim Tod ist der Körper voller negativer Energie, wie schon der Sensitive Oleg Adamov sagte. Es lohnt sich, mit Hilfe guter psychischer Energie die postmortalen negativen Torsionsfelder in positive Richtung umzukehren, damit der tote Körper in einen *samâdhi*-ähnlichen Zustand übergehen und die Seele in ihn zurückkehren kann. Nicht jeder Mensch stirbt an so schweren organischen Schäden wie Krebs mit Metastasen oder an Hirnschädigungen. Sehr oft sterben Menschen an allergischen Reaktionen, an Schmerzen oder toxischen Schocks, bei denen die im Körper abgelaufenen Veränderungen umkehrbar sind. Oder an einem Herzstillstand nach einem elektrischen Schlag. Apropos, nicht bei jedem Herzinfarkt findet man im Zuge der Obduktion Anzeichen für ein Absterben des Herzmuskels. In solchen Fällen wäre es logisch, während der ersten vier Tage nach dem Tod die Wiederbelebung zu versuchen, sofern der Körper bei +4°C aufbewahrt wurde. Aber mit Hilfe welcher Kräfte könnte man die Torsionsfelder eines Verstorbenen in positive Richtung drehen?

– Mit Hilfe der Kraft des Mitgefühls, antwortete Herr Min.

– Reicht denn die Kraft des Mitgefühls?, parierte ich.

– Man kann sie durch Meditation verstärken.

– Ungeachtet dessen sind in der Praxis der östlichen Medizin nicht allzu viele Fälle von Wiederbelebung beschrieben ...

– Das ist richtig.

– Möglicherweise lohnt es sich, sagte Valerij, einen Verstärker für extrem hohe Frequenzen zu schaffen, um den Effekt der guten Energie des Mitgefühls zu verstärken. Leider hat unsere Zivilisation die Funktion des Dritten Auges vergessen, das anscheinend die Aufgabe des genannten Generators erfüllte.

– Wahrscheinlich, fügte ich hinzu, verfügten frühere Generationen über ein wesentlich besser entwickeltes bioenergetisches Potenzial und ein gut funktionierendes Drittes Auge und konnten so ihre Artgenossen erfolgreich wiederbeleben. Für sie war die Wiederbelebung eines Menschen binnen vier Tagen nach dem Tod sicher so normal wie für uns eine Reanimation innerhalb von drei bis fünf Minuten nach dem Tod.

– Ich kenne die Geschichte der Menschheit nicht so gut, sagte Herr Min. Frau Blavatsky hat in ihrem Buch *Die Geheimlehre* ausführlich darüber geschrieben.

– Aus dem von Ihnen Gesagten folgt, dass man Organ- und Gewebeverpflanzungen innerhalb von vier Tagen nach dem Tod durchführen kann, wenn man den Leichnam entsprechend aufbewahrt, ließ ich nicht locker. Das erinnert mich wieder an die Genialität Filatovs. Aber was passiert mit der Seele bei der Verpflanzung großer Organe wie Leber und Herz, wo das Organ doch Elemente des Biofeldes tragen muss?

– Alles hängt von der Kraft der Seele ab, antwortete Herr Min. Wenn die Seele des Menschen, dem das Organ eingepflanzt wird, schwach ist, kann das Biofeld des verpflanzten Organs einen starken Einfluss ausüben. In unserer Lehre gibt es den Begriff Seelenwanderung. Ich möchte Ihnen ein Beispiel dafür aus der Literatur geben: Der bekannte tibetische Yogi Minerappa sah, wie bei einem Autounfall der Sohn seines Lehrers Marpa ums Leben kam. Der Körper von Marpas Sohn war stark geschädigt und nicht mehr lebensfähig. Mit der Kraft des Yoga siedelte Marpa die Seele des Sohnes in den Körper eines Bauern um, der gerade vorbei kam. Danach wurde der Bauer so etwas wie der Sohn Marpas. Die frühere Seele des Bauern wurde, bildlich gesprochen, aus dem Körper verdrängt, weil sie schwächer war. Der Sohn Marpas fühlte sich in dem anderen Körper nicht als Bauer, sondern als Sohn des Yoga-Lehrers.

– Heißt das, dass Marpa den Bauern umgebracht hat, als er dessen Körper für die Seele des Sohnes frei machte?

– Marpa schickte die Seele des Bauern nach oben, weil die Rolle des Bauern im Leben auf der Erde geringer war als die seines Sohns, antwortete Herr Min.

– Es gibt auch Äußerungen, erinnerte sich Valentina Jakovleva, wonach Stalin und Lenin ein und dieselbe Seele gehabt haben sollen. Die schlechte Seele Lenins ging, als sein Körper unbrauchbar wurde, in den Körper Stalins über und verdrängte dabei dessen schwache Seele. Als ein Beweis für die große böse Seele gilt, dass die Geburtstage Lenins und

Stalins 9 Jahre, 9 Monate und 9 Tage (nach Nostradamus) auseinander liegen, und das sind drei auf dem Kopf stehende Sechsen.

– Das könnte möglich sein, entgegnete Herr Min.

Ich muss noch einmal kurz abschweifen, um einige zusätzliche wissenschaftliche Angaben zu machen, die von dem Spezialisten für Feldphysik Valerij Lobankov, aber auch von Valentina Jakovleva und mir gesammelt wurden.

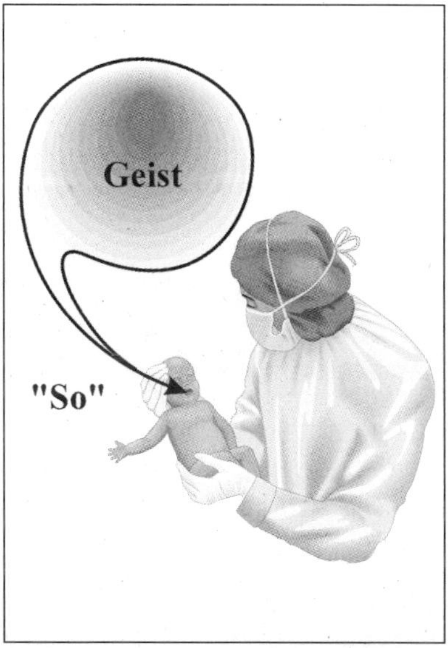

Die Geburt, der Tod und der *Samâdhi* haben viele gemeinsame Prinzipien und gleichzeitig doch Entgegengesetztes.

Bei der Geburt übernimmt das Kind einige Bestandteile der Seele (etwa den Astralkörper, den ätherischen Körper) von der Mutter, nämlich die niederfrequentesten Felder, die das Funktionieren des physischen Körpers auf rein vegetativer Ebene sichern.

Beim ersten Einatmen des Neugeborenen fliegt die Seele in den Körper und bringt beispielsweise den mentalen Körper (die Fähigkeit zu denken) und den Karmaanteil der Seele (die Erinnerung an frühere Leben) zum Arbeiten. Das Gehirn beginnt zu funktionieren, die Torsionsfelder der Seele werden in Drehung versetzt. Der Mensch wird zum Menschen. Dein Kind ist aber noch nicht dein Kind: Alles hängt davon ab, welche Seele sich seiner bemächtigt.

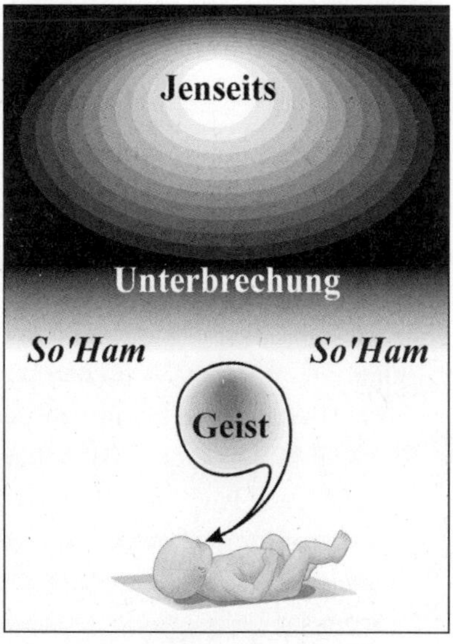

Unsere Zivilisation: Abtrennung des Geistes vom Jenseits

Der Mensch unserer Zivilisation beginnt seine geistige Entwicklung bei Null. Warum? Die frühere Zivilisation der Atlanter verwendete irgendwann ihr Wissen, das sie als Ergebnis der Verbindung mit dem Allgemeinen Informationsfeld (Jenseits) erhalten hatte, nicht nur für gute, sondern auch für schlechte Ziele. (Blavatsky, *S. 345.*) Deshalb ist die Seele, die in den Körper eines Kindes unserer Zivilisation fliegt, vom Allgemeinen Informationsfeld abgeschnitten. Und das ist ein Ausdruck des Prinzips *So'Ham*, der Selbstverwirklichung. Die Seele des heutigen Menschen hat nur die Fähigkeiten als Ausgangspotenzial, die durch frühere Inkarnationen (Karma) vorbestimmt sind. Die Geburt genialer Kinder ist darauf zurückzuführen, dass eine Seele mit nicht gänzlich verlorengegangenem Kontakt zum Allgemeinen Informationsfeld in den Körper des Kindes eintritt, was eine mehr oder minder starke Verletzung des Prinzips *So'Ham* darstellt.

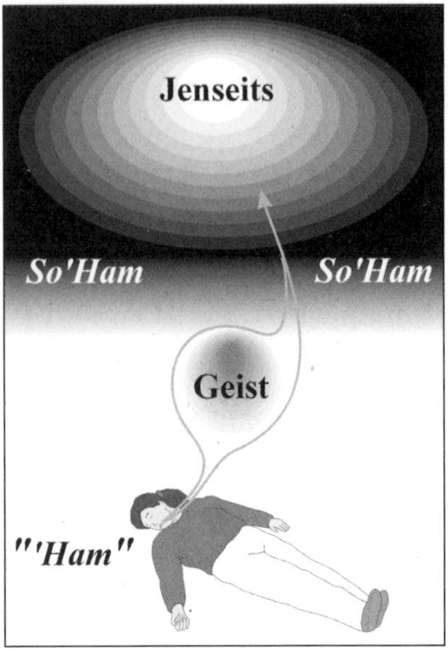

Tod

Beim Tod verlässt als Erstes die Seele den Körper, ohne die Verbindung mit dem Körper zu verlieren, offensichtlich für einen Zeitraum von vierzig Tagen. Diese Verbindung zwischen Seele und Körper wird Silberschnur genannt. Die Silberschnur, das ist das Prinzip des höchsten Verstandes, das es gestattet, bis zum Ende Hoffnung auf die Rückkehr in seinen Körper zu haben. Im Tiefschlaf geht die Seele spazieren, bewahrt dabei aber die Silberschnur, mit dem sie den Körper wiederfindet. Deshalb empfiehlt es sich auch nicht, einen Menschen jäh zu wecken, weil die Seele dann nicht rechtzeitig in den Körper zurückkehren könnte. Und deshalb wird es auch als Sünde angesehen, Kinder zu wecken.

Drei Tage nach dem Tod macht sich der ätherische Körper der Seele auf den Weg, nach neun Tagen der Astralkörper. Der Körper kann wiederbelebt werden, wenn die Seele in ihn zurückkehrt. Das Hirn, das die Torsionsfelder der Seele in Drehung versetzt, kann ohne Seele nicht arbeiten. Die Erhaltung des Körpers, vor allem des Hirns, ist bei einer Temperatur von +4°C möglich. Diese Temperatur von +4°C ist gewöhnlich in Höhlen vorhanden. Bei dieser Temperatur hat Wasser auch die größte Dichte.

Beim *Samâdhi* bleibt die Silberschnur beliebig lange erhalten. Wie lange ein *Samâdhi* andauert, hängt nicht nur vom Zustand des »konservierten« Körpers ab, sondern auch von der Entscheidung des höchsten Verstandes, die Silberschnur der Seele mit dem Körper zu erhalten oder doch irgendwann zu kappen.

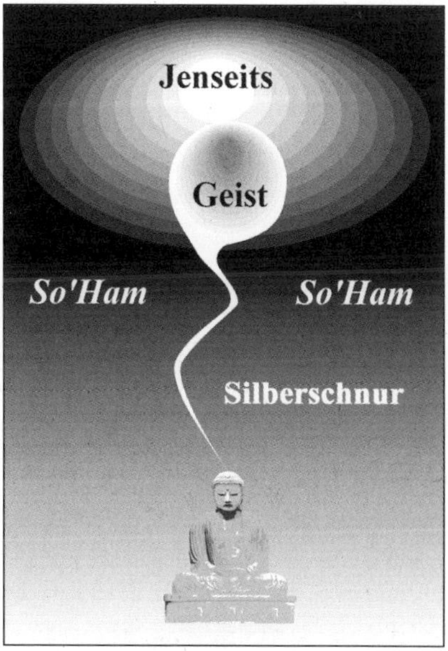

Samâdhi

In einen langen *Samâdhi*-Zustand kann man bei einer Temperatur von +4°C eingehen, die gewöhnlich in Höhlen und unter Wasser konstant gehalten wird. Offenbar wird der versteinert-unbewegliche Zustand des Körpers auf Grund der Veränderung des Wasserzustands im Gewebe erreicht. Hierbei spielt nicht nur die höchste Dichte des Wassers eine Rolle, sondern auch der Übergang des Wassers in einen besonderen Zustand. Bekannt sind drei Zustände des Wassers: der flüssige, der gasförmige und der feste. Valentina Jakovleva nimmt an, dass beim *Samâdhi* das Wasser wohl eher in einen vierten, der Wissenschaft bisher unbekannten Zustand übergeht. Dieser vierte Zustand des Wassers im Gewebe gestatte es, die Stoffwechselprozesse anzuhalten und die Gewebe des Menschen in einen festeren Zustand zu überführen, ohne sie zu zerstören. In einen solchen Zustand können die positiv drehenden Torsionsfelder das Wasser des Organismus überführen, die unter Einwirkung der Meditation möglicherweise Informationen über die Zustandsänderung des Wassers und damit die Einstellung des Stoffwechsels übermitteln.

Wie überträgt das Wasser die Information? Dazu gibt es viele Mutmaßungen. Hier wirkt offensichtlich ein verborgenes Prinzip der Informationsübertragung. Es ist bekannt, dass das Universum hauptsächlich aus Wasserstoff besteht. Das Allgemeine Informationsfeld, das vorrangig Wellencharakter trägt, ist offensichtlich mit Wasserstoff verbunden. Man kann vermuten, dass die Informationsübertragung mittels Wasser über den Wasserstoff des Wassers realisiert wird. Die Torsionsfelder der Seele können höchstwahrscheinlich auch auf den Wasserstoff des Wassers einwirken.

Bei der Seelenwanderung wird eine schwächere Seele aus dem Körper verdrängt, und an ihrer Stelle siedelt sich eine stärkere an.

Aber unser Gespräch mit Herrn Min war noch nicht zu Ende ...

– Ich würde Sie gern fragen, Herr Min, ob Tiere ebenfalls in den *Samâdhi*-Zustand übergehen können? Ich denke, der *Samâdhi* muss ein einheitliches Naturprinzip sein, das nicht nur Menschen, sondern auch Tieren das Überleben gestattet. Wie kann man sich sonst den Winterschlaf zum Beispiel des Braunbären erklären, der in Sibirien sieben bis acht Monate im Jahr schläft? Jedenfalls ist der Bär in der Lage, seinen Stoffwechsel durch einen *samâdhi*-ähnlichen Zustand herabzusetzen. Das Gleiche können auch andere Tiere: Zieselmäuse, Schlangen, Frösche ...

– Das lässt sich erklären, erwiderte Herr Min. Mit Einbruch der Kälte beginnen die Tiere zu leiden. Leid, wie ich schon sagte, kann den Körper von negativer psychischer Energie befreien, was, wie wir wissen, die Grundlage für den Übergang in einen *samâdhi*-ähnlichen Zustand ist. Hier wirkt aber nicht nur das Leid. Tiere haben auch ein Drittes Auge, mit dessen Hilfe sie in der Lage sind, sich vor Einbruch der Kälte nach Art einer Meditation zu fokussieren und in den *Samâdhi*-Zustand überzugehen, das heißt, sich mit vermindertem Stoffwechsel in den Winterschlaf zu begeben. Wenn man zum Beispiel eine Schlange nimmt und sie im Sommer an einen kalten Ort bringt, wird sie sterben, weil sie es nicht schafft, sich zu fokussieren und ihren Körper in einen versteinert-unbeweglichen Zustand zu versetzen. Bei natürlichem Kälteeinbruch verkriecht sich die Schlange hingegen in ein Versteck, fokussiert sich lange und geht in einen *samâdhi*-ähnlichen Zustand über, in dem sie den ganzen Winter verbringt.

– Wie entwickelt ist das Dritte Auge der Tiere?

– Es ist ausreichend gut entwickelt. Ein Zeichen dafür ist die Sprache der Tiere und Pflanzen. Pflanzen sind fähig, Gefahr wahrzunehmen und darauf zu reagieren. Durch Meditation kann der Mensch lernen, die Sprache der Tiere und Pflanzen zu verstehen. In diesem Fall wird sich der Mensch unter wilden Tieren sicher fühlen. Davon zeugt das Bild Nicholas Roerichs *Und wir fürchten uns nicht*, auf dem zwei Mönche gemeinsam mit Bären abgebildet sind.

– Was fehlt Ihrer Meinung nach dem Menschen?, fragte ich.

– Das Dritte Auge.

3 Noch einmal zum »Dritten Auge«

Eines Abends gingen wir – Valerij Lobankov, Valentina Jakovleva, Vener Gafarov, Sergej Seliverstov und ich – in Kathmandu spazieren. Begleitet wurden wir von einem »neuen Russen«, der sich in Nepal erholte. Den »neuen Russen«, der leicht angetrunken war, interessierte der psychologische Hintergrund unserer Recherchen.

– Ich verstehe, sagte er. Ihr benötigt Reklame, weil ihr euch in einigen Wochen auf den weiten Weg in die Berge machen wollt, um die Höhlen zu suchen, in denen die Atlanter sitzen. Sollen sie dort doch sitzen ... Was habt ihr nicht alles an Ausrüstung gekauft, lauter Importe. Und wer hat das gesponsert? Oder habt ihr das etwa selbst bezahlt? Nun, was bringt es euch? Man wird vielleicht einige Male skandieren: *Mul-da-shev, Lo-ban-kov* ... na und? Leben muss man, Leute, heute, *heu-te* ... Nehmt beispielsweise mich, ich bin nach Nepal gekommen, um mich zu erholen, habe mir alles selbst erarbeitet, *er-ar-bei-tet* ... Sagt bloß, ihr interessiert euch nicht fürs Geschäft, für die Halbedelsteine? Hört mir doch damit auf! Ich sag's, wie es ist – *ich* interessiere mich für dieses Geschäft! Oder denkt ihr, ich bin nur nach Nepal gekommen, um mich zu erholen, und Kanada, Spanien ...?

– Du verstehst nicht, erklärte Valerij Lobankov geduldig, dass Wissenschaft sehr interessant ist. Wir sind Gelehrte, verstehst du, Gelehrte ... Die wissenschaftliche Wahrheit zu finden ist enorm schwer, manchmal gibst du dafür nicht nur dein ganzes Geld, sondern auch dein Leben ... Hier haben wir die Bestätigung dafür gefunden, dass ein Genpool der Menschheit für den Fall ihrer Selbstvernichtung oder einer globalen Katastrophe existiert ...

– Du willst damit wohl sagen, dass ihr Altruisten seid, entgegnete der »neue Russe«. Leben muss man, Leute, heute, *heu-te* ... An die Kinder muss man denken, sie brauchen eine Grundlage, *Grund-la-ge.* So sieht's aus, Valerij.

Ich hatte dieses Geschwafel ziemlich satt und entfernte mich kopfschüttelnd. Da fielen mir drei europäisch aussehende Mädchen auf, die interessiert die Auslagen eines Straßenstands begutachteten. Jede trug auf der Stirn ein aufgemaltes Drittes Auge, und das ganz naturalistisch, mit Augenlidern und Wimpern.

– Hallo, Sie haben vergessen, die Wimpern des Dritten Auges zu bemalen, sprach ich sie an.

Die Mädchen blieben stehen. Es entspann sich ein Gespräch. Sie kamen aus Israel, dienten alle drei in der israelischen Armee (in der bekanntlich auch Frauen dienen) und hatten einen Urlaubsscheck für diese Reise nach Nepal genutzt. Sie sprachen ganz gut Englisch.

– Na, ihr, sagte der »neue Russe». Ernst, frag sie, woher sie kommen.

Ich fragte. Es stellte sich heraus, dass zwei von ihnen gebürtige Westeuropäerinnen waren und die dritte direkt aus Israel stammte.

– Schade, ich hätte mich gern um sie gekümmert, sagte der »neue Russe«, der es fertigbrachte, mit Englischkenntnissen auf dem Niveau von *Yes* und *No* internationale Geschäfte zu tätigen.

– Sagen Sie, erkundigte ich mich bei den Mädchen, diese Zeichnung auf der Stirn, ist das nur ein Spaß oder hat es etwas zu bedeuten?

Da erfuhren wir von einem Restaurant ganz in der Nähe mit dem Namen *Das Dritte Auge*. Zutritt hat dort nur, wer sich ein Drittes Auge auf die Stirn gemalt hat. Spontan schlossen wir uns den drei jungen Frauen an. Wir betraten das Restaurant allerdings »unbemalt«. Man platzierte uns alle an einen großen Tisch. Dort saß schon, betroffen lächelnd, eine Irin, aber andere Plätze waren nicht mehr frei.

– Machen wir uns doch bekannt, sagte Sergej Seliverstov und stellte uns der Reihe nach vor, wobei er auch das Ziel unserer Expedition erwähnte. Den »neuen Russen« stellte er als wichtigen russischen Geschäftsmann vor.

– Oh, rief die Irin. Sie studieren die früheren Zivilisationen! In meinem Land interessieren sich sehr viele Menschen dafür. Sie streben danach, das Dritte Auge zu entwickeln und besuchen spezielle Meditationsschulen. Aber ich habe gespart und bin hergekommen, um die Meditation hier zu erlernen, von wo aus sie sich über die Welt verbreitet hat. Ich bin bemüht, mein Drittes Auge zu entwickeln. Deshalb bin ich auch in dieses Restaurant gekommen. Erzählen Sie doch bitte mehr über Ihre Expedition.

– Ja, erzählen Sie bitte, baten auch die Israeli.

Während des Essens umrissen wir unser Vorhaben.

– Sehr interessant, meinte die Irin. Und Sie, Sie sind dann wohl der Sponsor dieser Expedition?, fragte sie den »neuen Russen«.

– Ja, flunkerte der »neue Russe«.

Drei Mädchen aus Israel

– Und wie erfolgreich sind Sie bei der Entwicklung des Dritten Auges?, fragte ich die Irin.

– Äußerst bescheiden, antwortete sie.

– Wissen Sie überhaupt, was das Dritte Auge ist?, fragte nun Vener Gafarov.

– Die buddhistische Religion, begann ich zu erzählen, ohne eine Entgegnung abzuwarten, unterscheidet fünf Arten des Auges:

1. ***Das fleischliche Auge*** (*fleshly eye*), also unsere beiden gewöhnlichen Augen.
2. ***Das göttliche Auge*** (*divine eye*), also das Auge, das weit in Raum und Zeit blicken kann und mit dessen Hilfe man ins Allgemeine Informationsfeld zu schauen vermag, was sogar Voraussagen ermöglicht.
3. ***Das Auge der Weisheit*** (*wisdom eye*), das gestattet, in seine eigene Seele zu blicken und sie zu analysieren, um die Grundwahrheit zu verstehen: Leben, das ist vor allem deine Seele und nicht dein Körper.
4. ***Das Auge Dharmas*** (*dharma eye*), das die Lehre Buddhas zu verwirklichen hilft; verstehen kann man das, denke ich, als Möglichkeit, die Lehre Buddhas zu begreifen, die äußerst komplex ist.

Umwandlung psychischer Energie in Licht (Buddha)

5. ***Das Auge Buddhas*** (*buddha eye*), das sind die Augen des Lehrers; ich verstehe sie als Augen des Menschen, der in das Wissen früherer Zivilisationen eingeweiht ist.

– Was, ein Mensch kann gleichzeitig fünf Augen haben?, fragte eine der Israeli.

– Meiner Ansicht nach versteht man in der buddhistischen Religion unter dem Wort Auge die Fähigkeit des Menschen, die geistigen Aspekte des Lebens wahrzunehmen und zu analysieren, entgegnete ich.

– Und was für Augen hatte Buddha?, hakte die Israeli nach.

– Wie uns ein bedeutender tibetischer Wissenschaftler (Herr Min) erklärte, besaß nur Buddha das Dritte Auge, das bei den Menschen hingegen schlecht entwickelt ist. Aber das Dritte Auge hat nie wie ein Auge ausgesehen, selbst bei Buddha nicht. Man weiß davon, weil von der Stirn Buddhas periodisch ein Lichtstrahl ausging. Mit diesem Strahl rief Buddha die Bauern zu seinen Predigten. Der Strahl von Buddhas Stirn konnte fünf Farben haben: weiß, blau, grün, gelb, rot.

– Oh, das war sicher sehr exotisch, sagte die Israeli.

Der »neue Russe«, der aufmerksam der Übersetzung von Valentina Jakovleva gelauscht hatte, fragte:

– Buddha hatte wohl auf der Stirn eine Lichtquelle?

– Sicherlich, antwortete Valerij Lobankov, war das ein Effekt der Umwandlung psychischer Energie in Lichtenergie. Vermutlich haben Sie schon von Telekinese gehört. Davon spricht man, wenn sich mit Hilfe psychischer Energie zum Beispiel ein Glas auf einem Tisch bewegen lässt. Das ist die Umwandlung psychischer Energie in mechanische. Genauso kann psychische Energie einen Lichteffekt erzeugen.

– Erzählen Sie mehr über das Dritte Auge. Ich kam ja extra her, um es zu entwickeln, beharrte die Irin.

– Das Dritte Auge ist Teil des Gehirns, begann Valerij Lobankov. Wenn das Gehirn die Torsionsfelder des Geistes in Drehung versetzt, so ist das Dritte Auge das Organ, das die verschiedenen Bestandteile des Geistes auf die Frequenz der Torsionsfelder abstimmt. Man kann von drei Funktionen des Dritten Auges sprechen:

1. ***Die Funktion des Intellekts***; das ist die Abstimmung auf die Frequenz der Verbindung mit dem höchsten Verstand. Offensichtlich nutzen die Eingeweihten (wie zum Beispiel Helena Blavatsky) ihr entwickeltes Drittes Auge, um sich so auf die Frequenz des Allgemeinen Informationsfeldes zu begeben.
2. ***Die Funktion der Meditation***; das ist die Abstimmung auf die Frequenzen der Torsionsfelder des eigenen Geistes auf unterschiedlichem Niveau. Bekanntlich gibt es 112 Arten der Meditation, was eine individuelle Abstimmung auf die jeweils passende Frequenz bedeutet.
3. ***Die Funktion des inneren Sehens***, also die Abstimmung auf die Frequenzen der Torsionsfelder der verschiedenen Organe, lässt in die Organe blicken und deren Krankheiten erkennen.

– Bei Kindern, fuhr Valerij fort, existiert das Dritte Auge als Rudiment, als Erinnerung an das Dritte Auge, das bei den Menschen früherer Zivilisationen entwickelt war. Erinnern Sie sich, was in der antiken Literatur über die Atlanter berichtet wird, die allein durch den Blick gewaltige Steinblöcke verschieben konnten? Mit Hilfe ihres Dritten Auges stellten sie sich auf die Frequenz der Felder der Steine ein und drehten deren Torsionsfelder so, dass sie der Schwerkraft entgegenwirkten. Dabei wurden die Steine scheinbar leicht, und mit einer einzigen Drehung der Torsionsfelder ließen sie sich verschieben.

– Lasst doch die Mädchen versuchen, das Glas per Blick zu verschieben, wo sie doch ein Drittes Auge haben, sscherzte der »neue Russe«.

– Natürlich kann ich das nicht, sagte die Irin, aber nach meinem Meditationsunterricht kann ich meinen Geist schon viel besser spüren. Für mich ist unsere materielle Welt nicht mehr das Wichtigste, das ist für mich jetzt der Geist. Mich würde interessieren, warum das Dritte Auge bei uns zu verkümmern begann?

– Haben Sie Helena Blavatsky gelesen?, fragte ich die Irin.

– Nein, aber beim Meditationsunterricht hier in Nepal sprach man von ihr als der herausragenden Eingeweihten.

– Um auf die Frage zu antworten, wie sich das Dritte Auge entwickelt hat und wieder verkümmerte, muss man wissen, wie die menschlichen Rassen entstanden sind. Dazu findet man etliches in der Literatur, am detailliertesten aber in Helena Blavatskys Buch *Die Geheimlehre*. Unter dem Begriff menschliche Rasse versteht Blavatsky nicht Nationen, sondern Zivilisationen. Die erste Rasse ist für sie die Zivilisation der ersten Menschen auf der Erde. Blavatsky schreibt in ihrem Buch auch, wie sie zu diesem Wissen kam, wie eine Stimme ihr diese wissenschaftlichen Informationen faktisch diktierte. Sie ist vollkommen davon überzeugt, dass der höchste Verstand den heutigen Menschen durch sie übermitteln wollte, wie sich die Menschheit entwickelt hat. Ich habe keinen Grund, ihr nicht zu glauben, zumal das, was in ihrem Buch steht, mit anderen religiösen und wissenschaftlichen Angaben übereinstimmt. Es gibt weltweit kein besseres Werk. Sie geht von vier Rassen von Menschen aus, die vor uns lebten. Unsere Rasse ist also die fünfte ...

– Entschuldigen Sie, das Restaurant schließt jetzt, unterbrach mich ein Kellner.

– Wie ungelegen, äußerte sich die Irin.

– Kein Problem, meinte der »neue Russe« und reichte dem Kellner 20 Dollar. Valja, sag ihm, dass es dafür ist, dass wir hier so lange sitzen können, wie wir wollen. Und bestell den Frauen gleich noch Wein. Mich interessiert auch, von wem wir abstammen. Ich würde meinen Freunden gern beweisen, dass es nicht die Affen sind.

Der Kellner nahm die 20 Dollar freudig entgegen und entfernte sich höflich.

– Nepal ist ein armes Land, hier sind 20 Dollar schon ein Vermögen, sagte Sergej Seliverstov.

– Schau an, meinte der »neue Russe«, für 20 Dollar kann man sich anscheinend ein ganzes Restaurant kaufen. In Moskau bekommst du dafür nicht einmal eine Tasse Kaffee. Da würde ein Kellner für so einen Gefallen mindestens 300 Dollar verlangen. Und hier – ach hätten wir doch in Russland einen derartigen Service!

– Also, fuhr ich fort, auf der Erde gab es nach Blavatsky fünf Rassen, unsere ist die fünfte. Das Leben auf der Erde entstand vor mehreren Millionen Jahren durch Verdichtung der Materie. Mensch, Tiere und Pflanzen entstanden gleichzeitig. Jede Rasse entstand aus der vorhergehenden.

Die erste Rasse, welche die »Selbstgeborenen« genannt wurde, entstand auf der Erde in Form ätherischer (himmlischer) Geschöpfe durch Verdichtung der feinstofflichen Welt, das heißt der psychischen Energie. Das waren engelähnliche Menschen, die frei durch Gestein und andere feste Gegenstände gehen konnten. Sie sahen wie leuchtende körperlose Schemen aus Mondlicht aus und hatten eine Größe von vierzig bis fünfzig Metern. Der protoplastische Körper der Menschen dieser ersten Rasse war nicht aus dem Material, aus dem unsere sterblichen Hüllen bestehen, er hatte eher wellenartigen Charakter. Sie waren Zyklopen, das heißt Einäugige; wobei die Funktion des Auges der des Dritten Auges glich, auf telepathische Weise verbunden mit der Umwelt und dem höchsten Verstand. Die Menschen der ersten Rasse vermehrten sich durch Spaltung und Knospung. Sie hatten keine Sprache, verständigten sich durch »Gedankenübertragung«. Sie konnten bei beliebiger Temperatur leben.

Die zweite Rasse, die »Schweißgeborenen« oder »Knochenlosen«, löste auf der Erde die erste ab. Diese Menschen waren ebenfalls larvenförmig, jedoch dichter als die erste Rasse. Sie waren kleiner, erreichten aber immer noch dreißig bis vierzig Meter. Auch sie waren Zyklopen und verständigten sich mittels »Gedankenübertragung«. Die Menschen der zweiten Rasse waren von goldgelber Farbe. Sie vermehrten sich durch Knospung und Sporenbildung, aber zum Ende der Lebensperiode der zweiten Rasse entstanden intermediäre Hermaphroditen, das heißt Mann und Frau in einem Körper.

Die dritte Rasse, Lemurer genannt und aus der zweiten hervorgegangen, unterteilt man in frühe und späte Lemurer.

Die frühen Lemurer waren bis zu zwanzig Meter groß und hatten einen wesentlich dichteren Körper, den man schon nicht mehr als larvenförmig bezeichnen konnte. Bei ihnen entstanden Knochen. Der zweigeschlechtliche Hermaphrodit sammelte in einem Fall männliche, im anderen weibliche Merkmale, wodurch es zur Geschlechtertrennung kam ....

und die geschlechtliche Vermehrung entstand. Die frühen Lemurer hatten zwei Gesichter und waren vierarmig. Zwei Augen saßen vorn, das Dritte Auge hinten. Zwei Arme »bedienten« die vordere Körperhälfte, zwei die hintere. Die vorderen Augen dienten dem physischen Sehen, das hintere hauptsächlich dem geistigen. Sie waren von goldener Farbe. Die Verständigung erfolgte durch »Gedankenübertragung«.

Die späten Lemurer, oder Lemuro-Atlanter, waren die höchstentwickelten Menschen auf der Erde, mit dem höchsten technologischen

Gemälde eines vierarmigen, zweigesichtigen Menschen

Niveau. Ihnen verdanken wir unter anderem den Bau des ägyptischen Sphinx, die gewaltigen Monolithen von Salisbury (Großbritannien) sowie einige Monumente Südamerikas. Sie wurden sieben bis acht Meter groß, hatten zwei Augen und zwei Arme. Das Dritte Auge verschwand ins Innere des Schädels. Ihre Hautfarbe war gelb oder rot. Unter ihnen entwickelte sich eine Sprache, die sich bis heute unter den Menschen der südöstlichen Erdregion erhalten hat. Zu den Nachfahren der späten Lemurer zählt Blavatsky die Aborigines Australiens, die auf dem seit Urzeiten isolierten australischen Kontinent überlebten und verwilderten.

Die vierte Rasse nannte man Atlanter. Die Atlanter hatten vorne zwei richtige Augen, und das Dritte Auge war tief im Inneren des Schädels versteckt, funktionierte jedoch gut. Sie hatten zwei Arme, wurden anfangs drei bis vier Meter groß, zum Ende der Lebensperiode der Atlanter hin aber allmählich kleiner. Ein Teil der Atlanter hatte gelbe Hautfarbe, andere waren schwarz, braun oder rot. In der späten Periode ihrer Existenz wurde Atlantis vorwiegend von gelben und schwarzen Atlantern besiedelt, die gegeneinander kämpften. Anfangs bedienten sich die Atlanter einer agglutinierenden Sprache, die bis heute bei einigen Eingeborenenstämmen Südamerikas erhalten blieb. Aber im Weiteren entwickelte sich eine höher entwickelte Sprache, Grundlage der heutigen Sprachen. Die flektierende Sprache der Atlanter gilt als Wurzel des Sanskrit, heute die Geheimsprache der Eingeweihten.

Die Zivilisation der Atlanter war ebenfalls ausreichend hoch entwickelt. Sie erhielten ihr Wissen durch Zuschaltung zum Allgemeinen Informationsfeld, beherrschten die Fernhypnose, die Gedankenübertragung, konnten auf die Schwerkraft einwirken, hatten Flugapparate (*Vimânas* – Sanskrit für Luftfahrzeuge der Einwohner von Atlantis), bauten die steinernen Götzen auf der Osterinsel, die ägyptischen Pyramiden und viele andere rätselhafte Monumente des Altertums.

Die fünfte Rasse, also wir, in der esoterischen Literatur »arische« Rasse genannt, entstand aus den späten Atlantern. Viele Menschen der fünften Rasse verwilderten und konnten das Wissen der Atlanter für ihre Entwicklung nicht nutzen. Anfangs waren die Menschen der fünften Rasse recht groß (bis zwei, drei Meter), danach wurden sie immer kleiner. Die Funktion des Dritten Auges ging fast ganz verloren, wodurch die ständige Verbindung mit dem Allgemeinen Informationsfeld abriss und es ihnen unmöglich wurde, ihr Wissen von dort zu erhalten. Allmählich näherte sich das Aussehen dieser Menschen dem des heutigen an.

– Interessant, aber kompliziert, meinte der »neue Russe«. Mein Drittes Auge sagt mir, was ich noch bestellen soll. Valerij, ruf den ...

– Folglich, fuhr ich fort, hatten nur die ersten beiden Rassen das, was wir Drittes Auge nennen und nutzten nichts anderes zum Leben. Bei den Menschen der dritten Rasse (den zweigesichtigen) entwickelten sich außer dem Dritten Auge, am Hinterkopf gelegen, noch zwei normale Augen vorn, die zum Sehen in der physischen Welt genutzt wurden und das Dritte Auge unterstützten. Bei der vierten Rasse (den Atlantern) verschwand das Dritte Auge ins Innere des Schädels, verlor seine Funktion aber nicht. Bei der fünften Rasse (unserer) blieb das Dritte Auge als Rudiment übrig, das Epiphyse genannt wird. Jedoch (und darauf weist Blavatsky hin) entwickelt sich bei unserer Rasse wieder die Tendenz zu einer erneuten Entwicklung des Dritten Auges. Apropos, auch die Atlanter verspürten die Rückbildung des Dritten Auges und versuchten, es künstlich zu stimulieren. Und auch bei uns kamen Meditationsschulen auf, die, wie wir wissen, die Funktion des Dritten Auges entwickeln. Auch Sie, sagte ich, die Irin anschauend, kamen ja her, um Ihr Drittes Auge zu schärfen.

Eine Rikscha

– Ja, und ich bin stolz darauf, dass ich, wenn man es so ausdrücken kann, in dieser Sache ein wenig voraus bin.

– Die Mädchen fangen an, sich zu langweilen, sagte der »neue Russe«, wobei er mich bat, das Folgende zu übersetzen: Gestatten Sie mir, zur

Abwechslung einmal etwas anderes zu erzählen. Kürzlich haben einige Russen hier in Kathmandu ein Rikscha-Rennen veranstaltet. Stellen Sie sich vor, wir, kräftige Leute, saßen in den Kutschen, und die Rikschafahrer, kleine Nepalesen, traten unter Aufbietung aller Kräfte in die Pedale. Das war vielleicht spannend. Mein Bekannter, Vitja, hat gewonnen. Schade nur um die Rikschafahrer, aber wir haben jedem mehr hingeblättert, als sie sich erträumt haben.

– Die Rikschafahrer, die tun mir auch leid, sagte eine Israeli.

– Sie brauchen sie nicht zu bedauern, bemerkte Vener Gafarov. Irgendwie müssen sie ihren Lebensunterhalt ja fristen. Das ist nicht peinlich.

– Apropos Stolz, sagte ich. Helena Blavatsky schreibt, dass das Dritte Auge zu funktionieren aufhörte, als die Menschen zu stolz wurden und sich selbst fast für Götter hielten. Damit kappten sie sich vom höchsten Verstand ab.

– Warum wird das Dritte Auge eigentlich als Auge bezeichnet, wo es doch im Inneren des Schädels versteckt ist?, fragte die Irin.

– Die Anatomen fanden heraus, dass bei der Embryogenese das Dritte Auge ausgebildet wird wie ein Auge. Das ist durchaus verständlich, da ja auch die ersten beiden Rassen ein einziges Auge besaßen, das, was wir heute Drittes Auge nennen. Darauf weist schon die Blavatsky hin. Je höher die geistige Entwicklung des Menschen ist, desto weiter ist die Epiphyse entwickelt, das einstige Dritte Auge.

– Danke für den wundervollen Abend, sagte die Irin. Ich habe heute viel über das Dritte Auge erfahren.

Der »neue Russe« hielt uns mit einer entschiedenen Geste zurück, zahlte für alle und vergaß auch das Trinkgeld für den Kellner nicht.

– Na, war es interessant?, fragte Sergej Seliverstov den »neuen Russen«. Verstehst du, man muss schließlich irgendetwas im Leben hinterlassen. Nicht nur Geld, nicht nur Haus und Hof, sondern etwas Ideelles. Bei den Kindern, falls du dich erinnerst, ist die Epiphyse weiter entwickelt, deshalb fühlen sie das Geistige auch besser. Deshalb ist der geistige Zustand der Eltern ...

– Ich hab's kapiert, unterbrach ihn der »neue Russe«. Man sollte seinen Kindern nicht nur Hab und Gut hinterlassen, sondern auch etwas dafür tun, dass sie auf das geistige Niveau ihrer Eltern stolz sein können. Nebenbei bemerkt, Sergej, ist es nicht einfach lächerlich: Für lumpige 20 Dollar hatten wir das Restaurant die halbe Nacht ...

4 Nächstes Mal nehmen wir es ernster

Der »neue Russe« erwies sich immer mehr als erbärmlicher Vertreter der boomenden Marktwissenschaft, als ein politischer Romantiker mit demselben alten totalitär-kommunistischen Denken, wie es die unglückseligste Ausgeburt des Kapitalismus – der »wilde« Markt – nur eben hervorbringen kann. Es war einfach zu traurig, dass das Antlitz der Nation bei Weitem nicht von ihren besten Vertretern geprägt wurde, sondern von Typen mit einem äußerst niedrigen kulturellen Niveau, aber beträchtlicher krimineller Energie, die sich dem Wirken der »wilden« Gesetze unserer neuen russischen Gesellschaft schnell angepasst hatten. Einem kultivierten Menschen fällt es beispielsweise schwer, mit Bestechungsgeldern umzugehen, ohne die man heutzutage kaum etwas erreichen kann. Der »neue Russe« aber tut das, als wäre es ganz selbstverständlich. Dadurch erweist er sich zumeist auch als Sieger, während der kultivierte Mensch auf der Suche nach Wahrheit und Gerechtigkeit bis ans Ende seiner Tage weiter mühsam alle Instanzen durchlaufen muss.

Wenn die »wilden« Gesetze in der Gesellschaft weiter den Ton angeben und die Vorherrschaft von Menschen, die mit Begriffen wie Ehre, Gewissen, Güte und Liebe nichts im Sinn haben, zu lange andauert, wird das unweigerlich zum Abbau des Intellekts unserer Nation führen, und es beginnt die »Verwilderung« des Menschen. Ich habe früher nie über den historisch-politischen Hintergrund des Begriffs Verwilderung nachgedacht. Durch unsere Forschung gelangten wir jedoch zu dem Schluss, dass Verwilderung als Gegenteil des Fortschritts in der Geschichte nicht nur unserer, sondern auch früherer Zivilisationen wiederholt vorkam. Bleibt wirklich nur zu hoffen, dass die »neuen Russen« nicht die ersten Wilden unseres künftigen (Gott erbarm!) »wilden« Landes sind.

Das Ansehen Russlands im Ausland ist in den letzten Jahren nicht nur durch den Verlust unserer einstigen militärischen Macht und des unsympathischen Auftretens führender Repräsentanten gesunken, sondern hauptsächlich deshalb, weil die erwähnten »neuen Russen« begonnen haben, unser Land im Ausland zu vertreten. Diese »Neuen« lassen sich eben nicht damit in Verbindung bringen, dass wir als Erste die Schallmauer durchbrochen, den Kosmos erobert, das beste Bildungssystem der Welt geschaffen haben und was der Errungenschaften mehr war. Und der Mensch neigt nun einmal zu verallgemeinernden Schlüssen über ein Land schon nach kurzen Begegnungen mit dessen Vertretern, und die historischen Errungenschaften eines Staates geraten da schnell in Vergessenheit.

Wir, die Expeditionsmitglieder, wären nie auf den Gedanken gekommen, diese »ruhmreichen Vertreter der Heimat« könnten einen Einfluss auf die Arbeit unserer Expedition im fernen Nepal haben. Doch einige von ihnen, schnell reich geworden und entschlossen, ihr geistiges Niveau ebenso schnell anzuheben, begannen die Klöster Kathmandus zu besuchen und mit allen Mitteln Treffen mit hochrangigen Lamas zu erwirken, wobei sie laut herumposaunten und sich gern Arm in Arm mit ihnen fotografieren ließen. Ich und der Lama! Ist doch exotisch! So Jungs, jetzt könnt ihr neidisch sein!

Im Prinzip ist Neugier auf bisher nicht verstandene geistige Aspekte des Lebens löblich, aber die Form des Umgangs, wenn ein Ausländer voller Selbstsicherheit einem Lama auf die Schulter klopft wie seinem Blutsbruder und dabei noch sagt: »Was bist du doch für ein schmächtiger kleiner Bursche ...«, die ist, gelinde ausgedrückt, nicht nur für Lamas unverständlich und ein Gräuel.

Offensichtlich war gerade dieser Sachverhalt der Grund für unsere wissenschaftlichen Misserfolge bei Treffen mit zwei hochrangigen Lamas. Sie standen den bedeutendsten buddhistischen Klöstern Kathmandus vor, in denen todsicher unser »Bruder« schon geweilt hatte. Und obwohl unsere Expedition internationalen Charakter trug, stellten Vertreter Russlands ihren Grundstock dar. Das haben wir auch nie verhehlt. Aber erfolgreiche Gespräche brauchten wir unbedingt! Nur hatten die Lamas das alleinige Recht zu entscheiden, ob sie »das geheime Wissen der Lamas« lüften wollten. Nur die Lamas konnten in das geheime Wissen des Altertums eingeweiht sein. Nur die Lamas konnten uns einen Fingerzeig auf materielle Beweise für die Existenz des Genpools der Menschheit in Form des anhaltenden *Samâdhi*-Zustands geben. Nur die Lamas konnten Menschen kennen, die Zugang zu den Körpern von Atlantern im *Samâdhi*-Zustand haben und unsere Vorstellungen vom Äußeren der Menschen früherer Zivilisationen präzisieren konnten.

Im Großen und Ganzen hatten wir eine solide Grundlage für das Vertrauen der Lamas. Das von uns berechnete Äußere der Atlanter

Der Rinpoche-Lama mit Schülern

stimmte im Wesentlichen mit den Vorstellungen der indischen *Svâmin* über die Menschen früherer Zivilisationen überein, und von den *Svâmin* und Wissenschaftlern hatten wir viel erfahren, was sich zu einer streng logischen Kette verbinden ließ. Wir kamen gar nicht auf die Idee, dass das plumpe Auftreten unserer Mitbürger sich als Stein des Anstoßes erweisen könnte.

Der Rinpoche-Lama, mit dem Sheskand Ariel über den Rektor der nepalesischen Universität das Treffen verabredet und der uns schon im Voraus einiges wissenschaftliche Material übergeben hatte, empfing uns zur verabredeten Zeit, umgeben vom Gefolge seiner Schüler. Deutsche, Dänen, Amerikaner und andere waren in diesem Gefolge vertreten, etwa zwanzig bis dreißig Personen. Alle saßen auf dem Boden. Einer mit geschlossenen Augen, einer wisperte, einer sah ununterbrochen und schweigend zum Lama, einer schaute mit Interesse auf uns. Diese Menschen widmeten ihr ganzes Leben der Geisteswissenschaft des Ostens und lebten schon viele Jahre in Nepal. Sie sprachen alle Nepalesisch.

Uns platzierte man auf niedrige weiche Sofas dem Lama gegenüber. Neben mir saß ein blonder Däne, der sich als Dolmetscher vorstellte. Es war zu spüren, dass der Lama gut Englisch sprach, aber aus irgendeinem Grund zog er es vor, per Dolmetscher mit uns zu sprechen. Obwohl ich die nepalesische Sprache nicht beherrsche, spürte ich doch, dass der Däne, dessen Englisch schon recht schlicht war, Nepalesisch noch schlechter sprach.

Ich stellte unsere Hypothese über die Abstammung der Menschheit vor. Dabei versuchte ich verständlich zu sprechen und schraubte mein Englisch auf die letzte Stufe der Vereinfachung zurück, obwohl ich mich dadurch verunsichert und unwohl fühlte. Der Lama hörte meiner Erzählung mit halbem Ohr zu, der Übersetzung aber gar nicht. Ständig traten Leute an ihn heran, denen er zwischendurch heilige Schals um den Hals legte und Stückchen einer heiligen Speise gab. Der Däne brabbelte mir ständig Nepalesisch ins Ohr und berührte mich an der Schulter, um manche Sätze wiederholt zu bekommen, wenn ich unwillkürlich ein etwas komplizierteres englisches Wort gebraucht hatte.

Der Däne

Irgendwann hatte ich das satt und fragte den Lama, während ich die Zeichnung des hypothetischen Atlanters hoch hielt, rundheraus:

– Haben Sie irgendwann einen Menschen gesehen, der so aussieht?

– Das Äußere des Menschen ist der physische Ausdruck seiner Geistigkeit, erwiderte der Lama in unerwartet gutem Englisch. Charakteristisch für das Äußere des Menschen sind die Augen, in denen sich die Weisheit des Menschen widerspiegeln muss. Der Begriff »Auge der Weisheit« im Buddhismus hat zwei Aspekte: Aufrechterhaltung der Empfindsamkeit und Verbindung mit den empfindsamen Organen, bei deren Analyse man das Objekt des Sehens, die Erkenntnis und die Sinnesorgane berücksichtigen muss ...

– Gestatten Sie, unterbrach ich, aber diese Zeichnung ist die Reproduktion des Gesichts eines Menschen, dessen Augen an den Wänden Ihres Klosters dargestellt sind. Valerij Lobankov hat das fotografiert, und wir haben durch eine augenmathematische Analyse das Aussehen des Besitzers dieser Augen reproduziert. Sagen Sie bitte, wessen Augen sind das?

– Das sind die Augen der Weisheit, antwortete der Lama. Sie stellen die Ziele dar, den festen Wunsch und das, was Augen darstellen sollen. Buddha lehrte, dass es notwendig ist, in allem die Qualität zu sehen, deren äußere Form die Weisheit ist.

Ich hätte fast gefragt: – Was ist das, die Augen der Weisheit?, hielt aber rechtzeitig inne, um einen weiteren Wortschwall zu vermeiden, von dem wir nichts verstanden hätten.

Ungewöhnliche Augen auf der Außenmauer des Tempels in Swayambunath, fotografiert von Valerij Lobankov

– Sind das die Augen Buddhas?, fragte ich dreist.

– Buddha hatte 32 Merkmale und 60 Eigenschaften, von denen eines seine Augen sind. Besondere Künstler zeichneten diese Augen auf die Wände des Klosters, um deren Weisheit darzustellen. Weisheit geht nicht nur von den Augen aus, sondern auch vom Herzen, sprach der Lama blumig.

– Was können Sie mir zu dieser Nase sagen?, fragte ich, wobei auf die Zeichnung des hypothetischen Atlanters deutete.

– Die ungewöhnliche Nase ist Ausdruck einer ungewöhnlichen Kraft, antwortete der Lama.

– Was für eine ungewöhnliche Kraft?

– Die Kraft des Geistes.

– Soviel ich weiß, geht die Kraft des Geistes von den Augen aus ...

– Von der Nase auch.

– Kann die Kraft des Geistes sich auch physisch äußern, zum Beispiel durch das Bewegen von Gegenständen?

– Kann sie.

– Was hat die Nase damit zu tun?

– Viel!

– Was können Sie über das Dritte Auge sagen?, hakte ich nach, wobei ich erneut auf die Zeichnung deutete.

– Das ist ein Haarbüschel aus Augenbrauen, antwortete der Lama schmunzelnd.

Ich spürte, dass der Lama begann, sich über mich lustig zu machen. Der Däne sah mich ebenfalls lächelnd an.

– Wessen Wissen brachte Buddha auf die Erde?, wollte ich nun wissen, meine ganze Geduld zusammennehmend.

– Buddha, das ist Freiheit. Wenn man frei ist von der Wahrnehmung seines Körpers, wird man die Welt erkennen. Es ist wichtig, sich außerhalb seines Körpers zu fühlen.

– Also, wessen Wissen hat Buddha gebracht?

– Alles Wissen war im Geiste Buddhas.

– Entschuldigen Sie, Lama! Die letzten zwei Fragen: Die erste ... Erinnert Sie dieser Atlanter an einen Menschen, der sich in den *Samâdhi*-Zustand begeben hat?

– Woher wissen sie von den *Samâdhi*?, fragte mich der Lama und sah mich dabei konzentriert an.

– Davon haben uns die indischen *Svâmin* erzählt. Wir nehmen mit hinreichender Gewissheit an, dass hier, in Tibet, in Höhlen mit stabiler Temperatur Körper von Menschen im versteinert-unbeweglichen Zustand aufbewahrt werden, Menschen nicht nur unserer, sondern auch früherer Zivilisationen. Das ist ein besonderer Genpool der Menschheit, den zu bewahren Ihre höchste Berufung ist, teurer Lama. Es gibt die letzte Botschaft *So'Ham*. Warum ist sie die letzte? Man kann sie als Warnung an die Menschheit interpretieren. Nach einer Selbstvernichtung auch dieser, der *letzten* Zivilisation auf der Erde, wird der Genpool der Menschheit nicht mehr benötigt, die Menschen werden dann aus ihrem langen *Samâdhi*-Zustand nicht mehr zurückkehren und nicht mehr Keim einer neuen Zivilisation sein. Deshalb, teurer Lama, denke ich, dass die Zeit gekommen ist, der Menschheit deutlich zu machen, dass unsere Zivilisation die *letzte* auf der Erde sein könnte. Sehen Sie, wie viel Waffen sich auf der Erde angesammelt haben. Sehen Sie, wie die geistige Entwicklung immer mehr durch eine kleinbürgerliche ersetzt, der Wunsch nach Bereicherung zum Lebensinhalt wird. Die Menschen sind bereit, für Geld alles zu tun ... Nur ein kleines Häuflein Menschen aus entwickelten Ländern, sagte ich, auf die Schüler des Lamas deutend, befasst sich mit seiner geistigen Entwick-

Auf der Terrasse des Tempels

lung. Aber sie tun es nur für sich selbst. Dabei brauchen die Menschen, damit sie wirklich und aufrichtig an die Wahrhaftigkeit und Macht der religiösen Lehre glauben können, neue Fakten, neues Wissen. Hand aufs Herz, man kann doch sagen, dass die Menschen in vieler Hinsicht die Religion als schönes Märchen abtun ...

– Die *Samâdhi* sind geschützt, unterbrach der Lama meine Ausführungen. Dort gibt es eine Kraft. Jeder Stein ... Es ist nicht nur meine Berufung ... Wie lautet Ihre zweite Frage?

– Ich wollte fragen, was Sie über die letzte Botschaft *So'Ham* wissen.

– Das Gleiche wie Sie, antwortete der Lama.

Ich bat den Lama, auf den Balkon zu kommen, von dem aus sich ein Blick auf eine Stupa eröffnete, einen ovalen Turm mit der Darstellung der gewaltigen ungewöhnlichen Augen. Gerade diese Augen hatten wir der wissenschaftlichen Analyse unterzogen, gerade sie dienten als Grundlage für die optische Rekonstruktion des Menschen mit dem ungewöhnlichen Äußeren, den wir für einen Atlanter hielten.

Warum sind diese Augen das Hauptsymbol der nepalesischen und tibetischen Klöster? Was symbolisieren sie? Die Feststellung, dass sie die Augen der Weisheit sind, befriedigte uns ganz und gar nicht. Möglich, dass das alte Wissen auch einen Aspekt hatte, der unserer Augengeometrie ähnelte, um über die Darstellung der Augen das Aussehen ihrer Besitzer zu kodieren. Vielleicht handelte es sich ja um die Darstellung des Urvaters oder der Urmutter unserer Zivilisation.

Oder es sind die Augen eines Menschen aus dem Genpool der Menschheit, der zu ihrem Retter für den Fall ihrer Selbstvernichtung werden soll. Die Augen des zukünftigen Retters, durchaus denkbar. Aber der Lama hatte dazu nichts gesagt. Das unwahrscheinliche Zusammentreffen, dass die tibetische Rasse das von uns errechnete »mittelstatistische Auge« hat und gerade hier, in Tibet, auf allen Klöstern diese ungewöhnlichen Augen dargestellt sind, beruhigte uns.

Wir machten einige Fotos und setzten dann unser Gespräch fort.

– Sie kennen natürlich das Geheimnis dieser Augen, sagte ich, auf die Stupa weisend.

– Schau auf mein Kinn ... Du siehst die Stirn nicht. Schau auf meine Stirn ... Du siehst das Kinn nicht. Schau auf ein Auge ... Du siehst das zweite nicht. Schau auf das zweite ... Du siehst das erste nicht, sagte der Lama.

– Aber das Auge arbeitet wie ein skandierender Strahl!

Der kleinwüchsige Lama hob den Blick, kam zu mir und klopfte mir kräftig auf die Schulter.

– Seien Sie nicht missgestimmt, sagte er, klopfte mir nochmals auf die Schulter und lachte laut.

Mir war das unangenehm. Der Däne sah mich weiter aus den Augenwinkeln an.

– Und warum klopfen Sie mir nicht auf die Schulter und lachen nicht?, fragte der Lama überraschend.

Ich war sprachlos.

– Da kommt ihr Russen, beachtet die Menschen vor mir nicht, redet laut, lacht, klopft mir auf die Schulter, fotografiert uns und einander ... Sagen Sie mir, warum diese hier, und der Lama deutete auf die Ausländer, die vor ihm auf dem Boden saßen, warum diese Deutschen, Holländer, Amerikaner und Engländer vor mir auf den Knien sitzen, aber ihr Russen ... Ich verkörpere doch die alte Weisheit und das Wissen, die Generation vor den Ahnen. Er dort, und der Lama deutete auf den Dänen, lebt schon seit zweiundzwanzig Jahren in Nepal, er hat die Meditation und das alte Wissen erlernt ...

Der Däne nickte.

– Ich kann nicht für die Russen einstehen, die bei Ihnen waren, sagte ich.

– Wie ich sehe, sind Sie ein ernsthafter Wissenschaftler, nicht so wie jene, entgegnete der Lama. Aber wie kann ich Ihnen das alte Wissen anvertrauen, Ihnen, einem Vertreter des Landes, in dem es reiche Leute gibt, die in uns nur exotische Eingeborene sehen, die keinen Funken

Verehrung und Interesse für unser altes Wissen haben und denken, dass ihnen mit ihrem Geld die ganze Welt offensteht. Russland ist ein reiches Land, Nepal ein sehr armes. Aber hier, in Nepal und in Tibet, gibt es Wissen, das es nirgendwo auf der Welt gibt. Wir achten Ihre Bildung, Ihre Wissenschaft, aber achten Se auch unsere Religion. Einer Ihrer Russen versuchte mir nach dem Fotografieren heimlich 100 Dollar zuzustecken, gute Menschen jedoch geben Spenden.

– Ich kann mich nur für sie entschuldigen, sagte ich.

– Was soll ich mit Ihrer Entschuldigung. Besser, Sie sprechen in ihrem Land mit ihnen, sagen es ihnen übers Fernsehen. Wenn unser altes Wissen in die Hände solcher Menschen fällt, könnte Böses daraus werden. Wenn solche Menschen irgendetwas finden, zum Beispiel einen Menschen im *Samâdhi*, werden sie ihn ausstellen wie ein Tier im Zoo, um an ihm zu verdienen. Die chinesischen Kommunisten haben Klöster und Pagoden in Tibet zerstört, Lamas umgebracht, sich über die alten Werte lustig gemacht. Zum Glück gibt es Kräfte, die die *Samâdhi* schützen. Diese Kräfte sind mächtig, es gibt keine Gegenkraft dagegen. Ihr Land verfügt über eine gewaltige Militärmacht, aber selbst Kernwaffen können diesen Kräften nichts anhaben. Sie sind doch ein kommunistisches Land, das Gott vergessen hat und seine Führer an die Stelle Gottes setzte!

– Wir sind ein ehemals kommunistisches Land ...

– Egal. Wenn es in Ihrem Land so reiche Leute gibt, wie sie hierher kommen, kann man ihnen nicht vertrauen. Geld regiert die Welt. Sie werden die Wissenschaft wie die Religion zu einem Spottpreis kaufen und sie ins Verderben treiben.

– Solche Leute gibt es aber in jedem Land ...

– Natürlich.

– Gestatten Sie, dass ich Ihnen etwas erkläre. Russland befindet sich gegenwärtig in einer schwierigen Lage. Wissenschaft und Bildung finden sich nach dem Wechsel zu einer Politik der freien Marktwirtschaft plötzlich im Hinterhof der Gesellschaft wieder, Wissenschaftler von Weltrang werden zu einer der ärmsten Bevölkerungsschichten. Ungebildete Leute, die gerade mal die Prozente aus ihrem Profit von Kauf und Verkauf berechnen können, werden reich und denken, dass sie das Sagen haben. Diese reichen, aber wenig gebildeten Leute nennt man in unserem Land »neue Russen«. Sie überschwemmen jetzt die Länder, und an ihnen urteilt man über Russland. Aber nicht alle Russen sind »neue Russen«.

– Solche Leute haben das Sagen in Ihrem Land, wiederholte der Lama.

– Ja, leider. Ich hoffe, nicht für lange. Politik ist eben unvorhersagbar.

Der Däne, der auf einmal wieder neben mir war, begann aus irgendeinem Grund, meine Worte erneut ins Nepalesische zu übersetzen, obwohl er selbst nicht alles verstand.

– Wissenschaft ist international, fuhr ich fort und verdeutlichte dem Dänen, dass seine Übersetzung unnötig war. Wir, die Wissenschaftler Russlands, sind nicht schuld, dass unser Land in den letzten Jahren wegen der »neuen Russen« einen so unangenehmen Eindruck macht. Ich als Wissenschaftler und Chirurg habe vierzig Länder bereist, in vielen Ländern war ich mehrmals. Man könnte fragen, wozu ich in verschiedene Länder reise, Vorträge halte und neue Operationsmethoden demonstriere? Mein geografisches Interesse habe ich schon längst gestillt. Es wäre wesentlich einfacher, meine medizinischen Entwicklungen in Geld umzuwandeln, indem ich sie an irgendeine große Firma verkaufe oder eine Privatklinik errichte, wo der Hauptteil der Einnahmen von den Operationen in meine eigene Tasche fließt. Die Sache ist die, verehrter Lama, dass auch die Wissenschaft von Gott kommt. Wenn Gott dir die Fähigkeit gegeben hat, etwas Rechtes zu erfinden, so betrachte dies als eine Gabe Gottes, die dir persönliche Befriedigung gibt. Damit wirst du zum Sklaven deiner Erfindung, denn du beginnst den Ruf zu spüren, sie mehr und mehr zu verbreiten, anfangs in deiner Stadt, danach dann landes- und weltweit. Und glauben Sie mir, bei Weitem nicht jeder Wissenschaftler denkt dabei heute an Profit oder Ruhm. Meistens gibt es keinen Profit, und dein Ruhm geht darin auf, dass deine Erfindungen von anderen Wissenschaftlern aufgegriffen, modernisiert und genutzt werden und der anfängliche Ideengeber langsam im Schatten verschwindet. Auf den ersten Blick wäre es logischer, seine Einzigartigkeit so lange wie möglich zu bewahren, die großartigen Resultate der Operationen zu präsentieren, ohne ihre Technik preiszugeben. Selten aber wird ein Wissenschaftler so vorgehen, denn es gibt einen Appell des Geistes, dass deine Erfindung für alle Menschen bestimmt ist, du nur ein Sklave dei-

ner Talente bist, das Instrument deiner Erfindung und ihrer Verbreitung. Deine Erfindung kam doch aus dem Allgemeinen Informationsfeld, und gleichzeitig wird sie es vervollkommnen. Deshalb, verehrter Lama, ist unser Land nicht so, wie es scheint, und die »neuen Russen« sind wahrlich nicht seine besten Vertreter.

– Aber warum sind Sie nicht nach Amerika gereist?, fragte mich der Lama. Amerika kauft doch kluge Köpfe aus der ganzen Welt auf, darunter auch aus Ihrem Land. Es schafft doch beste Bedingungen für die Wissenschaft.

– Ich kenne Amerika gut, war oft dort, erklärte ich. Auch von mir glaubte man, dass ich käuflich wäre. Aber es gibt zwei Gründe, die mich abhielten. Der erste: das Gewissen. Der weltbekannte russische Regisseur Andrei Tarkowski hat den Film *Stalker* gedreht, nach einem Roman der Brüder Strugazki. Dessen Hauptidee besteht darin, dass das stärkste Gefühl des Menschen in einer besonderen Zone verstärkt wird. Dieses Gefühl erweist sich als Gewissen. Die Menschen in dieser Zone sterben, sie haben kein *reines* Gewissen.[7] Wissenschaft geschieht nie im stillen Kämmerlein, du hast immer Freunde und Weggefährten. Ich habe auch welche, die mit mir den schweren Weg der Wissenschaft gegangen sind. Ich werde sie niemals im Stich lassen, das Gewissen würde mich plagen. Der zweite Grund: Ich habe gemerkt, dass bei vielen emigrierten Wissenschaftlern in Amerika die Kreativität nachließ. Ich kann nicht sagen, warum, aber mir scheint, der Einfluss der amerikanischen Gesellschaft, die durchweg von der Jagd nach dem Dollar geprägt ist, übt eine unheilvolle Wirkung aus. Wissenschaft ist nämlich vor allem geistigen Ursprungs.

– Sie haben recht, die Wissenschaft, das ist vor allem Geistiges, wodurch sie auch mit der Religion verwandt ist, ergänzte der Lama.

– Genau deshalb, sehr geehrter Lama, habe ich Ihnen auch viele wissenschaftliche Fragen gestellt, auf die Sie, entschuldigen Sie, mit einstudierten Worten wie bei einer Predigt für Unwissende geantwortet haben, sagte ich.

---

[7] Im Jahr 1979 als fünfter von insgesamt sieben Spielfilmen des russischen Regisseurs Andrei Arsenjewitsch Tarkowski (1932-1986) entstanden, gilt *Stalker* inzwischen als Klassiker des sowjetischen Kinos und des Science-fiction-Genres. Der Film beruht zwar auf dem Roman *Picknick am Wegesrand* von Arkadi (1925-1991) und Boris Strugazki (1933-2012), verwendet wurde letztlich aber – als siebte Drehbuchfassung – nur ein Filmszenarium mit dem Titel *Die Wunschmaschine*, in dem die Strugazkis Motive aus dem Roman vereinten. Die beiden gelten als die bedeutendsten Vertreter der sowjetischen Fantastik. Ihre rund 25 Bücher und 40 Erzählungen, die seit 1962 gemeinsam entstanden, sind in einer Gesamtauflage von über 50 Millionen erschienen und wurden in mehr als 30 Sprachen übersetzt.

– Nächstes Mal wird es ernsthafter, besänftigte mich der Lama herzlich lachend. Aber sie müssen mich auch verstehen.

– Gestatten Sie mir, Ihnen eine philosophische Frage zu stellen, sagte ich. Warum ist die Wissenschaft in ihrem Land so schlecht entwickelt, wo doch an der geistigen Führungsrolle dieser Region kaum Zweifel bestehen?

– Wir sind ein armes Land. Wissenschaft erfordert viel Geld.

– Aber warum ist Ihr Land denn arm? Sogar Ihren Schülern, und ich deutete auf die Ausländer im Saal, wäre es angenehmer, in einem reichen Land zu leben, wo es keine Bettler gibt.

Der verstummte Däne nickte.

– Wir haben sehr viel Arme und eine hohe Geburtenzahl. Die Menschen sind an sehr bescheidene Ernährung und einfache Lebensbedingungen gewöhnt. Sie können sich schlecht vorstellen, dass man besser leben kann. Es hat sich eine Psychologie der armen Leute herausgebildet.

– Ich glaube, warf ich ein, dass der Grund nicht nur darin besteht. Trägt nicht auch die Religion zu dieser Armut bei?

– Die Religion?

– Die religiöse Lehre der buddhistischen und hinduistischen Strömung, begründete ich, predigt doch die klare Priorität des Geistigen vor dem Materiellen. Das lehren Sie an ihren Meditations- und anderen Schulen. Ich ziehe die Leitfunktion des Geistigen im Vergleich zum Materiellen überhaupt nicht in Zweifel, zumal nach religiösem Wissen der materielle durch den geistigen Beginn durch dessen allmähliche Verdichtung geschaffen wurde. Aber die zu starke Bewertung des Geistigen führt bei einem gläubigen Menschen dazu, dass er sich zum Leben auf der Erde wie zu etwas Nebensächlichem verhält und kaum Anstrengungen unternimmt, es zu verbessern. Der Körper ist für den Gläubigen in Ihrem Land nur ein schönes Instrument des Geistes, und sich von ihm zu lösen ist kein Verlust. Deshalb, so sehe ich das, müsste es eine goldene Mitte bei der allgemeinen Vermittlung geben.

– Wir können aber nicht von unseren heiligen Schriften abweichen, erwiderte der Lama.

– Die religiösen Schriften, uns durch die Propheten überliefert, sind meiner Meinung nach für sehr gebildete und hoch kultivierte Menschen bestimmt. Außerdem, Sie wissen das, ist die religiöse Lehre sehr flexibel und anpassungsfähig an die Lebensbedingungen. So könnte man, sehr geehrter Lama, darauf hinwirken, dass jeder Mensch gleichzeitig mit der geistigen Entwicklung auch verstärkt an seiner Bildung arbeitet und menschenwürdige Lebensbedingungen für sich und seine Familie schafft. Das Resultat würde nicht lange auf sich warten lassen, zumal die religiösen Persönlichkeiten in ihrem Land großes Ansehen und viel Popularität genießen.

– Hm ... ja.

– Ihrer Religion zufolge hatte Buddha zwei Zustände, den friedfertigen und den zornigen. Es ist unmöglich, alles auf friedfertigem Wege zu erreichen, manchmal muss man auch zornig sein, um die Leute zu zwingen, besser zu arbeiten und ihr Land reicher zu machen. Dann entstehen auch die Bedingungen für die Entwicklung der Wissenschaft, die immens wichtig ist. Was ist Religion? Sie ist das Wissen früherer Zivilisationen, das sie durch wissenschaftliche Forschung erhielten. Deshalb ist die Entwicklung der Wissenschaft und die Vervollkommnung des Allgemeinen Informationsfeldes durch Sie eine heilige Angelegenheit. Gerade die Wissenschaft kann die Religion entwickeln, korrigieren und vervollkommnen. Man darf das aus dem Allgemeinen Informationsfeld erhaltene Wissen nicht als Dogma betrachten, sondern muss es vervollkommnen und den Lebensbedingungen entsprechend korrigieren.

– Sicher haben Sie recht, stimmte mir der Lama zu.

– Man darf in der heutigen Zeit das Materielle nicht verteufeln, denn das bremst die Entwicklung der Wissenschaft, deren Heiligkeit wir nicht in Abrede stellen können, fuhr ich fort. Nehmen Sie die *Samâdhi*. Bei ihnen verlässt der Geist den Körper, hält jedoch die Verbindung zu ihm. Der Körper kann durch die Absenkung des Stoffwechsels im konservierten Zustand Millionen von Jahren bewahrt werden. Da fragt man sich doch, warum es nötig ist, den Körper zu bewahren, wenn der Geist dominierend ist? Die Antwort ist einfach. Der Körper wurde durch eine lange Evolution geschaffen, und es macht keinen Sinn, ihn gering zu schätzen, es ist besser, ihn zu bewahren als erneut zu erschaffen.

– Aber die Menschen wollen jetzt doch das Geistige mehr erschließen, sagte der Lama.

– Sehen Sie sich Ihre Schüler an. Viele von ihnen leben doch fast schon im Jenseits. Sie können schwerlich auf die Gesellschaft mit dem Ziel einwirken, deren geistiges Niveau zu heben. Bestenfalls können sie ihre persönlichen geistigen Belange befriedigen.

Der Däne stieß mich an den Ellenbogen und fragte mich etwas auf Nepalesisch. Ich sagte: – Sprechen Sie bitte Englisch.

– Wir, ergriff der Lama wieder das Wort, die wir der geistigen Entwicklung eindeutig den Vorzug geben, stehen einer Welt gegenüber, in der das Materielle übermächtig ist.

– Sicher haben Sie damit recht. Es muss in der Welt eine Balance geben. Zur Bestätigung Ihrer Worte möchte ich ein Beispiel anführen. Kennen Sie die Eingeweihte Helena Blavatsky?

– Ja, ich habe ihre Bücher.

– Sie schreibt, dass die Pyramiden mit vielfältigen Zielen geschaffen wurden, wovon eines die Aufbewahrung der Menschen im *Samâdhi*-Zustand ist. Der Körper eines ägyptischen Pharaos wurde aus der Cheopspyramide entfernt und ins Britische Museum gebracht. Es könnte doch sein, dass der ägyptische Pharao noch lebte und alle Legenden über das ägyptische Geheimnis der Konservierung menschlicher Körper Märchen sind. Kann doch sein, dass der ägyptische Pharao sich im Zustand des tiefen *Samâdhi*-Zustands befand. Aber nun ist sein Körper ausgestellt, und die für diesen Zustand notwendigen Temperaturbedingungen werden nicht eingehalten. Jetzt kann der Geist schwerlich in den Körper des Pharaos zurückkehren. Sagen Sie, warum haben die ungewöhnlichen Kräfte den Pharao nicht geschützt?

– Ich denke, in den Pyramiden gibt es sie nicht.

– Warum?

– Ich weiß nicht.

– Ich komme auf die Religion und ihre Bedeutung zurück, sagte ich. Analysieren wir mal die verschiedenen Religionen. Mir scheint die katholische Religion die gelungenste Variante zu sein. In ihr gibt es ein ausgewogenes Verhältnis von strenger Disziplin und Freiheit. Deshalb haben sich die katholischen Länder als die am weitesten entwickelten erwiesen. Vergleichen wir die katholische mit der muslimischen Religion. Strenge und Beschränkungen gibt es in der muslimischen Religion im Überfluss, aber an Freiheit mangelt es deutlich. Das Ergebnis ist bekannt: Die muslimischen Länder hinken den katholischen in der Entwicklung hinterher. Vergleichen Sie die katholische Religion mit der orthodoxen. Die Freiheit ist in den Ländern mit orthodoxer Religion größer, aber das Ergebnis: Sie bleiben hinter den katholischen Ländern zurück. Vergleichen Sie mit den buddhistischen und hinduistischen Religionen Indiens, Nepals, Bhutans und anderer naher Länder: Es dominiert die geistige Entwicklung des Menschen, die materielle Seite des Lebens hingegen wird meist unterschätzt. Das Ergebnis ist bekannt: Trotz hoher geistiger Entwicklung haben diese Länder bei Weitem keine beneidenswerte ökonomische Situation. Eine Besonderheit ist die japanische Variante des Buddhismus, wo die geistige Entwicklung gepaart ist mit strenger

Disziplin im materiellen Leben. Das Resultat ist bekannt: Der Fortschritt Japans ist unumstritten.

– Ja, Sie haben sicher recht.

– Alle wissen, dass Gott universell ist, setzte ich fort. Warum halten aber alle so dogmatisch an ihrer herkömmlichen Religion fest, ohne eine Korrektur zuzulassen? Auf der Erde gab es viele Propheten, die viele Varianten der Religion schufen. Und das Leben hat bereits gezeigt, welcher Prophet eher recht hatte. Ich denke, dass es an der Zeit ist für Wechselbeziehungen zwischen den Vertretern verschiedener Religionen und den Versuch, die religiöse Lehre zu vereinheitlichen, denn es gibt nur einen Gott für alle. Historisch wäre das nur recht und billig, wenn man bedenkt, wie viele religiöse Kriege in der Vergangenheit stattgefunden haben und heute leider immer noch stattfinden.

Nächstes Mal nehmen wir es ernster ...

– Das Gespräch war interessant. Danke, sagte der Lama.

– Sehr geehrter Lama, wann könnten Sie uns zu einem weiteren, tiefergehenden Gespräch empfangen? Gestern hat sich Valerij Lobankov mit dem Tengo-Lama getroffen, leider mit negativem Ergebnis: Er hielt sich ebenso zurück wie Sie anfangs. Wir sind doch Wissenschaftler ...

– Ich verspreche, nächstes Mal nehmen wir es ernster, sagte der Lama. Obwohl, warten Sie, es wäre besser für Sie, sich mit dem Bonpo-Lama zu treffen. Die Religion des Bonpo *(oder Bön – E.M.)* ist die älteste der Welt, und der Bonpo-Lama weiß wesentlich mehr als ich. Er ist ein großer Mensch. Er emigrierte aus Tibet nach Nepal, nachdem er von den chinesischen Kommunisten verfolgt wurde. Zur Zeit hat er kein eigenes Kloster, aber sein Wissen ist kolossal. Der Bonpo-Lama ist ein alter Mensch. Ich werde ihn morgen gleich anrufen und Sie ankündigen. Er wird Sie empfangen und offen zu Ihnen sein, dessen bin ich mir sicher. Kommen Sie Morgen Abend gegen sieben Uhr zu mir.

– Danke.

Der Lama begleitete uns hinaus. Ich schaute mich um.

Der Däne sah uns missmutig nach.

5 Die Offenbarungen des Bonpo-Lama

Der Lama hielt sein Versprechen. Er hatte mit dem Bonpo-Lama telefoniert und einen Besuchstermin vereinbart. Wir erhielten von ihm einen Empfehlungsbrief und die Zusage, dass der Bonpo-Lama bereit war, ernsthaft mit uns zu sprechen.

Der Bonpo-Lama lebte in einer kleinen Stadt im Westen Nepals, die nur mit dem Auto oder per Flugzeug zu erreichen war. Anfangs wollten wir ein Auto mieten, aber Sheskand warnte uns, die Wege in Nepal seien schlecht und mit dem Auto wären wir fast eine Woche unterwegs, denn es gäbe sehr oft Erdrutsche, und bis die Wege wieder frei seien, könne viel Zeit vergehen.

Der Bonpo-Lama

Linienflugzeuge flogen nur einmal wöchentlich dorthin. Um Zeit zu sparen, waren wir gezwungen, ein kleines Flugzeug zu mieten. Den ganzen Flug über schaukelte es hin und her, und vor der Landung kamen wir in ein Gewitter, das wir in der Felsenschlucht unmöglich umfliegen konnten. Nachdem wir allem zum Trotz gelandet und ausgestiegen waren, zeugte das bleiche Gesicht des nepalesischen Piloten von der Gefahr, die wir gerade überstanden hatten. Sergej Seliverstov als ehemaliger Militärflieger erklärte uns, dass das Wetter in den Bergen unvorhersagbar ist und wir Glück hatten, dass das Flugzeug die starken Turbulenzen ausgehalten und der Hagel die Motoren nicht beschädigt hat. Russische Flugzeuge, sagte er, wären stabiler, dafür aber unwirtschaftlicher.

Vom Hotel aus riefen wir den Bonpo-Lama an. Er war bereit, uns am nächsten Morgen zu empfangen.

Morgens stiegen wir über steile Erdstufen einen hohen Berghang hinauf, wo sich auf einem Plateau ein kleiner Tempel befand, ebenfalls dekoriert mit den ungewöhnlichen Augen. Menschen in traditioneller dunkelroter Kleidung begleiteten uns zum Bonpo-Lama.

Der Bonpo-Lama, so um die siebzig Jahre alt, war ebenfalls dunkelrot gekleidet. Er sprach ein sehr gutes Englisch mit dem typischen östlichen Akzent. Seine dunklen guten Augen und seine ruhige Stimme zogen die Aufmerksamkeit auf sich. Wir stellten uns vor.

In diesem Augenblick betraten drei europäisch aussehende Menschen – zwei Frauen und ein Mann – den Raum.

– Das sind meine Freunde, Wissenschaftler, sagte der Lama.

– Sind Sie auch Schüler des Lamas?

– Wir sind Geschichtswissenschaftler, Spezialisten für östliche Religionen. Schon seit über einem Monat sind wir hier und studieren die Entstehungsgeschichte der ältesten Religion der Welt, des Bonpo *(oder Bön – E.M.).* Der Herr Bonpo-Lama verfügt über ein sehr großes Wissen und hat ein hervorragendes Gedächtnis. Seine Bücher musste er leider in Tibet zurücklassen, als er emigrieren musste. Der Bonpo-Lama ist einer der wenigen am Leben gebliebenen Vertreter der ältesten Religion der Welt. Wir befürchten, dass die Geschichte dieser Religion für immer in der Versenkung verschwindet, sagte der Mann.

– Sie sind, wenn ich richtig verstehe, aus den USA?, fragte ich aufgrund der typisch amerikanischen Aussprache.

– Ja. Wir vertreten die Universitätswissenschaft.

– Und wir die Ophthalmologie, die Wissenschaft von den Augenkrankheiten.

– Augenkrankheiten? Uns hat man gesagt, sie seien eine wissenschaftliche Expedition, die den Ursprung für die Herkunft der Menschheit sucht!, rief der Amerikaner aus.

– Nun, das Studium der Augen verschiedener Rassen hat zu Ergebnissen geführt, die uns veranlassten, diese Forschungen unter einem historischen Aspekt fortzusetzen, erklärte ich.

– Sie sind, wie man mir sagte, aus Russland?, fragte der Amerikaner.

– Ja.

– Oh! Für Russen ist die Verfolgung solch ungewöhnlicher wissenschaftlicher Parallelen typisch. In Russland gibt's eine starke Wissenschaft.

Im Gespräch mit dem Bonpo-Lama

– Eine dieser Parallelen führte uns zu diesem Tempel mit den ungewöhnlichen Augen auf der Außenwand, erklärte ich.

– Sehr interessant. Wie ich Ihrer amerikanischen Aussprache entnehme, haben Sie länger in Amerika gearbeitet?, fragte er mich.

– Ich musste mich viel mit Amerikanern unterhalten.

– Erlauben Sie uns, bei Ihrem Gespräch mit dem Bonpo-Lama dabei zu sein?

Nun, ich war hier nicht der Hausherr, aber die Amerikaner machten den Eindruck ernsthafter Wissenschaftler.

– Bitte, wenn der Bonpo-Lama nichts dagegen hat, erwiderte ich.

– Nein, ich habe nichts dagegen. Nehmen Sie bitte Platz, sagte der Bonpo-Lama und bat alle an einen großen Tisch.

– Verehrter Bonpo-Lama, gestatten Sie mir bitte, während unseres Gesprächs dann und wann bei den amerikanischen Kollegen nachzufragen, da mir das amerikanische Englisch verständlicher ist als das Östliche. Meinen amerikanischen Kollegen als Muttersprachlern wird der östliche Dialekt keine Schwierigkeit bereiten, bat ich.

– Ja, ja, natürlich, stimmten beide zu.

Auf Grund unserer bisherigen Gesprächserfahrungen begannen wir mit einigen Fragen, bevor wir unsere Hypothese vorbrachten.

– Herr Bonpo-Lama, begann ich, soweit uns bekannt ist, sind Sie aus dem Tibet gekommen. Sagen Sie bitte, gibt es einen Unterschied zwischen den Lamas Nepals und Tibets?

– Solche Unterschiede gibt es nicht, antwortete der Bonpo-Lama. Es gibt nur eine bestimmte Hierarchie: Dalai Lama (der höchste Lama), Panchen-Lama, Rinpoche-Lama und Mönche. In Tibet war ich Panchen-Lama.

– Bedeutet Bonpo die Zugehörigkeit zu einer Richtung der buddhistischen Religion?

– Ja.

– Welche sind die ältesten Richtungen der buddhistischen Religion?

– Es gibt vier alte Richtungen: Bonpo, Gelugpa, Nyingmapa und Mantra.

1. ***Die Religion des Bonpo*** ist besonders im Osten Tibets verbreitet und analysiert sowohl die positive als auch die negative psychische Energie. Diese Religionsrichtung ist die geheimnisvollste.
2. ***Die Religion des Gelugpa***, im zentralen Teil Tibets verbreitet, analysiert vorrangig die positive psychische Energie. Aus dieser Religion ging der jetzige Dalai Lama hervor.
3. ***Die Religion des Nyingmapa***, im Ostteil Tibets verbreitet, ist eine sehr strenge Variante der Religion und weist die meisten Beschränkungen auf.
4. ***Die Religion des Mantra*** ist vereinzelt in Tibet vorzufinden und hat keinen besonderen Einfluss auf andere Religionsrichtungen.

– Erzählen Sie bitte von der Religion des Bonpo im Detail, bat ich.

– Wie ich schon sagte, ist die Religion des Bonpo die älteste Religion der Welt, begann der Bonpo-Lama. Der Bonpo-Buddha kam vor 18.013 Jahren auf die Welt, der letzte Buddha vor 2.044 Jahren. Die Religion des Bonpo glaubt an das Rad »Tod-Leben-Tod-Leben«, also daran, dass jeder Geist viele Leben in sich trägt. Hauptziel der Religion des Bonpo ist die Entwicklung des Dritten Auges bei den Menschen unserer Zivilisation.

– Warum ist das so wichtig?

– Bei den Menschen unserer Zivilisation ging das Dritte Auge allmählich verloren, es blieb nur ein Rudiment, die Epiphyse. Unsere Zivilisation hat sich langsam in materialistischer Richtung entwickelt. Sehen Sie, die Menschheit hat viele Arten physikalischer Energie erschlossen: Wärmeenergie, Kernenergie, elektrische Energie. Sie konnte den Kosmos bezwingen und effektive Heilmethoden schaffen, aber was die psychische Energie und das Studium des Geistigen betrifft, ist die heutige

Gesellschaft nicht weiter als bis zu literarischen Werken gekommen, die das Verhalten von Menschen mit unterschiedlichem Geisteszustand analysieren. Die moderne Wissenschaft sieht die Religion als etwas neben dem realen Leben Bestehendes an und beachtet die religiösen Methoden der Einwirkung auf den Menschen und die Gesellschaft nicht, obwohl darin ein großes Potenzial dafür schlummert, viele Geheimnisse der Chemie und Physik zu entschlüsseln, aber auch die psychische Energie der Menschen in richtige Bahnen zu leiten. Und für all das brauchen die Menschen ein in hohem Maße entwickeltes Drittes Auge.

– Ich verstehe Sie so, sagte ich, dass man mit Hilfe des Dritten Auges als Organ, das auf die unterschiedlichen Wellenerscheinungen reagiert, die psychische Energie des Menschen zur Einflussnahme auf viele Naturerscheinungen nutzen kann, einschließlich physikalischer und chemischer Prozesse. Gegenwärtig wird die psychische Energie äußerst unzureichend genutzt, und nicht selten wirkt sie zentrifugal, wird also nicht ihrer Bestimmung gemäß gebraucht, sondern auch zum Schaden, wobei sie eine negative Aura schafft, die nachteilig auf die Menschen wirkt. Ich bin sicher, die psychische Energie besitzt eine gewaltige Kraft, besonders, wenn sie von einer großen Menschenmasse ausgeht. Wenn sich zum Beispiel in der Gesellschaft negative Energie ansammelt, fällt es einem schwer, an das Schöne und Gute zu glauben, der Genuss des Negativen indes wird zur Selbstverständlichkeit. Das führt in der Regel zum gesellschaftlichen Rückschritt. Sammelt sich hingegen positives psychisches Potenzial an, führt das zum Fortschritt.

– Sie haben vollkommen recht, sagte der Bonpo-Lama, die psychische Energie besitzt eine gewaltige Kraft. Leider wirkt sie auch zentrifugal, das heißt, sie kann sich explosionsartig verbreiten und so zu Kriegen und Katastrophen führen – unsere Geschichte ist voll davon. Man muss die psychische Energie zentripetal ausrichten, für den Fortschritt nutzen. Mit Hilfe des Dritten Auges lässt sie sich regulieren. Wichtig ist nur, dass die psychische Energie in positive Richtung gerichtet ist, auf gute Gedanken.

– Und wie fördern Sie die Entwicklung des Dritten Auges?

– Durch die Ausbildung in der Meditation, mit deren Hilfe man die Fähigkeit des »reinen Sehens« erlangen kann, wenn der Mensch innere Freiheit verspürt. Wir unterscheiden mehrere Entwicklungsstadien des Dritten Auges, bei der höchsten kann man in den *Samâdhi*-Zustand übergehen. Natürlich ist die Darstellung des Dritten Auges auf der Stirn symbolisch, tatsächlich befindet es sich als Epiphyse tief im Schädel.

– Welche Erfolge haben Sie in Ihrer Religion bei der Entwicklung des Dritten Auges?

– Leider sind sie sehr bescheiden. Daran sind nicht nur wir schuld, die religiösen Persönlichkeiten, die anscheinend nicht genug dafür tun. Vielmehr befindet sich die Menschheit, die sich zyklisch entwickelt, gegenwärtig am Scheitelpunkt der materiellen Entwicklung, und das unter Zurückdrängung des Geistigen. Nichtsdestoweniger müssen wir ständig alles daran setzen, das Dritte Auge und das mit ihm verbundene geistige Element weiterzuentwickeln. Andernfalls wird sich der Rückschritt der geistigen Seite des Lebens fortsetzen.

– Sie wollen damit sagen, dass es dem heutigen Menschen unmöglich ist, eine Entwicklung des Dritten Auges zu erreichen, die ausreicht, um in ein tiefes *Samâdhi* überzugehen?, fragte ich.

– Gegenwärtig ... Ja. Die Rückentwicklung des Dritten Auges kam im Laufe der Zeit. Nur einzelne Yogi können für einige Jahre in den *Samâdhi*-Zustand übergehen, aber nicht für länger. Dennoch ist es nicht ausgeschlossen, dass dies bald möglich sein wird, antwortete der Bonpo-Lama.

– Sie sagen, ein langes *Samâdhi* könnte in Zukunft vielleicht wieder möglich sein?

– Ja.

– Aber warum hat die Religion gerade hier bei Ihnen einen so eindeutigen Hang zum Geistigen?

– Oh! Das ist sehr wichtig! Unsere Völker können die Menschheit retten. In Europa, Amerika und sogar in Afrika ist die Rolle des Materiellen eindeutig vorherrschend, während das Geistige an Bedeutung verliert. Die meisten europäischen Wissenschaftler erfassen beispielsweise Begriffe wie psychische Energie, Geist und Seele gar nicht. Um zu einer ausgewogenen Balance zwischen Geistigem und Materiellem zu kommen, sind die östlichen Länder, besonders der Region Tibets und Nepals, gezwungen, das Geistige zu stärken und das Materielle zurückdrängen. Deshalb sind unsere Länder in materieller Hinsicht arm, geistig aber reicher als andere. Balance muss in allem sein: zwischen Gut und Böse, Geistigem und Materiellem.

– Verehrter Bonpo-Lama! Sie nannten die Völker Tibets und des Himâlaja Retter der Menschheit. Mir ist klar, welche Balance Sie meinen und welche Folgen sie hat. Schlüssig ist auch, dass man nur bei ausgesprochen hoher geistiger Entwicklung auf einen Übergang in den langen *Samâdhi*-Zustand hoffen kann, um den Genpool der Menschheit aufzu-

Schüler des Lamas – die geistige Zukunft des Himâlaya

frischen. Anders lässt sich das Überleben der Menschheit auf der Erde nicht sichern.

Der Bonpo-Lama sah mich konzentriert an und sagte:

– Sie haben bestimmt recht. Die Rolle des *Samâdhi* für die Menschheit ist gewaltig. Dafür kann man schon Opfer bringen.

– Außerdem, verehrter Lama, erklärten Sie, künftig müsse die Rolle des Geistigen bei allen Völkern wachsen. Bedeutet das etwa, dass die Länder des Ostens mit der Entwicklung der Technologien, die mit der physischen Energie verbunden sind, voraus sein werden?

– Natürlich. Sehen Sie, wir bemühen uns beharrlich, dass sich die alten Wege der Einwirkung auf die geistigen Elemente der Menschheit nicht verlieren. Ich denke, diese Beharrlichkeit wird zum Erfolg führen. Mit gerichteter psychischer Energie wird es wieder möglich sein, auf die Schwerkraft einzuwirken, was eine Wende im Bauwesen herbeiführen wird. Mit Hilfe von Energie ähnlich der psychischen wird es möglich sein, neue Prinzipien der Luftfahrt zu beherrschen. Es eröffnen sich auch neue Wege, Menschen zu heilen, verbunden mit der Einwirkung auf das Biofeld des menschlichen Körpers und über dieses auf die biochemischen Prozesse, um nur einiges zu nennen.

– Der russische Wissenschaftler Dr. Zsjan hat den Apparat »Biotron« entwickelt, warf ich ein, mit dem man das Biofeld heranwachsender Pflanzen und Tiere verstärken und sogar schon Kranken helfen kann. Die Resultate erwiesen sich als durchaus erfolgversprechend. Ist eine solche Herangehensweise an die Heilung nicht die Medizin der Zukunft, die Sie so sehr anstreben?, fragte ich.

– Die Medizin, die über den menschlichen Geist auf den Körper einwirkt, wird die Medizin der Zukunft sein, es gab sie schon im Altertum, antwortete der Bonpo-Lama. In den Religionsschriften des Bonpo, die ich in Tibet zurücklassen musste, finden sich viele Aussagen zu wundertätigen Methoden der Heilung im fernen Altertum. Man darf die alten Anweisungen zur Entwicklung des Geistigen im Menschen keinesfalls vergessen. Selbst jetzt, da der Materialismus im Aufblühen ist, könnten sie äußerst hilfreich sein.

– Ich verstehe Sie voll und ganz, verehrter Lama, stimmte ich zu. Die Religion des Ostens ist überaus wichtig für die Erhaltung und Entwicklung der geistigen Tendenzen im Leben der Menschheit. Ohne diese Anstrengungen des Ostens würde die konservative Haltung der Wissenschaftler Europas, die den intuitiv-logischen Weg in der Wissenschaft kaum begreifen und sich wie Götter aufspielen, zur Auflösung alles Geistigen führen und der Wissenschaft dadurch einen nicht wiedergutzumachenden Schaden zufügen. Zweifelsohne steht den Technologien, die mit der psychischen und biologischen Energie verbunden sind, eine große Zukunft bevor, und ich bin sicher, dass die Länder des Ostens dabei bald führend sein werden.

– Bei uns, in den Vereinigten Staaten, sagte der Amerikaner, ist jegliche Forschung zum Studium des Geistigen einer starken Kritik ausgesetzt. Deshalb beschäftigen sich auch nur wenige Wissenschaftler damit. Wir ... Wir sind einige dieser Wenigen.

– Die Entwicklung des Geistigen der Menschheit, setzte ich fort, kann möglicherweise bis zur Verbindung mit dem Allgemeinen Informationsraum führen, was jetzt nur bei einigen seltenen Eingeweihten vorkommt. Kann sein, dass das Prinzip *So'Ham* überwunden wird. Dann kann unsere Zivilisation Wissen aus dem Allgemeinen Informationsraum beziehen. Apropos, was ist in der Religion des Bonpo eigentlich über das Prinzip *So'Ham* bekannt?

– Kunde über das *So'Ham* gibt es auch in der Religion des Bonpo, aber detaillierter wird es in der hinduistischen Religion beleuchtet, antwortete der Bonpo-Lama. Was das Geistige im menschlichen Leben betrifft, ist es evolutionär verteidigt worden, denn der Mensch entstand auf der Erde, so die Religion des Bonpo, durch Verdichtung des Geistes, die Materie indessen ist sekundär.

Dazu finden wir bei Blavatsky: »*... dass sich der Mensch ursprünglich als eine leuchtende unkörperliche Form entwickelte, über welche ... das physische Gerüst seines Körpers ... aufgebaut wurde.*« *(S. 118)*

– Herr Bonpo-Lama! Gibt es in der alten Religion des Bonpo Auskunft über frühere Zivilisationen auf der Erde?, fragte ich.

– Ja, die gibt es. Viele sogar, antwortete der Bonpo-Lama. Es gibt ganze Bände mit der Beschreibung des Lebens früherer Zivilisationen, die aus dem frühen Altertum stammen. Das Entstehen unserer Zivilisation in Tibet ist ebenfalls detailliert beschrieben. Nach diesen Büchern war die letzte der vorangegangenen Zivilisationen, die im Westen Zivilisation der Atlanter genannt wird, wesentlich höher entwickelt als unsere und beherrschte erstaunliche Technologien, weil sie die psychische Energie zu nutzen wusste. An Einzelheiten kann ich mich leider nicht erinnern.

– Entschuldigen Sie, haben Sie eines dieser Bücher hier?

– Nein. Sie blieben in Tibet zurück. Ich fürchte, sie sind vernichtet worden, antwortete der Bonpo-Lama wehmütig.

– Das ist ein gewaltiger Verlust, fügte ein Amerikaner hinzu.

– Ich frage trotzdem, von wem stammen die Menschen unserer Zivilisation ab?

– Von den Menschen der vorherigen Zivilisation ... den Atlantern. Das weiß ich aus den Büchern des Bonpo, antwortete der Bonpo-Lama.

– Wenn man die Beschreibung der Erscheinung Buddhas in den religiösen Büchern des Ostens liest, kann man da Züge finden, die für den heutigen Menschen charakteristisch sind? Ist Buddha nicht ein Mensch der vorigen Zivilisation, der aus dem *Samâdhi*-Zustand zurückkam?, fragte ich.

– Der Buddha, der vor 2.044 Jahren auf der Erde erschien, sah wirklich nicht wie ein gewöhnlicher Mensch aus. In allen religiösen Büchern steht geschrieben, dass er 32 charakteristische Merkmale hatte, die ihn vom heutigen Menschen unterscheiden. Wobei bekannt ist, dass jedes dieser Merkmale nicht von der Mutter herrührte, sondern von seiner geistigen Praxis, führte der Bonpo-Lama weiter aus.

– Erklären Sie das bitte.

– Das ist ein im Osten gebräuchlicher Sammelbegriff.

– Ich weiß, dass im Osten hinter solchen Begriffen die großen geheimen Wahrheiten verborgen sind. Eines dieser Geheimnisse ist ja der *Samâdhi* als Überlebensfaktor der Menschheit. Diesem Umstand verdanken wir Existenz und Wirken von Propheten. Folglich könnte auch Buddha, der ein ungewöhnliches Aussehen hatte, das in vielem mit unseren Vorstellungen über das Aussehen der Atlanter übereinstimmt, einer der späten Atlanter sein, erwacht aus dem *Samâdhi*-Zustand zur Prophezeiung in dieser Region der Welt. Das Wissen der früheren Zivilisation über die Einwirkung auf die psychische Energie half ihm, die Menschen zu beeinflussen. Solch eine Schlussfolgerung kann man logisch ziehen, und die Logik auf der Grundlage von Intuition ist, wie hier im Osten gelehrt wird, immer wahr.

– Ihre Logik ist richtig, bemerkte der Bonpo-Lama, nachdem er ein Weilchen nachgedacht hatte. Die Religion des Bonpo beschreibt viele Momente, die mit Ihrer Logik übereinstimmen. Die Religion des Bonpo wurde durch den ersten Buddha auf der Erde ins Leben gerufen. Ja, im Vergleich zum heutigen Menschen hatte er wirklich ein ungewöhnliches Aussehen.

– Was wissen Sie noch über den ersten Buddha?

– Den ersten Buddha, also den Bonpo-Buddha, rief man Tonpa Shenrab. Er erschien, wie ich schon erwähnte, vor 18.013 Jahren auf der Erde, und zwar im Gebiet Tibets im Land Shambhala. Er lebte dort 82 Jahre lang und hinterließ die große Lehre, der alle späteren

Buddhas (Propheten) folgten. Genau erinnere ich mich nicht mehr an die Beschreibung seines Äußeren, ich weiß nur noch, dass er ungewöhnlich aussah. Die Lehre des Bonpo-Buddha währt 30.000 Jahre, mithin verbleiben noch 12.000 Jahre, wenn man davon ausgeht, dass bereits 18.000 Jahre vergangen sind.

– Weshalb währt die Lehre des Bonpo-Buddha gerade 30.000 Jahre?

– Weil das die Zeit ist, die durch den höchsten Verstand als Zeitraum der Einwirkung der höchsten Lehre einer bestimmten Richtung auf die Menschen bestimmt wurde. Nach 30.000 Jahren lässt die Kraft dieser Lehre nach. Alle 30.000 Jahre wird die große Lehre erneuert. Außerdem gehen die Zivilisationen nicht immer nur den Weg des Fortschritts, sondern erleiden manchmal Perioden des Rückschritts bis hin zur vollständigen Verwilderung. Deshalb erscheinen in der Periode von 30.000 Jahren viele Propheten, um die große Lehre zu erneuern, antwortete der Bonpo-Lama.

Diese Angaben finden wir auch bei Blavatsky: *»Nun hatte unsere fünfte Wurzelrasse ... schon seit ungefähr 1.000.000 Jahren existiert; [sodass] eine jede von den vier vorhergehenden Unterrassen annähernd 210.000 Jahre gelebt hat; somit hat jede Familienrasse ein durchschnittliches Dasein von ungefähr 30.000 Jahren, und somit hat die ›europäische Familienrasse‹ noch gar manches Jahrtausend zu durchlaufen ...« (S. 453f.)*

– Und was wird nach Ablauf der 30.000 Jahre?

– Danach bricht eine dunkle Periode an, in der die Lehre Buddhas nicht wirken wird. Doch anschließend entsteht ein neuer dreißigtausendjähriger Zyklus mit einer anderen Lehre.

– Und wie viele Propheten erschienen auf der Erde im gegenwärtigen 30.000-Jahre-Zyklus?

– Aus der alten Religion des Bonpo ist bekannt, dass 1.002 Propheten auf der Erde erscheinen werden, beantwortete der Bonpo-Lama meine Frage.

– Der wievielte war der Buddha, der vor 2.044 Jahren auf der Erde erschien?, wollte ich weiter wissen.

– Das kann ich nicht genau sagen. Aber ich weiß, dass er ein Schüler des Bonpo-Buddha war. Der nächste Buddha, den man Maitreya nennen wird, wird auch ein Schüler des Bonpo-Buddha sein.

– Maitreya, von dem habe ich gehört. Es gibt ihn sogar auf einem Gemälde von Roerich. Aber wie ist das, wovon Sie geredet haben, mög-

Nicholas Roerich: »Maitreya« (1932)

lich? Sie sagten doch, der Bonpo-Buddha, der vor 18.013 Jahren auf der Erde erschien, lebte 82 Jahre. Zwischen seinem Tod und dem Erscheinen des nächsten Buddhas liegen ungefähr 16.000 Jahre. Wie kann da der Bonpo-Buddha sein Lehrer sein?, fragte ich verdutzt.

– Ich kann Ihnen sagen, begann der Bonpo-Lama mit Nachdruck, dass auch die anderen Propheten – Jesus, Moses, Mohammed und andere – Schüler des Bonpo-Buddha waren. Dass sie alle vor ihrem Dasein als Propheten in Tibet die Schule durchliefen, gilt als gesichert.

– Von wem konnten sie lernen?

– Sie haben alle im Land Shambhala gelernt, das der Bonpo-Buddha schuf. Nach der Religion des Bonpo wird das Land Shambhala anders genannt: Olmo-Loong-Ring. Aus dem Land Shambhala ist auch die Lehre des großen Bonpo-Buddha überliefert.

– Wie haben die Propheten gelernt?

– Der physische Tod des Bonpo-Buddha hat keinerlei Bedeutung. Der Geist ist, wie Sie wissen, unsterblich. Ebenso unsterblich ist der Geist des großen Bonpo-Buddha, dessen Lehre 30.000 Jahre wirken wird. Deshalb sind die Propheten, die im Land Shambhala weilten, in geistiger Hinsicht die Schüler des unsterblichen Bonpo-Buddha.

– Die Legenden über das Land Shambhala sind in den europäischen Ländern allgemein bekannt, sagte ich. Was ich eben hörte, lässt viele logische Schlüsse zu, auch über die Ausbildung im Zustand des *Samâdhi*, wenn der Geist vom Körper befreit und in der Lage ist, Kontakt mit anderen aufzunehmen. Und dass er nach der Ausbildung (im Land Shambhala) und der Erreichung wahrhaftiger Weisheit, bei Ihnen *Prashna* genannt, in den Körper zurückkehrt, um den Weg des Fortschritts zu lehren. Auf das Shambhala würde ich, mit Ihrer Erlaubnis, gern später noch einmal zurückkommen.

– Ja, natürlich.

– Aus Ihren Kenntnissen über die Propheten, fuhr ich fort, beginnt sich bei mir der Eindruck zu verstärken, dass sich ihr periodisches Erscheinen auf der Erde mit der Notwendigkeit erklärt, einer rückläufigen Entwicklung der Menschheit und ihrer Verwilderung vorzubeugen. Die Propheten sahen ganz unterschiedlich aus, Buddha zum Beispiel aus unserer Sicht ganz ungewöhnlich, Jesus dagegen wie ein gewöhnlicher Mensch. Buddha könnte folglich ein Atlanter gewesen sein, der aus dem *Samâdhi*-Zustand zurückgekehrt ist, Jesus ein aus dem *Samâdhi* zurückgekehrter früher Mensch unserer Zivilisation. Beide waren Sie von höchster Geistigkeit, ohne die man sich nicht in den *Samâdhi*-Zustand begeben kann, beide besaßen ein gewaltiges Wissen. Es ist verständlich, dass verschiedene Propheten verschiedene Religionsrichtungen schufen. Sie haben aber alle an einem Ort, im Land Shambhala, gelernt und waren alle Schüler des Bonpo-Buddha. Warum entstanden dann so viele Religionsrichtungen? Wären doch andernfalls der Menschheit viele Religionskriege erspart geblieben.

– Jeder dieser Propheten war nicht nur ein strebsamer Schüler des Bonpo-Buddha, sondern auch ein Individuum, das nach eigenem Ermessen handelte, abhängig natürlich von den Lebensbedingungen der Menschen, unter denen er erschienen war, antwortete der Bonpo-Lama.

– Ich fände es vorteilhaft, eine einheitliche Religion für alle Menschen zu schaffen, wo Gott doch einheitlich ist, sagte ich. Natürlich ist das außerordentlich schwierig, aber eine Religion auf wissenschaftlicher Grundlage könnte gegenwärtig stärker auf die Menschen einwirken. Selbst in den Vereinigten Staaten, wo die Religionen keine untergeordnete Rolle spielen, ich sah dabei die Amerikaner an, tritt doch real der Dollar als Gott auf. Gewiss, die Marktwirtschaft ist eine fortschrittliche Erscheinung, die zum Arbeiten zwingt, aber wenn zum Erreichen materiellen Wohlstandes jedes Mittel recht ist und Begriffe wie Ehre, Gewissen und Moral vergessen werden, verliert die Gesellschaft sehr viel mehr. Eine Gesellschaft, der das Geistige verlorenging, wird unausweichlich untergehen. Kann man aber in der heutigen technokratischen Gesellschaft tatsächlich einen aufrichtigen Glauben an Geist und Gott erreichen? An Märchen glaubt der moderne gebildete Mensch kaum, die wissenschaftliche Begründung einer beliebigen Behauptung akzeptiert er eher. Deshalb, scheint mir, ist es an der Zeit, die Religion von der Position der neuesten wissenschaftlichen Errungenschaften her zu überdenken, wenn auch das gegenwärtige Niveau der Wissenschaft nur ein Tropfen im Meer des Wissens ist, über das der höchste Verstand verfügt. Die gleiche Religion zeigt der Wissenschaft den Weg für eine solche Analyse – das logisch-intuitive Herangehen, das von der modernen Wissenschaft zunehmend genutzt wird (etwa bei der Relativitätstheorie von Einstein oder der Theorie des physikalischen Vakuums von Schipov). Solch ein Überdenken der Religion könnte das Vertrauen zu unterschiedlichen religiösen Richtungen stärken und schließlich auch zu einer einheitlichen Religion führen. Das würde dann auch dem Missbrauch religiösen Denkens für Machtkämpfe und daraus resultierenden Kriegen ein Ende bereiten.

– Da stimme ich Ihnen uneingeschränkt zu, rief der Amerikaner aus und klopfte mit der flachen Hand auf den Tisch. Wir Geschichtswissenschaftler, die die Religionen studieren, sind zu ähnlichen Schlussfolgerungen gekommen, denn wir sind um die Zukunft der Menschheit besorgt. Aber es ist sehr schwer, den Nachweis zu erbringen, dass wir recht haben. Wenn wir etwas in der Presse publizieren, so erscheinen dort gleich Kommentare irgendeines ehrbaren Wissenschaftlers, der uns die schwache Beweiskraft religiöser Behauptungen vorwirft. Der Konservatismus schreitet mit großen Schritten durch Amerika und hat schon zu einer deutlichen Abnahme mutiger und prinzipiell neuer Forschungen geführt. Geld, das in die Wissenschaft gesteckt wird, rechnet sich nicht. Noch hält sich die amerikanische Wissenschaft, indem sie Köpfe aus aller Welt einkauft. Aber auch diese Wissenschaftler leiden unter dem fortschreitenden Konservatismus, der die Wissenschaft verflachen lässt und substantiell neue Einsichten und Erkenntnisse verhindert.

– Ach, wie hat der Konservatismus mein Blut schon zum Kochen gebracht während meiner wissenschaftlichen Laufbahn!, stieß ich hervor. In Russland gibt es nicht weniger Konservative in der Wissenschaft. Leider interessieren sich jetzt alle möglichen Magier, Hexenmeister, Zauberer und einfach Schizophrene außerordentlich für die Religion und okkulten Wissenschaften, versuchen bei hoffnungslos Kranken Rückhalt zu finden und spielen damit den Konservativen in die Hände. Der Wissenschaftler, der die Religion studiert, muss ständig beweisen, dass er nicht zu den Leuten mit kaputter Psyche zählt.

– Bei uns in den USA mussten Wissenschaftler, die die Religion studieren, schon vor Gericht beweisen, dass sie keine Abzocker oder Hexenmeister sind, warf der Amerikaner ein.

– Nachdem ich Ihnen so zugehört habe, ergriff der Bonpo-Lama wieder das Wort, denke ich, dass die Idee einer einheitlichen Religion auf wissenschaftlicher Grundlage vollauf gerechtfertigt ist. Schauen Sie, Sie Wissenschaftler aus zwei großen Ländern verstehen sich sehr gut, es gibt bei Ihnen keine Gegensätze. So darf auch eine einheitliche Religion im Großen und Ganzen keine Widersprüche zu bestehenden religiösen Strömungen aufweisen. Es gibt nur einen Gott, und der ist für alle da.

– Das ist angenehm zu hören, bemerkte der Amerikaner.

– Danke für die Unterstützung, sagte ich. Aber jetzt lassen Sie uns das Gespräch fortsetzen. Was denken Sie, wie alt ist unsere Zivilisation?

– Das ist eine sehr schwierige Frage, antwortete der Bonpo-Lama. Unsere Zivilisation entstand vor langer Zeit, so steht es in den Büchern des Bonpo. Ich weiß, dass die Menschen in jener Zeit entstanden, als auf der Erde die vorherige Zivilisation blühte. Das war vor der weltweiten Überschwemmung. Durch sie kamen fast alle Menschen der vorigen und unserer Zivilisation ums Leben. Danach keimte unsere Zivilisation einige Male auf, kam aber immer wieder um oder brachte nur wilde Stämme hervor, die den Fortschritt nicht sichern konnten. Endgültig keimte unsere Zivilisation spätestens vor 18.000 Jahren auf.

Ähnliche Angaben finden wir bei Blavatsky: *»... dass die meisten der späteren inselbewohnenden Atlanter zwischen der Zeit vor 850.000 und 750.000 Jahren zu Grunde gingen, und dass die Ârier (gemeint ist unsere Zivilisation – E.M.) 200.000 Jahre alt waren, als die erste große ›Insel‹ oder Kontinent (Atlantis – E.M.) versank ...« (S. 412f.)*

– Demnach gab es offensichtlich viele misslungene Versuche, unsere Zivilisation, die durch die weltweite Überschwemmung unterging, wieder aufleben zu lassen. Unsere Zivilisation lebte sicherlich durch Menschen wieder auf, die aus dem *Samâdhi* kamen. Das waren erfolglose Urväter und Urmütter. Erst vor 18.000 Jahren war der Versuch von Erfolg gekrönt, und die Menschheit beschritt den Weg des Fortschritts, wofür man der Weisheit des großen Bonpo-Buddhas und der folgenden Propheten Respekt zollen muss. Ist es nicht so?, fragte ich.

– Offensichtlich ja.

– Aber wo auf der Erde entstand die Menschheit? Ich meine den letzten erfolgreichen Versuch der Wiedergeburt unserer Zivilisation vor 18.000 Jahren, fragte ich weiter.

– In Tibet, antwortete der Bonpo-Lama, ohne zu zögern, genauer an einem Ort, der sich im Nordosten Tibets befindet, Dshuma-Tama genannt.

– Warum gerade da?

– Dort gibt es sehr viele Höhlen in den Bergen. In diesen Höhlen leben Menschen ...

– *Leben?!*

– Sie sind nicht tot.

– Sie meinen, dass ein Mensch im *Samâdhi*–Zustand *lebt*?

– Ja.

– Ich verstehe, dass ein Vordringen zu ihnen ein Sakrileg ist, sagte ich.

– Natürlich. Mehr noch, diese Höhlen kann man nicht finden, sie sind verschlossen. Über sie wissen nur besondere Menschen Bescheid. Sie werden niemandem etwas darüber sagen. Und den, der die Höhle betritt, erwartet eine Bewährungsprobe. Es ist todgefährlich, ergänzte der Bonpo-Lama.

– Ich verstehe. So muss es auch sein. Dennoch, sagte ich, wie aus einer Betäubung erwachend, vermute ich in den Höhlen sowohl Menschen unserer Zivilisation als auch Atlanter. Gerade Atlanter! Wer lenkt die Kräfte, die sie als tödliche Gefahr bezeichnen? Etwa nicht die Atlanter? Wo doch gerade sie die psychische Energie beherrschten, mit deren Hilfe sie die Monumente des Altertums bauten wie zum Beispiel die Pyramiden. Oder wer, meinen Sie, hat die ägyptischen Pyramiden gebaut?

Ich setzte das Gespräch über die Höhlen und die *Samâdhi* jetzt bewusst nicht weiter fort, sondern verschob es auf später, wenn wir unsere Zeichnung des hypothetischen Atlanters präsentiert haben würden.

– Die ägyptischen Pyramiden? Der Bonpo-Lama dachte nach, versuchte offensichtlich, sich an die Bücher des Bonpo zu erinnern. Die ägyptischen Pyramiden wurden mit der Kraft des Gehirns gebaut. Das Gehirn besitzt eine gewaltige Kraft, die wir in dieser Form nicht mehr zu nutzen verstehen.

– Sie sagten, dass wir nicht imstande sind, die Kraft des Gehirns zu nutzen. Wer war dann aber in der Lage, sie zu nutzen, fragte ich, die Menschen früherer Zivilisationen, die Atlanter?

– Aus alten Büchern ist bekannt, dass die Vorgänger unserer Zivilisation mit Hilfe des bei ihnen entwickelten Dritten Auges die Umwandlung psychischer Energie in mechanische und andere Energiearten bewirken konnten. In den Büchern ist die Prozedur detailliert beschrieben, und auch, wie sie mittels dieser Kraft die Pyramiden erbauten. Leider kann ich mich an all das nicht genau erinnern, aber es war so in der Art, dass sich diese Menschen in großer Anzahl versammelten und ihre psychische Energie auf gewaltige Steine richteten und sie damit leicht oder sogar gewichtslos machten, sagte der Bonpo-Lama.

– Also haben die Atlanter die ägyptischen Pyramiden gebaut?

– Ja.

Die Bestätigung des Gesagten finden wir bei Blavatsky: »*Die Zivilisation der Atlanter war größer als selbst jene der Ägypter. Ihre entarteten Nachkommen, das Volk von Platos Atlantis, waren es, die die ersten Pyramiden in dem Lande erbauten, und das sicherlich vor der Ankunft der ›östlichen Äthiopier‹ (das heutige Volk der Ägypter – E.M.), wie Herodot die Ägypter nennt.*« *(S. 447)*

– Man weiß heute ziemlich sicher, dass die ägyptischen Pyramiden vor etwa 4.000 bis 5.000 Jahren erbaut wurden. Stimmen Sie dem zu?, wollte ich wissen.

– Die Pyramiden sind beträchtlich älter, stammen aus grauer Vorzeit, antwortete der Bonpo-Lama.

Präzisere Angaben finden wir bei Blavatsky: »*Dies war vor der Epoche der Großen Pyramide, und als Ägypten sich kaum aus den Wassern erhoben hatte ... Wir hören von 4.000, höchstens 5.000 Jahren v. Chr. ... [Doch Tatsache ist, dass] die Große Pyramide vor 78.000 Jahren erbaut worden sein muss ...*« *(S. 450f.)*

– Wer waren die alten Ägypter? Wissen Sie etwas über sie?

– Leider nur wenig. Aber zweifelsohne waren sie Menschen unserer Zivilisation, erwiderte der Bonpo-Lama.

Eine Bestätigung dessen finden wir bei Blavatsky: »*Die menschliche Dynastie der älteren Ägypter, beginnend mit Menes, hatte das ganze Wissen der Atlanter, obwohl kein atlantisches Blut mehr in ihren Adern war.*« *(S. 455)*

– Meiner Meinung nach waren die alten Ägypter einer der erfolgreichen Versuche, die Menschheit unserer Zivilisation neu zu erschaffen. Sie hatten zweifellos Glück, denn unweit von ihnen, im Atlantischen Ozean, befand sich die Insel Platons, besiedelt von den allerletzten Atlantern. Der Kontakt mit den hochentwickelten Atlantern trug zum Fortschritt der alten Ägypter bei und führte zu ihrer großen Zivilisation. Warum sind sie umgekommen? Warum wurden sie nicht zum Ausgangspunkt der heutigen Zivilisation auf der Erde? Ich weiß es nicht. Möglich, dass die Zivilisation der alten Ägypter gemeinsam mit den letzten Atlantern von der Insel Platons ihr Ende fand. Laut Nostradamus und anderer Literaturquellen führte der Einschlag des Kometen Typhon zu diesem Untergang. Möglich ist auch eine allmähliche Verwilderung nach Abbruch der technologischen Unterstützung und der Führung seitens der Atlanter. Die alten Ägypter haben, wie ich meine, keinerlei Gemeinsamkeiten mit den heutigen Ägyptern, die das Gebiet der Pyramiden bewohnen, führte ich aus.

– Möglich, absolut möglich ...

– Konnten die alten Ägypter die psychische Energie ebenso nutzen wie die Atlanter?

– Das kann man heute schwer sagen.

– Was denken Sie, können wir darauf hoffen, dereinst auch in der Lage zu sein, die psychische Energie so nutzen zu können, dass wir ähnlich Großes bauen können? fragte ich weiter.

– Genau darauf zielt unsere Religion, antwortete der Bonpo-Lama überzeugt. Wir streben die Beherrschung der Kraft des Gehirns, also der psychischen Energie an. Darin liegt die Zukunft, darin liegt der Fortschritt der Menschheit, darin liegt ihre geistige Entwicklung, denn sie wird sich in eine reale Kraft verwandeln, zu menschlicher Stärke.

– Was denken Sie, warum die Pyramiden erbaut wurden?

– Diese von ihren Ausmaßen und der Technik her unwahrscheinlichen Monumente des Altertums wurden mit dem Ziel gebaut, die Macht der psychischen Energie, die Macht des menschlichen Geistes nachzuweisen. Bis heute kann die Menschheit nichts Vergleichbares hervorbringen. Sie verdeutlichen die Kraft des Geistes, man begreift seine Größe.

– Ich glaube, bei den Pyramiden ging es nicht nur darum, den Menschen die Macht der psychischen Energie zu zeigen, warf ich ein. Gab es nicht noch andere Ziele beim Pyramidenbau?

– Zu den astronomischen Zielen sage ich nichts, die kenne ich zu wenig. Aber es ist bekannt, dass Pyramiden in verschiedenen Erdregionen als Schrein der Weisheit geschaffen wurden.

– Können Sie das präzisieren?

– Ich meine die höchste geistige Weisheit, das *Prashna*.

– Gestatten Sie mir eine Frage. Die Geistlichen des Ostens erzählten uns, dass das Erreichen der höchsten geistigen Weisheit nur im tiefen *Samâdhi*-Zustand möglich ist, einzig dadurch könne man zur Weisheit gelangen. Ergibt sich daraus nicht, dass die Pyramiden wie auch die Höhlen Bewahrungsstätten der Menschen im *Samâdhi*-Zustand sind?

– Durchaus möglich.

– Ich war in der Cheopspyramide, dort, wo sich die Grabkammer des Tutanchamun befindet und wo sich, nebenbei bemerkt, sein Körper schon nicht mehr befand. Die Temperatur dort ist die Gleiche wie in den Höhlen, ungefähr 4°C. Das ist die Temperatur, bei der die Körper im *Samâdhi*-Zustand aufbewahrt werden müssen. Kann es sein, dass Tutanchamun sich im *Samâdhi*-Zustand befand und nicht tot war?

– Durchaus möglich, lautete die Antwort des Bonpo-Lama.

– Aha, dann könnten also auch die Pyramiden Aufbewahrungsstätten des Genpools der Menschheit gewesen sein ...

– Die Pyramiden wurden zur Bewahrung der höchsten Weisheit erbaut, meinte der Bonpo-Lama.

– Besonders große geistige Weisheit besaßen, soweit ich mich erinnere, die Atlanter, Literaturquellen zufolge besonders die frühen Atlanter. Daraus ergibt sich, dass sich in den Pyramiden nicht nur Menschen unserer Zivilisation, sondern auch Atlanter im *Samâdhi*-Zustand befinden könnten. Ist das so?

– Kann sein. Ich weiß es nicht genau.

Der Himâlaya

Darauf verweist auch Blavatsky: »*Dies stellt klar ... dass die Adepten oder ›weisen‹ Menschen der dritten (die Lemurer – E.M.), vierten (die Atlanter – E.M.) und fünften Rasse in unterirdischen Wohnungen weilten, gewöhnlich unter einer Art von pyramidalem Bau, wenn nicht tatsächlich unter einer Pyramide. Denn solche ›Pyramiden‹ bestanden in den ›vier Ecken der Welt‹ und waren niemals das Monopol des Landes der Pharaonen ...« (S. 367)*

– Aber warum hat man in den Pyramiden keine Atlanter gefunden? Man fand doch die Mumie Tutanchamuns?

– Ich weiß über die Pyramiden zu wenig, dafür weiß ich mehr über die Höhlen in Tibet. Die ältesten Menschen der Erde in den Höhlen zu finden ist sehr schwer, fast unmöglich, antwortete der Bonpo-Lama.

– Warum?

– Sie befinden sich sehr tief unter der Erde.

– Kann es sein, dass sie sich nicht in den Pyramiden befinden, sondern unter ihnen, unter der Erde?

– Durchaus möglich.

Hierzu zitiert Blavatsky den römischen Historiker Ammianus Marcellinus, »*welcher [im vierten Jahrhundert vor Christus] von den Pyrami-*

den sagt: Da sind auch unterirdische Gänge und gewundene Verstecke, welche, wie es heißt, von Männern, die in den alten Mysterien geschickt waren, mit Hilfe welcher sie das Herannahen einer Flut wahrsagten, an verschiedenen Stellen erbaut wurden, damit nicht die Erinnerung an alle ihre heiligen Gebräuche verloren gehen solle.« (S. 447)

– Und warum sagten Sie, dass man die sehr alten Menschen, die Atlanter, im *Samâdhi*-Zustand nur schwer finden kann? Sind sie mit Steinen bedeckt?

– Ja.

– Nehmen wir an, die Grotte in den Höhlen, in denen sich ein Atlanter im Zustand des *Samâdhi* befindet, ist fest mit einer Steinplatte verschlossen. Wie kann er dort herauskommen, wenn er auflebt?, fragte ich.

»Für sie ist Stein kein Hindernis …«

– Für sie ist Stein kein Hindernis.

– Sie meinen offensichtlich, dass die Atlanter mit psychischer Energie auf die Gravitation einwirken konnten?

– Stein ist für sie kein Hindernis.

– Jetzt verstehe ich, dachte ich laut nach, warum niemand in den Pyramiden Atlanter entdeckt hat. Sie sind durch Steinblöcke geschützt. Gestatten Sie noch eine Frage. Ich sah den Bonpo-Lama an. Wer hat den ägyptischen Sphinx erbaut?

– Ich weiß es nicht. Ich denke, das war in noch früheren Zeiten.

– Verehrter Bonpo-Lama! Ich habe Sie schon zu lange über die ägyptischen Pyramiden ausgefragt. Dabei befinden wir uns hier in Nepal und nicht in Ägypten. Ich würde Sie gern mit unseren Forschungen bekannt machen und sie detaillierter zum *Samâdhi*-Zustand befragen. Aber machen wir, wenn Sie nichts dagegen haben, erst mal eine Pause, schlug ich vor.

Während der Pause unterhielten sich unsere Leute lebhaft mit den Amerikanern. Ich stand auf dem Balkon und schaute auf das Panorama der Himâlaja-Berge. Das Geheimnis dieser Berge regte meine Fantasie an. Irgendwo hier gab es Höhlen, in denen das größte Geheimnis der Erde verborgen war, irgendwo am anderen Ende der Welt bewahrzen die Pyramiden auch ihr Geheimnis. Sie bargen etwas Gemeinsames – den Genpool der Menschheit. Dieser Gedanke durchdrang mein Bewusstsein und machte den Heiligenschein verständlich, der alles, was dieses große Geheimnis betrifft, umgibt.

Nach der Pause überreichte ich dem Bonpo-Lama unsere Darstellung des hypothetischen Atlanters und fragte ihn:

»Waren Sie etwa in den Höhlen ...?«

– Wer ist das?

– Die Augen sind mir bekannt, entgegnete der Bonpo-Lama, aber das Gesicht ... Waren Sie etwa in den Höhlen?

Ich schwieg.

– Hat man Ihnen davon erzählt oder waren Sie selbst dort?

– Das ist das Resultat unserer Forschung.

– Welcher Forschung?

Ich berichtete ausführlich über unsere diesbezügliche Arbeit, unsere methodische Herangehensweise und die Ergebnisse unserer wissenschaftlichen Analysen.

– Das ist äußerst interessant, sagte der Bonpo-Lama.

– Und Sie, waren Sie in den Höhlen?, fragte ich den Bonpo-Lama.

– Nein. Aber ich kenne sie.

– Sind das hier die Augen und das Gesicht Buddhas?

– Nein.

– Wessen dann?

– Eines älteren Menschen. Eines Menschen von höchster Weisheit, der gottgleich war, antwortete der Bonpo-Lama.

Im Buch von Blavatsky finden wir dazu Folgendes: »*... und mit einem Blicke geboren wurden, der alle verborgenen Dinge umfasste und von der Entfernung wie von materiellen Hindernissen unabhängig war. Kurz gesagt, sie waren die im Popul Vuh erwähnte vierte Rasse der Menschen (die Atlanter – E.M.), deren Blick unbegrenzt war und welche alle Dinge sofort wusste. Mit anderen Worten, sie waren die Lemuro-Atlanter (Lemurer, die dritte, den Atlantern vorausgehende Rasse – E.M.), die ersten, welche eine Dynastie von Geister-Königen hatten ... von wirklich lebenden Devas oder Halbgöttern oder Engeln ...« (S. 232)*

– Haben Sie schon einmal von Helena Blavatsky gehört?

– Ja. Das ist eine bedeutende Eingeweihte. Ihre Bücher sind im Osten sehr bekannt.

– Helena Blavatsky hat, als sie die Atlanter (die vierte Rasse) und Lemurer (die dritte Rasse) beschrieb, besonders die Lemuro-Atlanter als die am weitesten entwickelten und weisesten Menschen der Erde bezeichnet, als Söhne der Götter. Nach ausführlichem Literaturstudium zum Aussehen der Lemurer, Atlanter und Lemuro-Atlanter kamen wir zu der Vermutung, dass der von uns nach den Augendarstellungen an den tibetischen Tempeln rekonstruierte Mensch – dabei zeigte ich auf die Zeichnung – ein Lemuro-Atlanter ist. Wenn die letzten Atlanter, wie Blavatsky meint, vor ungefähr 850.000 Jahren umkamen, müssen die Lemuro-Atlanter viel früher gelebt haben, also ungefähr vor ein bis drei Millionen Jahren. Sollte es möglich sein, dass sie sich im Zustand des *Samâdhi* so lange erhalten konnten?

– Der tiefe *Samâdhi* kann beliebig lange andauern, bestätigte der Bonpo-Lama.

– Kann man sie, ich deutete erneut auf unsere Zeichnung, womöglich heute noch in den Höhlen und Pyramiden antreffen?

Der Bonpo-Lama sah mich schweigend, aber sehr aufmerksam an.

– Können Sie mir sagen, ließ ich nicht nach, welchen Ursprungs die ungewöhnlichen Augen sind, die sich an allen tibetischen und nepalesischen Tempeln befinden? Sind es die? Ich deutete erneut auf die Zeichnung. Oder sind sie einfach nur Zierrat?

– Heiligtümer können nicht die Frucht einfacher Fantasie sein, so seine Entgegnung.

– Stammt dieses Bild aus alten Büchern?

– Nicht ganz ...

– Hat womöglich jemand diese Augen und dieses Gesicht gesehen? In den Höhlen, im *Samâdhi*-Zustand ...

– Das ist nicht ausgeschlossen.

– Ein hochrangiger indischer *Svâmin* rief, als er diese Zeichnung sah, sofort aus: *Samâdhi*!, und erklärte, dass die Menschen im *Samâdhi*-Zustand ähnlich aussehen.

Der Bonpo-Lama sah sich unsere Zeichnung noch einmal an und schwieg erneut.

– Verehrter Bonpo-Lama! Bitte, lassen Sie uns mehr wissen über die *Samâdhi*, beharrte ich.

– Soweit ich verstanden habe, sind Sie über den *Samâdhi* schon gut informiert, sagte der Bonpo-Lama. Sicher wissen Sie bereits, dass man sich in den *Samâdhi*-Zustand durch Reinigung seines Geistes von negativer psychischer Energie versetzt. Im tiefen *Samâdhi*-Zustand sinkt der Stoffwechsel auf Null, und der Körper geht in den sogenannten versteinert-unbeweglichen Zustand über, in dem er sich Tausende und Millionen Jahre halten kann.

– Welche Rolle spielt das in der Menschheitsgeschichte?

– Der *Samâdhi* ist ein Rettungsanker der Menschheit, weil man den Körper nur durch ihn Jahrtausende aufbewahren und bei Bedarf durch Wiederbelebung eine neue Zivilisation schaffen kann. Es sind bereits mehrere Zivilisationen untergegangen, und jedes Mal wurden aus dem *Samâdhi*-Zustand zurückgekehrte Menschen zum Keim der neuen Menschheit, bestätigte uns der Bonpo-Lama.

– Lassen Sie uns darüber sprechen, schlug ich vor. In allen Religionen wird die Vorherrschaft des Geistigen gepredigt, dass die Fähigkeiten und das Potenzial des Menschen vor allem von seinem Geist abhängen und nicht von seinem Körper. In dem Zusammenhang wäre es doch logisch anzunehmen, dass die Bewahrung eines konservierten Körpers gar nicht erforderlich ist. Wenn sich zum Beispiel ein Geist von höchstem Niveau in einem primitiven menschlichen Körper niederlässt, kann dieser Geist dann dem entsprechenden Menschen zu einer Genialität verhelfen, die ihn als Urvater einer neuen Zivilisation tauglich macht? Ist das möglich?

– Nein, so etwas ist nicht möglich. Der Körper und besonders das Gehirn sind auch sehr wichtig. Der *Samâdhi*-Zustand ist die älteste Überlebensmethode der Menschheit, er kann die Menschheit selbst dann wieder erstehen lassen, wenn sie völlig ausgelöscht war. Bei einem Menschen, der aus dem *Samâdhi*-Zustand zurückkehrt, muss der Körper und insbesondere das Gehirn vollkommen sein und vom Niveau her seinem Geist entsprechen, antwortete der Bonpo-Lama.

– In der Tat, bekannte ich, ist es schwer, einen vorzeitlichen Eingeborenen zu finden, der über geniale Fähigkeiten verfügt. Offensichtlich hat der Geist, der sich in einen Körper einlogiert, mehr oder weniger die Gabe, sich den Körper in Übereinstimmung mit seinem Niveau auszusuchen. Offenbar spielt dabei die Entwicklung des Gehirns die entscheidende Rolle, ist es doch bekannt, dass gerade das Gehirn durch seine Arbeit die Torsionsfelder von Geist und Seele in Drehung versetzt und dadurch hilft, das ihnen innewohnende Potenzial zu entfalten. Bildlich ausgedrückt, werden die schwachen Drehkräfte des Gehirns eines vorzeitlichen Eingeborenen nicht dem Niveau eines Geistes mit hohem Potenzial entsprechen. Deshalb ist die Körpererhaltung eines Vertreters der hochentwickelten Zivilisation im *Samâdhi*-Zustand auch so außerordentlich bedeutsam.

– Mehr noch, fügte der Bonpo-Lama hinzu. Der vom Schöpfer der materiellen Welt durch Verdichtung des Geistes geschaffene vollkommene Körper kann nur im *Samâdhi*-Zustand für eine Wiedergeburt der menschlichen Zivilisation überdauern. Ein Mensch mit schwachem oder krankem Körper kann nicht in einen tiefen *Samâdhi*-Zustand übergehen, sein Körper gibt das nicht her.

Zu dieser Frage finden wir bei Blavatsky: *»O Schöpfer der materiellen Welt, du Heiliger!« (S. 306) »Lese den Befehl des Ahura Mazda an Yima, einen Erdgeist, welcher die drei Rassen symbolisiert, nachdem er ihm gesagt hatte, einen Vara zu bauen – ›eine Einfriedigung‹, eine Argha oder einen Träger. Dorthin (in den Vara) sollst du bringen die Samen von Männern und Weibern der größten, besten und schönsten Arten auf dieser Erde; dorthin sollst du bringen die Samen einer jeden Art von Vieh ... Alle jene Samen sollst du bringen, zwei von jeder Art, damit sie dort unerschöpflich erhalten bleiben, so lange als jene Menschen in dem Vara verweilen werden.« (S. 304)*

– Sagen Sie bitte, kann ein Mensch, der im tiefen *Samâdhi* war, Vater oder Mutter werden, das heißt Nachkommen zeugen?, fragte ich.

– Ja, natürlich. In Tibet gibt es Yogi, die einige Jahre in Höhlen verbracht haben und nach der Rückkehr aus dem *Samâdhi*-Zustand Kinder hatten, wusste der Bonpo-Lama zu berichten.

– Waren im Altertum Geheimnisse der Konservierung von menschlichem und tierischem Samen bekannt oder die Befruchtung und Aufzucht im Reagenzglas? Das wäre doch nur logisch, braucht man bei der Wiedergeburt der Menschheit schließlich auch Tiere. Aber sich zum Beispiel eine Kuh im *Samâdhi*-Zustand vorzustellen, fällt recht schwer.

– Ich weiß es nicht, lautete die Antwort.

– Sie, Bonpo-Lama, sagten, dass der *Samâdhi* eine alte Methode für die Bewahrung der Menschheit auf der Erde ist. Bei Helena Blavatsky fanden wir, dass der *Samâdhi*-Zustand, den sie *Vara* nennt, zur Bewahrung der letzten drei menschlichen Rassen geschaffen wurde, also für die Lemurer, Atlanter und die Menschen unserer Zivilisation. Die ältesten von ihnen – die Lemurer, aber auch die Lemuro-Atlanter – lebten vor einigen Millionen Jahren. Was denken Sie, könnten sich Lemurer oder Lemuro-Atlanter noch heute in den Höhlen befinden?

– Ich denke schon.

– Dann, verehrter Bonpo-Lama, setzte ich fort, muss irgend jemand die Augen, die an den tibetischen Tempeln dargestellt sind, *in natura* gesehen haben. Sollte es möglich sein, diese ältesten Menschen im *Samâdhi*-Zustand in den Höhlen zu sehen zu bekommen? Funktioniert das Schutzsystem des Genpools der Menschheit etwa nicht zuverlässig?

– Um ihn zu Gesicht zu bekommen, braucht man Zugang.

– Was für einen Zugang? Wer gewährt ihn?

– Die, die im *Samâdhi*-Zustand sind.

– Wie? Die sind doch konserviert ...

– Ein Mensch im *Samâdhi*-Zustand ist ein lebender Mensch.

– Und der kann reden?

– Für die Verständigung mit ihm muss man nicht unbedingt sprechen. Dafür gibt es die Meditation, dafür gibt es den Geist, erklärte der Bonpo-Lama.

– Wenn ich Sie richtig verstanden habe, kann sich der Geist, der sich bei der Meditation von seinen fleischlichen Fesseln befreit hat, mit dem des Menschen im *Samâdhi*-Zustand verständigen.

– Das trifft zu.

– Und gibt es heute Leute, die Zugang zu den Menschen im *Samâdhi*-Zustand haben?

– Ja, die gibt es.

Ich hätte gern gefragt, wer diese Leute sind und ob man sie aufsuchen kann. Aber ich hielt mich zurück, denn vor einer so großen Runde würde der Bonpo-Lama sowieso nichts preisgeben.

– Sie sagten, die Menschheit entstand in Tibet. Sind der Himâlaja und Tibet denn auch das Zentrum des Genpools der Menschheit?, hakte ich stattdessen noch einmal nach.

– *Samâdhi* ist eine allgemein menschliche Erscheinung. Deshalb könnten sich Menschen im *Samâdhi* überall auf der Erde befinden, selbst in den Ozeanen. Trotzdem kommen sie im Himâlaja und in Tibet vorrangig vor, antwortete der Bonpo-Lama.

– Warum gerade im Himâlaja und in Tibet? Weil sie als höchstgelegene Region der Erde sogar während der weltweiten Überschwemmung aus dem Wasser herausragten?

– Ja, das ist einer der Gründe. Aber nicht nur das ...

Vom Aufenthalt der Menschen im *Samâdhi*-Zustand in den hohen Bergen zeugen indirekt gewissermaßen folgende Worte Blavatskys: *»Wer weiß das, außer vielleicht die großen Meister der Weisheit, und diese schweigen über den Gegenstand (die Menschheitsgeschichte – E.M.), sowie die schneebedeckten Gipfel, die über ihnen emporragen.« (S. 464)*

– Welche Gründe gibt es noch?

– Nach unserer Religion ist der Nordpol vermutlich die Stätte der Götter. Und in grauer Vorzeit waren der Himâlaja und Tibet der Pol der Erde, antwortete der Bonpo-Lama.

Dazu finden wir bei Blavatsky: *»Es gibt ungeschaffene Lichter und geschaffene Lichter. Dort (in Airyana Vaējō, wo der Vara gebaut wird), sieht man die Sterne, den Mond und die Sonne nur einmal (im Jahre) auf- und untergehen, und ein Jahr erscheint bloß als ein Tag (und Nacht). Dies ist eine klare Bezugnahme auf das ›Land der Götter‹ oder die (jetzigen) Polarregionen ... Nach der alten Lehre ändert die Erdachse allmählich ihre Neigung gegen die Ekliptik ...« (S. 305)*

– Vielfach wird heute die Wüste Gobi als Entstehungsort der Menschheit betrachtet. Was wissen Sie über die Wüste Gobi? Kann es sein, dass es auch dort Menschen im *Samâdhi*-Zustand gibt?, fragte ich weiter.

– Das weiß ich nicht. Möglich ist es durchaus, liegt sie doch in unmittelbarer Nachbarschaft zu Tibet, antwortete der Bonpo-Lama.

Und bei Blavatsky finden wir abermals Hinweise darauf, dass sich Atlanter im Gebiet der Wüste Gobi im *Samâdhi*-Zustand befinden könnten: »*... die Reste jener unsterblichen Menschen (der Atlanter – E.M.), welche überlebten, als die heilige Insel schwarz vor Sünde wurde und zu Grunde ging, Zuflucht gefunden haben in der großen Wüste Gobi, wo sie noch immer wohnen, unsichtbar für alle und vor Annäherung durch eine Schar von Geistern geschützt ...« (S. 388) »Die Überlieferung sagt, und die Aufzeichnungen des Großen Buches (des Buches des Dzyan) erklären, dass lange vor den Tagen des Ad-am und seines neugierigen Weibes He-va dort, wo jetzt nur Salzseen und trostlose kahle Wüsten zu finden sind, ein weites Inlandmeer sich befand, welches sich über Mittelasien ausbreitete, nördlich von der stolzen Himâlaya-Kette und ihrer westlichen Fortsetzung. Eine Insel darin, welche in ihrer beispiellosen Schönheit ihresgleichen in der Welt nicht hatte, wurde von dem letzten Überreste der Rasse, welche der unseren voranging, bewohnt ... Diese ›Insel‹ existiert, wie geglaubt wird, bis zur gegenwärtigen Stunde als eine Oase, umgeben von der schrecklichen Wildnis der großen Wüste Gobi – deren Sandflächen ›noch kein Fuß durchquert hat seit Menschengedenken‹.« (S. 230f.)*

– Also können wir, sagte ich, mit ziemlicher Sicherheit davon ausgehen, dass der Himâlaja, Tibet und möglicherweise die Wüste Gobi das Hauptzentrum sind, wo der Genpool der Menschheit aufbewahrt wird. Aber lassen Sie uns jetzt auf die Frage zurückkommen, welche Menschen die Rolle des Genpools der Menschheit erfüllen können.

– Bitte sehr.

– Dass sich Menschen früherer Zivilisationen bis heute im *Samâdhi*-Zustand befinden, wird bei uns zunehmend akzeptiert. Warum aber wird der Genpool nicht ausschließlich aus Vertretern unserer Zivilisation (Rasse) gebildet, wo doch nach dem Prinzip der aufeinanderfolgenden Zivilisationen (Rassen) diese Rolle gerade durch heutige Vertreter der Menschheit erfüllt werden muss?

– Bei den Menschen unserer Zivilisation ist das Dritte Auge schlecht entwickelt, antwortete der Bonpo-Lama. Deshalb ist der Übergang in einen langen *Samâdhi* für Menschen unserer Zivilisation erschwert. Bei den Menschen älterer Zivilisationen war das anders, sie gelangten leichter in einen langen *Samâdhi*-Zustand.

– Entsprechend Ihrer Religion bemühen Sie sich, unterbrach ich seine Ausführungen, das Dritte Auge bei Menschen unserer Zivilisation zu entwickeln. Wenn das nicht gelingt, werden dann im Falle der Selbstvernichtung unserer Zivilisation wieder Atlanter oder Lemurer zum Ausgangspunkt der neuen Menschheit?

– Ja, so ist es. Aber das liegt nicht nur am übermäßigen Materialismus unserer Zeit, sondern vielmehr daran, dass die Menschheit sich jetzt in der materialistischen Phase des göttlichen Zyklus befindet.

Ähnliche Angaben finden wir bei Blavatsky: *»Die Entwicklung schreitet in Zyklen voran. Der große manvantarische Zyklus von sieben Runden, beginnend in der ersten Runde mit Mineral, Pflanze und Tier, bringt sein Entwicklungswerk auf dem absteigenden Bogen zu völligem Stillstand in der Mitte der vierten Rasse, am Schlusse der ersten Hälfte der vierten Runde ... Auf dem absteigenden Bogen ist es das Geistige, das sich allmählich in das Materielle umwandelt. Auf der Mittellinie der Basis stehen Geist und Stoff im Menschen im Gleichgewicht. Auf dem aufsteigenden Bogen macht sich der Geist langsam auf Kosten des Körperlichen oder der Materie wieder geltend ...« (S. 190) »Unsere Rasse hat somit als eine Wurzelrasse die Gleicherlinie überschritten und bewegt sich jetzt auf der geistigen Seite im Zyklus aufwärts; aber einige von unsern Unterrassen befinden sich noch auf dem dunklen absteigenden Bogen ...« (S. 315)*

– Der Einfluss des göttlichen Zyklus ist unbestreitbar, sagte ich, aber die Fähigkeit des Menschen, in den *Samâdhi*-Zustand zu gelangen, hängt sicher kaum weniger von den Anstrengungen der Menschheit ab, insbesondere von den Meditationsschulen.

– Natürlich, natürlich, rief der Bonpo-Lama aus, deshalb unternehmen wir ja dermaßen viele Anstrengungen in dieser Richtung. Historisch gesehen haben die Schulen für »Meditation – *Samâdhi* – *Prashna*« allmählich nachgelassen, so dass von uns Heutigen wohl nur ganz wenige in einen tiefen *Samâdhi* übergehen können. Den alten Menschen unserer Zivilisation fiel das leichter, trotz des nach dem göttlichen Zyklus anwachsenden Materialismus auf der Erde. Bei den Menschen vergangener Zivilisationen gab es diese Tendenzen auch, und sie erreichten viel in dieser Beziehung, dennoch blieben ihnen die geistigen Schulen der Meditation und des *Samâdhi* heilig.

– Halten Sie einen künstlichen *Samâdhi*-Zustand für möglich, also die Konservierung des Körpers zum Beispiel unter Anwendung chemischer Stoffe sowie seine anschließende Wiederbelebung?

– Das glaube ich kaum, weil das beim *Samâdhi* am Wichtigsten wirkende Bindeglied der Geist ist.

– Gab es früher Versuche in dieser Richtung?

– Ich erinnere mich nicht genau. Ich glaube ja.

– Die Menschen der letzten Zivilisation, die Atlanter, hatten sie Krankheiten?

– Unsere Religion besagt, antwortete der Bonpo-Lama, dass Gott die Menschen unserer Zivilisation für ihre Sünden mit einem Fluch belegte und es danach zu vielen Krankheiten kam. Die Menschen der vorigen Zivilisationen waren glücklich und gesund.

Der Mensch der fünften Rasse – eine erbärmliche Schöpfung

Hierzu finden wir bei Blavatsky: »... *daher ›stach‹ das Gesetz des Karma ›in die Ferse‹ der atlantischen Rasse, indem es allmählich die ganze Natur der vierten Menschheitsrasse physiologisch, moralisch, physisch und mental veränderte, bis der Mensch aus dem gesunden Könige der Tierschöpfung in der dritten Rasse zu einem hilflosen, skrophulösen Wesen in der fünften – in unserer – Rasse wurde und jetzt der reichste Erbe auf Erden*

in Bezug auf konstitutionelle und erbliche Krankheiten ... geworden ist.« (S. 429)

– Warum frage ich Sie nach Krankheiten?, erklärte ich. Bekanntlich können sich nur Menschen mit ausgezeichneter geistiger und körperlicher Gesundheit in den *Samâdhi*-Zustand begeben. Unter den Menschen unserer Zivilisation einen völlig gesunden zu finden, ist recht schwer, im Gegensatz zu den Menschen der vorigen Zivilisation. Daraus lässt sich folgern, dass wir bei einem möglicherweise denkbaren Zutritt zu ihren Höhlen hauptsächlich Vertreter der vorigen Zivilisation, Atlanter und Lemuro-Atlanter, erblicken werden. Ist das so?

– Nicht ganz. Auch Menschen unserer Zivilisation befinden sich im *Samâdhi*. Unsere Zivilisation ist ebenfalls sehr alt, präzisierte der Bonpo-Lama.

– Ist es schon lange her, dass sich Menschen unserer Zivilisation in den *Samâdhi*-Zustand begeben haben, und wie lange befinden sie sich schon dort?

– Der höchste Verstand schickte sie während der weltweiten Überschwemmung, die fast alle Menschen der Erde vernichtete, in den *Samâdhi*.

Dazu kann man bei Blavatsky, wenn auch mit Müh und Not, Folgendes finden: *»Unter der Decke dieses Geheimnisses wurde die fünfte Rasse dahin geführt, religiöse Mysterien einzuführen oder vielmehr wiedereinzuführen, in denen alte Wahrheiten den kommenden Generationen unter dem Schleier von Allegorie und Symbolik gelehrt werden konnten.« (S. 131)*

– Die weltweite Überschwemmung fand, nach Blavatsky, vor 850.000 Jahren statt. Können auch Menschen unserer Zivilisation so lange im *Samâdhi*-Zustand verweilen?, fragte ich.

– Warum nicht?

– Wurden auch Vertreter der alten Ägypter zu der Zeit, als der Komet Typhon vor 12.000 Jahren einschlug, in den *Samâdhi*-Zustand geschickt?

– Davon weiß ich nichts.

– Gingen denn viele Atlanter zur Zeit der weltweiten Überschwemmung in den *Samâdhi*?

– Ich denke, nicht massenhaft, denn nur die besten, göttlichen Menschen können in den *Samâdhi* übergehen.

Bei Blavatsky finden wir dazu in dem Kapitel, in dem sie den Krieg zwischen verschiedenen Atlanter-Gruppen beschreibt: *»Bloß die Handvoll jener Auserwählten, deren göttliche Unterweiser gegangen waren, jene heilige Insel zu bewohnen – ›woher der letzte Heiland kommen wird‹ –, hielt jetzt die Menschheit davon ab, dass ihre eine Hälfte die Ausrotterin der anderen wurde ...« (S. 365f.)*

– Mithin kann man vermuten, schlussfolgerte ich, dass der Genpool der Menschheit aus Vertretern dreier Zivilisationen (Rassen) besteht, aus Lemurern (oder Lemuro-Atlantern), Atlantern und Menschen unserer Zivilisation. Sozusagen eine dreifache Sicherheit. Glauben Sie, man kann sie in den Höhlen finden?

– Das ... ist ein großes Geheimnis.

– Lassen Sie uns über die Höhlen sprechen, schlug ich vor. Können die Menschen im *Samâdhi*-Zustand nur in Höhlen aufbewahrt werden?

– Nicht nur in Höhlen, auch im Wasser.

– In der Region, wo wir uns befinden, interessieren eigentlich nur die Höhlen. Gibt es viele Höhlen, in denen sich Menschen im *Samâdhi* befinden?

– Viele, antwortete der Bonpo-Lama.

– Und warum hat bisher niemand diese Menschen in den Höhlen gesehen?

– Man hat sie gesehen.

– Ist es schwer, solche Höhlen zu finden?

– Sehr schwer. Sie sind in der Regel verschlossen und ihre Eingänge geheim. Andererseits gibt es hier in den Bergen so viele Höhlen und in ihnen so viele Verzweigungen, dass man darin schwerlich irgendetwas finden kann. Es gibt sogar Höhlentempel, aber über sie weiß außer den besonderen Menschen niemand Bescheid.

Zu diesem Thema kann man bei Blavatsky finden: *»Natürlich spielen wir nicht auf die Höhlen an, welche einem jeden Europäer entweder vom Sehen oder vom Hörensagen bekannt sind, ungeachtet ihres außerordentlichen Alters, obwohl selbst dieses von der modernen Archäologie bestritten wird; sondern auf eine Tatsache, welche den initiierten Brâhmanen von Indien und insbesondere den Yogis bekannt ist, nämlich, dass es keinen Höhlentempel im Lande gibt, der nicht seine unterirdischen Gänge hätte, die in jeder Richtung verlaufen, und dass diese unterirdischen Höhlen und end-*

losen Korridore ihrerseits ihre Höhlen und Korridore haben. Wer kann sagen, ob das dahingegangene Atlantis ... in jenen Tagen nicht noch existierte?« (S. 231)

– Höhlentempel? Höhlen unter buddhistischen Tempeln oder unterirdische Tempel?, forschte ich weiter.

– Unterirdische Tempel, antwortete der Bonpo-Lama.

– Ist das das Shambhala?

– ...

– Wer sind die besonderen Menschen, die über die Höhlentempel und Höhlen Bescheid wissen?

– Nicht immer religiöse Diener ...

– Diese Leute hüten das Wissen über die Lage der Höhlen mit den Menschen im *Samâdhi*-Zustand und der Höhlentempel?

– Sie weilen dort!

– Wozu?

– Sie passen auf.

– Sind das Mönche von Pagoden?

– Einige von ihnen wohl schon. Pagoden baut man gewöhnlich zum Gedenken an Lamas oder andere herausragende Persönlichkeiten, etwa Fürsten, entgegnete der Bonpo-Lama.

– Kann man diese besonderen Menschen kennenlernen?

– Kann man, aber es ist zwecklos. Sie werden Ihnen alle das Gleiche antworten: »Das werde ich nicht einmal Gott sagen!«

– Hat man schon versucht, diese Leute zu bestechen?

– Sicher hat man das versucht.

– Und?

– Es ist zwecklos. Unsere Menschen und erst recht die besonderen Menschen glauben, dass das irdische Leben mit all seinen Gütern nichts ist im Vergleich mit Seiner Größe. Sie sehen Ihn periodisch, sie sind Ihm untertan! Sie sind Seine Diener! Geld anzunehmen, das ist für die besonderen Menschen ein Sakrileg!

– Ich verstehe ... verstehe sie, sagte ich bewegt. Amerikaner wie Europäer glauben, für Geld ließe sich alles kaufen. Aber was ist schon Geld im Vergleich mit der Ewigkeit, mit dem Leben und dem Genpool der Menschheit!

– Ja, das ist wirklich so, erwiderte der Bonpo-Lama. Was ist das Leben auf der Erde? Das ist ein Augenblick, ein Moment. Sollte man da etwa für Geld ...? Das wäre die größte Sünde!

– Sagen Sie, verehrter Bonpo-Lama, wenn nun aber unter den besonderen Menschen einer von schlechtem Schlag wäre, der diese Übereinkunft bricht? Wenn er irgend jemand in so eine Höhle schickt?

– Dann wird er zum Mörder.

– Zum Mörder? Wieso?

– Auf den Menschen, dem man den Eingang zeigt und der dort hineingeht, wartet der Tod. Der ihm den Eingang zeigte, der schickte ihn in den Tod!

– Ich verstehe, das Wirken außergewöhnlicher Kräfte ... Zugang kann nur Er gewähren ...

– Bedenken Sie und erinnern Sie sich daran, fuhr der Bonpo-Lama fort, ohne den Blick von mir zu lassen, die besonderen Menschen, das sind nur Seine Diener. Alles entscheidet Er! Zugang gewährt allein Er!

– Und kann man in Kontakt mit Ihm treten?

– ...

– Aber trotzdem, fragte ich weiter, die Geschichte ist voller Zufälle. Sicher gab es in der Vergangenheit Fälle, in denen die »Zugangskontrolle« versagte. Sollte es das noch nicht gegeben haben?

– Aber ja, und nicht nur einmal.

– Erzählen Sie davon, vorausgesetzt, Sie dürfen.

– Da gibt es viele Legenden, begann der Bonpo-Lama zu erzählen. Als es zum Beispiel im elften Jahrhundert in Indien eine große Dürre gab, entschloss sich der Fürst Indiens, eine heilige Höhle aufzusuchen, in der sich ein bedeutender Mensch des Altertums befand, um ihn um Hilfe zu bitten. In der Höhle warteten viele Gefahren auf ihn: Schlangen, mystische und reale, das Atmen fiel ihm schwer, auf seinen Körper und seinen Geist wirkten unbekannte Kräfte ein. Im Zustand der Meditation wurde es dem Fürsten ermöglicht, sich mit dem Geist des großen alten Menschen zu verständigen. Als der erkannte, dass der Fürst gute Absichten hat und um Hilfe für die Menschen bittet, erhielt er Zutritt. Die Höhle war sehr groß und bestand aus zwölf Räumen.

In einem dieser Räume fand der indische Fürst den großen alten Menschen im Zustand des *Samâdhi*, während dessen Geist daneben schwebte. Sein Körper war ausgetrocknet, aber er lebte. Dieser Mensch weilte schon 1.600.000 Jahre in der Höhle. Er öffnete die Augen einen Spalt weit. Der indische Fürst begann mit ihm auf Sanskrit zu sprechen, dabei um Hilfe bittend. Der ausgetrocknete Mensch verstand ihn, wie er mit den Augen signalisierte. Er wies mit den Augen auf einen Gegenstand, der an der Wand hing. Das war ein mystischer Ring. Der indische

Fürst nahm den Ring und ging zum Ausgang. In einem anderen Raum der Höhle traf er noch einen Menschen im *Samâdhi*-Zustand, einen Fürsten der Sikhs, der sich im fünften Jahrhundert in den *Samâdhi*-Zustand begeben hatte und von dem bekannt ist, dass er im siebzehnten Jahrhundert aus dem *Samâdhi*-Zustand ins normale Leben zurückkehrte. Am Höhlenausgang traf der indische Fürst auf acht Schlangen. Eine dieser Schlangen betröpfelte mit ihrem Blut den mystischen Ring. Dieser Tropfen erhob sich in den Himmel, und bald regnete es. In die gleiche Höhle begab sich 1637 ein Mensch namens Devendra Lowndel, der bis heute dort im *Samâdhi*-Zustand verweilt. Danach hat sich niemand mehr in diese Höhle begeben.

– Eine interessante Legende, sagte ich. Sie entspricht in vielem dem, worüber wir gesprochen haben.

– Ähnliche Legenden gibt es eine Menge, meinte der Bonpo-Lama.

– Und gibt es außer den Legenden noch andere Informationen? Hat irgend jemand in einer Höhle einen Menschen im *Samâdhi* gesehen?

– Aber ja. Da gibt es im nördlichen Tibet eine Höhle, in der sich ein Mensch namens Moze Sal Dzyang schon mehrere Jahrhunderte im *Samâdhi* befindet. Die Geistlichen dieser Region Tibets sehen ihn regelmäßig. Das sind keine besonderen Menschen, sondern gewöhnliche Geistliche. Man braucht keine Zutrittserlaubnis von diesem Menschen im *Samâdhi*. Der Zutritt ist ungefährlich. Man muss nur gute Absichten haben, darf aber weder fotografieren noch sprechen – das wäre ein Sakrileg!

– Ich verstehe, immerhin ist Moze Sal Dzyang ein Vertreter des Genpools der Menschheit. Das ist heilig!

– Absolut.

– Und kann man ihn sehen?

– Kann man! Wenn die Geistlichen dieser Region Tibets es Ihnen gestatten und Ihnen die Höhle zeigen. Aber ... Sie wissen ja, dass jetzt die Chinesen in Tibet sind. Ich bin mir nicht sicher, ob die Geistlichen noch leben; man wird sie wohl liquidiert haben. Wenn die Chinesen von dem Menschen im *Samâdhi* erfahren haben, denke ich, werden sie ihn umgebracht oder ins Gefängnis gesteckt haben, antwortete der Bonpo-Lama vergrämt.

– Sollte es möglich sein, dass die Chinesen die Heiligkeit eines Menschen im *Samâdhi*-Zustand nicht verstehen ...

– Sie sind Kommunisten!

– Mhm ... Ja. Ich verstehe. Ich komme selbst aus einem ehemals kommunistischen Land. Mein Urgroßvater, auch ein Geistlicher, wurde erschossen. Mein Großvater als Sohn eines Geistlichen verbrachte dreizehn Jahre in der Hölle stalinistischer Straflager. Mein Vater, der als Freiwilliger in den Krieg ging und vor Stalingrad gekämpft hat, wurde ungeachtet der Orden und seiner Verletzungen durch eine deutsche Mine lange Zeit als Sohn eines Volksfeindes angesehen, sagte ich.

– Seit der Okkupation Tibets im Jahre 1957 waren mehr als 100.000 Menschen, hauptsächlich Geistliche, gezwungen, das Land zu verlassen. Auch ich musste ausreisen, den Tempel, die Bücher und alles andere zurücklassen, sagte der Bonpo-Lama verbittert. Selbst der Dalai Lama war gezwungen, 1959 nach Indien auszureisen, als er 23 Jahre alt war. Und 1.200.000 Menschen wurden physisch vernichtet. Klöster wurden zerstört, goldene Statuen nach China verbracht. Menschen wurden haufenweise in Gefängnisse gesteckt, wo sie starben. Das ist schrecklich! Denn Tibet – das ist das Gebiet, woher die Menschheit stammt! Die Menschen Tibets wissen, Verzeihung, wussten Bescheid über die großen *Samâdhi* und beschützten sie! Die Bestimmung der Menschen Tibets ist nämlich der Schutz der geistigen Schätze des Altertums, des allertiefsten Altertums! Tibet ist wichtig für die Menschheit, für ihre Zukunft!

– Ich finde keine Worte ...

– Ich auch nicht. Die Tibeter waren schon immer sehr kämpferisch, fuhr der Bonpo-Lama fort, eroberten viele Gebiete. Aber vor gut 800 Jahren erfolgte so etwas wie eine Erleuchtung, worauf sich die Staatspolitik jäh änderte und auf die maximale Stärkung der Religion gerichtet wurde. Die Kämpfer wurden von Legionen von Mönchen abgelöst, die anfingen, viele Tempel zu bauen. Es wurden mehr als 6.000 Klöster gebaut, bis zu den Chinesen gab es ungefähr 6.000 höhere Lamas. Von jeder tibetischen Familie ging ein Sohn ins Kloster mit dem Gelöbnis, ledig zu bleiben. Der Kern der tibetischen Religion sind die Ideen des Altruismus und der Bildung. Der Tibeter lernte, ein vor allem geistig maximal gebildeter Mensch zu sein, der seine materiellen Bedürfnisse maximal reduzierte. Ungefähr 75 % des tibetischen Staatshaushaltes gingen in den Bau von Tempeln, in die religiöse Ausbildung, Bildung und Naturwissenschaften. Etwa 800 Jahre lang hatte Tibet keine Armee.

– Was? Keine Armee?

– Der Schutz des Staates erfolgte auf recht originelle Art und Weise. Die höchsten Lamas genossen weltweit eine derart hohe Autorität und sie hatten so viele Schüler aus verschiedenen Ländern, die ihrerseits in ihren Ländern große Macht hatten, dass bei niemandem auch nur der Gedanke aufkam, ein Land erobern zu wollen, in dem sich ihre Lehrer befanden. Vergessen Sie nicht, Tibet, das ist eine Zitadelle aller Religionen der Welt, sogar die Propheten durchliefen hier ihre Ausbildung. Vergessen Sie nicht, Tibet ist der einzige Staat der Welt, der sein Geld größtenteils für die Religion ausgibt. Nur die gottlosen Kommunisten konnten Tibet entweihen!

– Das kann einem nur leid tun, da kann man nur auf die Vereinten Nationen hoffen und auf die internationale Öffentlichkeit ... Obwohl es für vieles schon zu spät ist ...

– Ja, schon ...

– Wissen die Chinesen von den *Samâdhi*?

– Viele gebildete Offiziere der chinesischen Armee begannen es zu verstehen. Die alten Offiziere lernten noch im vorrevolutionären China den Buddhismus kennen und verstanden offensichtlich die Bedeutung der *Samâdhi* für die Menschheit. Gottlose Kommunisten geworden, mehr noch, als Kommunisten und Propheten des großen Geistes des Bösen begannen sie mit besonderem Eifer, das zu zerstören, was heilig ist. Andererseits sagten viele Geistliche Tibets während der Folter und angesichts des Todes, fast naiv auf die Heiligkeit vertrauend: Mein Tod, das ist nichts! Rettet die in den Höhlen! Die Menschheit braucht sie! Sie glaubten trotz alledem an den Triumph des Guten, sie verstanden nicht, dass man in den Kategorien des Bösen denken kann, dass der Geist des Bösen auf die Zerstörung alles Geschaffenen gerichtet sein kann, vor allem des Göttlichen, sagte der Bonpo-Lama.

– Und, waren die Chinesen in den Höhlen und vernichteten sie die Menschen im *Samâdhi*?

– Die Chinesen durchsuchten viele Höhlen nach diesen Menschen. Hauptantrieb war für sie das Gebot des großen Geistes des Bösen, alles Göttliche zu vernichten. Die chinesischen Kommunisten erklärten es so, dass viele Geistliche Tibets, die Yoga beherrschten, in die Höhlen gegangen wären und sich dort im *Samâdhi*-Zustand versteckten.

In der Tat gingen viele Lamas in Höhlen in den *Samâdhi*-Zustand, um sich vor den Kommunisten zu verbergen. Mein Neffe erzählte mir, dass ein ihm bekannter Lama in der nächstgelegenen Höhle 1960 in den *Samâdhi*-Zustand ging und dort bis 1964 weilte. Seine Freunde wussten davon und besuchten ihn in den vier Jahren einige Male und berichteten, dass er in der Höhle in der Pose Buddhas in einem versteinert-unbeweglichen Zustand sitzt. Die chinesischen Kommunisten haben ihn dann doch gefunden und ins Gefängnis gebracht. Im Gefängnis wurde der Körper des Lamas allmählich weicher und lebte wieder auf. Er verbrachte die Zeit von 1964 bis 1987 unter verschärften Gefängnisbedingungen und wurde danach entlassen. Ob er noch lebt und über sein Schicksal weiß ich nichts, sagte der Bonpo-Lama.

– War denn dieser Lama, der sich vor den chinesischen Kommunisten versteckt hat, im *Samâdhi*-Zustand nicht in der Lage, die Barriere der geistigen Kräfte zu schaffen, die den Zugang zu ihm verhindert?, fragte ich. Und auch der Fall des Menschen namens Moze Sal Dzyang, der sich mehrere Jahrhunderte im *Samâdhi*-Zustand befand, zeugt vom Fehlen der Barriere geistiger Kräfte. Folgt daraus, dass die Menschen unserer Zivilisation im *Samâdhi*-Zustand nicht in der Lage sind, irgendeine Schutzbarriere zu schaffen, und man sie, bildlich gesprochen, mit bloßen Händen greifen kann, also nur die Menschen früherer, geistig weiter entwickelter Zivilisationen im *Samâdhi*-Zustand in der Lage sind, sich mit einer Barriere ungewöhnlicher Kräfte zu schützen?

– So ist es, jedoch mit einer Einschränkung, antwortete der Bonpo-Lama. Alles hängt von der Entwicklung des Dritten Auges ab. Die Menschen früherer Zivilisationen hatten ein Drittes Auge. Mit dessen Hilfe können sie ihre psychische Energie in einem bestimmten Raum konzentrieren und mit ihr gerichtet wirken. *(Das Wort »können« wurde im Präsens ausgesprochen. – E.M.)* Die Menschen unserer Zivilisation haben zumeist nur ein unterentwickeltes Drittes Auge, weshalb sie ihre psychische Energie nicht auf einen anderen Menschen fokussieren können. Aber einige Menschen unserer Zivilisation, besonders ihre ganz frühen Vertreter, haben ein recht gut entwickeltes Drittes Auge, wodurch sie eine zuverlässige Schutzbarriere geistiger Kräfte errichten können.

– Ich habe Sie so verstanden, sagte ich, dass die Schutzbarriere in einer fernhypnotischen Einwirkung auf den Menschen besteht, der eine *Samâdhi*-Höhle betritt. Stellen wir doch mal die Frage: Woher und was erfährt der Mensch im *Samâdhi*-Zustand über den eintretenden Menschen? Vom Standpunkt der modernen Physik aus breiten sich die Torsionsfelder des Geistes ringsum weit aus. Dadurch haben die analogen Felder eines die Höhle betretenden Menschen Kontakt mit den Torsionsfeldern des Menschen im *Samâdhi*-Zustand. Erinnern wir uns auch, dass gute Gedanken die Torsionsfelder in eine Richtung in Drehung versetzen, böse aber in die entgegengesetzte. Auf dieser Grundlage ist der Geist des Menschen im *Samâdhi*-Zustand in der Lage, die Absichten des die Höhle betretenden Menschen zu analysieren. Erinnern wir uns auch an Nicholas Roerichs Aussage, dass man das Land Shambhala nur mit guten Gedanken betreten kann. Und erinnern wir uns daran, dass man nur dann in einen tiefen *Samâdhi*-Zustand übergehen kann, wenn man vollständig von negativer psychischer Energie, das heißt von negativ drehenden Torsionsfeldern, befreit ist.

– Ja, so ist es. Fahren Sie fort, forderte mich der Bonpo-Lama auf.

– Also, der Geist des Menschen im *Samâdhi*-Zustand entscheidet, nachdem er die Absichten des die Höhle betretenden Menschen analysiert hat, ob er diesem den Zutritt gestattet oder nicht. Mir scheint, dass bloße Neugier ohne jede böse Absicht allein nicht für eine Zugangsberechtigung ausreicht. Dafür bedarf es scheinbar gewichtiger Gründe, wie sie beispielsweise der Legende nach der indische Fürst hatte, der um Regen für sein Land bat. Die Ruhe des Genpools der Menschheit darf nicht gestört werden. Um Zugang zu erhalten, muss man, denke ich, intensiv meditieren und einen Dialog mit dem Geist des *Samâdhi* suchen. Nur unter diesen Bedingungen kann man eventuell auf Zugang hoffen.

– Sie haben recht, sagte der Bonpo-Lama. Selbst die besonderen Menschen, die die Menschen im *Samâdhi* bewachen und ein- bis zweimal monatlich in der Höhle weilen, gehen vor dem Besuch der Höhle in Meditation und bitten um Zutritt.

– Was meinen Sie, Bonpo-Lama, würde man uns Zutritt gewähren? Unsere Absichten sind doch rein und das Ziel ist nicht unwichtig – das Studium des Genpools der Menschheit.

– Zu allererst muss man meditieren lernen, erwiderte der Bonpo-Lama, das erfordert Zeit, viel Zeit. Aber Ihr Ziel, das Studium des Genpools der Menschheit, ist in der Tat ausgezeichnet. Sicherlich werden Sie Zutritt bekommen, wenn auch nicht gleich.

– Gestatten Sie mir, meinen Gedanken weiter zu verfolgen, sagte ich. Nehmen wir an, der Geist des Menschen im *Samâdhi*-Zustand entscheidet, jemanden nicht passieren zu lassen und die Schutzbarriere zu errichten. Was wird geschehen? Seine mächtigen Felder, abgeglichen auf die Frequenz der Geisteswellen des Eintretenden, werden dessen Torsionsfelder in negative Richtung in Drehung versetzen. Die dadurch aufkommenden Gefühle wie Angst und Unruhe werden den Wunsch nach Zugang schnell vergehen lassen. Erinnern wir uns, böse Gedanken und Krankheiten wirken gleichermaßen auf den Geist: Sie drehen die Torsionsfelder in negative Richtung. Deshalb wird ein Mensch, der die Höhlen betritt, auch wenn er das Gefühl von Angst und Unruhe überwindet, bald Krankheitssymptome verspüren, die bei großer Anstrengung des Menschen im *Samâdhi*-Zustand zu seinem Tod führen werden. So stelle ich mir vor, arbeiten die Schutzbarrieren in den Höhlen. Habe ich recht?

Kontakt der Torsionsfelder

– Obwohl wir in wissenschaftlicher Hinsicht verschiedene Sprachen sprechen, scheint mir, dass Sie recht haben, antwortete der Bonpo-Lama.

– Sagen Sie, hat ein Mensch im *Samâdhi*-Zustand ausreichend psychische Energie dafür?

– Natürlich! In den *Samâdhi* können sich doch nur Menschen mit sehr starkem und reinem Geist begeben.

– Es gibt ja viele Menschen, die per psychischer Energie durch Fernhypnose 100 bis 500 Menschen hypnotisieren können. Ich erinnere mich an meinen Physiologie-Professor Petrovski, der bei unserem Studium eine Sitzung durchführte, bei der er 300 Studenten durch Fernhypnose während des Unterrichts in einen schlafähnlichen Zustand versetzte.

– Die Macht der psychischen Energie ist gewaltig, bekräftigte der Bonpo-Lama.

– Aber es ist auch bekannt, dass Geist und Seele ein funktionierendes Gehirn voraussetzen, in Drehung versetzte Torsionsfelder. Es wird also Energie benötigt, die das Gehirn für seine Arbeit braucht – etwa Glukose, Sauerstoff, Proteine. Woher nimmt der Geist des Menschen im *Samâdhi*-Zustand die Energie, wo doch in diesem Zustand das Gehirn, wie der ganze Körper, nicht funktioniert?, fragte ich.

– Eine Gegenfrage, reagierte der Bonpo-Lama. Und wie lebt das Jenseits? Im Jenseits leben die unsterblichen Geiste und Seelen. Ich hoffe, Sie verneinen das nicht?

– Natürlich nicht.

– Durch welche Energie funktionieren Geist und Seele im Jenseits? Da gibt es nur eine Antwort: dank der kosmischen Energie. Geist und Seele entstanden doch im Ergebnis der Evolution des Kosmos, als sich aus dem Makrokosmos der Mikrokosmos entwickelte – der Mensch.

Das finden wir auch bei Blavatsky: *»... so ist der Mensch auf Erden der Mikrokosmos des Makrokosmos.« (S. 303)*

– Folglich werden die Seelen der Menschen im *Samâdhi*-Zustand mit kosmischer Energie gespeist, sagte ich.

– Ja.

– Aber welchen biologischen Sinn hat die Zutrittsbegrenzung zu den Körpern im *Samâdhi*-Zustand? Wozu diese äußerste Strenge selbst im Verhältnis gegenüber Menschen mit guten Absichten?

– Um die Ruhe der Menschen im *Samâdhi* nicht zu stören. Wenn sie durch fremde Seelen gestört wird, erweicht der Körper des Menschen im *Samâdhi*, antwortete der Bonpo-Lama.

– Ich verstehe das so, sagte ich. Vom physikalischen Standpunkt aus wird der versteinert-unbewegliche Zustand des Körpers eines Menschen im *Samâdhi*-Zustand, wie mir scheint, durch den Übergang des Wassers im Organismus in einen vierten Zustand erreicht, der wiederum nur durch vollkommene Reinigung des Geistes von negativer psychischer Energie zu realisieren ist, also durch stabile Drehung der Torsionsfelder in positiver Richtung. Die Torsionsfelder eines fremden Geistes führen zu einer Disbalance in der Drehung der Torsionsfelder beim Menschen im *Samâdhi*-Zustand, selbst wenn sie sich in positiver Richtung drehen, und natürlich erst recht, wenn sie sich in negativer Richtung drehen. Diese Disbalance in den Torsionsfeldern des Menschen im *Samâdhi*-Zustand kann zu einem unstabilen vierten (hypothetischen!) Zustand des Wassers im Organismus führen, was dann in dessen Erweichen zum Ausdruck kommt. Hieraus könnte man schließen, dass sogar die besonderen Menschen nach der Verträglichkeit ihrer Torsionsfelder mit denen der Menschen im *Samâdhi*-Zustand auserwählt werden. Ist das so?

– Ja, es kann bei weitem nicht jeder ein besonderer Mensch werden, sagte der Bonpo-Lama. Die besonderen Menschen meditieren am Eingang zur Höhle. Dabei erfahren sie, ob sie eingelassen werden oder nicht.

– Wie, denken Sie, könnte eine Ansammlung hasserfüllter Menschen durch den Schutzschild in die Höhle mit einem Menschen einer früheren Zivilisation eindringen, zum Beispiel einem Atlanter, der über starke psychische Energie verfügt? Könnte eine derart gebündelte negative psychische Energie die positive bezwingen?, fragte ich.

– Wenig wahrscheinlich, wenn der Mensch der früheren Zivilisation im *Samâdhi* über einen starken Geist verfügt. Die Anzahl der Leute, die in die *Samâdhi*-Höhle eindringen wollen, kann keine entscheidende Rolle spielen. Wenn aber der Geist des früheren Menschen nicht sehr stark ist, dann ist so etwas möglich. Die Menschen unserer Zivilisation verfügen aber über entschieden schwächere geistige Kraft. Zu Menschen unserer Zivilisation im *Samâdhi* vorzudringen ist nicht schwer, da ihr Geist keinen starken Schutzschild schaffen kann.

– Was geschieht mit einem Menschen einer früheren Zivilisation im *Samâdhi*, wenn hasserfüllte Menschen, die den Schutzschild durchbrochen haben, ihn umgeben?

– Der Mensch der früheren Zivilisation wird durch negative psychische Energie entweder sterben oder wiederaufleben, antwortete der Bonpo-Lama.

– Weiß man etwas darüber, was passierte, wenn der Schutzschild einer derartigen Höhle überwunden wurde?

– Leider. Solche Nachrichten gab es nach der Okkupation Tibets durch China des Öfteren, sagte der Bonpo-Lama missmutig. In einer Höhle im Süden Tibets zum Beispiel wurden einige ungewöhnliche, sehr große menschliche Körper gesehen, die am Höhleneingang aufgehängt worden waren. Kurz davor waren etliche Chinesen in der Höhle.

– Hm, einen Kampf der Gigant-Atlanter mit den Chinesen kann man sich eigentlich nur in einem Fantasy-Film vorstellen, sagte ich ebenso missgestimmt. Man muss doch irgendetwas tun! Sie zerstören ja den Genpool der Menschheit, von dem sie selber abstammen!

– Aber was soll man machen? Die Chinesen, das sind anderthalb Milliarden ...

– Wie schrecklich! Wozu gibt es denn die UNO ...

– Bedenken Sie, lenkte der Bonpo-Lama ein, dass wesentlich öfter Chinesen durch den Schutzschild umkamen, als dass sie ihn überwanden. Jetzt fürchten sie sich, die Höhlen zu betreten. Sie wollen auch leben! Die Zeiten der Kulturrevolution sind vorbei. Die alten Menschen sind stärker als die Chinesen, können sich und die Menschheit schützen. Und die Allerältesten werden die Chinesen nie finden, sie sind durch Stein geschützt.

– Haben Sie ein Beispiel parat?

– In einer dieser *Samâdhi*-Höhlen, ebenfalls im Süden Tibets, fand man am Eingang einen Haufen toter chinesischer Soldaten mit schmerzverzerrten Gesichtern. Ihre Körper waren unversehrt, keiner hatte auch nur eine Verwundung oder Verletzung. Sie waren durch die Kraft des Geistes der alten Menschen umgekommen.

Hierzu finden wir bei Blavatsky: »*... wo sie (die Atlanter – E.M.) noch immer wohnen, unsichtbar für alle und vor Annäherung durch eine Schar von Geistern geschützt ...« (S. 388)*

– Ich denke, das wird nicht der einzige Fall gewesen sein.

– Bei weitem nicht, fuhr der Bonpo-Lama fort. So sahen zum Beispiel die Einwohner nahegelegener Dörfer einige Dutzend chinesische Soldaten, die wie von Sinnen rannten, schrien und sich an Kopf und Bauch fassten. Man sagt, dass diese verrückten Soldaten einer nach dem anderen starben. Sie alle waren zuvor in eine geheime Höhle eingedrungen.

– Sie sagten, dass die ältesten Menschen, die Lemuro-Atlanter, durch Stein geschützt werden, dass ihre Körper unter Steinplatten liegen, also fast unauffindbar sind. Und Ihre Worte, Stein sei für sie kein Hindernis, lassen vermuten, dass die Lemuro-Atlanter mit ihrer psychischen Energie die Steine bei ihrer Rückkehr aus dem *Samâdhi*-Zustand verschieben können. Ebenso aber könnten diese höchstgeistigen Menschen des Altertums einen psychischen Schutzschild am Höhleneingang schaffen. Ist es so? fragte ich.

– Ja, und darüber haben wir auch schon gesprochen, bestätigte der Bonpo-Lama.

– Von allem Gesagten ausgehend, fuhr ich fort, gibt es also drei Hauptarten des Höhlenschutzes: erstens die Barriere psychischer Energie, zweitens die steinerne Barriere und drittens die Unauffindbarkeit des Höhlenzugangs.

– Vergessen Sie nicht, ergänzte der Bonpo-Lama, dass die Lage dieser Höhlen streng geheim gehalten wird. Das ist ein Verdienst der Geistlichen. Darüber sprechen wir nur in allegorischer Form.

– Aber die Chinesen haben doch davon erfahren! Sie haben heilige Orte der *Samâdhi* entweiht!

– Nun, es ist eben nicht so einfach, Geheimnisse zu bewahren.

Blavatsky schreibt dazu: *»Ein undurchdringlicher Schleier des Geheimnisses ward nach dem Untergange des letzten Überrestes der atlantischen Rasse vor ungefähr 12.000 Jahren über die okkulten und religiösen Geheimnisse geworfen, damit sie nicht von den Unwürdigen geteilt und so entweiht würden.« (S. 131)*

– Ich glaube, es ist trotzdem an der Zeit, das Geheimnis ein wenig zu lüften, damit die Menschen über den Genpool der Menschheit Bescheid wissen. Dabei darf es keinesfalls um Einzelheiten gehen, etwa um die Lage der Höhlen oder Namen. Aber wenn allgemein bekannt werden würde, dass es auf der Erde einen Genpool der Menschheit gibt, der ihre Herkunft erklärt, das würde schon viel bedeuten. Dann könnten die übrigen Länder stärker auf China einwirken, die heiligen Stätten unserer Urväter und Urmütter zu respektieren, soweit sie noch erhalten sind. Zum Glück hat sich die Politik Chinas geändert, möglich, dass die Regierung Chinas das versteht und entsprechend handelt.

– Ja, ja. Sie haben recht, stimmte mir der Bonpo-Lama zu.

– Nach unserem ausführlichen Gespräch, verehrter Bonpo-Lama, darf ich zusammenfassen: Es gibt drei Arten von Höhlen mit Menschen im *Samâdhi*-Zustand. Erstens *Samâdhi*-Höhlen mit Menschen unserer Zivilisation, zweitens *Samâdhi*-Höhlen mit Menschen früherer Zivilisationen, in denen sich Atlanter oder Lemuro-Atlanter getrennt oder gemeinsam befinden können, und schließlich *Samâdhi*-Höhlen mit Menschen unserer und früherer Zivilisationen. Ich denke, setzte ich fort, dass wir Heutige bestrebt sein sollten, in *Samâdhi*-Höhlen mit Menschen früherer Zivilisationen zu gelangen, da es dort zuverlässigen Schutz durch die Barriere der psychischen Energie gibt. Die »gemischten« *Samâdhi*-Höhlen sind die wertvollsten, da sie das gesamte Arsenal des Genpools der Menschheit darstellen.

– Einen guten Begriff haben Sie da vorgeschlagen, Genpool der Menschheit, sagte der Bonpo-Lama.

– Eine letzte Frage habe ich noch: Was ist das Shambhala?

– Wir glauben an seine Existenz. Es ist ein geistiges Land, wohin man nur mit einem reinen Geist gelangen kann.

– Das ist es!, rief ich aus. Ins Shambhala kann man nur mit vollkommen gereinigtem Geist gelangen, genauso wie in die Höhlen mit dem Genpool der Menschheit. Das Shambhala bedeutet für die Menschheit immens viel, wie mündliche Überlieferungen und Literaturquellen bezeugen. Ja, es ist ein geistiges Land. In den Höhlen mit dem Genpool

An der Seite des Bonpo-Lamas

der Menschheit ist das Geistige absolut dominant. – Sehen Sie, fuhr ich mit Nachdruck fort, es gibt einige Parallelen, die vermuten lassen, dass die Lage (Höhlentempel, Höhlen, Pyramiden) des Genpools der Menschheit zugleich das Shambhala ist.

Der Bonpo-Lama sah mich unverwandt an. Unser Gespräch war offensichtlich beendet.

– Ich würde Sie gern allein sprechen, sagte ich und sah den Bonpo-Lama an.

Wir erhoben uns und gingen in ein Hinterzimmer. Einer der Amerikaner klopfte mir auf die Schulter. *Good luck*, wünschte er mir.

Worüber ich mit dem Bonpo-Lama redete? Auf diese Frage werde ich mit den Worten der besonderen Menschen antworten: Das werde ich selbst Gott nicht sagen!

Bei der Verabschiedung umarmten wir uns. Vener Gafarov fragte leise:

– Wird es Änderungen geben?

Ich schwieg.

Good luck!, rief uns der Amerikaner noch nach.

6 Wer war Buddha?

Im Osten kann man in jedem kleinen Laden Buddha-Statuen kaufen. Sie sind sehr teuer, da praktisch alle Ausländer, die sich für eine Weile dort aufhalten, zum Andenken eine Statue dessen erwerben wollen, den fast die Hälfte der Weltbevölkerung anbetet.

Zu glauben, der Bildhauer habe die charakteristischen Züge des Aussehens Buddhas genau wiedergegeben, wäre naiv. Alle Lamas, denen wir die Frage nach dem Aussehen Buddhas stellten, sagten, dass die Bildhauer und Maler viel eigene Fantasie einbrachten, wie allein schon die gewaltigen hängenden Ohren beweisen.

Wie sah Buddha aus?

Schon vor unserer Expedition wussten wir um das ungewöhnliche Aussehen Buddhas. Altertümliche Beschreibungen seines Aussehens fanden wir erst in Nepal bei dem Historiker Min. Was uns die Lamas dazu berichtet hatten, stimmte mit seinen Beschreibungen überein. Auch die Übereinstimmungen mit weiteren Quellen bestärkte unser Vertrauen in die erhaltenen Informationen.

Danach hatte Buddha 32 Merkmale, die sein Aussehen bestimmten:

1. Arme und Beine Buddhas waren gezeichnet von tausenden Rädern mit Nadeln.
2. Die Fußsohlen Buddhas ähnelten denen einer Schildkröte. Sie waren weich, flach und dicklich.
3. Die Finger und Zehen waren bis zur Hälfte ihrer Länge mit Häutchen verbunden. Arme und Beine waren Entenfüßen ähnlich.
4. Das Fleisch der Arme und Beine war weich und jung.
5. Der Körper Buddhas wies sieben Wölbungen und fünf Vertiefungen auf. Zwei Vertiefungen befanden sich an den Knöcheln, zwei an den Schultern und eine am Hinterkopf.
6. Die Finger und Zehen waren sehr lang.

Eine Buddha-Statue

7. Die Fersen Buddhas waren breit.
8. Er war groß und schlank. Er war nicht gebeugt.
9. Auf den Füßen hatte Buddha keinen Spann.
10. Seine Körperhaare wuchsen nach oben.
11. Die Waden Buddhas waren wie bei Antilopen – glatt und gerade.
12. Seine Hände waren lang und schön, sie reichten bis zu seinen Knien. ………

13. Das männliche Organ Buddhas war verborgen, also nicht zu sehen.
14. Die Haut Buddhas hatte eine goldene Tönung. Sie wurde nicht golden genannt wegen der Farbe, sondern weil sie vollkommen rein war.
15. Die Haut Buddhas war dünn und glatt.
16. Jedes Körperteil besaß nur ein Haar, nach rechts wachsend.
17. Die Stirn Buddhas zierten Locken, die sechs Besonderheiten aufwiesen: Sie waren glatt, weiß, lagen gut, ließen sich auseinanderziehen, gewellt von rechts nach links und die Enden nach oben gebogen. Sie erschienen silbrig.
18. Der Oberkörper Buddhas war wie der eines Löwen.
19. Die Schultern waren rund und fleischig.
20. Die Brust Buddhas war breit. Zwischen den Schultern war die Brust eben.
21. Buddha konnte die feinsten Geschmacksrichtungen wahrnehmen, weil seine Zunge nicht von Krankheiten befallen war. Einst bot ihm ein Wohltäter ein Stück Pferdefleisch an, das einen unangenehmen Geschmack hatte. Buddha legte sich das Stück auf die Zunge und gab es dem Wohltäter dann zurück. Das Fleisch schmeckte danach wie die delikateste Speise.
22. Der Körper Buddhas erinnerte an den Baum *Tadrota*, dessen Wurzeln, Stamm und Äste dieselben Abmessungen haben.
23. Buddha hatte auf dem Kopf eine Erhebung von runder Form, die im Uhrzeigersinn gewunden war.
24. Buddha hatte eine lange und schöne Zunge, mit der er den Haaransatz und die Ohren erreichen konnte. Die Zunge war rot wie die Blume *Utpala*.
25. Die Sprache Buddhas hatte fünf Vorzüge: Alle konnten sie verstehen; alle seine Worte hatten die gleiche Intonation; seine Sprache war tief und inhaltsreich für alle; die Sprache war angenehm und sehr anziehend; die Worte wurden in der richtigen Ordnung, klar und fehlerfrei ausgesprochen.
26. Die Wangen Buddhas waren rund und voll. Ihre Kontur ähnelte einem rituellen Spiegel.
27. Die Zähne Buddhas waren sehr weiß.
28. Die Länge der Zähne war einheitlich.
29. Zwischen den Zähnen hatte Buddha keine Zwischenräume.
30. Er hatte vierzig Zähne.
31. Die Augen Buddhas waren dunkelblau wie Saphire.
32. Die Wimpern Buddhas waren gerade und rein.

Merkmal	Hypothetischer Atlanter (rekonstruiert anhand der Augen)	Buddha
Kopf	groß	Erhebung von runder Form, im Uhrzeigersinn gewunden, Stirn mit weißen Haaren verziert
Augen	groß, ungewöhnlicher Bogen am oberen Lid	dunkelblau, Wimpern gerade und rein
Nase	ventilartig mit Spirale	gewöhnliches Aussehen
Wangen	klein, wie der gesamte untere Bereich des Gesichts	rund und voll
Mund	mittelgroß (möglicherweise durch einen vertikalen Schlitz mit der Nasenöffnung verbunden)	gewöhnliches Aussehen
Zähne	schwer zu sagen	vierzig Zähne, sehr weiß, gleiche Länge, keine Zwischenräume
Zunge	schwer zu sagen	lang, kann mit der Zunge Haaransatz und Ohren erreichen
Hals	stark, mit ausgeprägten Muskeln im Nackenbereich	Vertiefung am Hinterkopf (was von entwickelter Muskelgruppe im Nacken zeugt)
Brustkorb	sehr groß	breit, wie bei einem Löwen
Schultern	mächtig, rund	rund, voll
Arme	lang, ausgeprägte hintere und vordere Muskelgruppen	lang, reichen bis zu den Knien
Hände	spatenähnlich, groß (möglicherweise mit Häutchen zwischen den Fingern)	sehr lange Finger mit Häutchen dazwischen bis zur Hälfte der Fingerlänge
Beine	ausgeprägte hintere und vordere Muskelgruppen mit Vertiefungen dazwischen	Vertiefungen an den Knöcheln
Füße	flossenartig	waren Schildkrötenbeinen ähnlich, weich, eben und voll, breite Ferse, kein Spann
Haut	glatt	goldene Tönung, fein, glatt
Größe	sehr groß	Körper war groß und schlank, nicht gebeugt

Vergleichen wir mal die charakteristischen Besonderheiten Buddhas mit denen, die das Aussehen unseres hypothetischen Atlanters aufwies.

Buddha und der Mensch, dessen Augen auf den tibetischen Tempeln dargestellt sind

Aus der Tabelle ist ersichtlich, dass das Aussehen des von uns rekonstruierten Atlanters in vielem mit dem Buddhas übereinstimmt. Körperliche Besonderheiten von beiden zeugen von einem Leben teilweise unter Wasser: flossenartige Füße, Hände mit Häutchen, der Bogen am oberen Lid, der die Kornea unter Wasser bedeckt, der mächtige Brustkorb, notwendig für langes Tauchen, mächtige Nackenmuskeln, erforderlich für den Halt des Kopfes beim Schwimmen, ventilartige Nase und anderes mehr.

Nach dieser Gegenüberstellung überkam uns ein Gefühl der Befriedigung darüber, dass unsere absolut unabhängige Rekonstruktion unter Nutzung der augengeometrischen und logisch-anatomischen Analyse zu jenem – recht ungewöhnlichen – Bild geführt hatte, das in allgemeinen Merkmalen Buddha ähnlich war, einem Buddha, wie er von Menschen beschrieben worden war, die ihn offensichtlich gesehen haben.

Andererseits sind aber auch Unterschiede im Äußeren der beiden zu finden. Am Auffälligsten ist das Fehlen der ventilartigen spiralförmigen Nase bei Buddha. Dieses Merkmal, das sich aus der Darstellung von Augen und Nase auf den tibetischen Tempeln ergibt, ist an sich hinreichend glaubwürdig, deckt sich allerdings nicht mit dem Aussehen Buddhas, bei dessen charakteristischen Merkmalen dieses äußerst bemerkenswerte Kennzeichen nicht aufgeführt ist. Außerdem ist unter den charakteristischen Merkmalen auch nicht der ungewöhnliche Bogen am oberen Lid zu finden.

Daraus folgt, dass auf den tibetischen Tempeln nicht Buddhas Augen dargestellt sind, sondern die eines anderen Menschen, der zwar auch ungewöhnlich aussah, aber eben etwas anders. Wer ist er nun? Erinnern wir uns, dass der Bonpo-Lama auf diese Frage antwortete: »Das sind die Augen eines wesentlich früheren Menschen als Buddha.« Könnte es sein, dass es die Augen des Bonpo-Buddhas sind, des allerersten Buddhas auf der Erde?

Nichtsdestoweniger kann man, wenn man die charakteristischen Merkmale Buddhas und desjenigen Menschen, dessen Augen auf den tibetischen Tempeln dargestellt sind, miteinander vergleicht, sagen, dass keiner von ihnen unserer Zivilisation entstammt. Wie sich aus historischen Quellen ergibt, unterscheidet sich das Aussehen der altertümlichsten Menschen von dem der heutigen beträchtlich. Für Menschen unserer Zivilisation, wo immer sie auch leben, sind Schwimmhäutchen, flossenartige Füße, große Augen mit einem ungewöhnlichen Bogen am oberen Lid und erst recht eine ventilartige Nase absolut untypisch.

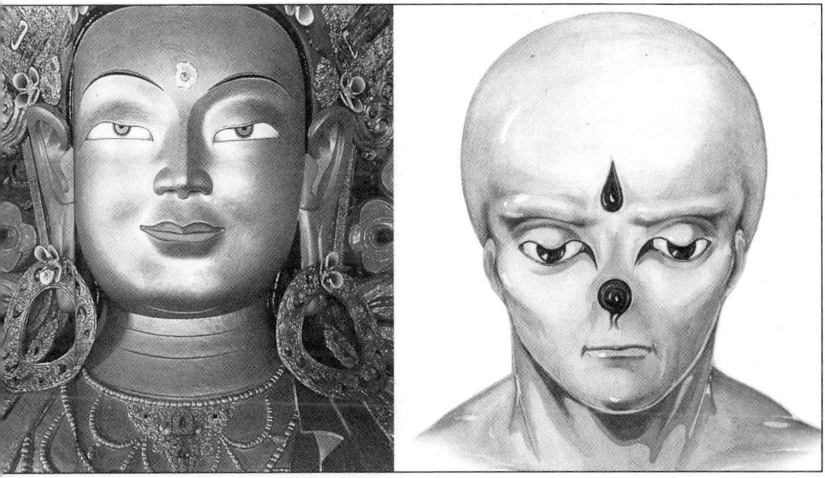

Der letzte Buddha und der von uns nach den Augen auf den tibetischen Tempeln rekonstruierte Mensch

Kann es sein, dass es sich um Außerirdische handelt? Diese Frage ist aus wissenschaftlicher Sicht derzeit völlig indiskutabel. Wesentlich logischer ist die Annahme, dass Buddha und der von uns rekonstruierte Mensch Vertreter von Menschen früherer Zivilisationen sind, die aus dem *Samâdhi*-Zustand im Genpool der Menschheit zurückkehrten und so auf der Erde erschienen. Für diese Annahme gibt es mehr Anhaltspunkte als für die müßigen Spekulationen über Außerirdische.

Wer waren sie aber nun, Buddha und »unser« Mensch? Kamen sie aus dem *Samâdhi*-Zustand oder wurden sie von einer Mutter geboren? Um eine Antwort auf diese Frage zu finden, begannen wir die Geschichte der Geburt Buddhas zu studieren. Die Angaben über den von uns rekonstruierten Menschen blieben dabei zunächst rein fragmentarisch.

Doch auch was wir über die Geburt Buddhas herausfanden, war ausgesprochen nebulös. Wer war seine Mutter, wer sein Vater, und gab es sie überhaupt? Herr Min zum Beispiel sagte dazu: »Buddha wurde auf der Erde geboren und durchlebte viele Hochzeiten. Er war von großem Wuchs, sehr schön und ein Kenner des Wissens. Er wusste genau, was auf der Erde vor sich geht.« Der Historiker Pradhan ergänzte: »Buddha wurde als Kind von König Taru und Maria Deva in Lumbini (Nepal) im Wasser eines Sees geboren.«

Die übrigen Aussagen zur Geburt Buddhas waren ähnlicher Natur. Die Rede war von »unbefleckter Empfängnis«, und »die Geburt hatte geistigen Charakter«. Das heißt, man konnte nichts Konkretes über seine Mutter oder seinen Vater sagen. Nur einmal (bei Herrn Pradhan) fiel die Bemerkung, dass Buddhas Vater König des Taru-Stammes gewesen sei.

Der Stamm der Taru

Wer sind diese Taru? Um mehr darüber zu erfahren, trafen wir uns mit Vladimir Pavlovitch Ivanov, dem Leiter des Russischen Kulturzentrums in Kathmandu. Von ihm erfuhren wir, dass unweit des Ortes Lumbini, wo Buddha geboren wurde, tatsächlich Menschen wohnen, die sich Taru nennen. Er verwies uns an Leute, die den Taru-Stamm kennen. Auch wusste er vom Bau eines internationalen Buddhismus-Zentrums in Lumbini zu berichten, in das arabische Staaten und buddhistische Gemeinden Europas und der USA viel Geld investieren, um ein internationales Wallfahrtszentrum der Buddhisten zu schaffen. Buddha, der ein Wissenssystem auf der Grundlage des Hinduismus predigte, beseitigte die Kastenschranken und machte es so zu einem Weltsystem. Vor Buddha konnte sich der Hinduismus nur in den Grenzen einer Kaste verbreiten, blieb also beschränkt.

Die Leute, die uns vom Taru-Stamm erzählten, waren weder bedeutende religiöse Persönlichkeiten noch bekannte Wissenschaftler. Anfangs zweifelten wir an der Glaubwürdigkeit ihrer Informationen. Aber was sie erzählten, erschien uns so interessant, dass wir dafür Empfehlungen der Universität Delhi vergaßen, auf jegliche Informationen bei zufälligen Begegnungen besonnen zu reagieren.

Von einem dieser Menschen, dessen Namen ich hier aus verständlichen Gründen nicht nennen möchte, erfuhren wir Folgendes: Die Taru leben im Dschungel am Rand des Himâlaja-Gebirges. Nördlich von ihnen liegt das Gebiet Djumla, das als Ursprungsstätte der Menschen unserer Zivilisation gilt. Die Menschen des Taru-Stammes sind als einzige immun gegen Malaria, wodurch sie weltbekannt wurden. Die Population der Taru besteht gegenwärtig aus etwa einer Million Menschen. Man nimmt an, dass dieser Stamm schon mehr als 3.000 Jahre dort lebt. Als das Erstaunlichste erwies sich aber die Beschreibung ihres Aussehens. Sie haben ein rundes Gesicht mit kleinem Kinn, eine kleine vorstehende Nase, einen sehr großen Brustkorb, einen stämmigen kurzen Hals, Füße ohne Spann, flach und breit. Das alles kam den charakteristischen Merkmalen Buddhas ziemlich nahe.

Natürlich reifte in uns der Wunsch, Vertreter des Stammes der Taru zu Gesicht zu bekommen und uns von alledem selbst zu überzeugen. Wenn sich das bestätigen würde, könnte man die Tarus für die Nachkommen Buddhas halten.

Ivanov half uns, in Kathmandu einen Vertreter dieses Stammes zu finden, übrigens den einzigen Taru, der Wissenschaftler ist und als Professor arbeitet. Groß war unsere Ernüchterung, als wir statt der erwarteten charakteristischen Merkmale bei ihm das typische Aussehen eines Menschen aus dem Osten vorfanden. Nichtsdestoweniger reisten zwei Expeditionsmitglieder nach Lumbini, fanden dort den alten Stamm der Taru, führten bei ihnen anatomische Untersuchungen durch und überzeugten sich so vom gewöhnlichen Aussehen der Taru.

Die Geschichte mit den Taru, die uns einiges an Zeit und Mittel gekostet hatte, war uns eine Lektion. Wenn der Gesprächspartner kein anerkannter geistlicher Würdenträger oder ein seriöser Wissenschaftler ist, fängt er an, sobald er das Objekt deines Interesses erkannt hat, überzeugend über das zu reden, was du hören möchtest, und du glaubst deine Vermutungen bestätigt zu sehen – bis zu der unweigerlich folgenden bitteren Enttäuschung. So ist nun mal der Weg der Wissenschaft: Fehler lassen sich niemals ausschließen, doppelte und

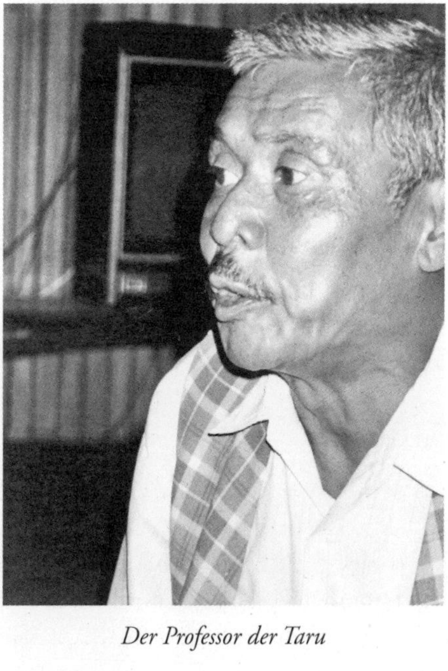

Der Professor der Taru

dreifache Kontrolle ist in der Forschung ständig gefordert. Alles andere führt in eine Sackgasse oder zu falschen Schlussfolgerungen.

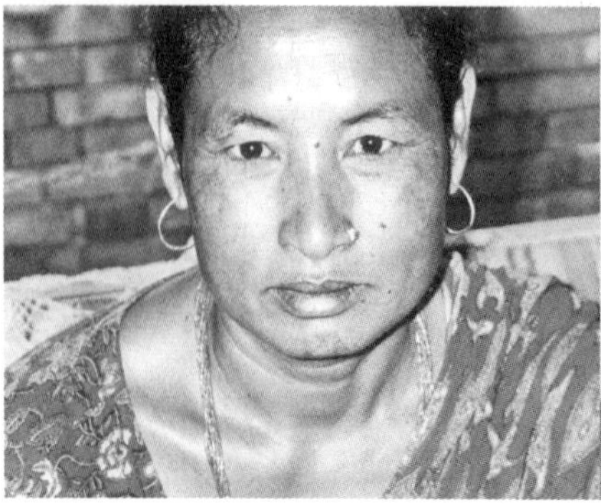

Taru-Frau

Taru-Mann

Im Gegensatz zu den Gesprächen mit den *Svâmin*, Lamas, Gurus und bedeutenden Wissenschaftlern hört man von anderen Gesprächspartnern selten: »Kann sein ...«, »ich weiß nicht ...«, »nein, so ist es nicht ...« Die Lamas, *Svâmin* und Gurus sind zu bedeutend in der östlichen Welt, als dass sie der Verlockung erlägen, sich durch irgendwas vor ausländischen Wissenschaftlern hervorzutun und ihnen zuliebe etwas Sensationelles zu berichten. Im Gegenteil, für sie ist ein väterlich-ironisches Verhältnis zu europäischer wissenschaftlicher Neugier typisch, gemischt mit achtungsvollem Interesse. Der östlich-religiöse Bildungstyp erzieht sie offensichtlich zur tiefsten Verehrung des alten religiösen Wissens, zu dessen Bewahrung und Entwicklung sie berufen sind. Eigene Fantasien zu präsentieren gilt als große Sünde. Die Wissenschaftler Indiens und Nepals sind im gleichen Geiste erzogen, weil sie religiös sind. Fakten, die man von ihnen erfahren hat, kann man glauben.

Wer ist Buddha?

Bei wissenschaftlichen Untersuchungen religiösen Charakters ist man oft versucht, russische oder englische populärwissenschaftliche Literatur hinzuzuziehen. Diese Bücher stammen jedoch oft von Leuten mit einem besonderen psychischen Naturell, die ihre eigenen »Visionen« als absolute Wahrheit ausgeben. Leider »sehen« Menschen, die meditieren und sich in Trance begeben, ein und dasselbe so verschiedenartig, dass es sehr problematisch ist, sich auf diese Angaben zu stützen. Deshalb hielten wir uns mehr an seriöse Quellen und an die Werke von Helena Blavatsky, die im Osten als große Eingeweihte anerkannt ist.

Das Studium Buddhas führte uns zu dem Schluss, dass die Theorie, Buddha für den Sohn eines Vaters und einer Mutter der Taru zu halten, reichlich zweifelhaft ist. Auch dass die Menschen vom Stamme der Taru Nachfahren Buddhas sind, ist schwerlich möglich. Wenn man aber das Wissen über den *Samâdhi* und das ungewöhnliche Aussehen Buddhas berücksichtigt, kann man die Möglichkeit, dass Buddha im See bei der Ortschaft Ljumbini oder in den nahegelegenen Bergen aus dem *Samâdhi*-Zustand zurückkehrte, nicht ausschließen. Letztere Variante sehen wir sogar als die wahrscheinlichere an, weil durch Legenden über Buddha überliefert ist, dass er im Erwachsenenalter zu hungern begann, abmagerte und in den Dschungel ging, von wo aus er später schön und verwandelt zurückkehrte. Es ist auch nicht ausgeschlossen, dass ein völlig anderer Mensch erschien und alle Geschichten über die unbefleckte Empfängnis Erfindung sind.

Wie wir schon aufzeigten (Bonpo-Lama), müssen in der laufenden dreißigtausendjährigen Periode 1.002 Buddhas auf der Erde erscheinen.

> Hierzu finden wir bei Blavatsky: *»Diese ... Buddhas sind allgemeines und gemeinsames Eigentum; sie sind historische Weise ... Sie sind ausgewählt aus der Mitte von etwa siebenundneunzig Buddhas in einer Gruppe und dreiundfünfzig in einer andern ... Diese ›Körbe‹ der ältesten Schriften auf ›Palmblättern‹ sind sehr geheim gehalten ... Die eine besondere Handschrift, aus der die folgenden Bruchstücke ausgezogen und dann in verständlicher Sprache wiedergegeben worden sind, soll von den Steintafeln kopiert worden sein, welche einem Buddha der frühesten Tage der fünften Rasse gehörten, welcher Zeuge der Flut und des Untergangs der Hauptkontinente der atlantischen Rasse gewesen war.« (S. 441f.)*

Was Blavatsky über Buddha schrieb, kann man unterschiedlich deuten. Einerseits fällt auf, dass die Buddhas historische Weise genannt werden. An anderer Stelle *(S. 367)* schreibt Blavatsky: *»... dass die Adepten oder ›weisen‹ Menschen der dritten, vierten und fünften Rasse in unterirdischen Wohnungen weilten ...«* Die Begriffe »historische Weise« und »weise Menschen« sind offensichtlich Synonyme. Dann ist auch das Wort

Die Erleuchtung Buddhas

»Adepten (Eingeweihte)« ein Synonym. Wer sind diese Eingeweihten? Aus Gesprächen mit *Svâmin* und Lamas ergibt sich, dass sie als Eingeweihte solche Menschen bezeichnen, die Hunderte, Tausende und mehr Jahre im *Samâdhi*-Zustand leben und periodisch zu einer gewöhnlichen Lebensweise zurückkehren.

Daraus folgt, dass der letzte Buddha (und offensichtlich auch andere Buddhas) ein Eingeweihter war, als er aus dem *Samâdhi*-Zustand im Genpool der Menschheit zurückkehrte. Blavatskys Worte: »*... aus der Mitte von etwa siebenundneunzig Buddhas in einer Gruppe und dreiundfünfzig in einer andern ...*«, kann man als Hinweis darauf verstehen.

Das ungewöhnliche Aussehen Buddhas lässt sich damit erklären, dass er ein Eingeweihter-Atlanter oder Eingeweihter-Lemurer war. (Erinnern wir uns an Blavatskys Worte: *»Die Adepten oder ›weisen‹ Menschen der dritten, vierten und fünften Rasse ...«*) Das gewaltige Wissen des letzten Buddhas, das er im gewöhnlichen Leben an niemanden weitergab, ergab sich daraus, dass er das Wissen der Atlanter und Lemurer beherrschte. Mittelbar zeugt davon auch der Satz Blavatskys über die »steinernen Tafeln« und den Buddha der Zeiten der Überschwemmung.

Letztlich verweist Blavatsky direkt darauf, dass Buddha ein Vertreter der vierten Rasse war, das heißt ein Atlanter: »... *die Züge des Typus und Charakters, wie sie den Riesen der vierten Rasse zugeschrieben werden ...« (S. 234) »Diese ›Buddhas‹, obwohl oft durch die symbolische Darstellung großer herabhängender Ohren entstellt ...« (S. 235)*

Andererseits lassen sich Blavatskys Worte auch ganz anders interpretieren und unsere Auffassungen für unlogisch halten. Alle religiösen Persönlichkeiten des Ostens wissen von den Eingeweihten und sogar, wie sie sprechen, sie treffen sich mit ihnen! Die Existenz des Phänomens *Samâdhi* ist schwerlich anfechtbar. Buddha besaß ein wirklich ungewöhnliches Aussehen, das teilweise an das Leben unter Wasser angepasst war. Buddha hatte ein gewaltiges Wissen, und und und ... Trotzdem gibt es hinreichend viele Informationen, die für die oben genannte Hypothese sprechen.

Wenn wir allerdings von dieser Hypothese ausgehen, muss man auch die Existenz des Genpools der Menschheit akzeptieren. Gibt es ihn tatsächlich? Befindet sich wirklich neben uns eine unterirdische und Unterwasserwelt von Menschen verschiedener Zivilisationen im *Samâdhi*-Zustand? Kann es sein, dass Buddha und andere Propheten von dort zu den Menschen an der Erdoberfläche zurückkehrten?

Die Untersuchungen, über die in diesem Kapitel berichtet wurde, lassen die hypothetische Schlussfolgerung zu, dass der letzte Buddha eine Zwischenstellung einnimmt zwischen dem heutigen Menschen ....

und dem, dessen Augen auf den tibetischen Tempeln dargestellt sind. Zu beobachten sind auch Veränderungen durch den Übergang von einem Leben teilweise unter Wasser zum Leben nur an Land: die Ablösung der ventilartigen Nase (wie bei den Delfinen) durch eine gewöhnliche Nase, das Verschwinden der (Schwimm-)Häutchen. Außerdem ist bei Blavatsky beschrieben, dass sich Eingeweihte der dritten (Lemurer), vierten (Atlanter) und fünften Rasse (unsere Zivilisation) in unterirdischen Behausungen befinden.

Davon ausgehend kann man annehmen, dass der letzte Buddha ein Atlanter war, und der Mensch, dessen Augen auf den tibetischen Tempeln dargestellt sind, ein Lemurer oder Lemuro-Atlanter.

Wer sind sie nun, die Lemurer, und wer sind die Atlanter?

Buddha-Statue (3. Jhdt., Pakistan): Die Darstellung Buddhas ähnelt der eines Menschen im Samâdhi.

7 Wer waren sie, die Lemurer und Atlanter?

Die Untersuchungsmethoden

Unsere Untersuchungen hatten uns zweifellos vorangebracht. Dass derartige Untersuchungen nicht zu absolut exakten Resultaten führen würden, war uns von vornherein klar gewesen. Man muss die aus verschiedenen Quellen erhaltenen Angaben verallgemeinern, indem man sie vergleicht, und kann nur die berücksichtigen, die sich dabei mehrfach wiederfinden. Wenig sinnvoll ist dafür die Analyse der populärwissenschaftlichen Literatur. Da gibt es viel Dichtung, obwohl einige Bücher recht seriös sind. Hervorzuheben sind diesbezüglich Lobsang Rampas *Das Dritte Auge*, *Ein Arzt aus Lhasa* und *Die Höhle der Ahnen*.[8] Dieser Autor lernte bei seinem Meister meditieren, konnte sich in den *Samâdhi*-Zustand begeben und weilte sogar einige Zeit in diesem Zustand in einer der *Samâdhi*-Höhlen Tibets. Vertrauen erweckt auch das Buch *Gespräche mit Sathya Sai Baba* von John S. Hislop.[9] Sai gilt in einigen Gebieten Indiens nicht nur als Eingeweihter, sondern als Verkörperung Gottes auf Erden. Äußerst interessant ist außerdem *Aus der Akasha-Chronik* von Rudolf Steiner,[10] das den Inhalt der geheimen Akasha-Chronik beschreibt, die im Altertum von Eingeweihten verfasst wurde. Sein Buch enthält alle seine Artikel von 1904 und 1905 aus der Zeitschrift *Lucifer-Gnosis*. Angaben daraus haben wir berücksichtigt.

Die Analyse der östlichen religiösen Literatur erwies sich als sehr kompliziert, nicht nur, weil sie in für uns schwer zugänglichen Spra-

8 Die genannten Bücher von Lobsang Rampa – sowie *Für immer Du*, *Weisheiten aus längst vergangenen Zeiten* und *Der Einsiedler* – können Sie als deutsche PDFs und Word-Dokumente kostenfrei herunterladen auf http://lobsangrampa.org/de/forschungs-material.html. Die Seitenangaben der Zitate aus seinem Hauptwerk *Das Dritte Auge* beziehen sich auf die erste deutsche Hardcover-Ausgabe, erschienen im Piper Verlag, München 1957.

9 Die deutsche Ausgabe, übersetzt von Hardy und Shanti Fechner, erschien ursprünglich 1983 in der Sathya Sai Vereinigung, Dietzenbach, und ist dort heute noch erhältlich.

10 *Aus der Akasha-Chronik* können Sie im Rudolf Steiner Online Archiv kostenfrei downloaden unter http://anthroposophie.byu.edu/schriften/011.pdf.

chen wie Sanskrit oder Nepalesisch geschrieben ist, sondern vor allem wegen der für das Östliche typischen allegorischen Darbietung des Materials. In den Quellen verschiedener Formen östlicher Religionen fanden wir Angaben über das Leben früherer Zivilisationen, die sich kaum voneinander unterschieden. Am interessantesten war dabei, dass diese Angaben in allgemeinen Zügen mit denen übereinstimmten, die in den Werken der großen Eingeweihten wie Blavatsky und Nostradamus dargelegt sind. Die Lamas, Gurus und *Svâmin* wussten über Menschen früherer Zivilisationen Bescheid, waren aber nicht gewillt, Genaueres preiszugeben.

Von den Arbeiten der Eingeweihten waren für uns die Bücher von Nostradamus und Blavatsky am besten fassbar. Die Prophezeiungen des ersten sind in der Form von Vierzeilern geschrieben, deren Übersetzung aus dem Altfranzösischen ins Russische nicht ganz exakt sein und so zu falschen Schlüssen führen könnte.

Helena Petrovna Blavatsky (1831-1891)

Die Geheimlehre von Helena Petrovna Blavatsky ist ein faktenreiches Werk kolossalen Umfangs. Die logische Struktur dieses Werkes bereitete mir anfangs Schwierigkeiten. Alles ist in Stanzen geschrieben, bei denen man, wenn man sie liest, den Anfang eines Gedankens am Ende des Buches finden kann, die Mitte am Anfang und das Ende in der Mitte. Als ich *Die Geheimlehre* das erste Mal las, hat mich das sehr irritiert, aber dann erkannte ich die wesentlich höhere Logik, möglicherweise die des höchsten Verstandes, die mein bescheidenes menschliches Gehirn nur teilweise und ab und zu erfassen konnte. Bei dem verzweifelten Versuch, die dargelegten Fakten zu systematisieren, war ich gezwungen, eine alte studentische Methode anzuwenden. Viele Studenten können sich, wenn sie einen Stoff konzentriert studiert haben, kurze Zeit daran erinnern und ihn danach seelenruhig wieder vergessen. Ich las das Buch also erneut, prägte mir dabei viele Stellen ein, verglich sie in Gedanken, ordnete sie logisch und machte schriftliche Auszüge. Die ließen sich dann schon leichter in logische wissenschaftliche Zusammenhänge bringen.

Kann man den Eingeweihten glauben? Das lässt sich schwer mit »Ja« beantworten, aber nicht minder schwer mit »Nein«. Die meisten Menschen glauben an Gott, spätestens an ihrem Lebensende. Und wenn man die Existenz Gottes, das heißt des höchsten Verstandes, nicht verneint, kann man auch die Rechtmäßigkeit der Angaben von Eingeweihten nicht verneinen, schon weil das religiöse Wissen in seinen Grundprinzipien mit dem Wissen der Eingeweihten übereinstimmt. Während die Religion früherer Zeiten in sehr volkstümlicher, also in möglichst eingängiger, nahezu märchenhafter Form verbreitet wurde, hat das Wissen der Eingeweihten hingegen eher historisch-wissenschaftlichen Charakter. Man kann auch darüber nachsinnen, dass der höchste Verstand gemäß der Entwicklung der Menschheit vielleicht einzelne menschliche Individuen in kompliziertere Aspekte des einheitlichen Weltwissens »einweiht«, um so das anfängliche religiöse Wissen voranzubringen und zugleich dem Dogmatismus vieler Geistlicher entgegenzuwirken.

Wie die Eingeweihten zu ihrem Wissen gelangten, kann man sich vom Standpunkt der modernen Physik aus folgendermaßen vorstellen: Sie nutzten das Prinzip *So'Ham*, was sie in die Lage versetzte, sich mit Hilfe ihrer psychischen Energie auf die Frequenz des Allgemeinen Informationsraums einzustimmen. Jeder Eingeweihte sagt zum Ursprung seines Wissens, dass eine Stimme es ihm diktiert hätte. Man kann sich zur Zeit schwer andere Bezugsquellen dieses erstaunlichen und vergleichsweise gleichartigen Wissens der Eingeweihten vorstellen. Das religiöse Wissen und das Wissen der Eingeweihten hat den gleichen Ursprung, den Allgemeinen Informationsraum.

Viele Menschen sind in der Lage, sich mittels der Meditation in einen Trancezustand zu versetzen, in dem sie die Vergangenheit und Zukunft sehen könnten. Wahrscheinlich eröffnen sich ihnen nur kleinere Informationskanäle, wodurch ihre Angaben äußerst verworren sind. Der Informationskanal der Eingeweihten ist offensichtlich unvergleichlich größer, weshalb ihr Wissen sehr detailliert und logisch mitunter schwer erschließbar ist.

Man mag mir nachsehen, dass ich mich hauptsächlich auf das Wissen der Eingeweihten Blavatsky beziehe, aber alle Eingeweihten sagen mehr oder weniger ein und dasselbe. Hinzu kommt, dass mir die russischsprachige Ausgabe von Blavatskys Buch aus sprachlichen Gründen einfach näher steht als andere Quellen.

Und letztlich waren wir bestrebt, alle beschriebenen Untersuchungen mit der anatomisch-physiologischen Analyse des Aussehens der Menschen früherer Zivilisationen zu vergleichen, um wenigstens in gewissem Grade die Frage beantworten zu können, wer sie denn nun eigentlich waren, die Lemurer und Atlanter.

Allgemeine Angaben zu früheren Zivilisationen

Blavatsky schrieb dazu: »... *auch ist die Geschichte der ursprünglichen Rassen für die Initiierten nicht in das Grab der Zeit versenkt, wie sie es für die profane Wissenschaft ist.« (S. 141)*

Nach oben genannter Quelle stellt niemand die Entstehung des Menschen durch Verdichtung des Geistes in Abrede. Mit den Worten der modernen Physik: Die wellenartige Variante des Lebens (Geist, Jenseits) materialisierte sich allmählich und brachte den menschlichen Körper hervor. Die Materialisierung des Geistes, die Bündelung der psychischen Energie, erinnert an das Märchen *Tischlein deck dich*, wo aus dem Nichts Speisen und anderes erscheinen. Daran kann man natürlich nicht glauben.

Doch andererseits, selbst aus der Schulphysik ist bekannt, dass 2 Gamma = 1 Elektron sind, das heißt, das wellenförmige Element ist in der Lage, sich in ein materielles umzuwandeln. Marat Fathlislamov war zweimal bei dem bedeutenden *Avatâra* Shri Sathya Sai Baba (Indien) und hat sich mit eigenen Augen davon überzeugt, wie er Gedanken materialisiert, indem er scheinbar aus dem Nichts Mehl, Reis und andere Gegenstände erschuf. Außerdem brachte Marat einige Videofilme über Sai Baba mit, in denen die Materialisierung gezeigt wird.

Natürlich kann man die Materialisierung durch den *Avatâra* als einen perfekt vorgetragenen Taschenspielertrick ansehen. Aber es ist alles sehr überzeugend bei ihm! Und die Zahl derjenigen, die an ihn glauben, ist groß: Täglich weilen etwa 10.000 Menschen bei ihm, und zu seinem 70. Geburtstag reiste über eine Million Menschen aus aller Welt an. Man kann sich nur schwer eine solche Menge von Einfaltspinseln vorstellen.

Dennoch: Die Hypothese über die Materialisierung der psychischen Energie hat nicht weniger Chancen, bewiesen zu werden, als die heute allgemein verbreitete Hypothese über die Entstehung des Lebens auf der Erde auf dem Wege der Entstehung organischer Moleküle und deren allmählich komplexer werdenden Form.

Der Religion und dem Wissen der Eingeweihten zufolge gab es auf der Erde fünf menschliche Rassen[11] (Zivilisationen). Wie schon einmal dargestellt, waren die Vertreter der ersten menschlichen Rasse, die sogenannten »Selbstgeborenen«, engelähnliche Geschöpfe, die 50 bis 60 Meter groß waren, ein Auge hatten (das Dritte) und sich durch Teilung vermehrten.

Die Vertreter der zweiten menschlichen Rasse, die sogenannten »Danachgeborenen« oder »Schweißgeborenen«, stellten schon dichtere, aber noch immer larvenähnliche Geschöpfe mit einer Größe von etwa 40 Metern dar, die ebenfalls ein Auge (auch vom Typ des Dritten) hatten und sich durch Knospung und Sporen vermehrten.

Die dritte Rasse, die sogenannten »Zweifältigen«, Androgynen oder Lemurer, hatte die längste Existenzdauer und machte selbst den größten Wandel durch. Innerhalb dieser Rasse vollzog sich die Geschlechterteilung, entstanden die Knochen, der Körper verdichtete sich, und aus Vierarmigen und Zweigesichtigen mit einer Größe von ungefähr 20 Metern entwickelten sich Zweiarmige und Eingesichtige kleineren Wuchses. Die größte Entwicklung und Blüte erreichten die späten Lemurer, die Lemuro-Atlanter.

Die Vertreter der vierten Rasse, die sogenannten Atlanter, waren zweiarmig und eingesichtig, sechs bis acht Meter groß und hatten einen dichten (festen) Körper.

Die Vertreter der fünften Rasse, also unserer Zivilisation, die sogenannten *Âryas*, waren anfangs größer als wir jetzt, wurden aber allmählich kleiner.

Man nimmt allgemein an, dass es auf der Erde insgesamt sieben Rassen geben wird. Jede dieser Rassen hatte oder wird noch sieben Unterrassen haben.

Wann entstand das Leben auf der Erde?

In allen angeführten Quellen ist vermerkt, dass das Leben auf der Erde, darunter auch das menschliche, vor vielen Millionen Jahren entstand.

---

11 Nicht zu verwechseln mit dem allgemein gebräuchlichen Begriff »Rasse«, der die nationalen Unterschiede der Menschen beschreibt.

Blavatsky schreibt dazu: »*Der Leser kann fragen, warum wir überhaupt von Drachen sprechen? Wir antworten: Erstens, weil die Kenntnis solcher Tiere ein Beweis für das außerordentliche Alter des Menschengeschlechts ist ...« (S. 218)*

In Steiners *Aus der Akasha-Chronik* steht: *»Dagegen war ein großer Teil der Menschheit auf so niedriger Entwickelung, dass man ihn durchaus als tierisch bezeichnen muss ... unterschieden sich gar nicht besonders von den niederen Säugetieren ...« (Seite 62f.)*

Auch Blavatsky führt in der *Geheimlehre* hinreichend genaue Angaben über die letzten Erdzivilisationen an: *»Lemurien soll ungefähr 700.000 Jahre vor dem Beginne des jetzt so genannten Tertiärzeitalters (des Eozän) zu Grunde gegangen sein.« (S. 327) »... der Flut, welche die letzten Teile von Atlantis vor 850.000 Jahren versenkte.« (S. 347) »... nach dem Untergange des letzten Überrestes der atlantischen Rasse vor ungefähr 12.000 Jahren ...« (S. 131) »... und dass die Ârier 200.000 Jahre alt waren, als die erste große ›Insel‹ oder Kontinent versank ...« (S. 412)*

Demnach beanspruchte die Entstehung des Menschen durch Verdichtung des Geistes viele Millionen Jahre Evolutionsarbeit der Natur.

In diesem Zusammenhang ist folgender Satz von Blavatsky bemerkenswert: *»Es ist eine Periode von ein paar Millionen Jahren auszufüllen zwischen der ersten ›gemütlosen‹ Rasse und den hochintelligenten und intellektuellen späteren Lemurern; eine andere ist zwischen der frühesten Zivilisation der Atlanter und der historischen Periode.« (S. 275)*

Das Leben auf der Erde entstand also vor Millionen von Jahren, die menschlichen Rassen (Zivilisationen) aber entstanden eine aus der anderen, wobei sie sich allmählich vervollkommneten. Während dieser Zeit war die Geschichte der Menschheit voller globaler Katastrophen, die ganze Zivilisationen vernichteten. Offensichtlich war beim Evolutionswerk der Natur die Schaffung eines Genpools der Menschheit vollkommen logisch, sozusagen als Versicherung für den Fall globaler Katastrophen.

Materialismus und Idealismus

Was war zuerst da? Die Idee oder die Materie? Dieser ewige Streit in der Religion und auch in den Arbeiten der Eingeweihten neigt sich zur Seite des Idealismus. Gibt es dafür Beweise? Unmittelbare Beweise zu finden ist schwer, zumal alles im Grab der Zeit versunken ist. Aber die Existenz einer feinstofflichen Welt, die ergänzend zur physischen Welt mitgedacht werden muss, wird wohl durch niemanden mehr ernsthaft in Abrede gestellt – und der Gedanke, also die physische Energie, kann vollkommen materiell sein.

Andererseits kann man auch die immer weiter zunehmende Komplexität der organischen Moleküle mit dem Entstehen zunächst noch primitiver Lebensformen und deren anschließender Entwicklung nicht ausschließen. Gibt es dafür Beweise? Einige Laborexperimente lassen vage Aussagen darüber zu, die Wahrheit bleibt weiter verborgen.

Die materielle Lebensform ist uns irgendwie näher und verständlicher, darum glauben wir mehr daran. Die wellenartige Lebensform erscheint uns irgendwie mystisch und märchenhaft, zumal wir sie auf unserem gegenwärtigen Niveau kaum verstehen und geneigt sind, entweder »Oh, welch ein Wunder!« auszurufen oder alles in Abrede zu stellen. Wahrscheinlich sind die wellenartige und die materielle Lebensform miteinander verbunden, so wie die feinstoffliche und die physische Welt miteinander verbunden ist.

Vergleicht man die Entwicklung der Wissenschaft und der Religion, kann man zu dem Schluss kommen, dass die Wissenschaft die göttliche Lehre nicht entkräften kann und sogar mehr und mehr Beweise für deren Richtigkeit findet.

Wir sind eben nur ein kleines Teilchen des höchsten Verstandes und können nicht die Richter sein. Bekanntlich ist die größte Sünde, sich für Gott zu halten. Der konservative Wissenschaftler, der irgendwann das von ihm Erreichte als letzte Wahrheit verabsolutiert und neue wissenschaftliche Keime negiert, über die man in Wissenschaftskreisen bereits spricht, begeht eine *große* Sünde.

Die Lemurer

Die angeführten Quellen belegen auch, dass die Kontinente auf der Erde vor einigen Millionen Jahren noch vollkommen andere waren. Der

Hauptkontinent der Lemurer lag im Gebiet Australiens, das als Überbleibsel des Kontinents der Lemurer angesehen wird.

> Dazu kann man in Blavatskys *Geheimlehre* finden: *»Wie Jukes sagt ... dass seit der oolithischen (jurassischen) Periode in Australien weniger Veränderung stattgefunden hat als anderwärts ...« (S. 207)*

> Und bei Rudolf Steiner: *»Die Erde hatte ja damals noch nicht ihre spätere Dichte. Überall war der dünne Boden von vulkanischen Kräften unterwühlt ...« (S. 69)* [12]

Unter evolutionären Gesichtspunkten unterscheidet man die Lemurer in frühe und späte Lemurer, die sogenannten Lemuro-Atlanter.

Die frühen Lemurer waren von gewaltiger Größe, etwa 20 Meter groß, vierarmig und zweigesichtig. Ihr Körper bestand anfangs aus weichen Substanzen und war elastisch. Bei ihnen traten als Erste in der evolutionären Entwicklung Knochen auf, die das Körperskelett festigten und sie mehr an das Erdenleben anpassten, obwohl sich in diesem Zusammenhang auch ihr Gewicht erhöhte. Jedoch bewegte sich die Erde nach einer Hypothese von Lobsang Rampa (*Ein Arzt aus Lhasa*) zu jener Zeit noch auf einer völlig anderen Umlaufbahn, und die Anziehungskraft war viel geringer. Die Tiere existierten in einer großen Artenvielfalt und waren bedeutend größer. Kann es sein, dass dies die legendären Saurier waren? Das kann man nicht ausschließen, erst recht nicht mit Blick darauf, dass diese riesigen Reptilien und die Lemurer zur gleichen Zeit existierten.

Die frühen Lemurer hatten nahezu kein Gedächtnis, ihre Sprache ähnelte einem Gesang, sie verständigten sich hauptsächlich durch »Gedankenlesen«, und ihr Hauptaugenmerk legten sie auf die Entwicklung der wellenartigen Lebensform.

Die frühen Lemurer, als Abkömmlinge der zweiten Rasse (der »Schweißgeborenen«), waren anfangs außerdem Hermaphroditen, danach fand aber die Geschlechtertrennung statt – es entstanden Männer und Frauen.

---

[12] Die Seitenangaben beziehen sich hier und im Folgenden auf *Aus der Akasha-Chronik*, Rudolf Steiner Verlag, Dornach 1990, die vom Übersetzer verwendete Ausgabe. Ein nicht seitenidentisches kostenloses PDF können Sie herunterladen auf http://anthroposophie.byu.edu/schriften/011.pdf.

Dazu heißt es in der *Geheimlehre: »Die Menschheit der dritten Rasse ist die geheimnisvollste ... Das Geheimnis des ›Wie‹ der Erzeugung der getrennten Geschlechter muss natürlich hier sehr dunkel bleiben ... Aber es ist einleuchtend, dass die Einzelwesen der dritten Rasse anfingen, sich in ihren vorgeburtlichen Schalen oder Eiern zu trennen ...« (S. 207)*

Blavatsky verweist auch darauf, dass sie sich auf eine Art und Weise vermehrten, die der Knospung ähnlich ist, wie die meisten Pflanzen, Würmer und Schnecken. In *Aus der Akasha-Chronik* wird eine Erklärung für die Geschlechtertrennung gegeben: Die Individuen, bei denen das weibliche Element überwog, waren geistig weiter entwickelt und verspürten Liebe zu Individuen mit überwiegend männlichem Element. *(S. 74ff.)*

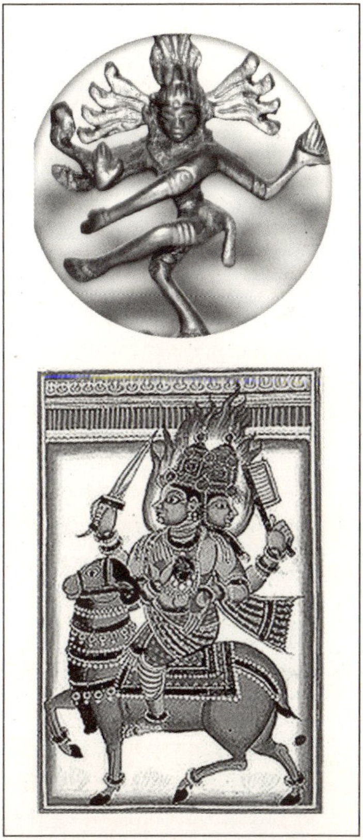

Indische Darstellungen von Personen mit vier Armen und zwei Gesichtern

Aus den angeführten Quellen geht hervor, dass die frühen Lemurer in jener Lebensperiode, als sie noch Hermaphroditen waren, vier Arme und zwei Gesichter hatten. Nach der Geschlechtertrennung verschwanden in der folgenden Periode allmählich die hinteren Arme, und zwar im Zusammenhang damit, dass das Dritte Auge, das am Hinterkopf saß, sich ebenfalls allmählich ins Schädelinnere zurückzog.

Das Dritte Auge gab dem Aussehen der frühen Lemurer ihre Zweigesichtigkeit. Dieses Auge war der Prototyp des Zyklopenauges (Einauges) der ersten und zweiten Rasse und konnte im Wellenbereich der feinstofflichen Welt »sehen«, also in der Welt der psychischen Energie *(extrem hoher Frequenzen – E.M.).* Dieses Auge »sah« ungefähr so, wie heutige Yogis »sehen«, wenn sie sich in Trance oder in den *Samâdhi*-Zustand versetzt haben. Die beiden hinteren Arme bedienten dieses hintere Auge.

Die beiden vorderen Augen erschienen bei den frühen Lemurern meiner Meinung nach im Zusammenhang damit, dass sie begannen, immer mehr »in die Materie herabzukommen«, was ein »Sehen« in der physischen Welt erforderte. Offensichtlich begann das Sehen in der physischen Welt das in der feinstofflichen Welt zu dominieren.

Dazu schreibt Blavatsky: *»Im Tiere – dessen Form ebenso ätherisch (astral) war wie die des Menschen, bevor die Körper der beiden ihre ›Hautröcke‹ zu entwickeln begannen, nämlich von innen nach außen ... war das Dritte Auge ursprünglich, ebenso wie im Menschen, das einzige Sehwerkzeug. Die beiden physikalischen Stirnaugen entwickelten sich erst später, sowohl im Tier wie im Menschen, dessen Organ des physikalischen Sehens beim Beginne der dritten Rasse in derselben Lage war wie das einiger blinder Wirbeltiere heutigen Tages ...« (S. 313)*

Die frühen Lemurer sahen also äußerst eigenartig aus: großer Wuchs, vier Arme, zwei Gesichter. Wahrscheinlich wurde die Erinnerung der Menschheit an dieses ungewöhnliche Aussehen über Millionen Jahre hinweg überliefert und in Form von Abbildungen und Götzenbildern der esoterischen Götter Indiens bewahrt. Insgesamt betrachtet waren die frühen Lemurer ziemlich vollkommen, da sie sowohl in der physischen als auch in der feinstofflichen Welt sehen und handeln konnten.

Die späten Lemurer waren schon zweiarmig und eingesichtig. Das hintere Armpaar verschwand allmählich, und das hintere Dritte Auge zog sich ins Innere des Schädels zurück. Aber das Dritte Auge hörte nicht auf zu funktionieren, da die Knochenbarriere in Form des Schädels für die psychische Energie unbedeutend ist. Das geistige Moment blieb im Leben der späten Lemurer überaus bedeutsam, das Prinzip *So'Ham* wirkte noch nicht und sie hielten über das Dritte Auge Verbindung zum Allgemeinen Informationsraum. Sie waren eine sehr kluge und intellektuelle Rasse.

Das Interessanteste in Hinsicht auf die späten Lemurer ist jedoch: Wir fanden bei Blavatsky Informationen darüber, dass auch in der heutigen Zeit noch direkte Nachfahren der Lemurer existieren, die nicht durch den Schmelztiegel der genetischen Veränderungen in der vierten (Atlanter) und fünften (unsere Zivilisation) Rasse gingen.

Blavatsky schreibt: *»Sehet die Überreste jener einst großen Nation (Lemurien der dritten Rasse) in einigen der flachköpfigen Ureinwoh-*

ner eures Australiens.« (S. 342) »... dass der australische Ureinwohner – welcher tatsächlich mit einer archaischen Fauna und Flora zusammenbesteht – in ein außerordentliches Altertum zurückreichen muss. Die ganze Umgebung dieser geheimnisvollen Rasse, über deren Ursprung die Ethnologie schweigt, ist ein Zeugnis für die Wahrheit der esoterischen Behauptung.« (S. 206) »Die Überlebenden jener letzten Lemurer, welche der Vernichtung ihrer Genossen entgingen, als der Hauptkontinent versank, wurden die Vorfahren eines Teiles der gegenwärtigen Ureinwohnerstämme ... Australien ist eines der ältesten, jetzt über dem Wasser befindlichen Länder ...« (S. 207)

In Steiners *Aus der Akasha-Chronik* gibt es ähnliche Angaben: *»Nachdem diese (die Lemurer – E.M.) durch verschiedene Entwicklungsstufen durchgegangen waren, kam der größte Teil in Verfall ... [Sie wurden zu Menschen,] deren Nachkommen heute noch als sogenannte wilde Völker gewisse Teile der Erde bewohnen.« (S. 32)*

In diesem Zusammenhang ist die Erforschung der Aborigines Australiens, das, wie bereits festgestellt wurde, ein Teil des altertümlichen Kontinents der Lemurer ist, für uns von großem Interesse. Möglicherweise haben sich anatomisch-topografische Besonderheiten der Lemurer erhalten. Möglicherweise sind Rudimente des zusätzlichen Armpaares vorhanden. Möglichweise kann man auch irgendetwas anderes finden.

Die größte Blüte erreichten jedoch die spätesten Lemurer oder Lemuro-Atlanter.

Die Lemuro-Atlanter

Aus allen Quellen wird deutlich, dass sich die Lemuro-Atlanter ebenso von ihren Vorfahren, den frühen Lemurern, wie auch ihren Nachfahren, den Atlantern, deutlich unterschieden. Sie waren vollkommener sowohl als die einen als auch die anderen. Ein russischer Eingeweihter sagte, als er mir von den späten Lemurern erzählte, dass im Vergleich zu ihnen die Atlanter und die Menschen unserer Zivilisation so etwas wie unvernünftige Kinder wären. Laut *Aus der Akasha-Chronik* gab es in der Anfangszeit der atlantischen Zivilisation Führer, die die Verkörperung Gottes auf Erden waren und deren Geist mit dem höchsten Verstand verbunden war. (Steiner, *S. 45/55*)

Wurde der Sphinx von den Lemuro-Atlantern erschaffen?

Wer waren sie nun, die Lemuro-Atlanter? Die detaillierteste Beschreibung vom Leben und Untergang der Lemuro-Atlanter fanden wir bei Blavatsky (*Die Geheimlehre*) und bei Lobsang Rampa (*Ein Arzt aus Lhasa*). In diesen Quellen ist beschrieben, dass die Lemuro-Atlanter mit der Fähigkeit des Hellsehens geboren wurden, das alle verborgenen Dinge erfasste. Ihr Sehen war unbegrenzt, sie erfassten Dinge augenblicklich. Für sie existierten weder Entfernungen noch materielle Hindernisse. Sie waren mit den tiefsten Geheimnissen der Natur und der ursprünglichen Weisheit vertraut. Man nannte sie Söhne Gottes.

Die Lemuro-Atlanter hatten keine Religion, denn sie kannten keine Dogmen und hatten keine Überzeugungen, die auf Glauben beruhten. Bei ihnen entfaltete sich das Dritte Auge vollständig, wodurch die Lemuro-Atlanter ihre Einheit mit dem ewig Wahren fühlten wie auch mit dem ewig unergründlichen und unsichtbaren Ganzen, dem einheitlichen Weltgott. Das war ein Goldenes Zeitalter jener fernen Zeiten, ein Zeitalter, als die Götter durch die Welt schritten und sich zwanglos mit den Sterblichen unterhielten. Als dieses Zeitalter endete, gingen die Götter fort, sie wurden unsichtbar, und die späteren Generationen begannen sie anzubeten.

Die Lemuro-Atlanter bauten gewaltige Städte. Sie nutzten dafür Marmor, Lava, Metalle und seltene Erden. Aus Stein schlugen sie ihre eigenen Abbilder heraus, die ihnen in Größe und Aussehen ähnlich waren, und beteten sie an. Die ältesten Überreste von Zyklopenbauten waren

Werke der Lemuro-Atlanter. Sie nutzten für den Bau gewaltige Monolithen mit einem Gewicht bis zu 500 Tonnen. Es gibt Vermutungen, dass die »Hängenden Steine« bei Salisbury (Großbritannien) und der ägyptische Sphinx Werke der Lemuro-Atlanter sind.

Die Lemuro-Atlanter besaßen Flugapparate, mit denen sie die Erde verlassen konnten.

Die Zivilisation der Lemuro-Atlanter war die am weitesten entwickelte Zivilisation. Sie hatten Flugapparate, mit denen sie die Erde verlassen konnten. Dazu sagt Sathya Sai Baba (Hislop, *Gespräche mit Sathya Sai Baba*),[13] dass diese Flugapparate mit Hilfe des *Mantra* funktionierten, durch spezielle Beschwörungen, von Menschen ausgesprochen, die im geistigen Leben fortgeschritten waren. Mit anderen Worten: Für die Fortbewegung der Flugapparate wurde psychische Energie genutzt.

Lobsang Rampa beschreibt Menschen von gigantischem Wuchs, die zusammen mit den frühen Atlantern lebten. Er gibt an, dass sie bedeutend größer als die Atlanter waren, obwohl die letzteren zweimal größer waren als die heutigen Menschen. Diese Giganten nannte Rampa Superintellektuelle. Es gibt viele Argumente dafür, diese Superintellektuellen als Lemuro-Atlanter anzusehen. Die Größe der Lemuro-Atlanter erreichte sechs bis acht Meter und mehr.

Der gleiche Lobsang Rampa schreibt, dass zu Zeiten der Superintellektuellen auf der Erde ein wärmeres Klima herrschte und die Flora reicher war. Die Erde bewegte sich in jener Zeit auf einer anderen Umlaufbahn und hatte einen Zwillingsplaneten. Die Anziehungskraft war viel geringer.

Wir finden bei Rampa auch Angaben über Konflikte zwischen verschiedenen Gruppen der Lemuro-Atlanter. Die Konflikte endeten mit einem Krieg, der eines Tages zu einer entsetzlichen Explosion führte, die

13 Siehe Fußnote 9.

Der Mond ist ein neuer Begleiter der Erde.

die Umlaufbahn der Erde veränderte. Danach begann sich der Zwillingsplanet der Erde zu nähern, wodurch schließlich die Meere über die Ufer traten und Winde mit bis dahin unbekannter Stärke wehten. Die Rasse der Lemuro-Atlanter vergaß ihre Streitigkeiten und erhob sich mit ihren Flugapparaten eiligst zum Himmel. Sie zogen es vor, die Erde für immer zu verlassen.

Auf der Erde dauerten die schrecklichen Naturkatastrophen an. Der heranfliegende Planet wurde immer bedrohlicher, und zwischen ihm und der Erde sprang ein großer Funke über. Schwarze Wolken zogen dahin, eine schreckliche Kälte brach herein. Viele Menschen (Atlanter) kamen um. Danach wuchs die Entfernung zur Sonne, sie ging jetzt im Osten auf und im Westen unter. Die Erde gelangte auf eine andere Umlaufbahn und bekam einen neuen Trabanten, den Mond. In der Folgezeit entdeckten die Menschen auf der Erdoberfläche eine große Vertiefung,[14] die sich beim Zusammenstoß der Planeten gebildet hatte.

Es gibt viele Angaben, wonach die Lemuro-Atlanter die am weitesten entwickelte Zivilisation waren. Sind sie nun vollständig umgekommen? Einige Angaben nähren die Auffassung, dass sie sich bis heute als Vertreter des Genpools der Menschheit im *Samâdhi*-Zustand befinden. Nach anderen Angaben bilden die Lemuro-Atlanter den Grundstock des rätselhaften Landes Shambhala, nachdem sie im Evolutionsprozess gelernt hatten, vom physischen Zustand in den Zustand der feinstofflichen Welt überzugehen und umgekehrt. Nicholas Roerich hat, als er das Land Shambhala beschrieb, nicht nur einmal darauf verwiesen, dass seine Bewohner in der Lage waren, zu verschwinden oder unsichtbar zu werden.

Kann man all das glauben? Ich weiß es nicht. Aber Übergänge zwischen der physischen und psychischen Welt halte ich für möglich.

---

[14] Dabei dürfte es sich um den Papageien-Krater »Buraco das Aras« in Brasilien handeln, der für seine auffällig vielen Papageien berühmt ist.

Die Atlanter

Wie Lobsang Rampa (*Ein Arzt aus Lhasa*) schreibt, begannen sich die nach der durch den Zusammenstoß der Planeten hervorgerufenen Katastrophe übriggebliebenen Atlanter an die veränderten Lebensbedingungen auf der Erde anzupassen. Die Rasse der Superintellektuellen, die beim Überleben hätte helfen können, gab es nicht mehr. Als Erinnerung an sie entstand die Religion. Die wurde von Priestern genutzt, um Macht über die Menschen zu erlangen.

Die Mammute und Dinosaurier verschwanden von der Erde, da sie sich nicht an das neue Klima anpassen konnten. Der Himmel, der früher rot war, veränderte sich – er wurde blau. Vom Himmel fiel jetzt ab und zu Schnee, der Wind wurde merklich kälter, es entstanden Ebbe und Flut. Die Menschen wurden allmählich kleiner.

Die Priester der Atlanter verstanden, dass man ohne das Wissen der Lemuro-Atlanter schwerlich einen Fortschritt der Gesellschaft erwarten konnte. Sie begannen die alten Schriften der Lemuro-Atlanter zu sammeln und bemühten sich, sie zu entziffern. Ausgrabungen trugen dazu bei, andere alte Quellen altertümlichen Wissens aufzuspüren.

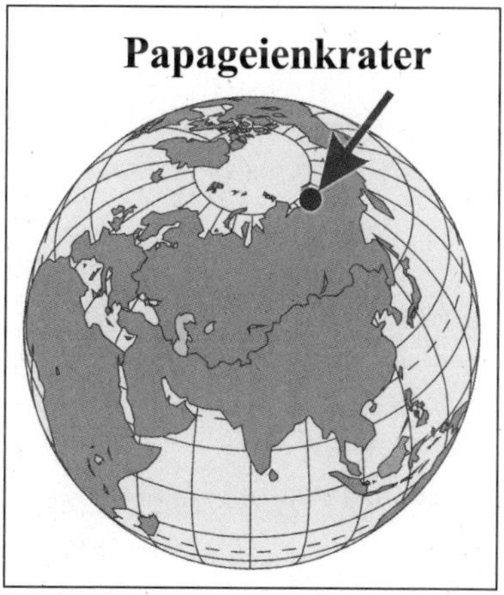

Die Aneignung des alten Wissens führte zum Fortschritt. Es wurden Städte gebaut, die Wissenschaftler ließen nicht nach, immer neue Mittel zur Beherrschung der Natur zu finden. Die Menschen bauten Flugapparate und begannen sich mit Flugzeugen ohne Tragflächen in den Himmel zu erheben. Die Flugzeuge flogen geräuschlos und konnten an beliebiger Stelle über der Erde schweben. Das wurde dadurch erreicht, dass das Geheimnis der Schwerkraft erkannt und die Nutzung der Antigravitation möglich wurde. Die Menschen konnten mittels einer Einrichtung, die auf der Handfläche Platz hatte, riesige Steine in der Luft bewegen. Der Transport wurde hauptsächlich durch die Luft realisiert. Den Transport zu Lande nutzte man nur bei geringen Entfernungen, der Transport zu Wasser hingegen war eher selten.

Auch Blavatsky schreibt davon, dass die Atlanter Flugapparate besaßen. Dabei weist sie auf Folgendes hin: »*Von der vierten Rasse erhielten die frühen Arier [Âryas] ... die ›Kenntnis des Fliegens in Luftfahrzeugen‹ ... ererbten ... ihre höchste wertvolle Wissenschaft von den verborgenen Kräften kostbarer und anderer Steine, von der Chemie oder vielmehr Alchimie, der Mineralogie, Geologie, Physik und Astronomie.*« *(S. 444f.)*

In *Aus der Akasha-Chronik (S. 28f.)* wird beschrieben, dass die Atlanter Macht über das hatten, was man Lebenskraft nennt. Im Brotgetreide zum Beispiel schlummert eine Kraft, dank derer aus dem Getreide der Halm wächst. Die Atlanter verfügten über Vorrichtungen, mit deren Hilfe sich eine ähnliche Lebenskraft in eine anwendbare technische Kraft verwandelte, die für die Fortbewegung von Flug- und anderen Apparaten genutzt wurde.

Außer der Schwerkraft und der Lebenskraft nutzten die Atlanter durch das Dritte Auge auch noch die psychische Energie. Nostradamus schreibt darüber, dass sie beim Bau der Pyramiden und ähnlicher Monumente Steine »mit dem Blick« transportierten – offensichtlich, meine ich, indem sie sich mit Hilfe des Dritten Auges auf die Wellenelemente der Steine einstimmten und dadurch der Schwerkraft entgegenwirkten.

Blavatsky zählt einige heutige Zeugnisse der Zivilisation der Atlanter auf: »*... die Pyramiden von Ägypten, Karnak und die tausend Ruinen ... das monumentale Nagkon-Wat von Kambodscha ... [die] Ruinen von Palenque und Uxmal in Zentralamerika ... die echten Farben von Luxor – den tyrischen Purpur, den hellen Zinnober und das leuchtende Blau, die die Mauern jener Stätte zieren und ebenso hell sind wie am ersten Tage ihrer Anbringung ... [der] unzerstörbare Mörtel der Pyramiden und der alten Wasserleitungen ... die Damaszenerklinge, die in ihrer Scheide wie ein Korkzieher gedreht werden kann, ohne zu brechen ... die unvergleichlichen Tönungen des farbigen Glases ... und das Geheimnis des echten Schmiedeglases ...*« *(S. 448 f.)*

Lobsang Rampa (*Ein Arzt aus Lhasa*) schreibt, dass sich die Atlanter zur gegenseitigen Verständigung der Telepathie bedienten, einer »Universalsprache« für alle. Allmählich aber begann sich die Sprachfunktion zu entwickeln. Es entstanden verschiedene Sprachen und damit Grenzen der Verständigung. Danach wurde die Schrift erfunden.

In der *Akasha-Chronik (S. 33)* wird hervorgehoben, dass die Atlanter sich von den heutigen Menschen durch ein sehr gut entwickeltes Gedächtnis unterschieden, aber mit einer geringeren Fähigkeit zur Logik. Autoritäten waren für sie vorrangig betagte Menschen, die auf ihre lange Erfahrung zurückblicken konnten.

Die Geografie der Kontinente war zur Zeit der atlantischen Zivilisation eine andere als heute. In *Aus der Akasha-Chronik (S. 23f.)* heißt es, dass der Kontinent Atlantis sich über ein Gebiet im Atlantischen Ozean zwischen Europa und Amerika erstreckte. Blavatsky *(S. 233)* hebt zwei Kontinente von Atlantis hervor: einen im Stillen Ozean und einen zweiten im Atlantischen Ozean. Wie die Autorin bemerkt, sind Madagaskar, Ceylon, Sumatra, Java, Borneo und die polynesischen Inseln Überreste des Kontinents von Atlantis im Stillen Ozean. Über die Ausmaße dieses Kontinents kann man auch urteilen, wenn man auf der Karte die Sandwich-Inseln, Neuseeland und die Osterinsel findet, welche die »drei Gipfel des in den Wellen untergegangenen Kontinents« waren. Die Eingeborenen dieser Inseln kannten sich nicht, trotzdem bestätigen sie alle, dass ihre Inseln einst Teil des Festlandes eines riesigen Kontinents waren. Das Interessanteste war aber, dass diese Eingeborenen eine Sprache sprachen und die gleichen Bräuche hatten.

Sind das alles Werke der Atlanter?

Der zweite Kontinent von Atlantis lag im Atlantischen Ozean; seine Überreste sind die Azoren und die Kanarischen Inseln. An der Stelle des heutigen asiatischen Kontinents existierten lediglich große Inseln.

Den genannten Quellen zufolge gab es bei den Atlantern verschiedene Nationen und Unterrassen. So werden in *Aus der Akasha-Chronik (S. 33-43)* sieben Unterrassen innerhalb der Rasse der Atlanter unterschieden. Die erste Unterrasse (die Rmoahals) zeichnete sich durch ein hochentwickeltes Gedächtnis und die magische Kraft des Wortes aus. Die zweite Unterrasse (die Tlavatli-Völker) entwickelte das Gefühl des Ehrgeizes und bewahrte seine Heldentaten und Handlungen im Gedächtnis auf. Die dritte Unterrasse (die Tolteken) wird charakterisiert durch die Weitergabe ihrer Errungenschaften und Talente an ihre Nachfahren, wodurch es zur Klanbildung kam. Die vierte Unterrasse (die Ur-Turanier) hatte eigennützige Wünsche und Bestrebungen. Die fünfte (die Ur-Semiten) hatte eine starke Urteilsfähigkeit. Die sechste (die Akkadier) entwickelte die Denkkraft, wodurch der Drang nach Innovation und Veränderung entstand. Die siebte Unterrasse (die Mongolen) entwickelte die Denkkraft weiter, hielt letztlich aber das Althergebrachte für das Vernünftigste.

Blavatsky *(u.a. S. 233, 411, 443f.)* unterscheidet an einer Stelle zwei Unterrassen der Atlanter – die Devs und Peris. Die Devs charakterisierte sie als starke Giganten. An anderer Stelle unterteilt sie die Atlanter in Menschen, die das Aussehen Buddhas hatten, und andere, die den Statuen von der Osterinsel glichen. Dabei merkt sie an, dass erstere die Söhne der Götter waren, die zweiten aber Ausgeburten böser Zauberpriester. Außerdem kann man bei Blavatsky eine Unterteilung der Atlanter in gelbe, schwarze, braune und rote finden. Wobei man das so verstehen kann, dass die gelben die Ureltern der Chinesen, Mongolen und Turanier, die schwarzen die der Schwarzafrikaner und die roten die der Juden wurden.

Bei derselben Autorin finden sich Hinweise auf die Sünden der Atlanter durch Missbrauch der neuen Technologien. *(S. 316)* Aus einem Heiligtum, das für den Aufenthalt der Götter bestimmt war, wurde ein Tempel jeglicher geistiger Lasterhaftigkeit gemacht.

Infolge der Sünde kam es zu endlosen Kriegen zwischen verschiedenen Gruppen der Atlanter. Lobsang Rampa (*Ein Arzt aus Lhasa*) erklärt die Ursache des Krieges mit der Entstehung verschiedener Sprachen unter den Atlantern.

Derselbe Autor schreibt, dass die Atlanter ein ums andere Mal neue Waffenarten erfanden. Sie entwickelten Strahlenwaffen, die bei den Menschen Mutationen hervorriefen, und auch bakteriologische Waffen. Dadurch kam es zu einer schrecklichen Epidemie von Infektionskrankheiten. Bald darauf wurde eine spezielle Waffe erfunden, mit der bis heute unsichtbare Wolken in der Stratosphäre erzeugt wurden. Die Erde erbebte und schien um ihre eigene Achse zu schwanken. Durch Überschwemmungen, Brände und todbringende Strahlen kamen Millionen von Menschen um. Ein Teil der Menschen rettete sich in hermetisch abgeschlossene Schiffe, andere erhoben sich mit Flugapparaten in die Luft.

Blavatsky *(S. 233, 366, 407, 445f.)* schreibt über den Krieg der Atlanter: Die schwarzen Atlanter, angeführt von niederen materiellen Geistern der Erde, die zwei Drittel der Menschheit ausmachten, kämpften gegen die gelben Atlanter, die wahre Götter geblieben waren und ein Drittel der Menschheit verkörperten. Beide Gruppen unterschieden sich nicht nur physisch, sondern auch geistig voneinander. Dabei waren sie zutiefst eingeweiht in die ursprüngliche Weisheit und in die Geheimnisse der Natur.

> Sie beschreibt, wie die Führer der Gelben wegen der Sünden der Schwarzen ihre Luftschiffe (*Vimânas*) mit frommen Menschen zu den Bruder-Regenten ausschickten – und zwar mit den Worten: *»Möge jedes Gelbgesicht von sich Schlaf aussenden zu (mesmerisieren?) jedem (jedes) Schwarzgesicht. Mögen selbst sie (die Zauberer) Schmerz und Leiden entgehen. Möge jeder den Sonnengöttern treue Mensch jeden unter den Mondgöttern stehenden Menschen binden (paralysieren), damit er nicht leide oder seinem Schicksal entrinne ... Als die Herren der dunklen Gesichter erwachten und sich an ihre Vimânas erinnerten, um den steigenden Gewässern zu entrinnen, fanden sie dieselben verschwunden.« (S. 445f.)*

Und so beherrschte die Zivilisation der Atlanter, die den Untergang der lemuro-atlantischen Zivilisation überlebt hatte, allmählich das alte Wissen der Lemuro-Atlanter, entwickelte es weiter und wurde so eine aufblühende Zivilisation.

Aber mit der Zeit begannen sich innerhalb der atlantischen Zivilisation Widersprüche anzuhäufen, die zum Krieg führten. Unendliche Kriege mit immer wieder neuen Waffenarten führten unausweichlich zum Untergang von Atlantis.

Der Untergang der Atlanter. Die weltweite Überschwemmung

Die nicht enden wollenden Kriege, in die die späten Atlanter verwickelt waren, wurden mit unwahrscheinlich mächtigen Waffen geführt, die sogar die Stabilität der Erdachse beeinflussten. Die Verschiebung der Erdachse rief globale Veränderungen in der Erdkruste hervor, die begleitet wurden von der Überschwemmung des Kontinents Atlantis und dem Entstehen neuer Kontinente.

Der letzte fatale Krieg zwischen den gelben und schwarzen Atlantern führte zum Untergang der schwarzen Atlanter, die sich zum Zeitpunkt der Überschwemmung unter Hypnose (durch telepathische Waffen) befanden. Die gelben Atlanter konnten sich retten, indem sie ihre Flugapparate (*Vimânas*) ins Land des Feuers und des Metalls steuerten, unter dem man den heutigen Himâlaja, Tibet und die Wüste Gobi verstehen kann. Beide Hauptkontinente von Atlantis wurden überschwemmt.

Die weltweite Überschwemmung wurde durch die »Wanderung der Pole« hervorgerufen. Laut Blavatsky war »das Land des Feuers und Metalls« das Polargebiet (Nordpol). Daraus folgt, dass zur Zeit von Atlantis der Nordpol im Gebiet des Himâlaja, Tibets und der Wüste Gobi lag. Durch die Verschiebung der Erdachse verlagerte sich der Nordpol an seinen heutigen Ort.

> Blavatsky schreibt: *»Die Überlieferung sagt ... dass ... dort, wo jetzt nur Salzseen und trostlose kahle Wüsten zu finden sind, ein weites Inlandmeer sich befand, welches sich über Mittelasien ausbreitete, nördlich von der stolzen Himâlaya-Kette und ihrer westlichen Fortsetzung. Eine Insel darin, welche in ihrer beispiellosen Schönheit ihresgleichen in der Welt nicht hatte, wurde von dem letzten Überreste der Rasse, welche der unseren voranging, bewohnt.« (S. 230) »Diese ›Insel‹ existiert, wie geglaubt wird, bis zur gegenwärtigen Stunde als eine Oase, umgeben von der schrecklichen Wildnis der großen Wüste Gobi ...« (S. 231)*

Lobsang Rampa schreibt, dass es unter den Atlantern einen Stamm gab, der sich der besonderen Gunst der Superintellektuellen (Lemuro-Atlanter) erfreute. Sie lebten an einem herrlichen Ufer eines der Meere. Nach der weltweiten Überschwemmung erhob sich ihr Territorium um einige tausend Fuß über den Meeresspiegel, umgeben von hohen Bergen *(vermutlich die Gobi – E.M.).* Die Priester dieses Stammes hatten die weltweite Überschwemmung vorausgesagt. Beizeiten beschrifteten sie Goldene Tafeln mit der Historie, einer Karte der Welt, des Sternenhimmels, aber auch mit wissenschaftlichen Abhandlungen. Diese Goldenen Tafeln wurden gemeinsam mit Mustern von Geräten, Büchern und anderen Gegenständen in Felsenhöhlen an einigen voneinander entfernten Orten verborgen, damit die Menschen der Zukunft sie finden und von ihrer Vergangenheit erfahren können.

In dem nunmehr bergigen Territorium änderte sich das Klima stark, wodurch viele Bewohner wegen der Abkühlung und Abnahme der Luftdichte starben. Diejenigen, die überlebten, wurden die Vorfahren der heutigen widerstandsfähigen Tibeter. Auf ihrem Territorium sind in Felsenhöhlen die Tafeln mit dem geheimnisvollen Wissen verborgen. In diese Höhlen konnten nur wenige der neuen Priester gelangen. Andere Zeugnisse der verschollenen Zivilisation befinden sich in einer weltverlassenen, von niemandem geschützten Stadt, die sich in den Weiten des Tienschan verlor, eines Hochgebirges in der riesigen zentralasiatischen Region Turkestan.

Hinweise darauf, dass in den Höhlen Tibets und der Gobi beträchtliches Wissen verborgen liegt, kann man auch bei Blavatsky finden. Sie spricht zwar nicht von Goldenen Tafeln und Büchern, weist aber unzweideutig auf Menschen im *Samâdhi*-Zustand hin, die sich immer noch in diesem Gebiet aufhalten sollen:

> *»... die Reste jener unsterblichen Menschen – welche überlebten, als die heilige Insel schwarz vor Sünde wurde und zu Grunde ging – Zuflucht gefunden haben in der großen Wüste Gobi, wo sie noch immer wohnen, unsichtbar für alle und vor Annäherung durch eine Schar von Geistern geschützt ...« (S. 388) »... in Airyana Vaējō, wo der Vara gebaut wird ... ein Jahr erscheint [dort] bloß als ein Tag (und Nacht).« (S. 305) »Dorthin (in den Vara) sollst du bringen die Samen von Männern und Weibern ... die Samen einer jeden Art von Vieh ... damit sie dort unerschöpflich erhalten bleiben, so lange als jene Menschen in dem Vara verweilen werden.« (S. 304)*

Aus alledem folgt, dass sich während der weltweiten Überschwemmung ein Teil der Atlanter in das Gebiet des Himâlaja, Tibets und der Gobi retten konnte. Das war zu Zeiten von Atlantis Polargebiet, aber offensichtlich mit anderen klimatischen Bedingungen als am gegenwärtigen Nordpol. In dieser Region lebten hochentwickelte Stämme der Atlanter. In den Gebirgen und auf den Hochebenen, die jetzt entstanden waren (Gobi, Tibet), wurden die Lebensbedingungen äußerst hart. Ein Teil der Atlanter wurde zu Vorfahren der heutigen Tibeter, ein anderer Teil begab sich in die Felsenhöhlen und in den *Samâdhi*-Zustand, um über viele Jahrtausende sich und ihr Wissen zu bewahren. Dort lagern auch die Goldenen Tafeln, Schriften und Geräte, die vom Wissen der atlantischen Zivilisation zeugen.

Uns fiel auf, dass sich nur »fromme« Menschen gerettet haben. Das Wort »fromm« hat hier sicher die Bedeutung »mit reiner Seele« und beschreibt Menschen, die fähig sind, sich von negativer psychischer Energie zu befreien: die wichtigste Bedingung dafür, sich in einen tiefen *Samâdhi*-Zustand zu versetzen.

Es konnten sich auch jene Atlanter retten, die an Bord der hermetischen Schiffe waren, und ebenso ein Teil derer, die durch Gebirgsbildung über den Meeresspiegel gehoben wurden. Andere starben unter Wasser, möglich, dass die Berge sie begruben.

Wann ging Atlantis unter? Angaben dazu fanden wir nur bei Blavatsky. Sie bemerkt an einigen Stellen ihres Buches, dass die weltweite Überschwemmung und der Untergang des Hauptkontinents von Atlantis vor 850.000 Jahren erfolgte. Während der weltweiten Überschwemmung gingen die Atlanter nicht gleich unter; die am Leben Gebliebenen starben vor 850.000 bis 700.000 Jahren. Ob es danach weitere Überschwemmungen gab, lässt sie offen. Eindeutig ist für sie, dass die weltweite Überschwemmung, die den Hauptkontinent von Atlantis vor 850.000 Jahren untergehen ließ, die biblische Sintflut ist, die sich für immer in das Gedächtnis der Menschen (Arche Noah) eingeprägt hat.

Was geschah aber vor 11.000 Jahren? Bei Nostradamus, Blavatsky und in *Aus der Akasha-Chronik* ist vermerkt, dass nach der weltweiten Überschwemmung vor 850.000 Jahren außer dem Himâlaja, Tibet und der Gobi nur ein Stück Festland (im heutigen Atlantischen Ozean) nicht überschwemmt wurde, das von Platon beschrieben wurde und allgemein unter der »Insel Platons« bekannt ist. Auf der Insel Platons überlebte eine Gruppe Atlanter, deren Wissen und Technologie nicht verlorenging. Diese Gruppe Atlanter lebte auf ihrer Insel und beeinflusste die Entwicklung unserer Zivilisation, welche auf den Kontinenten entstand, die sich aus dem Ozean erhoben. Im Einzelnen schreibt Blavatsky den Bau der großen ägyptischen Pyramiden den Atlantern der Insel Platons zu und gibt für den Pyramidenbau eine Zeit vor 78.000 Jahren an, als »sich Ägypten gerade so aus dem Wasser heraushob«. Sie vermerkt auch den positiven Einfluss der Atlanter der Insel Platons auf die Ägypter des Altertums: »Die Dynastie der ältesten Ägypter beherrschte das gesamte Wissen der Atlanter, obwohl in ihren Adern kein Blut der Atlanter mehr floss.«

Vor 11.000 Jahren erblickten die Atlanter der Insel Platons einen neuen Stern am Firmament. Er wurde größer und begann, wie Nostradamus beschreibt, eine unerträgliche Hitze abzugeben. Das war der Komet Typhon (nach Nostradamus), der in den Atlantischen Ozean stürzte. Durch den Einschlag wurde die Insel Platons überschwemmt, und die letzten Atlanter auf der Erde kamen um. Der Kometenkörper durchschlug die Erdkruste, und Magma ergoss sich in den Ozean. Eine große Menge Dampf und Staub gelangte in die Atmosphäre, wodurch sich die Erde für viele Jahre verdunkelte. Für unsere sich zu dieser Zeit entwickelnde Zivilisation verschlechterten sich die Überlebensbedingungen wieder.

Auch in chinesischen Quellen gibt es eine Beschreibung von Atlantis, das dort *Ma-li-ga-si-ma* genannt wird. Es versank im Meer, aber ein chinesischer Noah, der sich gerettet hatte, sicherte das Fortbestehen der Menschengeschlechts.

Als Grund für den Niedergang der Atlanter fanden wir zwei Auffassungen. Die erste (Blavatsky) betrachtet eine geologische Katastrophe als Ursache für die weltweite Überschwemmung, die zweite (*Aus der Akasha-Chronik*, Lobsang Rampa, Nostradamus, aber auch Blavatsky an anderer Stelle ihres Buches) spricht von der Sündhaftigkeit der Atlanter, dem Missbrauch ihres Wissens und ihrer neuen Technologien.

Eine geologische Katastrophe als Ursache für den Untergang von Atlantis kann man nicht ausschließen, ebensowenig wie ihre Sündhaftigkeit, so altmodisch und religiös diese Vorstellung auch anmuten mag. Die Atlanter hatten Zugang zum Allgemeinen Informationsraum und bezogen ihr Wissen daraus. Die Nutzung dieses Wissens zu Kriegszwecken war wahrhaftig eine große Sünde. Und nur Gott weiß, welchen Einfluss die feinstoffliche Welt (die Welt der psychischen Energie) auf die physische Welt hat; möglicherweise begünstigt negative Energie geologische Katastrophen. Aber wir können nicht damit einverstanden sein, dass die Sünde der Atlanter zu dem schweren Karma der Menschen unserer Zivilisation führte, dass wir (die fünfte Rasse) also jetzt durch das Prinzip *So'Ham* des höchsten Verstandes vom Wissen des Allgemeinen Informationsraums abgeschnitten und gezwungen sind, uns selbst zu verwirklichen. Nur ganz wenige Eingeweihte haben das Glück, Zugang zum Wissen des höchsten Verstandes zu erhalten.

Alles in allem ergibt sich aus den genannten Quellen ein äußerst interessantes Bild. Die Menschen unserer Zivilisation (die fünfte oder Rasse der *Âryas*) entstanden im Schoß der atlantischen Zivilisation etwa 200.000 Jahre vor der weltweiten Überschwemmung (vor 850.000 Jahren), also vor über einer Million Jahren. Die Atlanter bekamen zu jener Zeit Kinder mit ungewohntem Aussehen – das waren die ersten Menschen der fünften Rasse. Anfangs galt das als Anachronismus, aber es wurden immer mehr. Sie waren kleiner als die Atlanter, aber im Vergleich zum heutigen Menschen größer und kräftiger.

In der Zeit des gemeinsamen Lebens mit den Atlantern, bis zur weltweiten Überschwemmung, unterlagen sowohl die Menschen unserer Zivilisation als auch die Atlanter *nicht* dem Prinzip *So'Ham*, das heißt, sie hatten Zugang zum Allgemeinen Informationsraum. Die letzte Botschaft *So'Ham* begann erst später zu wirken, nach der weltweiten Überschwemmung.

Einige Atlanter, unter ihnen gelbe, braune, rote und schwarze, konnten sich bei der weltweiten Überschwemmung retten. Es retteten sich aber auch einige Menschen unserer Zivilisation. Genau wie die Atlanter wurden sie von *Vaivasvata Manu* (oder Noah) gerettet, der laut Blavatsky *(S. 323)* ein Atlanter war.

Es gibt Angaben darüber, dass die Menschen unserer Zivilisation selbst nach der weltweiten Überschwemmung noch gegen die übriggebliebenen Atlanter kämpften. Offensichtlich sind diese Kriege im Gedächtnis der Menschen als Legenden und Sagen erhalten geblieben, die von heldenhaften Rittern berichten, welche die Giganten (Devs und Peris) besiegten und über Zauberkräfte verfügten (das Dritte Auge?).

Aber die Atlanter und die Menschen unserer Zivilisation pflanzten sich trotzdem nicht nur getrennt fort, sondern vermischten sich auch miteinander. Das hielt an, bis die letzte atlantische Insel Platons unterging (vor 11.000 Jahren). Dabei verlor die ältere Rasse (die Atlanter) immer mehr ihre Merkmale und nahm Züge der jüngeren Rasse an. Die ägyptische Zivilisation, die am längsten und friedlich mit den Atlantern der Insel Platons zusammengelebt und sich mit ihnen vermischt hatte, begann viel geheimes Wissen zu übernehmen und die Technologien der Atlanter zu beherrschen.

Im Prozess der Vermischung brachten die gelben Atlanter die Chinesen, Mongolen und Turanier hervor, die schwarzen die Schwarzafrikaner, die roten die Juden, die braunen möglicherweise die Europäer. Es wird von zwei Ausgangspunkten der Menschheit gesprochen: Tibet und Afrika. Uns aber scheint, dass der afrikanische Ausgangspunkt der Menschheit unserer Zivilisation vor 11.000 Jahren gemeinsam mit der Insel Platons unterging und der tibetische der wahre Ausgangspunkt ist, was auch durch unsere augengeometrischen Untersuchungen bestätigt wird.

Was uns wirklich überraschte: Alle Autoren weisen darauf hin, dass die Menschen der vierten und fünften Rasse (die Atlanter und die Menschen unserer Zivilisation) nach der weltweiten Überschwemmung von »göttlichen Königen« geführt wurden. Wer sind diese »göttlichen Könige«? Da die gleichen Autoren die Lemuro-Atlanter als Söhne der Götter bezeichneten, lässt sich vermuten, dass die Menschen der vierten und fünften Rasse, welche die weltweite Überschwemmung überlebt hatten, von Lemuro-Atlantern geführt wurden. Sie (die Führer) lehrten die Menschen der vierten und fünften Rasse, die während der weltweiten Überschwemmung ihr Wissen und ihre Technologien verloren hatten, neue Technologien zu entwickeln, Bodenschätze zu fördern und dergleichen mehr. Die Seelen dieser Führer waren mit dem höchsten Verstand verbunden.

Woher waren aber die Lemuro-Atlanter gekommen, die durch frühere globale Katastrophen etwa eine Million Jahre vor der weltweiten Überschwemmung ihr Leben verloren hatten? Unwillkürlich drängt sich die Folgerung auf, dass es bereits den Genpool der Menschheit gab, der aus den Menschen unterschiedlicher Zivilisationen besteht.

Schlussfolgerung

Die Lemurer und Atlanter, die nacheinander die Erde bevölkerten, bildeten hochentwickelte Zivilisationen. Die technokratische Entwicklung jeder dieser Zivilisationen führte jedoch unausweichlich zu Konflikten und Kriegen, die ihren Untergang bewirkte. Die Erde überstand zwei globale Katastrophen: Die erste brachte die Lemurer um, die zweite die Atlanter.

Jede dieser Zivilisationen ging aus der vorangegangenen hervor. Eine Weitergabe des alten Wissens und der Technologien durch die vorhergehende Zivilisation fand allerdings nicht statt. Die nach den globalen Katastrophen übriggebliebenen Menschen, die mit den harten Bedingungen des Überlebens konfrontiert waren, verloren ihr Wissen und ihre Technologien, und es drohte die Gefahr ihrer Verwilderung. Einzig das Wissen, das in den Höhlen verborgen ist, und nur die »göttlichen Könige«, die von wer weiß woher erschienen, halfen den Menschen, sich zu entwickeln und den Weg des Fortschritts zu gehen.

Kann es sein, dass es wirklich einen Genpool der Menschheit gibt? Und dass dieser Genpool, wenn eine globale Katastrophe unsere Zivilisation ereilt, der Menschheit das Überleben sichern kann?

Was befindet sich in den *Samâdhi*-Höhlen?

8 In den *Samâdhi*-Höhlen

Die chronologische Darstellung unserer Expeditionsarbeit habe ich in den letzten beiden Kapiteln zur Analyse der Angaben über Buddha und die Menschen früherer Zivilisationen unterbrochen. Das war, als ich mit dem Bonpo-Lama in ein anderes Zimmer ging, um ein Gespräch unter vier Augen zu führen.

Worüber ich mit dem Bonpo-Lama redete? Natürlich ging es mir darum, mich mit einem besonderen Menschen zu treffen, der Zugang zu den *Samâdhi*-Höhlen hat, um zu überprüfen, was es wirklich mit den rätselhaften *Samâdhi*-Höhlen auf sich hat. Ich sage nur, dass das Gespräch mit dem Bonpo-Lama zu einigen weiteren Treffen führte, als deren Resultat es uns doch noch gelang, eine Region herauszufinden, in der sich eine *Samâdhi*-Höhle befindet, und auch die Namen von zwei besonderen Menschen, die diese *Samâdhi*-Höhle schützen. Wo befindet sich die *Samâdhi*-Höhle und wie heißen diese zwei besonderen Menschen? Auf diese Frage werde ich mit deren Worten antworten: Das werde ich nicht einmal Gott sagen! Der Leser, hoffe ich, wird mich verstehen – das ist zu heilig, und es gibt zu viele böse Kräfte auf der Welt.

Was wollen wir in den *Samâdhi*-Höhlen finden?

Als wir uns auf den Weg zu den *Samâdhi*-Höhlen machten, wussten wir schon, dass es nicht einfach sein würde, in sie hineinzukommen und Vertreter früherer Menschheiten im *Samâdhi*-Zustand zu sehen. Die Informationen über die psychoenergetischen Barrieren am Eingang der *Samâdhi*-Höhlen konnten nicht einfach erdacht sein, zumal die *Samâdhi*-Höhlen als Bestandteil des Genpools der Menschheit schwerlich für jedermann zugänglich sein dürften, selbst beste Absichten vorausgesetzt. Wenn es uns gelingen sollte, eine solche Höhle zu betreten, würden wir dann die psychoenergetische Barriere spüren? Wie würde es sein, würden wir dabei vielleicht umkommen?

Leider neigt der Mensch, besonders der Skeptiker, zu der Annahme, dass er alles weiß und dass alle Geheimnisse der Natur schon gelüftet sind. Es ist schwer, etwas über unbekannte Energiearten zu sagen, besonders jene psychischen Charakters. Solche Skeptiker gab es sicherlich bereits zu Anfang des vorigen Jahrhunderts, als noch nichts über die Kernenergie bekannt war, obwohl sich auch seinerzeit, wie heute bekannt ist, geheimnisvolle Todesfälle in der Nähe von Uran-Lagerstätten ereigneten. Ähnlich konnte es hier sein, zumal die Arten der psychischen Energie bisher schwer erforschbar waren.

Wie würden die besonderen Menschen auf unser Erscheinen reagieren? Es stand kaum zu erwarten, dass sie uns erzählen würden, was sie beim Besuch der *Samâdhi*-Höhlen zu Gesicht bekommen hatten. Man verhehlte uns auch nicht, dass die Begleitschreiben über die Seriosität unseres wissenschaftlichen Vorgehens uns schwerlich helfen würden.

Unsere Hoffnung ruhte auf der Darstellung des hypothetischen Atlanters. Möglicherweise hatten die besonderen Menschen ähnliche Gesichter in den Höhlen gesehen. Wie würden sie auf unsere Rekonstruktion reagieren? Nicht ausgeschlossen, dass die besonderen Menschen uns dank dieser Abbildung als Beschützer der *Samâdhi*-Höhlen aus Europa betrachten würden und es uns gelänge, das Aussehen der Menschen im *Samâdhi*-Zustand nach dem Prinzip zu diskutieren: Unserer sieht so aus, und wie sieht eurer aus?

Durchaus möglich, dass unser wissenschaftliches Herangehen an die Rekonstruktion des Äußeren eines Vertreters früherer Menschheiten ihr Interesse weckte und sie bestimmte Korrekturen einbrachten. Mit anderen Worten: Wir hofften nicht auf direkte Aussagen der besonderen Menschen, aber doch immerhin auf indirekte Hinweise und weiterführende Informationen, um dem großen Geheimnis wenigstens ein Stück weit näher zu kommen.

Ein tibetisches Dorf

Über Gebirgspässe gelangten wir zu einem kleinen tibetischen Dorf, das in einer Höhe von etwa 3.000 Metern lag. Unsere Gruppe hatte den langen Marsch durch die Berge gut überstanden. Immerhin waren Lobankov und ich »Meister des Sports« im Bereich Sporttourismus und die anderen Expeditionsteilnehmer ebenfalls erfahrene Wanderer.

Das Dörfchen, Ziel unseres Marsches, bestand aus kleinen Steinhäusern und einer Pagode unweit davon. Man lebte hier sehr gedrängt: Beengte Zimmer auf verschiedenen Ebenen, die untereinander durch steile Treppen verbunden waren, die Wände in der Regel ohne Putz und Tapeten. Abends wurde es ziemlich kalt.

Aber wir kehrten in keines der Häuser ein, sondern bauten unsere Zelte unweit des Dorfes auf. Für die Einwohner war unser Erscheinen ein großes Ereignis. Die Kinder saßen lange in der Nähe unserer Zelte und schauten schweigend auf uns Fremdlinge. Schüchtern nahmen sie die dargebotenen Süßigkeiten an und rannten dann rasch fort. Niemand sprach Englisch, so dass wir uns nur über unseren Dolmetscher Kiram verständigen konnten.

Anfangs fragten wir die Bewohner nach den Höhlen in den Bergen. Sie antworteten, dass es hier viele Höhlen gäbe. Dann fragten wir nach den *Samâdhi*-Höhlen. Die bis dahin lächelnden und gesprächigen Menschen verstummten und ließen die Frage unbeantwortet. Wir mussten feststellen, dass das Geheimnis der *Samâdhi*-Höhlen hier nicht nur von den besonderen Menschen gehütet wurde, sondern von allen Einwohnern.

Genau in diesem Dorf fanden wir zwei besondere Menschen.

Die besonderen Menschen

Der eine war 60 Jahre alt, der andere 95. Sie sahen beide jünger aus. Es stellte sich heraus, dass zur Zeit nur einer von ihnen in die *Samâdhi*-Höhlen ging, der zweite hatte in Anbetracht seines fortgeschrittenen Alters vor einigen Jahren aufgehört, die *Samâdhi*-Höhlen zu besuchen. Beide lebten mit ihrer Familie in ebensolchen Häusern wie die anderen Dorfbewohner.

Drei Tage lang unterhielten wir uns mit ihnen über alles Mögliche. Aber wenn wir die Frage nach den *Samâdhi*-Höhlen auch nur streiften, verstummten sie sofort. Auf eindringlicheres Fragen antworteten sie nur: »Das ist ein Geheimnis.«

Unsere Reise in dieses entfernte Dörfchen schien erfolglos zu bleiben. Beide besondere Menschen verstanden, dass wir nicht aus purer Neugier hergekommen waren, um uns umzuschauen und mit ihnen über dieses oder jenes zu reden. Sie hatten natürlich erkannt, dass unser Interesse den *Samâdhi*-Höhlen galt, die sie beschützten. Gewiss, diese Menschen waren für uns von größtem Interesse, aber auch wir waren für sie sehr interessant. Sie wollten mehr von diesen Weißen wissen, die aus dem fernen Russland gekommen waren und von den *Samâdhi* wussten. Bestimmt fragten sie sich: Gab es in Russland auch *Samâdhi*-Höhlen? Woher hatten wir von ihren *Samâdhi*-Höhlen erfahren? Das Gelübde der Wahrung des großen Geheimnisses gestattete ihnen offensichtlich weder Antworten noch eigene Fragen.

Blieb nur eine Möglichkeit – den besonderen Menschen die Abbildung des hypothetischen Atlanters zu zeigen und zu fragen, ob sie ein solches Gesicht in den Höhlen gesehen haben. Trotzdem untersagte ich kategorisch, das Bild zu zeigen, um es für den entscheidenden Augenblick des Gesprächs zurückzuhalten.

Nach weiteren zwei Tagen unserer Treffen mit den besonderen Menschen und behäbigen Gesprächen über die Rolle Tibets bei der Abstammung der Menschheit fühlten wir, dass die Anspannung in unserem Verhältnis nachließ und allmählich Vertrauen aufkam. Da nahm ich meinen ganzen Mut zusammen und bat den jüngeren besonderen Menschen, sich am nächsten Tag nochmals mit mir zu treffen, um über die *Samâdhi*-Höhlen zu sprechen. Überraschend willigte er ein.

Zu diesem Gespräch gingen wir zu dritt: Valentina Jakovleva, unser Dolmetscher Kiram und ich.

Was sagte der jüngere besondere Mensch?

Als wir uns gegenüber saßen, fragte ich lächelnd:

– Sie sind doch keine sechzig, Sie sehen jünger aus. Sagen Sie, ist das der Einfluss der *Samâdhi*-Höhlen, in denen Sie sich aufhalten?

Der jüngere besondere Mensch lächelte ebenfalls und antwortete:

– Ich bin bis heute sexuell aktiv, ich habe fünf Kinder.

– Ist das der Einfluss der *Samâdhi*-Höhlen?

– Ich denke, ja. Dort gibt es eine Menge ungewöhnliche Kräfte. Für den einen sind sie schädlich, für den anderen nützlich.

– Wie lange beschützen Sie diese *Samâdhi*-Höhle schon?, fragte ich.

– Es sind bereits viele Jahre vergangen, seit die Versammlung der Lamas meine Kandidatur bestätigte, nachdem mir eine Probemeditation gelungen war, entgegnete er.

– Was ist das ... eine Probemeditation?

– Sie dient dazu, im Zustand der Meditation Zugang zur *Samâdhi*-Höhle zu bekommen.

An der Seite des jüngeren besonderen Menschen

– Und wer gewährt den Zugang?

– Er!

– Wer ist Er?

– Er, der sich in der *Samâdhi*-Höhle befindet.

– Er ... Ist das ein Mensch?

– Ja, ein Mensch im *Samâdhi*-Zustand.

– Sieht dieser Mensch ganz normal oder eher ungewöhnlich aus?

Schweigen.

– Gehen Sie allein oder gemeinsam mit dem älteren besonderen Menschen in die *Samâdhi*-Höhle?, fragte ich, etwas vom Thema abweichend.

– Allein. Ich bin jetzt der einzige Beschützer der *Samâdhi*-Höhle. Der andere ist zu alt, um in die *Samâdhi*-Höhlen zu gehen. Nach seinem Tod wird die Versammlung der Lamas einen neuen Kandidaten bestätigen, sofern er die Probemeditation übersteht, lautete die Antwort.

– Wie oft gehen Sie in die *Samâdhi*-Höhle?

– Ich bin dort einmal im Monat.

– Und wie lange weilen Sie dort?

– Im Durchschnitt drei Stunden.

– An welchem Tag des Monats weilen Sie dort?

– Der Zugang zur *Samâdhi*-Höhle ist nur bei Vollmond gestattet und elf bis zwölf Tage danach. Ich gehe bei Vollmond hin. Nicht in alle Höhlensäle ist der Zugang gestattet, einzig in bestimmte ...

– Befinden sich in den anderen Sälen auch Menschen im *Samâdhi*-Zustand?, konnte ich mich nicht zurückhalten zu fragen.

– Das ist ein Geheimnis.

– In der Höhle ist es, soweit ich weiß, völlig dunkel. Gehen Sie mit einer Laterne hinein?

– Ja. Es ist aber nur eine schwache Lampe gestattet, und das auch nicht überall.

– Beten Sie vor dem Betreten der Höhle?

– Ich beginne eine Woche vor dem Betreten, mich in den Zustand der Meditation zu begeben. Und wenn ich in den ersten Raum der Höhle komme, der durch einen Durchschlupf vom *Samâdhi*-Saal getrennt ist, beginne ich zu beten und verstärke meine Meditation. Erst danach kann ich zu dem Körper gelangen.

– Wie sieht dieser Körper aus?

Schweigen.

– Im ersten Raum der Höhle, in dem Sie beten und Ihre Meditation verstärken, spüren Sie dort die Wirkung ungewöhnlicher Kräfte?, fragte ich, wiederum von der Frage zu den Menschen im *Samâdhi* abweichend.

– Ja, bestätigte der jüngere besondere Mensch, in diesem Raum beginnt man die ungewöhnlichen Kräfte zu spüren. Das Beten und die Verstärkung der Meditation sind notwendig, um sich auf das Wirken dieser Kräfte einzustellen. Wenn dir das nicht gelingt, spürst du, dass du nicht in die Höhle gehen darfst.

– Warum?

– Man kann darin umkommen.

– Aber wie merken Sie, dass es Ihnen nicht gelungen ist, sich auf die Wirkung der ungewöhnlichen Kräfte einzustellen?

– Man bekommt Kopfschmerzen und ... man will nicht in die Höhle gehen.

– Man will nicht?

– Man will aus der Höhle hinaus. Es kommt ein Gefühl der Entrüstung auf, dass man sich nicht auf die Wirkung der ungewöhnlichen Kräfte einstellen konnte. Es ist todgefährlich, unvorbereitet in die Höhle zu gehen, sagte der jüngere besondere Mensch heftig.

– Wie oft kommt es vor, dass es nicht gelingt, sich auf die Wirkung der ungewöhnlichen Kräfte einzustellen?

– Anfangs kam das recht oft vor. Aber wenn es mir bei Vollmond nicht gelungen war, wiederholte ich den Versuch elf bis zwölf Tage später. Allmählich hat sich die Zahl der missglückten Versuche verringert, und heute komme ich fast jedes Mal hinein.

– Kann auch ein gewöhnlicher Mensch in die *Samâdhi*-Höhle gehen?

– Das ist sehr gefährlich. Todgefährlich. Der Weg dort ist schlecht. Es gibt viele Schlangen.

– Wohnt in dieser Höhle der Gott der Schlangen?

– Das sind mystische Schlangen. In der Höhle herrscht absolute Stille. Diese Schlangen beeinflussen den eintretenden Menschen.

– Wie das?

– Du willst nicht in die Höhle gehen. Der Kopf schmerzt. Wenn du das überwindest, tritt der Tod ein.

– Beschreiben Sie die *Samâdhi*-Höhle genauer, bat ich.

– Der erste Saal, in dem du die Wirkung der ungewöhnlichen Kräfte zu spüren beginnst, erklärte der jüngere besondere Mensch, ist recht groß. In ihm befinden sich keine Menschen im *Samâdhi*-Zustand. Am gefährlichsten ist der schmale hohe Durchschlupf, der den ersten mit den anderen Sälen verbindet; in ihm sind die ungewöhnlichen Kräfte sozusagen konzentriert. Hinter diesem Durchlass kommen die *Samâdhi*-Säle. Zu einigen davon habe ich Zutritt.

– Was haben Sie dort gesehen?

– Das ist ein Geheimnis.

– Wenn Sie in den *Samâdhi*-Saal kommen, reden Sie dann mit den Menschen im *Samâdhi*-Zustand?

– Ich habe nur das Recht zu schauen, nicht das, zu reden. Der Mensch im *Samâdhi* kann sprechen, ich darf es nicht.

– Worüber hat der Mensch im *Samâdhi*-Zustand gesprochen?

– Das ist ein Geheimnis.

– Öffnet er beim Sprechen den Mund?

– Er öffnet ihn ein wenig, redet aber sehr selten.

– Wie sieht der Körper dieses Menschen aus?

– Fast wie ein normaler Körper, vielleicht ein wenig gelblicher.

– Ist er bekleidet?

– Ja. Aber es kann auch sein, dass er es nicht ist.

– Wie ist das zu verstehen?

Schweigen.

– Haben Sie bei ihm ein Drittes Auge gesehen?

– Nein, nie.

– Wie groß ist der Mensch im *Samâdhi*-Zustand, größer als normal?

– Das ist ein Geheimnis.

– In welcher Stellung liegt er?, fragte ich weiter.

– Er sitzt.

– Sitzt?

– Ja, er sitzt in der Pose Buddhas.

– An die Wand angelehnt?

– Nein.

– Haben Sie diesen Menschen jemals berührt?

– Ja.

– Wie ist sein Körper?

– Kalt und fest.

– Aber warum dürfen Sie nur in bestimmte *Samâdhi*-Säle? Was ist in den anderen?

– Das werde ich nicht einmal Gott sagen!

– Was für Augen hat der Mensch im *Samâdhi*-Zustand?

Schweigen.

– Was hat er für eine Nase?

– Das ist ein Geheimnis.

Da holte ich das Bild mit der Darstellung des hypothetischen Atlanters hervor und reichte es dem jüngeren besonderen Menschen. Dieser schaute es aufmerksam an, änderte mehrmals den Blickwinkel und legte es dann zur Seite.

– Was sagen Sie dazu?

Der jüngere besondere Mensch murmelte zweimal hintereinander einen zungenbrecherischen Satz.

– Was hat er gesagt?, fragte ich Kiram.

– Irgendeinen religiösen Satz. Ich habe nichts verstanden. Aber er ist sehr ergriffen, antwortete Kiram.

Weitere Nachfragen brachten keinen Erfolg: Der jüngere besondere Mensch wies lediglich auf seine Geheimhaltungspflicht hin. Wir bedankten uns bei ihm, ließen uns das Bild wiedergeben und gingen zu den Zelten. Nach unserem Bericht kam es im Lager zu langen Gesprächen und Betrachtungen.

– Ihm Geld anzubieten, sagte Sergej Seliverstov, wäre Frevel. Obwohl, schaut, wie arm sie leben. Aber es gibt Dinge, die sind für Geld nicht zu haben. Geist braucht kein Geld.

– Was du für Geld kaufen kannst, kann nicht heilig sein, ganz unmöglich, sagte Valentina.

– Da starb Rockefeller, der reichste Mensch der Welt, fuhr Sergej mit Inbrunst fort, und was ist von ihm geblieben? Ins Grab kam er sicherlich mit einem 500-Dollar-Anzug. Sein Geist ist bestimmt nicht reich geworden, sein ganzes Leben hat er nur einer Sache gewidmet – Geld zu verdienen. Bei uns war Lenin der Gott, angebetet von vielen Menschen. In den USA ist der reale Gott der Dollar, und Rockefeller hat Zeit seines Lebens diesen Pseudogott angebetet. Die Menschen dieser Welt studieren den Nachlass von Roerich, aber nicht den von Rockefeller. Und Lushkov, der Moskauer Bürgermeister, hat seinen Namen durch die Wiedererrichtung eines Gotteshauses verewigt.

– Im Grunde genommen, sagte Valerij Lobankov, hat der jüngere besondere Mensch kein Geheimnis gelüftet, obwohl er das Vorhandensein der psychoenergetischen Barriere und von Menschen im *Samâdhi*-Zustand in den Höhlen bestätigt hat.

– Ich glaube, in der Höhle befindet sich ein Atlanter, sagte Vener Gafarov. Immerhin hat der jüngere besondere Mensch ja, wir ihr erzählt habt, auf unser Bild reagiert. Meiner Ansicht nach sind die *Samâdhi*-Höhlen das Shambhala, die »Akademie für die Meister«, wohin sie gehen, um psychische Energie aufzutanken.

Aber ... es blieben viele Aber. Am nächsten Tag trafen sich Valerij Lobankov und ich mit dem älteren besonderen Menschen. Wir nahmen uns vor, das Gespräch sehr behutsam zu führen und allenfalls indirekte Fragen zu stellen.

Was der ältere besondere Mensch erzählte

Das Alter des 95-jährigen älteren besonderen Menschen war zu spüren: Auf dem einen Auge war klar ein Grauer Star zu erkennen, aber mit dem zweiten Auge konnte er noch gut sehen. Sein Körper war hager, die Beweglichkeit der Gelenke eingeschränkt. Geistig war er jedoch völlig auf der Höhe. Er scherzte, sprach schnell und temperamentvoll.

In einem Zimmerchen bei ihm zu Hause nahmen wir, Valerij, der Dolmetscher Kiram und ich, Platz. Ich öffnete meine Aktentasche, holte das Bild mit der Darstellung des hypothetischen Atlanters hervor und reichte es schweigend dem älteren besonderen Menschen. Er betrachtete das Bild aufmerksam, neigte den Kopf, um mit dem gesunden Auge zu schauen. Valerij und ich beobachteten ihn aufmerksam. Sein Gesicht ließ keinerlei Reaktion erkennen. Er legte das Bild beiseite und erklärte kategorisch:

– Ich werde nichts über die *Samâdhi*-Höhlen sagen. Das ist ein großes Geheimnis.

– Erklären Sie uns bitte, was der *Samâdhi* ist, bat ich.

– Das kann ich ebensowenig sagen. Und auch von dem anderen besonderen Menschen werden Sie dazu nichts erfahren.

Valerij und ich schauten uns an; da hatten wir ja gleich von Anfang an Pech.

Der ältere besondere Mensch mit unserem Dolmetscher Kiram und Valerij Lobankov

Aber so schnell gab ich nicht auf. Ich ging zu dem älteren besonderen Menschen hin, nahm unser Bild behutsam wieder zur Hand, hielt es ihm vors Gesicht und fragte mit Nachdruck in der Stimme:

– Wir suchen schon viele Jahre in Höhlen einen Menschen im *Samâdhi*-Zustand, der so aussieht. Er hat eine kleine Nase, große Augen, kleine Ohren, ist groß und hat einen weiten Brustkorb. Haben sie einen solchen Menschen in Ihrer *Samâdhi*-Höhle gesehen?

Der ältere besondere Mensch durchbohrte mich mit seinem sehenden Auge, wandte danach den Blick ab und sagte laut:

– So etwas habe ich noch nicht gesehen.

– Vielleicht nur in den Sälen nicht, zu denen Sie Zutritt haben? Könnte es sein, dass sich dieser Mensch in anderen Sälen der Höhle befindet?, bohrte ich weiter.

– Das ist ein Geheimnis.

– Dennoch bin ich davon überzeugt, dass es in den Höhlen Menschen im *Samâdhi*-Zustand mit eben diesem Aussehen gibt, ließ ich nicht locker und zeigte wieder auf unser Bild.

– In den Sälen, zu denen ich Zutritt habe, gibt es keine Menschen, die so aussehen. Es gibt ähnliche ...

Valerij und ich schauten uns an. Valerij sagte flüsternd:

– Es gibt viele dort!

– Wenn es in den Sälen, zu denen Sie Zutritt haben, Menschen im *Samâdhi*-Zustand gibt, die ähnlich aussehen ... Hier machte ich absichtlich eine Pause.

– Nicht alle sehen ähnlich aus, lautete die verärgerte Antwort.

– Aber in den anderen Sälen der Höhle, fuhr ich fort, müssen sich Menschen im *Samâdhi*-Zustand befinden, die genauso aussehen wie der hier auf dem Bild.

– Sie sehen nicht ganz so aus. Aber das ist ein Geheimnis.

Danach nahm er unser Bild in die Hand und sagte auf einmal:

– Ich bin sehr ergriffen, jetzt, wo ich das sehe! Woher haben Sie dieses Bild?

Ich machte eine vieldeutige Pause.

– Ich würde Sie gern fragen, antwortete ich mit einer Gegenfrage, ob Sie Menschen im *Samâdhi*-Zustand in der Höhle gesehen haben, die ein Drittes Auge haben?

– Nein, ein Drittes Auge haben sie nicht. Das ist ein Symbol.

– Gibt es in Ihrer Höhle Menschen mit so ungewöhnlich großen Augen und mit der für sie typischen Ausbuchtung des oberen Lids?

Ich deutete auf das alles im Bild.

– Einige von ihnen haben ungewöhnlich große Augen, andere nicht.

– Haben Sie in ihrer Höhle Menschen mit solch einer spiralförmigen, ventilartigen Nase gesehen?

– Nein, die Nasenform ist bei ihnen anders. Bei einigen ist die Nase klein, bei anderen groß, wie eben bei allen Menschen.

– Aber in den anderen Sälen der Höhle, zu denen Sie keinen Zugang haben, könnten dort Menschen mit solch einer spiralförmigen, ventilartigen Nase sein?

– Das ist ein Geheimnis.

Lobankov neigte sich mir zu und flüsterte:

– Das klingt wie ein »Ja«.

– Sagen Sie, haben die Menschen in der Höhle große Ohren oder kleine wie auf dem Bild?, setzte ich die anatomische Befragung fort.

– Sie haben große Ohren, einige sogar sehr große, andere aber auch ganz gewöhnliche. So kleine Ohren wie auf dem Bild habe ich nicht gesehen.

Lobankov und ich blickten uns zweifelnd an, möglicherweise war uns da ein Fehler unterlaufen mit den Ohren.

– Haben die Menschen in der Höhle einen solchen Mund wie auf dem Bild?

Der ältere besondere Mensch betrachtete das Bild genauer.

– Nein, so einen Mund haben sie nicht. Ihr Mund ist wie der gewöhnlicher Menschen. Aber ... kann auch sein, er ist ganz anders.

– Wie?

– Das ist ein Geheimnis.

Lobankov und ich schauten uns erneut an.

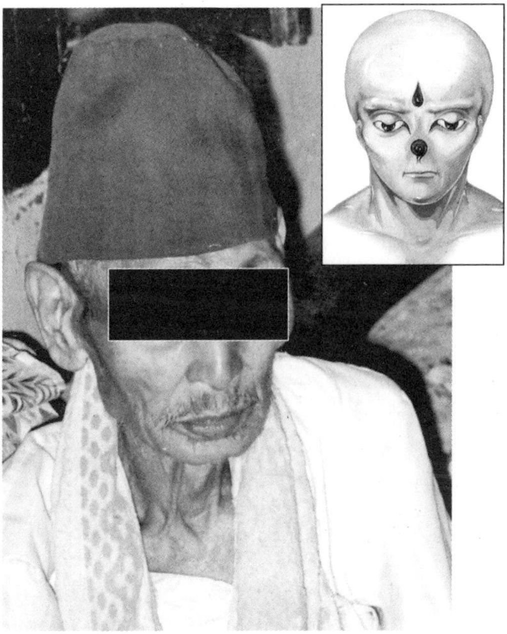

»Ich bin sehr ergriffen ...«

Konnte es sein, dass sich in den Sälen, zu denen dieser besondere Mensch keinen Zugang hatte, Menschen mit solch einer spiralförmigen, ventilartigen Nase und ungewöhnlichem Mund befanden? Bei der Rekonstruktion nach den Darstellungen auf den tibetischen Tempeln hatten wir Schwierigkeiten gerade mit diesem Teil des Gesichts gehabt. Offensichtlich hatten wir uns geirrt. Ob vielleicht gerade in Höhlensälen, zu denen sogar die besonderen Menschen keinen Zutritt hatten, die rätselhaften Lemuro-Atlanter im *Samâdhi*-Zustand saßen, und in den zugänglichen Sälen die Atlanter und Menschen unserer Menschheit? Konnte es sein, dass der besondere Mensch in einem benachbarten Saal einen Lemuro-Atlanter gesehen hatte? Wenigstens gab es nach seiner Erzählung Anlass, das zu denken.

– Haben die Menschen in der Höhle einen großen, weiten Brustkorb oder einen gewöhnlichen?, fragte ich.

– Einige schon.

– Und wie groß sind sie?

– Das kann ich nicht sagen, sie sitzen.

– Trotzdem ... Sind die Menschen in der Höhle groß oder klein?

– Sowohl als auch.

– Haben die Menschen in der Höhle einen ungewöhnlich großen Schädel?

– Ganz unterschiedlich. Einige haben einen sehr großen Schädel, einige einen großen, turmähnlich verlängerten, einige einen ganz gewöhnlichen. Aber alle haben lange Haare.

Lobankov und ich schauten uns erneut an. Uns einte der Gedanke: In der Höhle befinden sich Menschen verschiedener Zivilisationen.

Plötzlich nahm der ältere besondere Mensch unser Bild zur Hand und sagte, ohne auf eine weitere Frage zu warten:

– Wenn die Menschen in der Höhle ein Gesicht haben wie auf dem Bild, dann ist ihr Körper groß und stark. Wenn sie ein normales Gesicht haben, ist ihr Körper schlanker.

Lobankov und ich verstummten. Der ältere besondere Mensch hatte indirekt zugegeben, dass es in der Höhle Menschen gab, deren Äußeres unserem hypothetischen Atlanter ähnelte (natürlich mit bestimmten Korrekturen).

– Und haben Sie bei den Menschen in der Höhle Schwimmhäutchen zwischen den Fingern oder Zehen gesehen?, fragte ich, aus meiner Erstarrung erwachend.

– Nein, nie. Sie haben ganz gewöhnliche Finger und Zehen, nur mit sehr langen Nägeln.

– Haben Sie die Finger oder Zehen mal gespreizt?

– Nein.

Ich gab Lobankov einen Wink. Es war an der Zeit, Kontrollfragen zu stellen. In der Wissenschaft sind doppelte und dreifache Kontrollen erforderlich. Also mussten die wesentlichen der gestellten Fragen mehrfach wiederholt werden, um zu überprüfen, ob die Antworten übereinstimmen oder ob da doch irgendwo Fantasie im Spiel war. Hatte er fantasiert, würde er es früher oder später vergessen und etwas anderes behaupten.

– Sagen Sie, fragte ich, als wäre nichts gewesen, haben Sie wirklich kein Drittes Auge bei den Menschen in der Höhle gesehen?

– Ich habe schon gesagt, das ist nur ein Symbol.

– Könnten die Menschen mit dem großen Schädel nicht doch ein Drittes Auge haben?

– Nur, wenn sie sich selbst eins einsetzen, erwiderte schmunzelnd der ältere besondere Mensch.

– Was für Augen haben die Menschen in der Höhle?

– Das kann ich nicht genau beschreiben. Es sind eben andere als bei uns.

– Haben Sie den Bogen am oberen Lid bei den Menschen mit den großen Augen gesehen?

– Nein, darauf habe ich nicht geachtet. Im *Samâdhi*-Zustand sind die Augen halb geschlossen. Ich kann nur sagen, dass die großen Augen ungewöhnlich aussehen.

Lobankov flüsterte:

– Er sagt die Wahrheit. Den Bogen am oberen Lid hätte nur ein Augenarzt bemerkt.

– Haben Sie in der Höhle Menschen mit sehr kleiner Nase gesehen?, fuhr ich mit den Kontrollfragen fort.

– Ich habe doch schon gesagt, dass nur einige Menschen in der Höhle eine kleine Nase haben. Sie ist anders als auf Ihrem Bild.

– Gibt es denn in den anderen Sälen, zu denen Sie keinen Zugang haben, Menschen mit solch einer Nase?

Ich zeigte auf das Bild.

– Das ist ein Geheimnis.

Eine Weile saßen wir uns wortlos gegenüber. Der ältere besondere Mensch schien nicht fantasiert zu haben: Seine jetzigen Antworten stimmten fast genau mit den ersten überein.

Plötzlich nahm er erneut unser Bild zur Hand.

– Ich bin sehr bewegt vom Anblick dieses Gesichts, sagte er leise.

– Aber was für Köpfe haben die Menschen in den Höhlen?, ließ ich mit den Kontrollfragen nicht nach.

– Wie ich früher schon gesagt habe, wirklich, einige hatten einen großen Kopf, andere einen turmartigen, wieder andere einen ganz normalen.

– Wie groß war der Rumpf bei den verschiedenen Menschen in der Höhle?

– Das habe ich doch auch schon gesagt, antwortete der ältere besondere Mensch verärgert.

– Da gab ich es auf, weitere Kontrollfragen zu stellen.

Lobankov flüstert mir erneut ins Ohr:

– Er fantasiert nicht. Er spricht die Wahrheit!

Ich entschloss mich, das Gespräch auf ein anderes Thema zu bringen und später erst auf die dritte Kontrollfragenserie zurückzukommen.

– Was meinen Sie, ist die Aufbewahrung von Menschen im *Samâdhi*-Zustand wichtig für die Erhaltung der Menschheit auf der Erde?

– Wenn die Meditation erfolgreich ist, kann man sich in *Samâdhi* versetzen, wenn nicht, dann geht es nicht. Was das für die Menschheit bedeutet, darüber möchte ich nicht sprechen, das muss ein Geheimnis bleiben, antwortete der ältere besondere Mensch.

– Kann ein heutiger Mensch sich lange in einem *Samâdhi*-Zustand halten?

– Kann er nicht, weil man dafür die Kraft Gottes braucht. Die früheren Menschen gingen in die Höhlen und konnten sich für eine sehr lange Zeit in diesen Zustand begeben.

– Kann man in den Höhlen denn auch uralte Menschen finden?

– Das ist ein Geheimnis.

Das hörte sich für mich wie eine Bestätigung an.

– Ich denke, dass die Menschen mit dem großen Schädel, den ungewöhnlichen Augen, der kleinen Nase, den großen Ohren und dem weiten Brustkorb die ältesten Menschen sind. Ist das so?, fragte ich.

– Das ist ein Geheimnis.

– Gibt es in Ihrer Höhle Menschen, die so aussehen wie der auf unserem Bild?

– Das ist ein Geheimnis.

– Könnten in der Höhle auch Menschen früherer Zivilisationen im *Samâdhi*-Zustand aufbewahrt sein?

– Das ist möglich.

– Wie lange kann sich ein Mensch in der Höhle im *Samâdhi*-Zustand befinden?

– Das hängt von der Kraft seines Geistes ab. Ein Mensch im *Samâdhi* kann sich Tausende, Millionen und mehr Jahre in der Höhle befinden. Ich habe aber nur 95 Jahre hinter mir, deshalb kann ich das schwer sagen, antwortete der ältere besondere Mensch.

– Wie viele Jahre erfüllen Sie schon die Mission des besonderen Menschen und beschützen die *Samâdhi*-Höhle?, fuhr ich fort.

– Viele Jahre.

– Und genauer, *wie* viele Jahre?

– *Sehr* viele Jahre.

– Haben Sie jemals gesehen, wie ein Mensch aus dem *Samâdhi*-Zustand zurückkehrte?

– Nein, so etwas ist noch nicht vorgekommen.

– Und erinnern Sie sich, dass sich jemand in der von Ihnen beschützten Höhle in den *Samâdhi* begab?

– Nein, auch das kam noch nicht vor ... obwohl, einige Leute aus Tibet wollten sich in meiner Höhle in den *Samâdhi* begeben.

– Und warum gelang ihnen das nicht?

– Ganz einfach, sie haben die Probemeditation nicht bestanden. Ich habe ja schon gesagt, dass die heutigen Menschen einen schwachen Geist haben. Er ist wirklich so ganz anders als früher. Die älteren Menschen hatten einen starken Geist.

– Das heißt, fuhr ich fort, dass es ihnen nicht gelang, in die Höhle zu kommen?

– Sie kamen nicht in die Höhle, obwohl sie die Meditation gut beherrschten und Erfahrung damit hatten, sich ins *Samâdhi* zu begeben.

– Sie konnten die psychoenergetische Barriere nicht überwinden!, sagte Lobankov halblaut zu mir.

– Wer hat sie nicht in die Höhle gelassen?

– Er!

– Wer ist Er?

– Das ist ein Geheimnis.

Valerij und ich schauten uns an: Am ehesten konnte doch nur ein Lemuro-Atlanter als Vertreter der höchstentwickelten Zivilisation der Erde so eine psychische Energie besitzen.

– Was meinen Sie, fragte ich, kann man sich mehrmals in den *Samâdhi* begeben?

– Ich habe so etwas noch nie gesehen.

– Trotzdem, wie denken Sie darüber ... Kann man das mehrmals tun?

– Man sagt, dass es solche Menschen gibt. Aber darüber wissen die Lamas besser Bescheid. Ich habe solche Menschen bisher nicht gesehen, nicht einen einzigen, der so etwas tat.

– Kann ein Mensch nach der Rückkehr aus dem *Samâdhi* ein normales Leben führen?

– Das weiß ich nicht.

– Trotzdem, was meinen Sie?

– Ich habe es noch nicht gesehen, also kann ich dazu auch nichts sagen. Fragen Sie die Lamas, die müssten es wissen.

– Und kann ein Mensch, der den heutigen nicht ähnlich ist, aus dem *Samâdhi* zurückkehren?

– Ich habe so etwas noch nicht gesehen.

– Das bedeutet, bemühte ich mich weiter, die Menschen mit dem ungewöhnlichen Äußeren saßen die ganze Zeit, seit Sie die Höhle beschützen, unbeweglich dort?

– Ja. Aber es sitzen nicht nur die Menschen mit dem ungewöhnlichen Äußeren unbeweglich, sondern auch die anderen.

– Sie haben sich nie geregt?

– Nein.

– Haben Sie mit den Menschen im *Samâdhi*-Zustand gesprochen?

– Das ist ein Geheimnis.

– Was glauben Sie, könnten die Menschen mit dem ungewöhnlichen Aussehen, nachdem sie aus dem *Samâdhi*-Zustand zurückgekehrt sind, wie gewöhnliche Menschen leben?

– Könnten sie, bloß anders.

– Wie?

– Das müssten Sie die Lamas fragen.

– Es ist bekannt, dass Buddha ungewöhnlich aussah. Könnte er auch in irgendeiner Höhle aus dem *Samâdhi*-Zustand zurückgekehrt sein?

– Das weiß ich nicht.

– Sehen die ungewöhnlichen Menschen in der Höhle Buddha ähnlich?

– Einige sehen ihm ähnlich, andere nicht.

Diese Information war Valerij und mir besonders angenehm, weil sie doch unsere gewagte Vermutung über gemischte *Samâdhi*-Höhlen mit dem vollen Spektrum von Vertretern verschiedener Erdzivilisationen bestätigte.

– Was denken Sie, wer die Menschen zum Verweilen im *Samâdhi*-Zustand bringt?, fragte ich.

– Das müssten die Lamas wissen, wiederholte der ältere besondere Mensch.

– Er sagt nur das, was er weiß, kommentierte Lobankov leise.

– Mit welchem Ziel begeben sich Menschen für Tausende, ja sogar Millionen von Jahren in den *Samâdhi*-Zustand?

– Ich denke, die meisten wollen sich für die Zukunft erhalten.

Der ältere besondere Mensch sprach über die Menschen im *Samâdhi*-Zustand wie ein Arzt über Patienten, als wäre das nichts Ungewöhnliches. Ob er wohl wusste, dass es sich hier um viel mehr handelte, um den Genpool der Menschheit? Ich befragte ihn weiter.

– Welche Rolle spielen die *Samâdhi*-Höhlen? Nehmen Sie an, dass auf diese Art und Weise der Genpool der Menschheit erhalten wird, also ein Fonds von Menschen, der die Menschheit im Falle einer globalen Katastrophe wiederaufleben lassen kann?

– Ich beschütze die *Samâdhi*-Höhlen lediglich, mir steht kein Urteil darüber an.

– Dennoch widmeten Sie Ihr ganzes Leben dem Schutz der *Samâdhi*-Höhlen. Bestimmt haben Sie doch darüber nachgedacht, was Sie da beschützen.

– Da die *Samâdhi*-Höhlen bestens geschützt sind, müssen sie wirklich bedeutsam sein. Welche Rolle sie für die Menschheit spielen, das wissen die Lamas besser. Aber das ist ein großes Geheimnis.

– Warum befinden sich in den Höhlen dann nicht nur gewöhnliche Menschen, sondern auch solche, die uns nicht ähnlich sind?

– Die ungewöhnlichen sind sehr altertümliche Menschen, die schon lange im *Samâdhi* verharren.

– Wer schützt die *Samâdhi*-Höhlen?

– Der Geist.

– Wessen Geist?

– Seiner.

– Wer ist Er?

– Das ist ein großes Geheimnis.

– Was machen Sie monatlich für drei Stunden dort?

– Ich schaue nach, ob alles in Ordnung ist.

– Und was konkret? Sehen Sie nach, ob ein Stein heruntergefallen ist, ob die Körper der *Samâdhi* die richtige Lage haben?

– Nicht nur das.

– Was noch?

Schweigen.

– In welcher Haltung sitzen die Menschen dort?

– In der Pose Buddhas, antwortete der ältere besondere Mensch.

– Also mit verschränkten Beinen. Und wie halten sie die Hände?, wollte ich genauer wissen.

– Die liegen auf den Knien.

– Ihre Augen, sagten Sie, sind halb geschlossen. Wohin genau blicken sie?

– Die Augen sind nach oben gewandt, so dass man nur das Weiße sehen kann.

– Wie bei einem schlafenden Menschen, raunte ich Lobankov zu, bei einem Verstorbenen sind die Augäpfel hingegen starr geradeaus gerichtet. Das beweist, dass diese Menschen tatsächlich leben.

– Worauf sitzen die Menschen im *Samâdhi*-Zustand?

– Gewöhnlich auf einem Tigerfell.

– Warum gerade auf einem Tigerfell?

– Das weiß ich nicht.

– Haben Sie die Menschen schon mal berührt?

– Natürlich.

– Was haben Sie dabei empfunden?

– Die Körper sind fest und kalt.

– Leben die Menschen im *Samâdhi*-Zustand?

– Natürlich.

– Kennen Sie Menschen, die sich in diesen Zustand begeben haben? Ich frage nicht nach Ihrer Höhle; Sie sagten ja, dass sich zu Ihrer Zeit dort niemand in den *Samâdhi*-Zustand begab. Aber an anderen Orten?, wollte ich wissen.

– Vor vielen Jahren ging ein Mensch aus Nepal, den ich kenne, nach Tibet und begab sich dort in einer Höhle in den *Samâdhi*-Zustand. Er befindet sich immer noch dort, antwortete der ältere besondere Mensch.

– Er hat die Probemeditation am Höhleneingang also bestanden?

– Ich weiß es nicht. Er ging ja nicht in meiner Höhle in den *Samâdhi*. Vielleicht begab er sich in eine normale Höhle, bei der keine Probemeditation nötig ist. Oder er verfügte über große geistige Kräfte, wie die sehr alten Menschen, die die Probemeditation bestehen konnten.

– Aus Ihren Worten kann man schließen, dass nicht alle *Samâdhi*-Höhlen durch den Geist geschützt sind. Sind die *Samâdhi*-Höhlen, in denen sich die ältesten Menschen mit dem ungewöhnlichen Aussehen befinden, durch den Geist geschützt?

– Das ist ein Geheimnis.

– Gibt es sonstwo auf der Welt noch *Samâdhi*-Höhlen?

– Ja, in Nepal, in Tibet, in China und Indien.

Es war an der Zeit, die dritte Serie von Kontrollfragen zu starten, obwohl Lobankov am Wahrheitsgehalt der Antworten nicht zweifelte. Ich erkundigte mich erneut nach den Augen, der Schädelgröße, der Nase und den Ohren der *Samâdhi*. Da sah der ältere besondere Mensch mich an, als wäre ich ein begriffsstutziges kleines Kind. Lobankov flüsterte:

– Es reicht! Du verärgerst ihn nur!

– Sagen Sie, setzte ich zu der entscheidenden Frage an, könnten *wir* in die Höhle gehen?

Entsetztes Schweigen, unsägliche Stille. Eine solche Frage hatte der ältere besondere Mensch offensichtlich nicht erwartet.

– Sie würden die Probemeditation nicht bestehen, antwortete er. Außer mir und dem jüngeren besonderen Menschen hat sie bisher keiner bestehen können.

– Und wenn wir es trotzdem versuchen würden?

– Das wäre todgefährlich.

– Wir haben doch gute Absichten ...

– Das hat keinerlei Bedeutung.

– Könnte man es nicht dennoch probieren?

Es war zu spüren, dass der ältere besondere Mensch Sympathie für uns empfand.

– Ich werde darüber nachdenken, kommen Sie morgen wieder.

Wir verabschiedeten uns herzlich, schenkten ihm das Bild mit der Darstellung unseres hypothetischen Atlanters und gingen.

Auf der Straße sagte Lobankov:

– Haben wir ein Glück! Das ist doch ein Pfundskerl! Wir haben einmalige Informationen von einem Menschen bekommen, der schon sein Leben lang direkt mit Menschen im *Samâdhi*-Zustand zu tun hat. Bemerkenswert! Es gibt dort viele von ihnen, und das auch noch aus unterschiedlichen Zivilisationen. *Das* ist der Genpool der Menschheit! Ob sie uns dort einlassen werden?

Am nächsten Tag suchten Lobankov und ich den älteren besonderen Menschen auf und baten ihn erneut um seine Zustimmung, wenigstens einen Blick in die *Samâdhi*-Höhle werfen zu dürfen. Wir versicherten, von den Lamas bereits zu wissen, dass wir dort nicht fotografieren oder Videoaufnahmen machen dürften.

– Ich sage Ihnen nochmals, dass der Zutritt schon zum ersten Saal todgefährlich ist, gab der ältere besondere Mensch zu bedenken.

– Wir verstehen das, entgegnete ich sogleich.

– Aber ich habe mit meinem Mitwächter gesprochen, und wir haben beschlossen, *einem* von Ihnen zu gestatten, den ersten Saal der Höhle zu betreten. Weiter würden Sie sowieso nicht kommen, weil Sie keine Chance haben, die Probemeditation zu bestehen. Niemand hat das bisher.

– Danke.

– Was Sie allerdings *unbedingt* beachten müssen, fuhr der ältere besondere Mensch fort: *Sowie* Sie sich schlecht fühlen, kehren Sie um. Ansonsten werden sie sterben!

– Eine Lampe darf man doch mitnehmen?, fragte Lobankov.

– Ja, aber nur eine schwache.

Als wir schließlich ins Lager zurückgekehrt waren, rätselten wir noch lange über die Gründe, warum einem von uns der Zugang in den ersten Saal der *Samâdhi*-Höhle gestattet wurde.

– Sicher ist es leichter für sie, uns in den ersten Saal zu lassen und zu zeigen, dass die Höhle unzugänglich ist, als uns zu bewachen. Wir könnten ja sonst die Höhle selbst entdecken, hineingehen und darin umkommen, meinte Lobankov.

– Sie könnten befürchten, wandte ich ein, dass wir mit der ganzen Gruppe dort eindringen wollen. Kämen wir alle dort um, hätten sie die allergrößten Scherereien. Andererseits könnten auch unsere vereinten Torsionsfelder eine destabilisierende Wirkung auf die *Samâdhi* haben. Denkt an die Gruppe chinesischer Kommunisten und wie es ihnen erging!

– Möglich ist ebenfalls, fuhr Lobankov fort, dass sie uns für besondere Menschen halten, die eine *Samâdhi*-Höhle in Russland beschützen und herausfinden wollen, ob ein russischer besonderer Mensch in eine tibetische *Samâdhi*-Höhle gelangen kann.

Solcherart waren die Fragen und Bedenken, die uns bewegten. Schließlich wurde beschlossen, dass ich mich in die *Samâdhi*-Höhle begeben würde.

Zu viert (der jüngere besondere Mensch, ich, Lobankov und der Dolmetscher Kiram) verließen wir die Siedlung. Zwei, drei Kilometer gingen wir einen Bergpfad an einer Gebirgsschlucht entlang.

Danach schwenkte der jüngere besondere Mensch in einen schmalen Pfad ein, der einen Berghang hinauf führte. Über ein Geröllfeld gelangten wir ins Reich der Steilhänge. Der jüngere besondere Mensch führte uns, sich durch Felsbrocken schlängelnd, zu einer kleinen höhlenartigen Vertiefung im Felsen.

Das soll die *Samâdhi*-Höhle sein?, fragte ich mich zweifelnd, denn ich erinnerte mich an die Worte des Lamas, die *Samâdhi*-Höhlen seien gut versteckt. In dieser menschenleeren Gegend aber gab es viele ähnliche höhlenartige Vertiefungen. Und wie viele solcher Grotten mochte es erst in den Bergen ringsum geben, deren Panorama sich vor uns auftat?

In der *Samâdhi*-Höhle

– Wir sind angekommen, sagte der jüngere besondere Mensch.

Wir setzten uns, verschnauften, und ich bereitete mich auf das Betreten der Höhle vor. Es war Mittag. Leider hatten wir nicht Vollmond, also einen jener Tage, an denen die besonderen Menschen in die *Samâdhi*-Höhlen gingen.

Ich zog meine Goretex-Jacke an, steckte eine Skimütze ein und nahm für alle Fälle ein Seil und den Wanderstock mit. Dann überprüfte ich noch die Lampe.

Der kleine Durchlass verbreiterte sich schon nach wenigen Metern. Ich kehrte um, streckte den Kopf wieder zur Höhle hinaus und bat den jüngeren besonderen Menschen um Erlaubnis, mich hier fotografieren zu lassen. Er stimmte zu – für mich einigermaßen überraschend. Aber nur einmal, nicht öfter. Lobankov ließ sich das nicht zweimal sagen.

Ich ging wieder hinein. Alle anderen blieben am Eingang der *Samâdhi*-Höhle zurück. Nach der erwähnten Verbreiterung begann ein schmaler Durchgang von zwei bis drei Metern Breite. Nachdem ich etwa dreißig Meter gegangen war, schon in völliger Dunkelheit, traf ich an der engsten Stelle auf eine verschlossene Eisentür. Ich blieb erstaunt stehen.

Plötzlich hörte ich hinter mir Schritte. Mein Herz klopfte. Im Schein meiner Lampe erblickte ich den jüngeren besonderen Menschen. Er kam schweigend auf mich zu, öffnete das Schloss und entfernte sich ebenso schweigsam wieder.

Ich betrachtete die Tür. Sie war aus fünf bis sechs Millimeter dickem Eisen gefertigt und mit roter, brauner und gelber Farbe bemalt. Die Farbmuster ergaben drei Figuren, die entfernt an Augen erinnerten. Die Tür war in den Fels einbetoniert.

Gebeugt ging ich weiter. Irgendwie hatte ich das Gefühl, jemand hätte die Tür hinter mir geschlossen.

Nachdem ich noch einige Meter gegangen war, kam ich in einem weiten Saal heraus. Mir wurde kalt, und ich setzte die Skimütze auf. Ich ging fünfzehn bis zwanzig Meter in den Saal hinein, blieb stehen und achtete auf meine Empfindungen. Ich konnte keinerlei Einwirkung auf mich spüren. Ich schaltete die Lampe aus und stand so einige Minuten im Dunkeln. Absolute Dunkelheit, wie es sie nur in Höhlen geben kann, und völlige Stille. Ich horchte nochmals auf meine Empfindungen – alles normal. Nur der rhythmische Herzschlag ließ mich spüren, dass ich lebte. Da war keine Angst, offensichtlich zeigte sich hier meine langjährige sportliche und chirurgische Gewohnheit, mich unter Stress konzentrieren zu können.

Ich schaltete die Lampe wieder ein und ging weiter. An der gegenüberliegenden Seite erblickte ich erneut einen etwa zwei Meter breiten Durchgang. Sicher ist das der Durchgang, in dem die psychoenergetische Barriere der *Samâdhi*-Höhle zu wirken beginnt, dachte ich.

Aufmerksam achtete ich auf meine Empfindungen und näherte mich diesem Durchgang. Alles blieb normal. Doch ein bis zwei Meter vor dem Eingang kam ein leichtes Gefühl von Unruhe in mir auf. Anfangs glaubte ich an Angstgefühle und bemühte mich, sie zu unterdrücken. Am Eingang des Durchgangs überfiel mich jäh und unerwartet ein Gefühl wirklicher Angst, die nach einigen Dutzend Metern im Gang jedoch genauso unerwartet wieder verschwand. Jetzt fühlte ich mich zunehmend unwohler, und nach einigen weiteren Schritten bekam ich Kopfschmerzen.

Allgemein kann ich über mich sagen, dass ich kein ängstlicher Mensch bin, und in den Bergen und in Höhlen war ich auch nicht das erste Mal. Ich spürte deutlich, dass Angst und Unwohlsein mir irgendwie von außen auferlegt wurden.

Nach einigen Schritten verstärkte sich das Gefühl des Unwohlseins weiter, und die Kopfschmerzen nahmen noch mehr zu. Nach abermals zehn Metern wurde der Kopfschmerz so stark, dass ich ihn kaum mehr aushielt. Ich blieb stehen, schaltete die Lampe aus und versuchte mich zu konzentrieren. Es gelang mir, mich daran zu erinnern, wie ich mir bei einem Marsch durch die Berge des Sajan, etwa 200 Kilometer entfernt von der nächsten menschlichen Siedlung, eine Meniskusverletzung und einen Bänderriss im Kniegelenk zugezogen hatte. Damals war ich auch immer wieder stehen geblieben und hatte alle meine Willenskräfte gegen den unerträglichen Schmerz mobilisiert.

Im Sajan hatte mir die Willensanstrengung geholfen, hier in der Höhle half sie mir leider nicht. Der Kopfschmerz kam in pulsierenden Wellen daher, der Schädel schien mir im nächsten Augenblick bersten zu wollen. Geradezu unerträglich aber war ein unverständliches Gefühl innerer Erregung. In der Tiefe meiner Seele verstand ich, dass dieses Gefühl von *außen* kam. Es war eine Empfindung, als regte meine Seele sich auf und wollte mich verlassen. Das also war der Weg in die Tiefe der geheimnisvollen *Samâdhi*-Höhle; der äußere Einfluss wirkte genau auf jenen Bereich meines Geistes ein, der für das entgegengesetzte Gefühl von Zufriedenheit verantwortlich war: Unwohlsein.

Ich schaltete die Lampe ein und ging, meine restliche Willenskraft zusammennehmend, einige Schritte weiter. Eine heftige Schwäche befiel mich, der Kopf schmerzte wie wild, die beunruhigte Seele gab keine Ruhe. Mir wurde klar, dass ich nicht weitergehen durfte, weil das meinen Tod zur Folge gehabt hätte. Ich richtete den Strahl der Lampe nach vorn, doch die Hand mit der Lampe entzog sich meinem Willen. Schweiß lief mir in die Augen, der Teufel wusste, woher der in der Kälte der Höhle kam.

Ganz kurz erhellte der Lampenstrahl das Ende des Durchgangs und ganz schwach auch den großen Höhlensaal dahinter. Schmerzen und geistige Verwirrung unterdrückend, stierte ich nach vorn. Das Licht reichte einfach nicht aus! Also deshalb haben die besonderen Menschen mir empfohlen, eine *schwache* Lampe zu nehmen, dachte ich.

Der matte Schein der Lampe erleuchtete irgendwelche Steine und einige dunkle Erhebungen. *Was war das?* Etwa die Gestalten von Menschen im *Samâdhi*? Ja, etwas in der Art. Menschengestalten! Im Strahl der Lampe erschienen sie mir riesig.

Mehr kann ich nicht sagen. Ich kehrte um, schleppte mich mühsam zurück. Am Durchlass in den ersten Saal stolperte ich und stürzte hin.

Als ich wieder einen klaren Gedanken fassen konnte, stand ich in der Mitte des ersten Saals, mit dem Rücken zu dem Gang, der mich mit rätselhafter Kraft geschwächt hat. Langsam wurde mir bewusst, dass ich noch lebte. Der Kopfschmerz verging, und das Gefühl des Unwohlseins löste sich auf. Mir wurde bewusst, dass ich, wenn ich noch ein klein wenig weiter gegangen wäre, den Verstand und mein Leben verloren hätte.

Lemurer, Atlanter! Sie *leben*, leben schon seit *Millionen* von Jahren! Sie bewahren sich für die Menschheit der Erde auf! Was bin ich im Vergleich mit ihnen? Ein Sandkörnchen, dachte ich. Ich erinnerte mich an meine Empfindungen in dem Gang, der zum *Samâdhi*-Saal führte. Wie stark sie noch sind! Wer ist nur *Er*, der rätselhafte Er? Ein Lemuro-Atlanter? Hatte nicht einer der Eingeweihten gesagt, dass man das Shambhala nicht schützen müsse – es sei viel stärker als die Menschen an der Erdoberfläche? Erst jetzt, nachdem ich die psychische Energie gespürt hatte, begann ich ihre Kraft zu verstehen. Ich werde *Ihn* nicht bezwingen können! Ich *muss* Seine Erlaubnis erhalten, überschlugen sich meine Gedanken.

Aber ein Rest von Zweifel blieb. Vielleicht hatte ich die Wirkung der psychoenergetischen Barriere überzogen wahrgenommen? Vielleicht war mir in der Stille der Höhle alles nur so vorgekommen? Ich ging zu dem Durchgang zurück, der in den *Samâdhi*-Saal führte.

Die Ereignisse wiederholten sich in genau der gleichen Reihenfolge. An derselben Stelle vor dem Durchgang kam das Gefühl der Unruhe auf. Ich lauschte meinen Empfindungen; sie kamen ganz klar von außen. Wieder befielen mich Unwohlsein und pulsierender Kopfschmerz. Beides verstärkte sich in dem Maße, wie ich mich vorwärts bewegte, und etwa an der alten Stelle wurden sie unerträglich, so dass mich Schwäche überkam. Die Hand mit der Lampe zu heben hatte ich schon keine Kraft mehr. Ich kehrte um.

Wieder stand ich in der Mitte des ersten Saales, wieder schaltete ich die Lampe aus und wieder lauschte ich meinen Empfindungen. Sie klangen allmählich ab, aber das verbleibende Schwächegefühl war diesmal wesentlich stärker. Jetzt hatte ich keinen Zweifel mehr: Diese Empfindungen waren nicht das Ergebnis eines Stresszustandes, sondern Ausdruck der Einwirkung der psychoenergetischen Barriere der *Samâdhi*-Höhle. Äußerst schweren Herzens blieb ich meinem Grundsatz der dreifachen Kontrolle treu, nahm meine letzten Kräfte zusammen und begab mich erneut zu dem Durchgang, der in den *Samâdhi*-Saal führte. Ich durchschritt die bekannten Zonen der Unruhe und Angst, die Zone des Unwohlseins und des Kopfschmerzes, erreichte aber nicht mehr die Stelle, an der diese Empfindungen am stärksten gewesen waren. Ich war am Ende meiner Kräfte.

Also kehrte ich endgültig um und ging zurück. Erleichtert erblickte ich im Schein der Lampe den rettenden ersten Saal der Höhle, erreichte ihn und suchte an der gegenüberliegenden Wand den Durchschlupf zum Ausgang. Ich ging auf einen dunklen Fleck zu, dieser sich aber lediglich als Vertiefung in der Wand erwies. Der nächste dunkle Fleck war dann der wirkliche Durchschlupf zum Ausgang. Da, die Tür! Ich ging hindurch zum Höhlenausgang. Schwäche quälte mich. Ich erinnerte mich an die Worte von Helena Blavatsky: *»Diese Höhlen sind durch ganze Heerscharen des Geistes geschützt ...«*

Das Tageslicht schmerzte in meinen Augen. Valerij Lobankov kam schnell auf mich zu, umarmte mich fest und fragte:

– Lebst du noch, alter Knabe?

– *I am alive*, sagte ich aus irgendeinem Grund auf Englisch.

Der Vorhang des Geheimnisses – ein wenig gelüftet

Im Lager quälten mich Schwäche und Kopfschmerz. Verner Gafarov maß meinen Puls, den Blutdruck, hörte mein Herz ab. Der Puls war etwas erhöht, der Blutdruck in der Norm, das Herz arbeitete gut. Nach zwei Tagen war die Schwäche überwunden und ich fand zu normaler Vitalität zurück. Der Kopfschmerz allerdings dauerte noch ein paar Tage an. Später, wieder in Russland, wurde ich gründlich auf Herz und Nieren untersucht – alles war okay.

Jetzt aber packten wir erst einmal unsere Rucksäcke und gingen ins Dorf, um uns von den besonderen Menschen zu verabschieden. Sie sahen uns etwas eigenartig an, möglicherweise mit Bedauern darüber, dass die Fremdlinge abreisten, die so ein unbändiges Interesse an dem hatten, dem *sie* ihr Leben geweiht haben, vielleicht aber auch erleichtert, dass die Fremdlinge sie nun nicht mehr über das große Geheimnis, das sie hüteten, ausfragten.

In meinem Innersten kämpften zwei widersteitende Gefühle miteinander. Einerseits war da Freude darüber, dass es uns trotz allem gelungen war, die besonderen Menschen zu treffen, mit ihnen zu sprechen, die *Samâdhi*-Höhle zu sehen, in diese hineinzugelangen und sogar die berühmte psychoenergetische Barriere zu spüren. Andererseits war da Verdruss darüber, dass es bis zu den Menschen im *Samâdhi*-Zustand nur noch wenige Meter gewesen waren, es mir aber nicht gelungen war, bis zu ihnen vorzudringen, sie zu betrachten und zu untersuchen. Die psychoenergetische Barriere, deren Wirkung ich ausprobieren durfte, erschien mir irgendwie geheimnisvoll und übermächtig. Die *Samâdhi*-Höhlen hatten den Schleier ihres Geheimnisses nur ein wenig gelüftet, aber nicht vollständig entfernt. Wird jemand irgendwann einmal dieses große Geheimnis vollends lüften können? Ich weiß es nicht.

Nichtsdestoweniger kann man aus unserem Marsch zu der Höhle und den Gesprächen mit den besonderen Menschen wissenschaftliche Schlüsse ziehen:

1. Die *Samâdhi*-Höhlen existieren real.
2. In den *Samâdhi*-Höhlen befinden sich Menschen mit unterschiedlichem Aussehen (offensichtlich verschiedener Zivilisationen) im *Samâdhi*-Zustand.
3. Die *Samâdhi*-Höhlen sind durch eine psychoenergetische Barriere geschützt, die Gefühle wie Angst, Unruhe, Aufgeregtheit verstärken und Kopfschmerz sowie Schwäche hervorrufen. Für unvorbereitete Menschen ist diese psychoenergetische Barriere unüberwindbar.
4. Wir erhielten Informationen über das Aussehen der verschiedenen Menschen, die sich im *Samâdhi*-Zustand befinden. Diese Informationen können zur Korrektur und Rekonstruktion des Äußeren der Menschen früherer Zivilisationen genutzt werden.

Wie gern hätten wir außer diesen trockenen wissenschaftlichen Schlussfolgerungen ein endgültiges Ergebnis erhalten, also mit eigenen Augen die Menschen der früheren Zivilisationen gesehen und die Existenz des Genpools der Menschheit bewiesen! Die Möglichkeiten des modernen Menschen sind aber begrenzt, und seine wissenschaftliche Neugier ist im Vergleich mit der bedeutenden Rolle des Genpools der Menschheit nicht sonderlich wichtig. Die Zeit, dieses große Geheimnis zu lüften, war also noch nicht gekommen. Erinnern wir uns an die Worte des älteren besonderen Menschen, wonach der moderne Mensch sich nicht in einen langen *Samâdhi* begeben könne, weil er einen schwachen Geist habe. Offensichtlich konnte deshalb kein heutiger Mensch die *Samâdhi*-Höhlen betreten und sich mit dem Genpool der Menschheit in Verbindung setzen. Bestimmt wird die Zeit kommen, in der dieses Geheimnis aufgedeckt wird.

Wir haben beim derzeitigen Wissensstand gerade erst begonnen zu verstehen, dass es abgesehen von der physischen Welt auch noch eine feinstoffliche Welt gibt – die Welt der psychischen Energie. Kraft und Bedeutung dieser Energie ist uns noch nicht richtig zugänglich. Ich glaube, dass die psychoenergetische Barriere der *Samâdhi*-Höhlen derzeit noch unüberwindbar ist. Aber die Zeit wird auch dafür kommen.

Valerij Lobankov, der Spezialist für Physik der Felder, meint, dass die psychoenergetische Barriere durch Drehung der Torsionsfelder der menschlichen Seele in die negative Richtung wirkt. Ich erinnere daran, dass schlechte Gedanken und Krankheiten die Torsionsfelder in negative Richtung in Drehung versetzen, gute Gedanken und Gesundheit aber in positive Richtung. Nach Lobankov kann man die Empfindungen, die ich am Eingang in die *Samâdhi*-Höhle hatte, mit der Drehung jener Torsionsfelder in negativer Richtung erklären, die für das Gefühl von Angst, Unruhe und Unwohlsein verantwortlich sind. Das heißt, die Einwirkung der psychoenergetischen Barriere erfolgt auf dem Niveau der feinstofflichen Welt, und Kopfschmerz und Schwäche als physische Erscheinungen sind die Folge dieser Einwirkung. Außerdem nimmt Lobankov an, dass das Denken sich hauptsächlich auf der Ebene der Torsionsfelder des Mentalkörpers der Seele realisiert und das Gehirn der Computer ist, der die psychoenergetischen Momente des Denkprozesses in reale Nervenimpulse umwandelt und damit den menschlichen Körper steuert.

Der Rucksack drückte wie gewohnt auf den Schultern. Mit jedem Schritt blieben die rätselhaften *Samâdhi*-Höhlen weiter hinter uns zurück. Unterm Rucksack lässt sich gut über alles nachdenken. Die besonderen Menschen haben uns doch einiges über das Aussehen der Menschen früherer Zivilisationen erzählt, die sie in den Höhlen mit eigenen Augen sahen. Jetzt können wir unsere wissenschaftlichen Angaben zur Rekonstruktion des Aussehens der Lemuro-Atlanter und Atlanter präzisieren und korrigieren.

9 Die Menschen früherer Zivilisationen – wie sahen sie aus?

Ursprünglich wollten wir unsere Vorstellungen über das Aussehen der Menschen früherer Zivilisationen im Kapitel »Wer waren sie, die Lemurer und Atlanter?« beschreiben, aber wir haben dies hinausgeschoben, um dabei berücksichtigen zu können, was wir von den besonderen Menschen, die bereits in einer *Samâdhi*-Höhle waren, erfahren haben.

Informationen aus der Literatur

In früheren Kapiteln wurde eine bestimmte Vorstellung davon vermittelt, wie die Lemurer und Atlanter aussahen. Diese auf Literaturangaben beruhenden Beschreibungen mussten zwangsläufig sehr allgemein bleiben. Niemand hatte je versucht, das Aussehen der Menschen früherer Zivilisationen hypothetisch zu reproduzieren. Und das ist erklärlich. Das Wissen, das die Eingeweihten haben und sicherlich aus dem Allgemeinen Informationsraum erhielten, ist recht weitläufig, so dass eine detaillierte Darstellung solch feiner Merkmale wie Augen- und Nasenform oder Schädelgröße kaum möglich war. Um das zu leisten, musste man ihre »Nachfahren« auf der Erde (Propheten wie Buddha) analysierend erforschen oder persönlich mehr über die *Samâdhi*-Höhlen ergründet haben.

Nach den bislang in der Literatur vorliegenden Angaben ließ sich ein hypothetisches Porträt dieser Menschen tatsächlich nicht anfertigen. Nutzbare Hinweise gibt es nur in zwei Berichten. Der erste kommt von Lobsang Rampa, einem der bedeutendsten Yogis der Gegenwart *(Das Dritte Auge, S. 306)*,[15] der seinen Besuch in einer *Samâ*-

---

[15] Alle im Buch aufgeführten Zitate aus Rampas *Das Dritte Auge* beziehen sich auf die erste gebundene Ausgabe im Piper Verlag, München 1957, übersetzt von Herbert und Waltraut Furreg. Ein nicht seitengetreues PDF und Worddokument finden Sie kostenfrei zum Download auf http://lobsangrampa.org/de/forschungs-material.html.

dhi-Höhle beschreibt, wo er sich für einige Zeit in den *Samâdhi*-Zustand begab.

> Lobsang Rampa schreibt: »Drei nackte goldene Gestalten lagen vor uns. Zwei Männer und eine Frau ... Aber die Größe! Die Frau war ganze drei Meter lang, wie sie dalag, und der größere der beiden Männer weit über vier. Ihre Häupter waren groß und gegen den Scheitel hin ein wenig zugespitzt. Ihre Kinnladen waren eng, die Lippen dünn und der Mund klein. Die Nase war lang und schmal, während die Augen, regelmäßig geschnitten, tief in den Höhlen lagen. Das waren nicht tote Gestalten – sie sahen aus wie schlafend.«

Wen beschreibt Lobsang Rampa? Mir scheint, dass er Atlanter im *Samâdhi*-Zustand beschreibt. Kann man diese Beschreibung ernst nehmen? Ich weiß nicht recht. Wenn man aber berücksichtigt, dass diese Beschreibung in vielem mit den Berichten der besonderen Menschen übereinstimmt, muss man ihr Beachtung schenken.

> Der andere Bericht, der etwas Besonderes darstellt, kommt wieder von Helena Blavatsky: *»Die Überreste auf der Osterinsel zum Beispiel sind die erstaunlichsten und beredtesten Denkmale der ursprünglichen Riesen ... man braucht bloß die Köpfe der Kolossalstatuen, welche unzerbrochen geblieben sind, zu untersuchen, um auf einen Blick die Züge des Typus und Charakters, wie sie den Riesen der vierten Rasse zugeschrieben werden, zu erkennen.« (S. 234)*

> Zur Statue Buddhas schreibt sie: *»Diese ›Buddhas‹, obwohl oft durch die symbolische Darstellung großer herabhängender Ohren entstellt, zeigen auf den ersten Blick wahrnehmbar einen bedeutsamen Unterschied in ihrem Gesichtsausdruck von jenem der Statuen der Osterinseln. Sie mögen von einer Rasse sein ...« (S. 235)*

Diese Beschreibung der Eingeweihten Blavatsky ist deswegen interessant, weil hier unzweideutig eine Parallele zwischen dem Äußeren Buddhas und der Götzen von der Osterinsel mit dem Äußeren der Menschen der vierten Rasse – der Atlanter – hergestellt wird. Da das Äußere Buddhas sich von dem der Götzen auf der Osterinsel unterscheidet, kann man meinen, dass die einen Atlanter (wahrscheinlich die gelben) Buddha glichen, die anderen (wahrscheinlich die schwarzen Atlanter) den Götzen von der Osterinsel.

All diese Literaturangaben berücksichtigten wir bei unserer Rekonstruktion.

Die Methodik

Bei unserem sehr komplexen Vorhaben, hypothetisch das Äußere der Menschen früherer Zivilisationen zu rekonstruieren, berücksichtigten wir Folgendes:

1. Die Rekonstruktion des Äußeren des Menschen, dessen Augen auf den tibetischen Tempeln dargestellt sind. Einerseits hat uns die Rekonstruktion schon bei der Expedition geholfen, weil wir es so zeigen und darüber diskutieren konnten. Andererseits konnte die gleichartige Darstellung der ungewöhnlichen Augen auf allen Tempeln kein Zufall sein: Am ehesten waren die Augen eines Urahnen unserer Zivilisation dargestellt, der, wie man im Osten annimmt, der Bonpo-Buddha (oder Rama) ist.
2. Die Aussagen der besonderen Menschen, die Zugang zu den ungewöhnlichen Menschen in den *Samâdhi*-Höhlen haben und diese mit eigenen Augen sahen.
3. Die Beschreibung des Aussehens Buddhas durch Menschen, die ihn mit eigenen Augen gesehen hatten. Sein ungewöhnliches Aussehen und auch Blavatskys Auffassung über die Vergleichbarkeit seines Aussehens mit dem der Menschen der vierten Rasse lässt den Schluss zu, dass es sich um die Beschreibung eines Atlanters handelt.
4. Die Angaben in der Literatur über das Aussehen der Menschen früherer Zivilisationen.

Wir bemühten uns, aus alledem Widersprüchliches zu selektieren und nur die Momente zu nutzen, die bei mehrfacher Überprüfung logisch übereinstimmten.

Es ist bekannt, dass es auf der Erde fünf Zivilisationen (Rassen) gab. Bei der Rekonstruktion des Aussehens der Menschen dieser irdischen Zivilisationen stießen wir auf Grund fehlender Informationen auf bestimmte Schwierigkeiten bei der ersten und zweiten Rasse und den frühen Lemurern, wenn man von deren bruchstückhafter Beschreibung durch Blavatsky und Steiner absieht. Deshalb legten wir den Schwerpunkt auf die Rekonstruktion der späten Lemurer (der Lemuro-Atlanter) und der Atlanter.

Das Aussehen der Lemuro-Atlanter

Als wir das Aussehen des Menschen rekonstruierten, dessen Augen auf den tibetischen Tempeln dargestellt sind, und ein für einen Menschen vollkommen ungewöhnliches Antlitz mit gewaltigen Augen, großem Schädel, einem Dritten Auge und ventilartiger Nase erhielten, fragten wir uns: Wer ist das? Wir nahmen an, dass so die Atlanter aussahen – Menschen der vorherigen Zivilisation. Noch während unserer Expedition glaubten wir das, obwohl es ein grober Fehler war.

Während der Expedition kamen Zweifel bei uns auf, dass der von uns bildlich dargestellte Mensch ein Atlanter ist. Die Lamas und besonderen Menschen sahen den Menschen auf unserem Bild als den an, den sie »Er« nennen, obwohl sie über die Atlanter Bescheid wussten und klar die Bedeutung des Wortes »Atlanter« verstanden.

Die letzten Zweifel zerstreute ein bedeutender religiöser Würdenträger aus Moskau nach unserer Expedition. Als ich ihm die hypothetische Darstellung eines Atlanters vorlegte, widersprach der Abt:

– Das ist kein Atlanter!

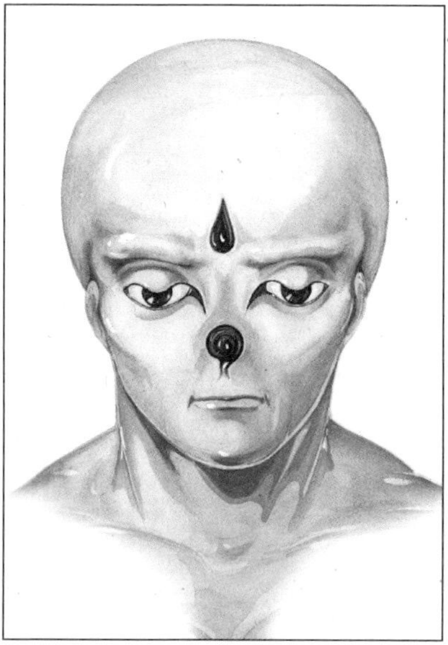

So sieht der Mensch aus, den wir nach den Augen auf den tibetischen Tempeln rekonstruierten. (Zeichnung von Olga Ishmitova)

– Was ist er *denn* Ihrer Meinung nach?

– Das ist ein Lemurer!, antwortete der Abt.

– Warum denken Sie das?

– Ich weiß es.

– Woher haben Sie dieses Wissen?, fragte ich verwundert.

– Ich habe keine Kenntnisse, ich habe Führung, antwortete der Abt.

– Was heißt das ... »Führung«?

– Man lenkt mein Wissen.

– Sie sind ein Eingeweihter?

– Ja.

Die Unterhaltung mit diesem Menschen in der schwarzen Kutte war leicht. Kaum hatte ich zu sprechen begonnen, setzte er meinen Gedanken fort. Ich hatte das Gefühl, dass er ein Expeditionsmitglied ist. Ich war verwundert. Mehr über diesen Abt werde ich im Kapitel über das Shambhala erzählen. Unser Gespräch ging folgendermaßen weiter:

– Warum meinen Sie, dass das ein Lemurer ist und kein Atlanter?, fragte ich.

– Die Atlanter sahen anders aus. Sie ähnelten mehr dem heutigen Menschen. Sie bilden jetzt den Grundstock des Genpools der Menschheit. Die meisten Menschen im *Samâdhi* sind Atlanter. Aber das hier – der Abt wies auf unser Bild – ist ein Lemurer! Die Lemurer waren und sind die am höchsten entwickelten Menschen aller Zivilisationen! Sie bilden den Grundstock des Landes Shambhala und Agartha.

– Die Lamas und besonderen Menschen nennen in den Gesprächen über die *Samâdhi*-Höhlen ständig jemanden »Er«. Was meinen Sie, wer das wohl sein kann?, fragte ich. Könnte es sein, dass dieser rätselhafte »Er« ein Lemurer ist?

– Ja.

– Es ist ja bekannt, dass es frühe (vierarmige und dreiäugige) und späte Lemurer gab. Die letzteren nennt Blavatsky Lemuro-Atlanter. Ist das – ich zeigte erneut auf das Bild – ein später oder ein früher Lemurer?

– Ein später, das ist ein Lemuro-Atlanter.

– Saß das Dritte Auge bei den Lemurern auf der Stirn oder ist das nur ein Symbol?

– Das Dritte Auge war bei den Lemurern sehr weit entwickelt, aber es saß in der Tiefe des Schädels. Das auf der Stirn ist nur ein Symbol, antwortete der Abt.

Hier bin ich gezwungen, den Dialog durch eigene Betrachtungen über das Aussehen der Menschen früherer Zivilisationen fürs Erste zu unterbrechen.

Versuchen wir einmal zu untermauern, dass das Gesicht, das wir nach den Augen auf den tibetischen Tempeln rekonstruiert hatten, nicht einem Atlanter, sondern einem späten Lemurer (Lemuro-Atlanter) zuzuordnen ist. Erstens gibt es in der Literatur direkte Hinweise darauf, dass Buddha ein Atlanter war (Blavatsky, *S. 235*), und dann stimmt auch das Antlitz Buddhas mit dem auf unserem Bild nicht überein.

Zweitens gibt es in der Beschreibung des Äußeren Buddhas etliche Merkmale, die von der Anpassung seines Organismus an eine Lebensweise teilweise unter Wasser zeugen: flossenähnliche Füße, Häutchen zwischen den Fingern, großer Brustkorb und anderes. Wenn man das mit der Gestalt vergleicht, die nach den Augen auf den tibetischen Tempeln rekonstruiert wurde, kann man bei ihr eine große Anpassung an ein teilweises Leben unter Wasser bemerken. Davon zeugen die ventilartige Nase (charakteristisch für Wassertiere) und die besondere Art der Augen. Es entsteht der Eindruck, dass die Evolution den Menschen von einem teilweisen Leben unter Wasser zu einem Leben zu Lande führte. Hieraus folgt, dass die Gestalt des Menschen, der am meisten an ein teilweises Leben unter Wasser angepasst ist, die älteste ist, also auf die Lemurer zutrifft und nicht auf die Atlanter.

Drittens sind auf den tibetischen Tempeln wohl am ehesten noch die Augen eines Urahnen unserer Zivilisation dargestellt. Und das ist, soweit die erhaltenen Angaben es uns zu urteilen gestatten, der Bonpo-Buddha (oder Rama), der vor 18.013 Jahren zur Wiedergeburt der fünften Rasse beitrug. Blavatsky schreibt *(S. 369)*, dass die fünfte Rasse von wiedergeborenen göttlichen Königen angeführt wurde, die sie und auch andere Autoren als späte Lemurer (Lemuro-Atlanter) ansehen. Man könnte annehmen, dass die Lemuro-Atlanter, die Vertreter der am höchsten entwickelten Zivilisation (der Superintellektuellen) sind und sich im *Samâdhi*-Zustand erhalten haben, die Wiedergeburt der fünften Rasse lenkten. Deshalb wurden die Augen dieser göttlichen Menschen zum Symbol auf den tibetischen Tempeln.

Sind unsere Argumente überzeugend oder nicht? Das vermag ich nicht zu beurteilen, das muss der Leser tun. Wir nehmen jedoch an, dass das Antlitz des Menschen, das wir anhand der Augen rekonstruiert haben, einem Lemuro-Atlanter gehört.

Zugleich korrigierten wir das Bild im Zusammenhang mit den Hinweisen der besonderen Menschen und der wissenschaftlichen Analyse Vener Gafarovs. Die Änderungen betrafen Merkmale des Dritten Auges, der Ohren und der Mundöffnung.

Das Dritte Auge, das auf der Stirn dargestellt ist, mussten wir entfernen, da die Hinweise der Lamas und besonderen Menschen davon zeugen, dass es lediglich ein Symbol ist, das von der großen Rolle des Dritten Auges im Leben der Menschen früherer Zivilisationen spricht. Wie bekannt, liegt das Dritte Auge im Inneren des Schädels an der Stelle, an der sich ein anatomisches Gebilde befindet, das Zirbeldrüse oder Epiphyse genannt wird.

Die Ohren haben wir vergrößert, da die besonderen Menschen darauf hingewiesen hatten, dass die Ohren der ungewöhnlichen Menschen in der Höhle größer sind.

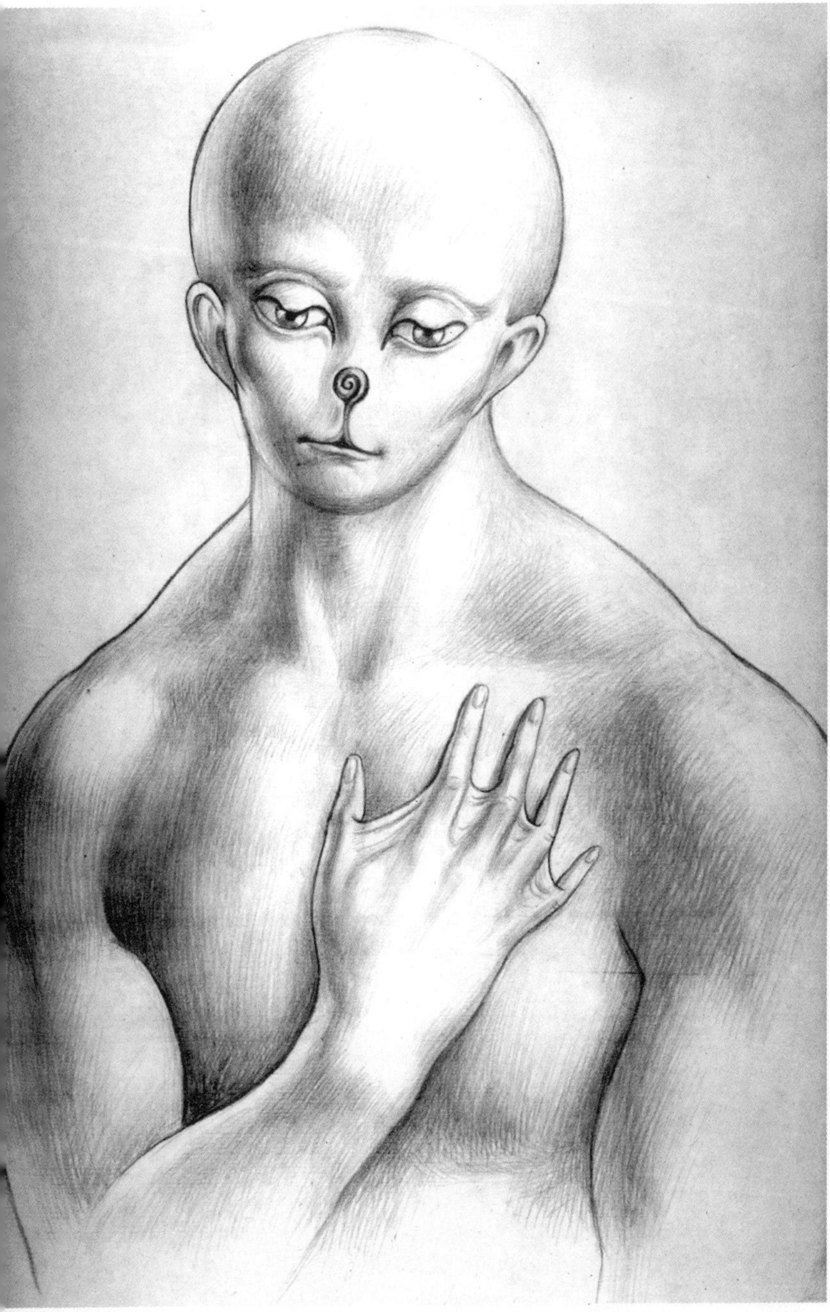

Präzisierung des Aussehens eines späten Lemurers
(nach unseren Angaben ausgeführt von V. Kuprijanov)

Was die Mundöffnung betrifft: Unser Spezialist für Stomatologie und Kiefer- und Gesichtschirurgie Gafarov führte eine wissenschaftliche Analyse anhand der vertikalen Verbindung der Knochen des Gesichtsschädels im Prozess der Embryogenese durch. Es ist ja bekannt, dass die Embryonalentwicklung des Kindes die wesentlichen Meilensteine der menschlichen Entwicklung wiederholt. Dabei bilden sich die Knochen des Gesichtsschädels einzeln von beiden Seiten (rechts und links) und stoßen nach kurzer Zeit in der Mitte aufeinander, wodurch das Knochengerüst des Gesichts gebildet wird. Während die übrigen Knochen des Körpers ihre Entwicklung bis zum zwanzigsten Lebensjahr abschließen, beenden die Knochen des Gesichtsschädels ihre Entwicklung erst im fünfundzwanzigsten Lebensjahr. Mit der langsameren Entwicklung der Knochen des Gesichtsschädels verbinden die Stomatologen viele Anomalien der Entwicklung im Bereich des Mundes, beispielsweise die »Hasenscharte«, den »Wolfsrachen«, aber auch Karies und Parodontose.

Defekte wie die Hasenscharte (Spalte in der Oberlippe) oder der Wolfsrachen (Spalte im oberen Gaumen) bilden sich durch eine verzögerte Entwicklung in einem frühen Stadium der Embryogenese, wenn die beiden Hälften der Knochen des Gesichtsschädels noch nicht zusammengewachsen und noch durch eine Spalte getrennt sind. Da die Embryonalentwicklung die evolutionäre Entwicklung des Menschen wiederholt, lässt das den Schluss zu, dass die Knochen des Gesichtschädels bei den früheren Menschen nicht völlig in der Mitte zusammengewachsen waren.

Wer von diesen einstigen Menschen konnte so eine zentrale Spalte im Gesicht haben? Wenn man berücksichtigt, dass die Spalte zwischen den Knochen des Gesichtsschädels eines der frühesten Merkmale ist und dass Knochen erstmals bei den Lemurern (Blavatsky, *S. 166*) auftraten, kann man annehmen, dass die Lemurer eine Spalte im oberen Gaumen und in der Oberlippe hatten. Das wird auch dadurch bestätigt, dass auf den tibetischen Tempeln gemeinsam mit den ungewöhnlichen Augen eine spiralförmige Nase dargestellt ist, deren Schlitz sich nach unten (lies: in den Bereich der Oberlippe) zur Mundöffnung fortsetzt.

Die vertikale Spalte, die die Mund- und Nasenöffnung verbindet, erfüllte bei den Lemurern eine wichtige Funktion für ihr teilweises Unterwasserleben. Seitlich der vertikalen Spalte, wo sich beim heutigen Menschen die Oberkieferhöhlen befinden, hatten die Lemurer kleine Kiemen, die das Blut mit Sauerstoff anreicherten und so den längeren Aufenthalt unter Wasser ermöglichten. Das durch den Mund angesaugte Wasser passierte diese Kiemen und wurde durch die vertikale Spalte wieder ausgestoßen. Offensichtlich hatten die Lemurer auch einen großen Brustkorb, um in den Lungen eine Luftreserve für den Unterwasseraufenthalt zu speichern. Folglich besaßen die Lemurer, bildlich gesprochen, »fisch«- und »säugetierartige« Elemente der Anpassung ans Wasser. Die Oberkieferhöhlen hält Gafarov für Rudimente der kiemenartigen Gebilde der Lemurer.

Die Existenz von Kiemen seitlich der vertikalen Spalte, die Mund und Nase verbindet, musste nach den Gesetzen der Anatomie dazu führen, dass der Kehlkopf nicht die Rolle eines tonerzeugenden Organs spielen konnte. In diesem Fall musste die Funktion der Lauterzeugung im Nasenbereich liegen. Erinnern wir uns an den indischen *Svâmin* Ananta Krishna, der alte religiöse Quellen so interpretierte, dass die ältesten Menschen (offensichtlich Lemurer) mit der Nase sprachen, wobei die Tonerzeugung nicht nur im normalen Stimmbereich vonstatten ging, sondern auch im Bereich von Ultraschall- und Infrarotwellen.

Warum wurde die ventilartige tonerzeugende Nase der Lemurer während der Evolution dann durch eine Nase ersetzt, wie vermutlich bei den Atlantern, aber auch den Menschen unserer Zivilisation? Gafarov und ich kamen zu dem Schluss, dass die weiche ventilartige Nase der Lemurer sehr verletzungsgefährdet war, was gleichzeitig die Funktionen der Atmung und Sprache störte. Das Risiko der Störung derartig wichtiger Funktionen führte dann offensichtlich zur allmählichen Formierung der gewöhnlichen, durch Knochen und Knorpelgewebe geschützten Nase, wobei die Fähigkeit zu langen Unterwasseraufenthalten durch die Rückbildung der Kiemen verlorenging. So verlagerte sich der tonerzeugende Apparat in den Kehlkopf, die Räume an Stelle der Kiemen (Oberkieferhöhlen) funktionierten mehr und mehr als Resonanzraum, und der vertikale Spalt zwischen Mund und Nase wuchs zusammen.

Demgemäß hatten die späten Lemurer (Lemuro-Atlanter) unserer Ansicht nach folgende äußere Merkmale:

- Größe 7 bis 8 Meter und mehr
- großer Schädel
- große ungewöhnliche Augen mit doppelter Einbuchtung des oberen Lids
- spiralförmige ventilartige Nase ohne Nasenwurzel

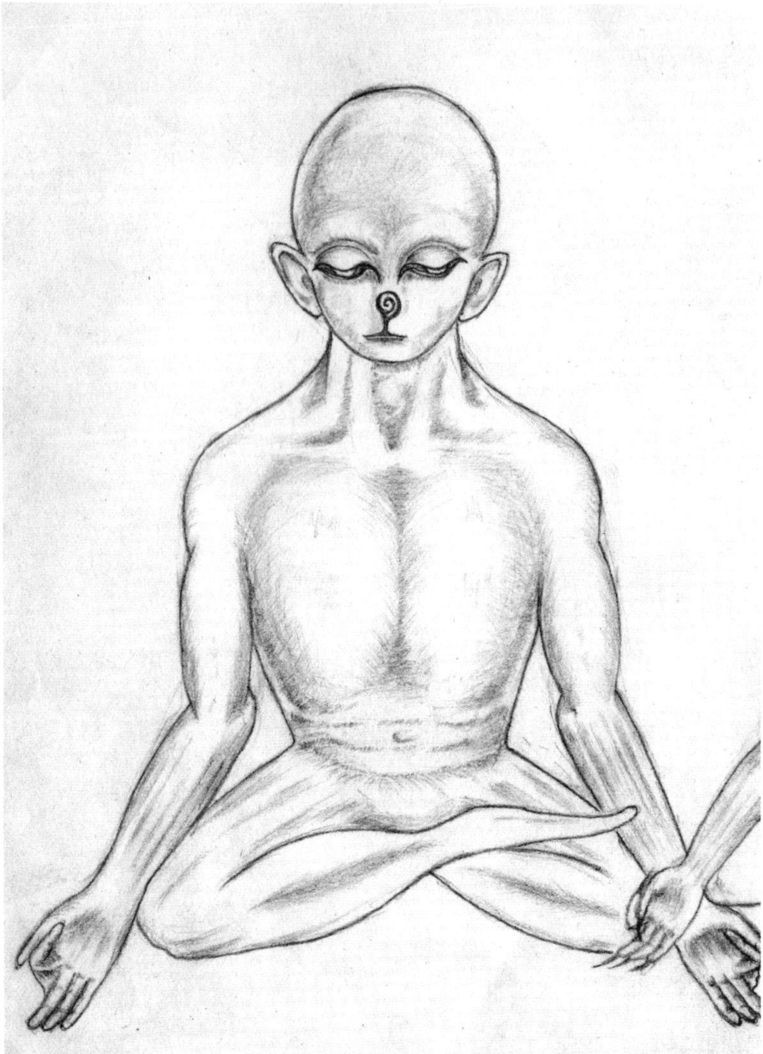

Später Lemurer im Samâdhi-Zustand (Zeichnung des Autors)

- vertikale Spalte zwischen Nase und Mund, der seitlich Kiemen aufweist
- kleiner horizontaler Mund
- kleiner Unterkiefer
- relativ große Ohren
- kräftiger Hals

- großer Brustkorb
- verhältnismäßig lange Arme
- flossenähnliche Füße
- Häutchen zwischen den Fingern und Zehen, bis zur Mitte der Glieder gehend
- gelbliche Hautfarbe

Für diese zusammenfassende Aussage spricht viel ... Irrtümer nicht ausgeschlossen, denn die Erforschung des Aussehens der Menschen früherer Zivilisationen kann wegen des dürftigen Faktenmaterials selbst bei strengster Logik eben nicht absolut genau sein.

Das Aussehen der Atlanter

Bei diesen Untersuchungen nahmen wir die äußerlichen Merkmale Buddhas in Verbindung mit Angaben, die wir aus Literaturquellen zusammengetragen haben, zur Grundlage und versuchten logisch zu verarbeiten, dass die Atlanter eine evolutionäre Übergangsform vom teilweisen Leben unter Wasser zum Leben zu Lande waren.

Da wir den Leser nicht mit allen Einzelheiten der Analyse der verschiedenen Angaben langweilen wollen, fassen wir die wesentlichen äußerlichen Merkmale der Atlanter hier kurz zusammen:

- Größe 3 bis 5 Meter
- großer Schädel von runder oder turmartiger Form
- große ungewöhnliche Augen, die doppelte Einbuchtung des oberen Lids ist jedoch geringer als bei den Lemurern
- gerade, nicht ungewöhnliche Nase
- vertikale Spalte zwischen Nase und Mund fehlt
- kleiner horizontaler Mund
- der Unterkiefer ist etwas kleiner als bei Menschen unserer Zivilisation
- relativ große Ohren
- kräftiger Hals
- großer Brustkorb
- verhältnismäßig lange Arme, die bis zu den Knien reichen
- flossenähnliche Füße, die Flossenähnlichkeit ist jedoch weniger ausgeprägt als bei den Atlantern

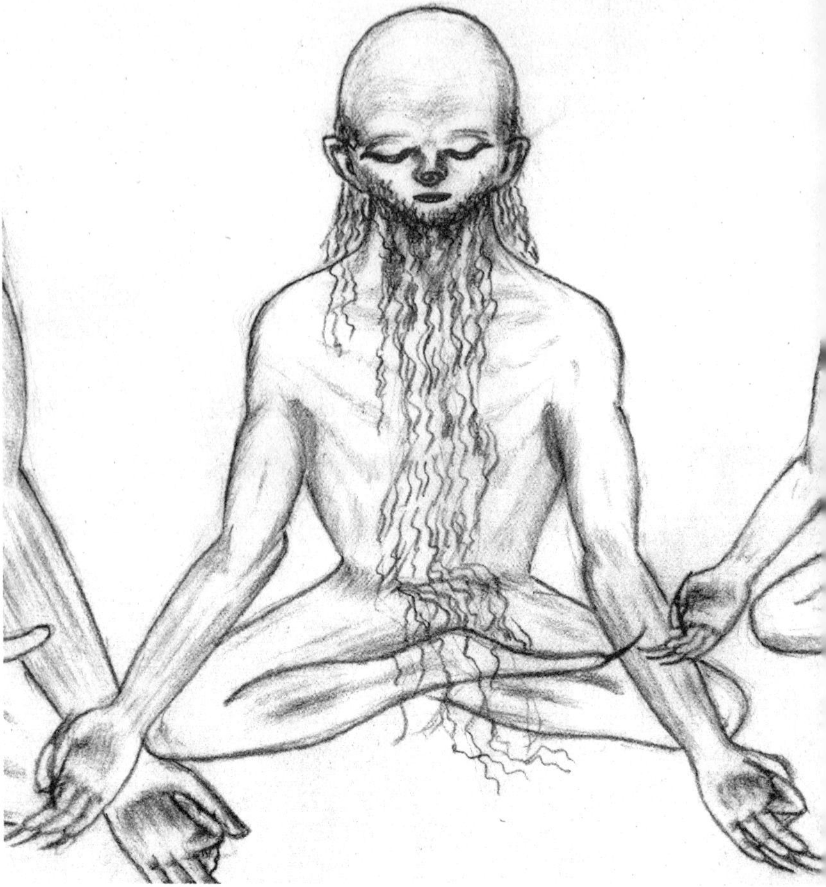

Atlanter im Samâdhi-Zustand (Zeichnung des Autors)

- Häutchen zwischen den Fingern und Zehen, bis zur Mitte der Glieder gehend
- die Hautfarbe ist entweder gelb, rot, braun oder schwarz

Als Ergebnis dieser Untersuchungen kann man schlussfolgern, dass die Atlanter wie auch die Lemurer klare Merkmale besaßen, die vom teilweisen Leben unter Wasser zeugen: flossenartige Füße, Häutchen zwischen den Fingern und Zehen, großer Brustkorb, doppelte Einbuchtung des oberen Lids. Gleichzeitig hatten die Atlanter, im Unterschied zu den Lemurern, mehr Merkmale, die für das Leben auf dem Lande charakteristisch sind: Die ventilartige Nase wurde von einer geraden gewöhnlichen

Nase abgelöst, der vertikale Spalt zwischen Mund und Nase mit Kiemen verschwand. Im Zusammenhang damit, so muss es wohl gewesen sein, verlagerte sich der tonerzeugende Apparat aus der Nase in den Kehlkopf. Offensichtlich ist auch, dass die Atlanter weniger Zeit unter Wasser verbringen konnten als die Lemurer (die Kiemen verschwanden).

Der für die Atlanter (wie auch für die Lemurer) charakteristische große Schädel könnte sowohl von dem entwickelten Gehirn als auch von dem entwickelten Dritten Auge zeugen, das im Inneren des Schädels lag. Daraus folgt, dass sowohl die Atlanter als auch die Lemurer Menschen mit hohem Intellekt waren, die die Kraft des Dritten Auges oft zur Meisterung verschiedener Lebenssituationen nutzten.

Das Aussehen der Menschen unserer Zivilisation

Natürlich wissen wir, wie *wir* aussehen. Trotzdem kommt man nach dem Studium der Literatur zu diesem Thema zu dem Eindruck, dass die frühesten Menschen der fünften Rasse (unserer Zivilisation), die zur Zeit des Untergangs von Atlantis, also vor etwa 850.000 Jahren lebten, wesentlich größer waren und drei bis vier Meter erreichten. Danach wurden die Menschen allmählich kleiner und waren, meiner Ansicht nach, im zehnten bis achtzehnten Jahrhundert am kleinsten. Jetzt nimmt die Körpergröße wieder zu – die Akzeleration. Die Schwankungen in der Körpergröße bei den Menschen unserer Zivilisation weist gewisse Parallelen zum Entwicklungszyklus auf, nach dem bis vor kurzer Zeit das Geistige zurückging und die Bedeutung des Materiellen zunahm. Jetzt aber ist der kritische Punkt überwunden und das Geistige gewinnt an Gewicht. Das wiederum führt zu der Überlegung, dass es im Rahmen der Evolution eine Parallele gibt zwischen dem geistigen Beginn im Menschen und seiner Größe. Nicht von ungefähr waren die Lemurer und Atlanter, die eine höhere geistige Entwicklung hatten und es verstanden, die psychische Energie zu nutzen, wesentlich größer als wir.

Im Laufe der Entwicklung ging in unserer Zivilisation die Fähigkeit verloren, teilweise unter Wasser zu leben. Die Füße sind heute besser ans Laufen angepasst als ans Schwimmen, die Häutchen zwischen den Fingern fehlen, die veränderten Augen und dergleichen.

Es ist nicht auszuschließen, dass zu Zeiten der Lemurer und Atlanter die Fläche der Kontinente kleiner war und die Menschen der frühe-

Mensch unserer Zivilisation im Samâdhi-Zustand (Zeichnung des Autors)

ren Zivilisationen deshalb den Ozean in größerem Maße zum Leben nutzten.

Dem heutigen Menschen fehlt auch die Funktion des Dritten Auges. Es ist als Rudiment erhalten, als Epiphyse. Offensichtlich hatte das Dritte Auge der Atlanter und besonders der Lemurer ein größeres Volumen – dafür spricht der größere Schädel der damaligen Menschen. Die größere Dimension des Schädels spricht offensichtlich auch für die höheren intellektuellen Fähigkeiten der Lemurer und Atlanter.

Warum ist dann bei den Menschen unserer Zivilisation ein so wichtiges Organ wie das Dritte Auge, das die psychische Energie bündelt, allmählich verkümmert? Das ist um so merkwürdiger, als doch vom Evolutionssinn her von Zivilisation zu Zivilisation im Gegenteil die zunehmende Bedeutung des Dritten Auges und seiner Entwicklung hätte beobachtet werden müssen, konnte man damit doch auf die Schwerkraft einwirken, Gedanken telepatisch übertragen und anderes mehr.

Die Ursache für das Verkümmern des Dritten Auges in unserer Zivilisation ist unserer Meinung nach die letzte Botschaft *So'Ham*. Sie unterbrach, wie der Leser schon weiß, die ständige Verbindung des Geistes des Menschen mit dem Allgemeinen Informationsraum.

Unter den Bedingungen der früheren Zivilisationen diente das Dritte Auge der Abstimmung auf die Frequenz des Allgemeinen Informationsraums. Offensichtlich war dies die Hauptfunktion des Dritten Auges. Als die durch die letzte Botschaft *So'Ham* in unserer Zivilisation entfiel, verkümmerte das Dritte Auge. Nur einige wenige Menschen sind in der Lage, die Barriere des *So'Ham* zu überwinden und sich auf die Frequenz des Allgemeinen Informationsraums abzustimmen. Diese wenigen Leute sind die Eingeweihten. Sie können sich des Wissens des Jenseits bedienen, eines Wissens, dessen sich alle Lemurer und Atlanter bedienen konnten.

Die letzte Botschaft *So'Ham*, deren Folge das Prinzip »Verwirkliche dich selbst« (oder »Amen«) war, drückte der Entwicklung der Menschen unserer Zivilisation ihren Stempel auf. Die von dem höheren geistigen Beginn abgeschnittenen Menschen unserer Zivilisation verwirklichen sich vorrangig in der physischen Welt, was unvermittelt in ihrem Äußeren zur Geltung kommt.

10 Der Mensch, der 300 Jahre lebte

Nach unserem Marsch zu den *Samâdhi*-Höhlen machten wir drei Tage in Kathmandu Halt. Während ich Ordnung in die Expeditionsaufzeichnungen brachte, hatten Lobankov und die anderen Expeditionsteilnehmer zwei zusätzliche Treffen, die beide recht ergiebig waren.

Was steht in den *Vedas* oder Weden?

Unser Expeditionsteilnehmer Sheskand Ariel hatte ein Treffen mit Professor Shivaraia Acharid Kavnadaniayana von der Nepalesischen Universität organisiert. Er gilt als einer der besten Kenner der *Vedas*, wobei er diese im Original kennt, geschrieben in der ältesten Sprache der Welt – dem Sanskrit.

Worum handelt es sich dabei eigentlich genau, bei den *Vedas*? Das sind die fundamentalsten und ältesten Schriften, in den Hauptzügen ähnlich der Religion, aber detaillierter. Geschrieben wurden sie von einem unbekannten Autor. Das Sanskrit – heute eine tote Sprache – gilt als die Sprache, die die Atlanter sprachen.

Die *Vedas* sind nach einer scheinbar ungewöhnlichen Logik geschrieben, die sich überhaupt nicht mit unserer Logik deckt. Sie sind schwer zu begreifen und schwierig zu erfassen. Deshalb war die kurze Erläuterung des wesentlichen Inhalts durch Professor Shivaraia für uns äußerst wertvoll.

Professor Shivaraia erzählte Lobankov von einer weltweiten Überschwemmung im frühen Altertum, durch die fast alle Menschen der vorhergehenden Zivilisation (die Atlanter) umkamen. Hoch oben im Himâlaja wohnte ein Mensch namens Manu, der meditieren und sich in den *Samâdhi*-Zustand begeben konnte. Als das Wasser wieder wich, kehrte er aus dem *Samâdhi*-Zustand zurück. Manu war kein Gott, verfügte aber über sehr viel Energie. Er verstand die Sprache der Fische und erfuhr von ihnen, dass auf einem anderen nicht überschwemmten Berg ein anderer Mensch namens Sid auf ihn wartete. Sid stellte einen genetischen Fundus[16] dar und vereinigte in sich den Menschen, den Samen der Tiere, Pflanzen und anderes mehr. Manu und Sid gebaren die Zivilisation der Menschheit wieder. Manu schuf auch viele Buddhas, die der Menschheit zu neuem Leben verhalfen.

Diesen von Professor Shivaraia widergegebenen Extrakt aus den *Vedas* kann man als Nachweis für die Existenz eines Genpools der Menschheit (sowie der Tiere und Pflanzen) verstehen, der nach der weltweiten Überschwemmung der Menschheit zu einem neuen Anfang verhalf. Und die Buddhas, zurückgekehrt aus dem *Samâdhi*-Zustand, halfen der wiedergeborenen Menschheit, sich auf dem Weg des Fortschrittes zu entwickeln.

Lobankov befragte den Professor besonders gründlich zum Phänomen des *Samâdhi*. Dazu gibt es in den *Vedas* viele Informationen. In den *Samâdhi*-Zustand kann der Mensch sich begeben, wenn sein Bewusstsein von physischen Objekten losgelöst ist, wenn das Bewusstsein in sich selbst ruht. Dabei sinkt der Stoffwechsel auf Null, der Energieaustausch wird eingestellt. Einen kurzzeitigen *Samâdhi*-Zustand kann man an jedem beliebigen Ort herbeiführen, außer am Feuer. Am besten geeignet sind heilige Stätten – *Sadbala*, die in den Bergen an der Grenze zum ewigen Schnee liegen. Zu einem beliebig langen *Samâdhi*-Zustand begibt man sich am besten in eine Höhle.

– Was ist das Shambhala?, erkundigte sich Lobankov.

– In den *Vedas* heißt es, das ist ein Höhlensystem mit Menschen im *Samâdhi*, entgegnete der Professor.

– Existiert das Shambhala real auf der Erde?

– Ja.

– Kann man irgendeine *Samâdhi*-Höhle besuchen, um die Existenz früherer Menschen im *Samâdhi*-Zustand zu beweisen?

– Sie werden die Menschen im *Samâdhi* nie befühlen, anfassen oder fotografieren können, weil man es nicht darf und weil sie geschützt sind. Das ist wie Mathematik: Wenn man eine Gleichung löst, erhält man die Lösung, die man auch nicht befühlen oder anfassen kann, antwortete Professor Shivaraia.

Ein eigentümlicher Vergleich – wie Mathematik! Einerseits gibt es die Menschen im *Samâdhi* real in der physischen Welt, andererseits kann man nicht bis zu ihnen vordringen und sie untersuchen. Offen-

16 Gut möglich, dass es das ist, worüber Blavatsky schrieb, als sie die Schaffung eines »abgeschiedenen Ortes – Vara« beschrieb, wo es außer dem Menschen noch Samen von Tieren, Pflanzen und vielem anderen mehr gab.

sichtlich ist die Rolle des *Samâdhi* zu bedeutend für die Erhaltung des Lebens auf der Erde.

Der Guru Noshari Nat

Er berichtete Lobankov und Valentina Jakovleva von einem Menschen, der schon über 300 Jahre lebt.

Guru Noshari Nat unterhält einen der bekanntesten Ashrams (Meditationsschulen) Nepals und ist ein in seinem Land hoch verehrter Mann. Täglich hat er über hundert Gläubige um sich. Gleichzeitig ist er Leiter der Geistigen Gesellschaft zum Studium alter Sprachen: des Sanskrit, des Pali und des Nepali.

Guru Noshari Nat

Guru Noshari Nat ist viel durch Nepal und Westtibet gereist. Während einer dieser Reisen traf er sich 1992 in den Bergen Westtibets mit einem Schneemenschen (Yeti) und zeichnete ihn. Lobankov und Valentina Jakovleva sahen diese Zeichnung von einem menschenähnlichen Wesen von gewaltiger Größe, mit langen Armen und kurzen Beinen.

Im selben Jahr traf sich Noshari Nat in Westtibet mit einem Menschen, der schon länger als 300 Jahre lebt. Er heißt Kunga Georgi Lama. Gewöhnlich geht er im August am Tag des Vollmonds in eine Höhle und versinkt dort in den *Samâdhi*-Zustand. Nach sechs Monaten kehrt er zu den Menschen zurück und führt für ungefähr einen Monat ein ganz normales Leben. In dieser Zeit ernährt er sich nur von Kuhmilch und den Blättern der *Soma*-Pflanze. Danach geht er erneut in die Höhle und versinkt wieder für sechs Monate im *Samâdhi*.

Als Guru Noshari Nat in der Gegend dieser Höhle war, erfuhr er von einem dort wohnenden westtibetischen Lama von dem Menschen, der schon mehr als 300 Jahre lebt. Der Guru bat ihn um Erlaubnis, diese Höhle besichtigen und Kunga Georgi Lama im *Samâdhi*-Zustand sehen zu dürfen. Die religiöse Würde und das hohe geistige Niveau von Guru Noshari Nat berücksichtigend, führte der westtibetische Lama ihn in die Höhle. Nachdem er die Höhle betreten hatte, fand der Guru Kunga Georgi Lama im *Samâdhi*-Zustand. Er wechselte einige Worte mit ihm und überzeugte sich davon, dass alles, was ihm über den 300-jährigen erzählt worden war, der Wahrheit entsprach.

Nachdem sie über unsere Untersuchungen berichtet hatten, stellten Lobankov und Valentina Jakovleva dem Guru einige direkte Fragen:

– Ist das Phänomen *Samâdhi*, wobei Menschen, die sich in einem langen *Samâdhi*-Zustand befinden, im Falle einer globalen Katastrophe zum Quell neuen menschlichen Lebens werden, eine Versicherung für das Leben auf der Erde?

– Ja, bestätigte der Guru.

– Gibt es viele *Samâdhi*-Höhlen im Himâlaja und in Tibet?

– Ja, viele.

– Kann man Menschen im *Samâdhi*-Zustand in den Höhlen sehen?

– Kann man. Ich habe doch auch Kunga Georgi Lama gesehen, antwortete der Guru.

– Kann man vielleicht mit Ihnen in die Höhle gehen, in der sich Kunga Georgi Lama befindet?, wollte Lobankov wissen.

– Warum nicht?, entgegnete der Guru. Aber Ihr Aufenthalt in der *Samâdhi*-Höhle in der Nähe von Kunga Georgi Lama ist gefährlich für ihn. Sie sind ja nicht vorbereitet und beherrschen die Meditation nicht.

– Warum wäre unser Besuch für ihn gefährlich? Würde unsere Bioenergie seinen *Samâdhi*-Zustand destabilisieren?

– Ja.

– Kann man den Kunga Georgi Lama im *Samâdhi*-Zustand vielleicht zu einer bestimmten Zeit besuchen?, beharrte Lobankov.

Der Guru dachte nach:

– In die Höhle, in der sich Kunga Georgi Lama befindet, geht man am besten zwischen 22 und 23 Uhr an einem beliebigen Tag des Jahres, am besten aber im April oder Oktober.

Lobankov und Valentina Jakovleva baten den Guru inständig, bei der Organisation einer Expedition zum Besuch von Kunga Georgi Lama zu helfen. Der Guru sagte zu, erklärte es aber für unerlässlich, sich in ungefähr drei bis vier Monaten nochmals mit ihm zu treffen und dabei einige Details zu präzisieren.

Wird es uns gelingen, den über 300-jährigen zu treffen?

Vier Monate nach Beendigung unserer Expedition reiste Lobankov in den Nepal, um sich mit dem Guru Noshari Nat zu treffen und mit ihm die bevorstehende Expedition zu besprechen.

Warum wollten wir diesen Menschen treffen? Unsere während der Expedition gemachten Erfahrungen sprachen gegen die Erwartung, jemals Menschen früherer Zivilisationen im *Samâdhi*-Zustand zu sehen und zu untersuchen, allein schon wegen der psychoenergetischen Barriere. Da war es natürlich verlockend, möglicherweise einen Menschen unserer Zivilisation im *Samâdhi*-Zustand sehen und untersuchen zu können. Wir waren sicher, dass es in den *Samâdhi*-Höhlen mit Menschen unserer Zivilisation eine psychoenergetische Barriere nicht gab. Deshalb hielten wir ein solches Treffen für durchführbar.

Guru Noshari Nat sagte Lobankov, dass er einige neue Informationen erhalten habe. Der über 300 Jahre alte Kunga Georgi Lama habe seine Pläne geändert und würde während des Vollmonds im Juli 1997 für zwei Tage aus dem *Samâdhi*-Zustand zurückkommen. Während dieser zwei Tage könnten wir uns mit ihm treffen. Der Guru wollte uns begleiten. Ein Treffen mit Kunga Georgi Lama zu einer anderen Zeit wäre für uns problematisch. Mehr noch, Guru Noshari Nat fügte hinzu, dass wir wie Lamas gekleidet sein und einige Unterrichtsstunden in Meditation und den Ritualen der Lamas absolvieren müssten. Zudem, so der Guru, sei die Reise gefährlich, weil die Höhle im Gebiet des Berges Kailash liegt.

Der rätselhafte Berg Kailash

In der Nähe des Berges Kailash liegt das sogenannte Tal der Skelette, das nach Augenzeugenberichten völlig mit Knochen übersät ist. Wie Marat Fathlislamov aus Ufa erzählte, der zweimal mit Sathya Sai Baba gespro-

Der Berg Kailash

chen hatte und überdurchschnittliches Wissen auf den Gebieten der Religions- und okkulten Wissenschaften hat, ist der Berg ein Ort, den Menschen aufsuchen, um zu sterben. Durch dieses Gebiet strahlt ein Energiebündel, das die Erde mit dem Universum verbindet. Man nimmt an, dass der Geist des Menschen, der hier stirbt, über dieses Energiebündel leicht ins Jenseits gelangt.

Im Weiteren fanden wir immer mehr Informationen über das Vorhandensein ungewöhnlicher Energien im Gebiet des Berges Kailash. Die einen sagen oder schreiben, dass sich in diesem Gebiet der Eingang zum Shambhala befindet, andere sehen ihn an einem anderen Ort.

Weitaus mehr als die ungewöhnlichen Energien in diesem Gebiet beunruhigten uns die vielen Todesfälle dort. Wissenschaftler aus Sankt Petersburg berichteten, dass fünf russische Alpinisten, die den Berg Kailash bestiegen hatten, einer nach dem anderen ein bis anderthalb Tage danach an einer unbekannten Krankheit starben. Wir erfuhren auch, dass im Gebiet dieses Berges eine Gruppe von 200 Pilgern umkam, die in den Bergen erfroren, nachdem sie in verschiedene Richtungen auseinandergelaufen waren. Es gab noch andere Fakten, die aufhorchen ließen.

Ob das alles wahr ist, weiß ich nicht. Ich telefonierte mit indischen Wissenschaftlern und befragte sie dazu. Sie schrieben die Todesfälle in diesem Gebiet eher dem Sauerstoffmangel und den niedrigen Temperaturen zu. Das erschien uns äußerst zweifelhaft. Der Fuß des Berges Kailash liegt in einer Höhe von nur etwa 2.000 Metern, und die Pilger, die ihr Leben lang in den Bergen wohnten, würden schwerlich einfach auseinanderrennen und einzeln zu Tode kommen. Nicht auszuschließen hingegen war die Einwirkung von Infrarotstrahlung, die mit ziemlicher Gewissheit auf die menschliche Psyche wirkt und dabei Angst, Panik und sogar Herzstillstand hervorruft.

Wir Europäer neigen dazu, uns für nahezu allwissend zu halten. Erinnern wir uns aber daran, dass anfangs des zwanzigsten Jahrhunderts bei Menschen, die sich an bestimmten Orten aufgehalten hatten, nicht selten Fälle eines rätselhaften, langsamen Todes beobachtet wurden. Damals wusste noch keiner, dass es dort Uranvorkommen gab und der Tod als Folge der Strahlenkrankheit eintrat. So gibt es auch jetzt keine Gewissheit, dass wir alle Energiequellen kennen. Warum sollte sich im Gebiet des Berges Kailash also nicht auch eine der modernen Wissenschaft noch unbekannte Energie befinden, die bisweilen tödlich auf den Menschen wirkt?

Und warum begab sich Kunga Georgi Lama gerade in diesem Gebiet in den *Samâdhi*-Zustand? Wer weiß, vielleicht wirkt diese energetische Zone ja wie jene Barriere, die verhindert, dass die Menschen im heiligen Zustand des *Samâdhi* beunruhigt werden, zumal die Menschen unserer Zivilisation offensichtlich nicht in der Lage sind, eine psychoenergetische Barriere in den *Samâdhi*-Höhlen zu errichten.

Beim Tourismus und Alpinismus hängt viel vom Leiter ab. Er ist nicht nur für die Marschroute und ihre Einhaltung verantwortlich, sondern auch für das Leben aller Teilnehmer. So auch hier. Als Expeditionsleiter trug ich die volle Verantwortung. Ich fand, dass wir derzeit noch zu wenig über den Berg Kailash wussten, dass eine umfassende Vorbereitung vonnöten war. Und dazu bedurfte es zunächst einer ganzen Menge weiterer Informationen.

TEIL IV

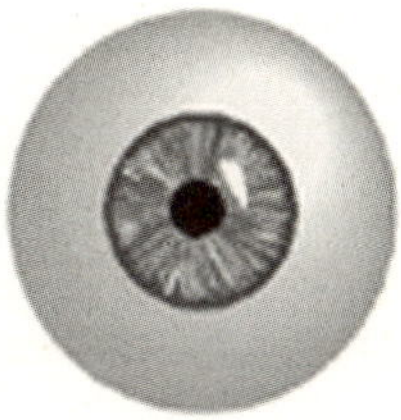

Die Welt ist komplizierter, als wir denken. Philosophische Betrachtung der Fakten

1 Glaube ich, was ich geschrieben habe?

In den vorhergehenden Kapiteln habe ich hauptsächlich Faktenmaterial dargelegt, das sich aus der Untersuchung des menschlichen Auges, aber auch aus den Gesprächen mit Lamas, Gurus, *Svâmin* und Wissenschaftlern des Ostens ergab, verbunden mit einer Analyse der einschlägigen Literatur.

Als die Analyse des Faktenmaterials und der Literatur beendet und die Schlussfolgerungen gezogen waren, begann ich unwillkürlich zu zweifeln, erwiesen sich die erhaltenen Informationen doch als zu ungewöhnlich; irgendwie waren sie rational nicht zu erfassen. Akzeptiert man sie aber, muss man die Existenz eines Genpools der Menschheit, die Abhängigkeit der Entwicklung unserer Zivilisation von der letzten Botschaft *So'Ham*, die Existenz einer besonderen Lebensform in der jenseitigen Welt und vieles andere mehr anerkennen. Daraus resultierte die Frage: *Glaube ich, was ich geschrieben habe?*

Die Sichtweise des Wissenschaftlers – des Materialisten

In meiner 20-jährigen wissenschaftlichen Laufbahn wurde ich zum typischen Wissenschaftler, zum Materialisten geformt. Nachdem ich meine Forschungsarbeit begonnen hatte, damals noch am Lehrstuhl für Anatomie des Medizinischen Instituts, beschäftigte ich mich nach und nach mit Anatomie, Histologie, Histochemie, Biochemie und anderem mehr, was mir später bei meiner Forschungsarbeit als Augenchirurg sehr zugute kam. Unser Wissenschaftler-Team schuf das Transplantationsmaterial Alloplant, das die Regeneration eigenen Gewebes (wie Blutgefäße, Epithel und Kornea) beim Menschen stimuliert. Vorher war das noch niemandem gelungen. Die Möglichkeit, menschliches Gewebe zu »züchten«, eröffnete grundlegend neue Möglichkeiten in der Chirurgie, wodurch vielen bisher vermeintlich hoffnungslos Erkrankten geholfen werden konnte. In mehr als 35 Ländern brachte man unseren Forschungsergebnissen größtes Interesse entgegen, neue Operationsmethoden mit Alloplant setzten sich weltweit durch.

Diese Richtung in der Medizin, geschaffen auf der Grundlage streng materialistischer Herangehensweise, hatte jedoch zwei schwer erklärbare Momente.

Das erste ist das Phänomen der schnellen positiven Wirkung des Transplantats, die besonders bei Augenoperationen manchmal in Erscheinung tritt. Ich erinnere mich an eine ältere Italienerin, die ich wegen Netzhautentzündung mit Alloplant operiert habe. Die Patientin, die vor der Operation fünf Jahre gerade so Licht und Dunkelheit unterscheiden konnte, begann drei bis vier Stunden nach der Operation Finger in einer Entfernung von drei Metern zu zählen. Wie ist das zu erklären? Mit der Regeneration des Gewebes ließ es sich nicht erklären, weil dazu mindestens ein bis zwei Monate nötig gewesen wären. Die einzige einigermaßen annehmbare Erklärung stellte die Wirkung des Biofeldes des Transplantats dar; offensichtlich rief die Verpflanzung des Alloplants eine Reaktion der Zellen hervor, deren Biofeld positiv auf die Netzhaut wirkte. Unsere bescheidenen Kenntnisse über das Biofeld gestatteten nicht, dieses Phänomen vernünftig zu analysieren.

Das zweite schwer erklärbare Moment waren die Ergebnisse von Tumor-Operationen am Augenlid mit Alloplant. Diese Tumorart weist bei verschiedenen Heilungsmethoden eine Rückschlagsrate von 30 % und mehr auf, begleitet von einer Verbreitung des Tumors über das Gesicht und durch die Augenhöhle bis ins Gehirn. In der Regel führt das zum Tod. Als wir begannen, diese Tumorart mit Alloplant zu operieren, befürchteten wir, es könnte das Wachstum der Geschwulstzellen stimulieren. Wir hatten aber keine andere Wahl, da wir einen großen Bereich defekten Gewebes, der sich nach der Entfernung der Geschwulst gebildet hatte, irgendwie schließen mussten. Nach Operationen an 183 Patienten überprüften wir die Ergebnisse der Operationen, die acht und mehr Jahre zurück lagen. Das Ergebnis überraschte uns – die Häufigkeit eines Rückfalls hatte sich von 30 % auf 1,2 % verringert.

Womit lässt sich eine so deutlich positive Wirkung von Alloplant bei der chirurgischen Heilung des Tumors am Lid erklären? Es nur damit zu erklären, dass wir bei der Operation den Krebs vollständig entfernt hätten, bis zur letzten Zelle, wäre nicht rechtens gewesen, da in vielen Fällen der Krebs bis in den Knochen vorgedrungen und es technisch unmöglich war, ihn völlig zu entfernen. Warum wuchsen dann die verbliebenen Tumorzellen nach der Operation mit Alloplant nicht erneut? Warum kam es nicht zu einem Rückfall?

Gewisse Erklärungen konnte man finden, wenn man davon ausging, dass das Wachstum der vom Alloplant stimulierten normalen Zellen konkurrierend auf das Krebswachstum wirkte, es sozusagen »besiegte«. Bei experimentellen Untersuchungen fanden wir auch einige Beweise dafür, aber vollkommen konnten wir die Gründe für das Absterben der Krebszellen nicht nachvollziehen. Absolut unverständlich blieb vor allem, dass nicht nur diejenigen Krebszellen abstarben, die unmittelbaren Kontakt mit den sich regenerierenden normalen Zellen hatten, sondern auch Krebszellen, die vergleichsweise weit entfernt davon waren. Naheliegend war deshalb der Schluss, dass die wachsenden normalen Zellen des Patienten ein starkes Biofeld besaßen, das abtötend auf die pathologischen Krebszellen wirkte.

Im Prinzip ist die positive Wirkung des Biofeldes auf das Zellwachstum bei der Heilung verschiedener Krankheiten bekannt. Doktor Zsjan aus Chabarovsk schuf eine Apparatur namens »Biotron«, mit dessen Hilfe er Patienten mit dem Biofeld wachsender Pflanzen bestrahlte. Ich suchte eine seiner Patientinnen auf und konnte feststellen, dass die Heilung mit Hilfe des Biofelds wachsender Pflanzen bei ihr äußerst effektiv verlief. Man darf also annehmen, dass wachsende Zellen ein unvergleichlich stärkeres positives Biofeld haben als normale Zellen des Organismus. Man darf weiter annehmen, dass das Biofeld wachsender normaler Zellen, die durch Alloplant stimuliert werden, stärker auf den menschlichen Körper wirken kann als das fremder Pflanzenzellen.

Es erschien verlockend, das Biofeld wachsender menschlicher Zellen auch für das Heilen metastatischer Krebsformen zu nutzen. Aber wie sollte man die Feldinformation in jede metastatische Krebszelle bringen? Während unserer Forschung boten sich mehrere Varianten an, Alloplant in diesem Sinne für die Heilung hoffnungslos Krebskranker zu nutzen.

Aber wie immer in der Wissenschaft ist es von der Idee bis zur direkten klinischen Anwendung ein langer Weg. Wir erkannten, dass wir katastrophale Wissenslücken hatten, das Biofeld als solches zu verstehen – und leider gab es in der wissenschaftlichen Literatur keinerlei Angaben zu diesem Thema.

Muss man sich, um mehr über das Biofeld des Menschen zu erfahren, etwa an alle möglichen Zauberer, Hexenmeister und Sensitiven wenden? Bedauerlicherweise gibt es unter ihnen sehr viele Scharlatane.

Die moderne europäische Wissenschaft beginnt gerade erst, das menschliche Biofeld ernsthaft zu untersuchen. Das kann neue Heilungsmöglichkeiten eröffnen. Immerhin wird das menschliche Biofeld in den Ländern des Ostens (wie Indien, Nepal und Tibet) seit altersher zu Heilzwecken genutzt. Für die europäische Medizin sind Begriffe wie »Energiebündel des Organismus« zu abstrakt und unverständlich, für die tibetischen Mediziner jedoch ist das die Grundlage ihrer jahrtausendealten Heilkunst.

Ein Wissenschaftler wie ich kann zwei Wege beschreiten: Entweder kann er die tibetische Medizin genauestens studieren und zu ihrem Anhänger werden, oder er kann seine Aufmerksamkeit auf die grundlegenden Aspekte der tibetischen Medizin richten, das Hauptaugenmerk in seiner Forschung aber auf die Analyse und das Begreifen der allgemeinen Momente des Funktionierens der psychischen Energie, der Seele und des Geistes, um von diesen allgemeinen Positionen zur Lösung konkreter Probleme zu kommen.

Im Laufe meines wissenschaftlichen Werdegangs habe ich immer den zweiten Weg gewählt, bei dem der Wissenschaftler vom Allgemeinen zum Speziellen gelangt. Deshalb gingen wir, da wir konkrete medizinische Probleme vor allem des Krebses lösen wollten, wohl oder übel zum Studium der Psychoenergetik über und der damit einhergehenden Fragen zum Ursprung des Menschen und des Weltgefüges.

Außerdem führte uns, wie schon erwähnt, unsere andere wissenschaftliche Richtung – die Augengeometrie – dazu, die Quellen der Herkunft der Menschheit genauer zu untersuchen.

So führten zwei Herangehensweisen, die einen materialistischen Zusammenhang haben (der Versuch, Probleme des Krebses zu lösen, und die Suche nach dem Ursprung der Menschheit), zu unserer Forschungsexpedition nach Indien, Nepal und Tibet. Vor der Expedition hatte ich überhaupt nicht darüber nachgedacht, dass wir durch eine Fügung des Schicksals auf das Gebiet der okkulten Wissenschaften vordringen könnten und beginnen würden, religiöse Vorstellungen aus wissenschaftlicher Sicht zu untersuchen.

Als wir während der Expedition Informationen über den Genpool der Menschheit und die letzte Botschaft *So'Ham* erhielten, kamen Befürchtungen in mir auf. Gewohnt, auf dem Gebiet streng materialistischer Wissenschaft zu arbeiten und nahezu täglich Operationen durchzuführen, was einfach keinen Platz für weitschweifige eigene Überlegungen ließ, fühlte ich mich auf einmal geradezu hingezogen zum Clan dieser

»entrückten« Menschen, die an alle möglichen okkulten und esoterischen Wissenschaften glaubten. Ich hatte nie ein ernsthaftes Verhältnis zu diesen Menschen gehabt, war jetzt aber gezwungen, das zu analysieren, worüber sie so verworren sprachen.

Ich bin es mein ganzes wissenschaftliches Leben lang gewohnt gewesen, Wissenschaftlern, deren Konservatismus völlig außer Frage stand, die Richtigkeit meiner wissenschaftlichen Schlüsse zu beweisen. Ich hatte sogar angenommen, dieser Konservatismus sei gut, weil im Meinungsstreit doch die Wahrheit geboren werde.

Er glaubt an das Newtonsche Gesetz nur dann, wenn ihm der Apfel auf den Kopf fällt

Nach der Veröffentlichung der wesentlichen Ergebnisse unserer Expedition in der meistgelesenen russischen Wochenzeitschrift *Argumenty i Fakty* (Argumente und Fakten) erhielten wir zahlreiche Zuschriften, darunter auch Briefe seriöser Wissenschaftler. Sonderbarerweise waren die meisten Wissenschaftler unseren Expeditionsergebnissen gegenüber aufgeschlossen und nahmen sie positiv auf. Auch bei den Pressekonferenzen, bei denen wir zusätzlich Video- und Fotomaterial zeigten, erkannten die meisten anwesenden Wissenschaftler die Resultate wohlwollend an. Es zeigte sich, dass viele bereitwillig akzeptierten, was eigentlich unglaublich erscheint – zum Beispiel die Existenz lebender Vertreter früherer Zivilisationen im *Samâdhi*-Zustand. Und das ungeachtet dessen, dass wir keine greifbaren Beweise dafür vorlegen konnten und nur mit logischen Konstruktionen und Indizien operierten. Sie vertrauten der Logik ebenso wie wir und hatten unbewusst akzeptiert, dass der Mensch lediglich ein kleines Teilchen des Lebens auf der Erde und nicht etwa Herr über die Natur war und dass es absolut nicht in seiner Macht stand, in direkten Kontakt mit dem Genpool der Menschheit zu treten.

Das hatte ich nicht erwartet. Ich hatte mit Unverständnis und Ablehnung, vernichtenden Artikeln und Anschuldigungen wie »Der ist ja nicht ganz dicht« gerechnet. Nur eine kleine Boulevardzeitung, die allein wegen des Fernsehprogramms gekauft wird, aber regelmäßig Artikel über unsere Expedition brachte, stürzte sich ingrimmig auf die Nichtbeweisbarkeit einiger unserer Angaben. Mich beschuldigte man sogar, das Bildnis des hypothetischen Lemuro-Atlanters bei einem Maler gestohlen zu haben, der es anhand meiner Arbeitszeichnung angefertigt habe. Ich kann selber zeichnen, weiß allerdings auch, dass ein Profi das besser drauf hat. Ich habe mit dem Maler, V. Kuprijanov, lange darüber gelacht, dass man uns entzweien wollte. Der Grund für die Verbitterung dieser kleinen Stadtzeitung klärte sich später auf. Es stellte sich heraus, dass sie von Anfang an die Exklusivrechte zur Veröffentlichung unseres Expeditionsmaterials haben wollte, wir diese aber der russischen Zeitung *Argumenty i Fakty* gegeben hatten.

Die Veröffentlichungen in *Argumenty i Fakty* wurden von vielen russischen und ausländischen Zeitungen nachgedruckt. Und in keiner gab es Kritik. Natürlich, in einigen Zuschriften erlaubte man sich Hinweise darauf, dass man die psychoenergetische Barriere der *Samâdhi*-Höhlen mit schädlichen Ausdünstungen erklären könnte, dass die Forschung zur Herkunft des Menschen meiner Reputation als Wissenschaftler und Chirurg schaden könnte und dergleichen mehr. Aber das war nicht weiter von Belang.

Woran lag es nur, dass die Konservativen der Wissenschaft ein solch bequemes Ziel für eine vernichtende Kritik wie unsere Untersuchungen in Tibet unerwähnt ließen? *Ich sehe den Grund darin, dass unsere Forschung zur Abstammung des Menschen so einmalig ist, dass sie keinen dieser Wissenschaftler persönlich betrifft.* Ein Wissenschaftler wird dann zum Konservativen, wenn ihm seine erfolgreiche wissenschaftliche Karriere zu Kopf steigt und er seine Erkenntnisse als absolute Wahrheit betrachtet, die es bekanntlich nicht gibt. Allen Versuchen anderer, an dieser »Wahrheit« zu rütteln, sie womöglich zu vervollständigen oder zu widerlegen, begegnet er mit aufgepflanztem Bajonett, da sie seine wissenschaftliche Oberhoheit schmälern könnten. Er ignoriert einfach, dass die Wissenschaft ein dynamischer Prozess des Begreifens des Neuen im unendlichen Informationsfeld des Wissens ist, seine Forschung also nur etwas nützt, wenn sie zu weitergehenden Forschungen anregt.

Ein anderer Typ des konservativen Wissenschaftlers – das ist der ungläubige Thomas, der an das Newtonsche Gesetz nur dann glaubt, wenn ihm der Apfel auf den Kopf fällt. Für ihn zählen nur hieb- und stichfeste Beweise, in unserem Fall also ein aus einer *Samâdhi*-Höhle hervorgezerrter und vor aller Augen wiederbelebter Atlanter. Und selbst dann kämen bei dem Betreffenden noch Zweifel auf, ob es sich denn wirklich um einen Atlanter handeln könne. Dieser Typ des konservativen Wissenschaftlers hat Probleme mit der wissenschaftlichen Logik, kann indirekte Angaben nicht zu einer festgefügten Kette formieren, sieht nicht, dass eine gute Hypothese schon der halbe Sieg ist, weil sie eine zielgerichtete

Forschung ermöglicht, die ihrer Zeit voraus ist. Es gibt zum Beispiel nicht viele direkte Beweise für die Relativitätstheorie Einsteins, und doch ist sie schon lange Grundlage für die Eroberung des Weltraums. So kann auch die Theorie über die Existenz des Genpools der Menschheit, die auf der Erreichung des *Samâdhi*-Zustands beruht, stimulierend wirken auf eine zielgerichtete Forschung über die Einwirkung energetischer Felder und deren Nutzung für den Stoffwechsel, zur Ausarbeitung neuer Methoden, Organe zu konservieren, zur Klärung, welche Rolle das Wasser im menschlichen Organismus spielt, zur Anwendung psychischer Energie auf verschiedenen Gebieten und anderes mehr.

Und dann gibt es noch einen dritten Typ des konservativen Wissenschaftlers. Sein Konservatismus wird vom Kommerz diktiert. Mit solchen Wissenschaftlern sind wir in der Einführungsphase von Alloplant in verschiedenen Ländern immer wieder aneinandergeraten. Da hilft beispielsweise eine Operation mit Alloplant Kranken mit einer diabetischen Augenaffektion sehr gut, so dass die Einführung dieser Operation für solche Patienten äußerst bedeutsam wäre. Zugleich geht aber den Firmen, die wenig effektive Augentropfen für diese Kranken herstellen oder Laseroperationen anbieten, dadurch der Profit verloren. Die »ehrwürdigen« konservativen Wissenschaftler, die von Firmen Geld für die wissenschaftliche Begründung ihrer Produktion bekommen, versuchen mit allen Mitteln, die Uneffektivität und Schädlichkeit von Alloplant zu beweisen, weil dessen Einführung ihr Einkommen gefährdet. Zum Glück hat die Hypothese vom Genpool der Menschheit eher weltanschaulichen Charakter, so dass sie nicht im Blick der kommerzialisierten Wissenschaftler ist. In absehbarer Zeit werden jedoch auf der Grundlage dieser Hypothese Apparate und Heilmethoden entstehen, die die alten Methoden verdrängen werden.

Während der Umgang mit konservativen Wissenschaftlern für mich eine vertraute Angelegenheit ist, war der Umgang mit Menschen, die sich mit Zauberei und Gesundbeterei befassen, für mich relativ neu.

Magier, Schamanen, Hexen und Sensitive

Vertreter dieser Schattierung brachten unserer Forschung großes Interesse entgegen. Ehrlich gesagt war mir das unangenehm, da es für einen Wissenschaftler irgendwie unseriös ist, über Themen wie Magie zu sprechen. Die Welt der Wissenschaft lehnt so etwas traditionell ab. Die Magier und ihresgleichen aber freuten sich, wie es aussah, weil sie durch unsere Untersuchungen ihre übermenschlichen Fähigkeiten bestätigt sahen.

Das wissenschaftliche und weltanschauliche Herangehen an das Problem des Genpools der Menschheit interessierte solche Menschen wenig. Für sie waren die Informationen über das Dritte Auge zur gerichteten Wirkung der psychischen Energie wichtiger. Sie erhielten ja nun scheinbar eine wissenschaftliche Begründung für ihre Fähigkeit, Wolken zu vertreiben, das Schicksal vorauszusagen, Krankheiten zu heilen und dergleichen mehr.

Ich leugne natürlich nicht, dass es tatsächlich einige Menschen gibt, die eine starke psychoenergetische Veranlagung haben. Das Elend besteht aber darin, dass unter diesen Magiern zu viele Scharlatane sind. Und natürlich ist es mir unangenehm, wenn meine wissenschaftlichen Hypothesen für die Begründung von Scharlatanerie herhalten müssen.

In Russland wimmelt es von »Volksheilern«, die miteinander um zahlungsfähige Patienten konkurrieren. Manchmal überschreiten die Methoden dieses Konkurrenzkampfes die Grenzen der menschlichen Ethik. Ich kenne zum Beispiel zwei »Volksheiler«, die zu jemandem gingen und ihm einredeten, er sei an Krebs erkrankt, und ihm bewiesen, dass man dies übersinnlich fühlen könne. Der Belogene, jetzt erst recht wehleidige Patient begann bei sich nach dieser tödlichen Krankheit zu suchen und wandte sich letztlich wieder an diese »Volksheiler«, die ihn für eine entsprechende Summe vom Krebs »heilten«.

Einem anderen »Heiler« – angeblich Spezialist zur Heilung der Augen – schlug ich vor, zu uns ins Institut zu kommen und seine Methode unter augenärztlicher Kontrolle zu demonstrieren. Der »Heiler« sagte sofort ab.

Die Scharlatanerie auf diesem Gebiet ist ja nur das halbe Elend. Schlimmer ist, dass einige der selbsternannten Wunderdoktoren und Zauberer anscheinend über ein starkes negatives psychoenergetisches Potenzial verfügen. Sie haben irgendwie unnormale Augen. Sie können der Gesundheit schaden. Zur Bestätigung möchte ich hier ein Beispiel mit einer Mitarbeiterin unseres Instituts anführen: Bei einer Konferenz, an der auch Magier teilnahmen, überkam sie plötzlich heftige Schwäche, die erst zwei Tage später verging. Ein Sensitiver stellte fest, dass bei ihr eines ihrer Chakren »durchschlagen« sei.

Andererseits können einige Sensitive und Heiler dank ihrer positiven psychischen Energie *real* zur Gesundung beitragen. Und solche Fälle gibt es *viele.*

Wie kann man aber einen Scharlatan von einem echten Heiler unterscheiden? Leider gibt es dafür zur Zeit noch keine wirklich zuverlässige Methode. Dazu muss die Wissenschaft erst mehr über das geistige Element im Menschen erfahren und vor allem vom wissenschaftlichen Standpunkt aus an Religion und östliche Medizin herangehen. Am beträchtlichen Einfluss psychischer Energie auf den menschlichen Körper kann kein Zweifel bestehen, wird doch der *Samâdhi*-Zustand durch Meditation erreicht.

Wenn wir schon über alle möglichen Variationen des psychoenergetischen Potenzials des Menschen sprechen, können wir die Menschen mit anormaler Psyche nicht umgehen.

Schizophrene, Schizoide und Kontaktler

Ich kann nicht sagen, dass die Publikation unseres Expeditionsmaterials große Beachtung bei Menschen mit schizophrener und schizoider Psyche fand. Aber wir erhielten etliche Briefe dieser Schattierung, und einige Menschen, die ihre »tiefergehenden« Gedanken unbedingt mitteilen mussten, kamen aus weit entfernten Städten angereist, um sich mit mir zu treffen.

Unter Schizophrenie versteht man in der Medizin eine psychische Erkrankung, bei der meistens zwei entscheidende Symptome vorhanden sind: Größenwahn und Verfolgungswahn. Die Erkrankung trägt fortschreitenden Charakter und endet gewöhnlich mit schizophrenem Schwachsinn. Einige Menschen aber, die psychische »Eigentümlichkeiten« wie Schwermut oder Verschlossenheit aufweisen, werden nicht zu Schizophrenen und bleiben im Vorstadium hängen. Das sind Schizoide.

Für Schizophrene und Schizoide ist charakteristisch, dass sie Allgemeinplätze und hochtrabendes Geschwätz als eigene Entdeckungen ausgeben. So kam zum Beispiel jemand von sehr weit her angereist, teilte seine »grandiose Entdeckung« mit, dass Gott universell ist (obwohl das allgemein bekannt ist), und bat, dies der UNO mitzuteilen. Ein anderer flehte mich an, nicht weiter über Probleme des Weltgefüges zu schreiben, weil ihn das so aufregte, dass er verrückt werden könnte (obwohl das offensichtlich schon passiert war).

Allen ähnlichen Leuten, mit denen ich trotzdem reden musste, stellte ich die Frage, woher sie das wissen. Diese Frage traf sie unerwartet, und keiner konnte darauf antworten. Sie alle wollten einfach nur das eine – dass man ihnen uneingeschränkt glaubt.

Unter Schizophrenen und Schizoiden trifft man nicht wenige »Kontaktler«. Einer von ihnen hatte im Schlaf ein Raumschiff gesehen, gesteuert von Wesen, die unserem Lemuro-Atlanter ähnelten. Ein anderer hatte die Vision gehabt, dass man ihn nach einem Kontakt mit dem höheren Verstand in eine Höhle schickte, wo er Verbindung mit Menschen verschiedener Zivilisationen im *Samâdhi*-Zustand aufnahm. Ein dritter hatte telepathischen Kontakt mit den früheren Menschen gehabt – und dergleichen mehr.

Schizoide erwecken mitunter den Eindruck, äußerst klug zu sein. Sehr schnell aber wird dann klar, dass sie zu einer wissenschaftlichen Analyse, logischen Konstruktionen und minutiösem Sammeln von Fakten nicht in der Lage sind; sie werden von irgendwelchen tieferen Gefühlen geleitet, die bei ihnen entstehen, wenn sie auf etwas Ungewöhnliches treffen, und Schizoide glauben, dass ihre Gefühle gerechtfertigt sind.

Vom materialistischen Standpunkt aus betrachtet sind Schizophrene und Schizoide krankhafte und anormale Erscheinungen. Dabei kann es genauso gut sein, dass wir, die gewöhnlichen Menschen, die Schizoiden nur einfach nicht verstehen. Wäre es nicht möglich, dass Schizoide geistig weiter fortgeschrittene Menschen sind?

Der Religion zufolge hat die Menschheit nach dem Entwicklungszyklus den äußersten Punkt der Entwicklung des Physischen im Menschen überschritten und den Aufstieg zum Geistigen begonnen. *Zur Zeit läuft also der Evolutionsprozess des Geistigen ab.* Aber jede Evolution hat auch ihre Fehlschläge, ihre Missbildungen. Ich denke, dass Schizophrene und Schizoide solche »Fehlschläge« in der Entwicklung des Geistigen sind. Sie haben ja wirklich diesen geistigen Beginn, er ist aber geschädigt und bringt keinen Nutzen. Diese »Opfer der Evolution« sind in der Lage, irgendetwas Tiefgeistiges zu fühlen, sie können aber dessen Sinn und Bedeutung nicht erkennen.

In evolutionärer Hinsicht kann man Schizophrene meiner Meinung nach mit Kranken vergleichen, die an fortschreitender Kurzsichtigkeit leiden. Gerade vollzieht sich weltweit ein evolutionärer Umbau des menschlichen Auges für das vorrangige Nahsehen, was unter den gegenwärtigen Bedingungen auch zweckmäßiger ist, da ein Kurzsichtiger im Nahbereich besser sieht. Bei einigen Menschen aber trägt die Kurzsichtigkeit fortschreitenden Charakter, jedes Jahr kommen mehr Dioptrien ....

hinzu. Das ist schon eine Krankheit, die man heilen muss. Diese Kranken sind wahrscheinlich auch eine Art »Opfer der Evolution«.

Durchaus möglich, dass die Menschen unserer Zivilisation irgendwann ein solches Niveau der geistigen Entwicklung erreichen, wie es die Atlanter und Lemurer hatten, aber zur Zeit treffen wir meistens auf Evolutionsopfer in Form von Schizoiden und Schizophrenen. Und nur einzelne Individuen, die eine große Ausnahme bilden, haben überdurchschnittliche geistige Fähigkeiten.

Spirituell fortgeschrittene Menschen

Die letzte Botschaft *So'Ham* unterbrach die Verbindung der Menschen unserer Zivilisation zum Allgemeinen Informationsraum (dem Jenseits) und stellte die Menschen vor die Notwendigkeit, sich selbst zu verwirklichen. Und nur einzelne Menschen haben die Fähigkeit, sich auf die Frequenzen des Allgemeinen Informationsraumes einzustimmen und von dort Wissen zu erhalten. Das sind die Eingeweihten. Davon gibt es nicht wenige. Zu ihnen gehören einige Meister des Ostens ebenso wie Helena Blavatsky, Nicholas Roerich, Alice Bailey und laut Sai Baba auch der russische Schriftsteller Lew Tolstoi.

Da ist die Frage völlig berechtigt: »Kann man glauben, was die Eingeweihten sagen?« Für uns war diese Frage von besonderer Bedeutung, weil viele unserer logischen Schlüsse auf den Angaben von Eingeweihten beruhten. Deshalb stellte ich mir nicht nur die Frage: »Glaube ich, was ich geschrieben habe?«, sondern ich fragte mich im Zusammenhang damit auch: »Glaube ich den Informationen der Eingeweihten?«

Beginnen wir mit Helena Blavatsky, auf die ich mich schon so oft bezogen habe. Woher hat sie ihr gewaltiges Wissen? Das interessierte nicht nur mich. So schrieb A. N. Stepanov aus Samara einen Brief, in dem er über eine Sitzung der Londoner Gesellschaft für psychische Forschung informiert. Danach war Anfang des zwanzigsten Jahrhunderts ein Mitglied dieser Gesellschaft namens Hawkson zum Studium des »Blavatsky-Phänomens« nach Russland geschickt worden. Seine Schlussfolgerung: Helena Blavatsky ist die gebildetste, scharfsinnigste und interessanteste Betrügerin der Welt.

Ist das so? Zwar werden die Londoner wissenschaftlichen Gesellschaften weltweit sehr geschätzt, aber je größer das Ansehen dieser oder jener wissenschaftlichen Gesellschaft ist, desto größer ist die Versuchung ihrer

Mitglieder, das eigene Wissen zu verabsolutieren und einem hölzernen Konservatismus zu verfallen. Das traf auch auf Hawkson zu, als er Blavatsky des Betrugs beschuldigte, weil ihr Wissen weit über den Rahmen seiner persönlichen Vorstellungen hinausging. Von seiner ehrwürdigen Position aus konnte er natürlich nicht zulassen, dass Blavatsky als die Klügere erschien. Hawkson kam es nicht in den Sinn, Parallelen zwischen ihren Aussagen und der Religion zu ziehen. Und er ignorierte auch, dass viele Länder des Ostens die gleiche Vorstellung vom Weltgefüge und der Anthropogenie, der Entstehung der Menschheit, haben wie Blavatsky. Die Last der Respektabilität gestattete es Hawkson nicht, das zu verstehen. Seit jener Zeit ist ein Jahrhundert vergangen – und wer kennt Hawkson noch? Fast niemand mehr. Aber Blavatsky kennen mittlerweile alle.

Die Russen als Vertreter eines lange Zeit abgekapselten Landes neigen dazu, die Meinung ausländischer wissenschaftlicher Gesellschaften überzubewerten. Ich habe früher auch vor dem Westen den Kopf geneigt. Als ich dann jedoch als Wissenschaftler und Chirurg die halbe Welt bereiste, verstand ich, dass die Einstellung der Londoner oder New Yorker bei Weitem nicht das Wahre ist. Während meiner Vorlesungen, beispielsweise in New York, baute ich dezent einen Satz ein über das Fehlen prinzipiell neuer Ausarbeitungen in der New Yorker Schule für Augenchirurgie, um deren hochtrabendem Gebaren einen Dämpfer aufzusetzen. Verständlich, dass es für sie bitter war, so etwas zu hören, aber es löste eine stürmische Diskussion aus. Und das ist immer gut. Mit Hochmut muss man aufräumen, damit die Respektabilität nicht verlorengeht. Wieso zum Beispiel kann jeder beliebige Mensch, der jährlich 100 Dollar bezahlt, Mitglied der New Yorker Akademie der Wissenschaften sein und eine entsprechende Urkunde erhalten? Niemand denkt auch nur im Geringsten darüber nach, dass diese »Akademie« damit zu einem bloßen Büro für das Drucken von Urkunden und Einsammeln von Geldern verkommt.

Bei normaler, gut gemeinter Betrachtung des »Phänomens Blavatsky« zieht die Quelle des gewaltigen Wissens dieser Frau die Aufmerksamkeit auf sich. Das, was sie in zwei dicken Wälzern zusammengetragen hat, kann man sich unmöglich ausdenken oder zusammenfantasieren, zumal die Autorin sich oft auf alte Dokumente bezieht. Vergleichen wir doch das, worüber Blavatsky schreibt, mit den Angaben der Religionen unterschiedlichster Strömungen – die grundlegende Bedeutung des Wissens ist ein und dieselbe, wenn man berücksichtigt, dass Religion alles allegorisch darlegt. Vergleichen wir mit den *Vedas* – die grundlegende Bedeutung ist einheitlich. Vergleichen wir mit den Angaben, die die *Svâmin*, Lamas und

Gurus uns gegenüber machten – die grundlegende Bedeutung ist gleich. Vergleichen wir mit Nostradamus – dasselbe Ergebnis.

Daraus kann man schlussfolgern, dass es auf der Welt irgendeine gemeinsame Quelle des Wissens gibt, die der europäischen materialistischen Wissenschaft unbekannt ist, aus der aber unabhängig voneinander Menschen verschiedener Länder und Generationen ihr Wissen schöpfen. Der Wahrscheinlichkeit nach ist die Existenz einer solchen allgemeinen Quelle des Wissens glaubwürdiger als die Annahme, dass die Menschen verschiedener Länder und Generationen unabhängig voneinander gleichartig und unwahrscheinlich kompliziert fantasiert haben. Diese Wissensquelle ist offensichtlich der Allgemeine Informationsraum (das Jenseits). Deshalb darf ich als Wissenschaftler das, was die Eingeweihten schreiben und die Religionen bestätigen, nicht einfach verwerfen und außer Acht lassen.

Mit dem evolutionären Wachstum des Geistigen im Menschen wird sich die Zahl solcher Eingeweihten wahrscheinlich weiter erhöhen, und in ferner Zukunft werden möglicherweise alle Menschen das Wissen des Allgemeinen Informationsraums nutzen können und damit die letzte Botschaft *So'Ham* außer Kraft setzen. Logisch ist auch, dass es im Zuge der geistigen Evolution Menschen gibt, die sich nur teilweise auf die Frequenzen des Allgemeinen Informationsraums einstimmen können und deshalb lediglich über einige Kenntnisse von dort verfügen. Einige dieser Leute kenne ich. Sie kennen die Literatur über die Rolle des geistigen Elements im Menschen gut, haben Kenntnisse über die *Samâdhi*-Höhlen, den Mechanismus der psychoenergetischen Barriere dieser Höhlen, die Adepte und anderes mehr. Auf die Frage nach der Quelle ihres Wissens können sie keine genaue Antwort geben.

Deswegen bin ich der Meinung, dass geistig fortgeschrittene Menschen existieren und wir Wissenschaftler das, was sie sagen, beachten sollten. Dabei muss man jedoch äußerst vorsichtig sein und darf nur auf das Wissen der geistig fortgeschrittenen Menschen zurückgreifen, das sich zeitlich und in verschiedenen Ländern wiederholt und sich auch in eine streng logische Kette einfügt. Man muss die goldene Mitte finden.

Die goldene Mitte

Ich bin überzeugt, dass die goldene Mitte auch in der wissenschaftlichen Analyse und Darlegung des Materials ihren Platz hat. Was wir während unserer Expedition erfuhren, ist für einen rein materialistisch erzogenen Menschen kaum fassbar. Aber wir dürfen es deshalb nicht verwerfen. Die Logik ist die Königin der Wissenschaften, und wir haben nicht das Recht, logische Prinzipien allgemeinen Vorstellungen zuliebe zu verletzen. Andererseits haben wir ebensowenig das Recht, unglaubwürdige und unseriöse Fakten in die logische Analyse einzubeziehen. Man muss, wie gesagt, die goldene Mitte finden.

Die Religion, außerhalb der Wissenschaft stehend, wirkt gegenwärtig mehr auf die Sitten und den Lebensstil der Menschen ein (vergleiche zum Beispiel die Sitten der Muslime und der Christen) als auf die Vervollständigung des Wissens. Ich hoffe, dass die Religion Schritt für Schritt ihre wissenschaftliche Begründung erfährt und sie sich so allmählich von einem reinen Glauben zu einer wissenschaftlichen Religion wandelt. Das braucht aber Zeit und setzt ähnliche Forschungen wie unsere voraus.

Bei derartigen Forschungen, bei denen es der Wissenschaftler nicht mit konkreten Fakten zu tun hat, sondern mit verschiedenartigen Angaben aus unterschiedlichen Quellen, ist es sehr schwer, die goldene Mitte zu finden zwischen dem, was man glauben kann, und dem, was man nicht glauben darf. Nichtsdestoweniger haben wir versucht, diese goldene Mitte zu finden und einige Hypothesen aufgestellt über den Genpool der Menschheit, über das Shambhala und Agartha, über die Geschichte der Menschheit auf der Erde, über die Verwilderung als regressiven Evolutionsfaktor und das Jenseits.

Ich glaube an die wissenschaftliche Logik, und deshalb glaube ich in den Grundzügen an die Richtigkeit dieser Hypothesen. In Zukunft wird einiges davon widerlegt, anderes modifiziert werden. Das ändert nichts an meiner Überzeugung, dass vieles davon real ist.

2 Der Genpool der Menschheit

Nach unseren Untersuchungen und Expeditionsergebnissen waren wir zu der Annahme gekommen, dass ein Genpool der Menschheit existiert, der nach einer möglichen globalen Katastrophe oder einem Rückschritt der menschlichen Gesellschaft diese wieder auf den Weg des Fortschritts bringen kann.

Die Bedeutung des menschlichen Genpools

Geht man von den Angaben der Religion und der Eingeweihten aus, entstand der Mensch durch Verdichtung des Geistes. Die Menschen der ersten Rasse waren noch engelähnlich. Sie verdichteten sich allmählich und erreichten in der dritten Rasse (Lemurer) eine ausreichende Dichte, in der vierten Rasse (Atlanter) eine noch größere Dichte und die größte in unserer Zivilisation. Die Schaffung des menschlichen Körpers in der physischen Welt auf diesem Weg war das Ergebnis einer gewaltigen und langen Evolutionsarbeit der Natur.

Die Menschheit aber ist ungeschützt vor geologischen und kosmischen Katastrophen und auch vor zwischenmenschlichen Konflikten, die bei entsprechender Entwicklung von Wissenschaft und Technik zur globalen Katastrophe und der Selbstvernichtung der Menschheit führen können. In diesem Fall bedarf es erneut einer gewaltigen Evolutionsarbeit der Natur zur Neuerschaffung des Menschen.

Deswegen war die Schaffung eines Sicherungssystems – des Genpools der Menschheit – logischer als die Wiederholung der gigantischen Evolutionsarbeit der Natur.

Nach Literaturangaben gab es für die Möglichkeit des Untergangs der Menschheit schon in der Zivilisation der Lemurer Präzedenzfälle. Wurde der Genpool der Menschheit bereits zur Zeit der Lemurer geschaffen? Direkte Hinweise darauf fanden wir nirgends. Es ist jedoch wahrscheinlich, dass der Genpool der Menschheit gerade zu dieser Zeit geschaffen wurde, weil sich die Angaben häuften, dass zum heutigen Genpool der Mensch-

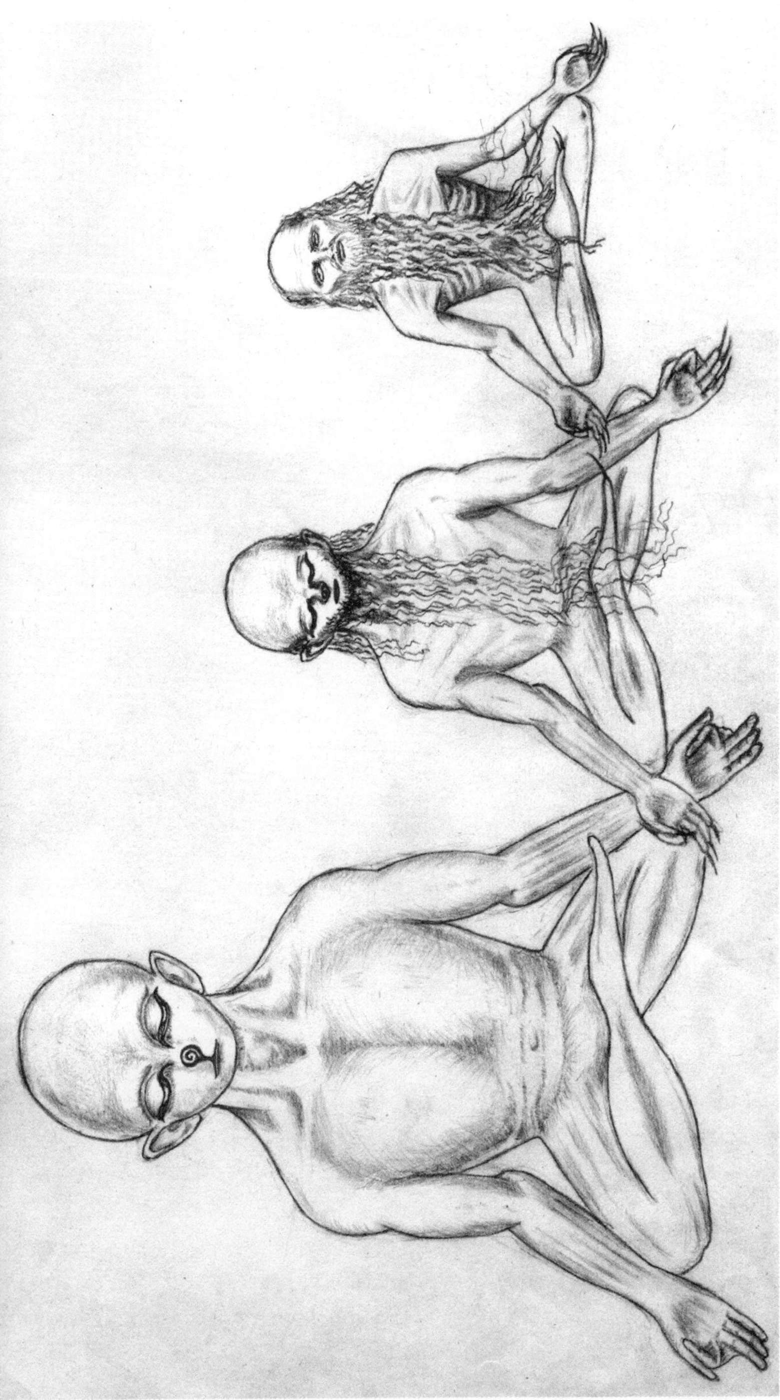

Genpool der Menschheit (Zeichnung des Autors)

heit auch Lemurer gehören. Diese Menschen von gewaltigem Wuchs befinden sich nach Berichten von Eingeweihten nicht nur im *Samâdhi*-Zustand in Höhlen, sondern auch im rätselhaften Land Shambhala.

Den von den Atlantern vervollständigten Genpool konnten meiner Meinung nach Menschen unserer Zivilisation vorrangig nur in ihrer frühen Entwicklungsphase vervollständigen, da die Wirkung der letzten Botschaft *So'Ham* zur allmählichen Verkümmerung des Dritten Auges führte, das für den *Samâdhi*-Zustand so bedeutsam ist.

Daraus folgt, dass der Genpool der Menschheit mit Vertretern der letzten drei Rassen ein äußerst altes Phänomen ist und einige Millionen Jahre umfasst. Offensichtlich ist der *Samâdhi*-Zustand eine so vollkommene Schöpfung der Natur, dass er die Bewahrung von Menschen über eine derart lange Zeit gestattet. Und keine der religiösen Persönlichkeiten des Ostens sprach in diesem Zusammenhang davon, dass er zeitlich begrenzt wäre!

In der Literatur lassen sich direkte Hinweise auf die Schaffung des Genpools der Menschheit auf der Erde finden. Blavatsky zufolge wurde er auf Anweisung von Ahura Mazda – dem Schöpfer der materiellen Welt – geschaffen. Ahura Mazda befahl Yima – dem Geist der Erde, der drei Rassen symbolisierte –, einen »Vara« zu schaffen (eine »Einfriedung«, eine Argha oder einen »Träger«). Das Buch von Blavatsky rechtfertigt die Annahme, dass sie mit dem Wort »Vara« einen Ort für die *Samâdhi* bezeichnet, also einen Ort für den Genpool der Menschheit. Die Autorin weist darauf hin, dass Ahura Mazda befahl, Samen von Männern und Frauen zu bringen, ausgewählt aus den größten und besten Geschlechtern, aber auch die Samen jeglicher Tierarten, um sie dort aufzubewahren, solange diese Menschen im »Vara« weilten.

Der Begriff »Genpool der Menschheit« wurde von uns vorgeschlagen – als *Gene Pool of Humanity*. Wir hatten ihn nie zuvor gehört. Ungeachtet dessen verstanden alle befragten Lamas, Gurus, *Svâmin* und Menschen, die man als Eingeweihte ansehen kann, ausgezeichnet, was wir damit meinten. Offensichtlich wussten sie über den Genpool der Menschheit Bescheid und hatten auch ähnliche Bezeichnungen dafür. Die direkte Frage: Existiert ein Genpool der Menschheit?, bestätigten sie zumeist. Seine Existenz schien für sie eine heilige, aber völlig natürliche Erscheinung zu sein, trotz größter Vertraulichkeit.

Bestätigt fand ich das in meinem Gespräch mit dem schon erwähnten russischen Geistlichen, dem Abt, der als Quelle seines gewaltigen Wissens seine »Führung« nannte. Ich fragte ihn damals:

– Sehr geehrter Abt, wir sind zu dem Schluss gekommen, dass es auf der Erde einen Genpool der Menschheit gibt. Wie denken Sie darüber?

– Ja, den gibt es, antwortete er. Das ist eine objektive Realität und Notwendigkeit.

– Woher wissen Sie das?

– Ich werde geführt.

– Haben Sie irgendwann schon mal jemandem etwas über den Genpool erzählt?

– Nein.

– Warum nicht?

– Warum sollten sie das wissen? Das ist viel zu heilig. Die Leute sind nicht reif genug, die Bedeutung des Genpools der Menschheit zu begreifen.

– Was bedeutet er denn?, fragte ich.

– Das menschliche Leben auf der Erde zu bewahren, lautete seine Antwort.

– Wie steht es um den Bestand des Genpools der Menschheit?

– Seine Grundlage bilden Lemurer, aber es gibt dort auch viele Atlanter. Die Rolle der Atlanter ist allerdings, wenngleich es mehr sind, geringer als die der Lemurer. Wenn der Genpool abgerufen wird, werden es die Lemurer sein, die die Menschheit retten, weil sie die höchstentwickelten Menschen auf der Erde sind.

– Und wie steht's mit den Menschen unserer Zivilisation?

– Sie gehen zwar auch in den Bestand des Genpools ein, ihre Rolle ist aber unbedeutend. Unsere Zivilisation ... Das ist eine blinde Seitenlinie, ein Fehlschlag der Menschwerdung. Die Menschen unserer Zivilisation sind geistlos, schlecht, für den Genpool der Menschheit ungeeignet.

– Mit anderen Worten: Man nimmt sie nicht für den Genpool. Ich nehme mal an, dass hauptsächlich ältere Vertreter der Menschen unserer Zivilisation in den Bestand des Genpools der Menschheit eingehen konnten, da in dieser frühen Periode die Geistigkeit noch nicht verlorengegangen war. Die Hauptbedingung für den Übergang in einen tiefen *Samâdhi* ist die Befreiung der Seele von negativer psychischer Energie, insbesondere durch Mitgefühl. Man kann sich schlecht einen »neuen Russen« vorstellen, der seine Seele durch Mitgefühl gereinigt hat, etwa den alten Menschen gegenüber, denen er für Grundnahrungsmittel jetzt 100 bis 200 % mehr Geld aus der Tasche zieht.

– Unsere Zivilisation, sagte der Abt, ist ein missglücktes Experiment. Der Mensch konnte Eigennutz, Neid, Habsucht und Hass nicht widerstehen, selbst unter den Bedingungen der Selbstverwirklichung, als er vom alten Wissen abgetrennt wurde. Unsere Zivilisation muss als missglückt betrachtet werden und wird untergehen.

– Ja, über der Welt und besonders über Russland hängt eine negative Aura. Man findet Geschmack an kriminellen Handlungen, ein Kult der Gewalt greift um sich, Betrug und Unzucht werden zur Normalität. Die Lamas sagten mir, dass die negative Aura kosmische und geologische Katastrophen bringt. Ist das so?, fragte ich.

– Dafür gibt es viele Beispiele. Nehmen Sie das Erdbeben in Armenien während des armenisch-aserbaidshanischen Konflikts. Die negative Aura über der Erde führt entweder zu verheerenden Naturkatastrophen oder dazu, dass jemand den Knopf für einen Atomkrieg drückt. Ich glaube, dass unsere Zivilisation bald untergehen wird, sagte der Abt.

– Und dann ... wird der Genpool der Menschheit abgerufen?, meinte ich.

– Ja, sowie die Bedingungen auf der Erde wieder für das Leben geeignet sind.

Der Genpool der Menschheit sichert aber nicht nur das Leben auf der Erde, sondern führt die Menschheit auch auf den Weg des Fortschritts durch die Propheten. Wer kann schon sagen, dass die Rolle Buddhas, Jesu, Mohammeds oder Mose unbedeutend gewesen sei für die Geschichte der Menschheit? Niemand. Jeder der Propheten übte einen derart bedeutenden Einfluss aus, dass daraus sogar unterschiedliche Religionen entstanden sind, beispielsweise die islamische Welt und die buddhistischen Länder.

Ich habe praktisch keine Zweifel, dass die Propheten Menschen waren, die aus dem Genpool der Menschheit kamen, also aus dem *Samâdhi*-Zustand zurückkehrten. Wie schon erwähnt, erschien Buddha, dessen Aussehen ungewöhnlich ist und den hypothetischen Vorstellungen über die Atlanter ähnelt, vor 2.044 Jahren auf der Erde, nachdem die Hauptkontinente von Atlantis schon 850.000 Jahre zuvor überflutet worden waren. Der Bonpo-Buddha (oder Rama), dessen Aussehen noch ungewöhnlicher ist und den hypothetischen Vorstellungen von den späten Lemurern entspricht, erschien vor 18.013 Jahren auf der Erde, zu einer Zeit, als die Lemurer schon einige Millionen Jahren untergegangen waren. Und es gibt auch Hinweise dafür, dass Jesus Christus in einer Höhle geboren wurde und dann lange in Tibet ausgebildet wurde.

Wahrscheinlich erschienen Vertreter verschiedener Zivilisationen als Propheten auf der Erde: Lemuro-Atlanter (Bonpo-Buddha), Atlanter

(Buddha) und Menschen unserer Zivilisation (Jesus Christus, Mohammed, Moses). Und wahrscheinlich kennen wir nicht einmal alle Menschen, die aus dem Genpool der Menschheit kamen, weil offensichtlich nicht alle von ihnen einen so deutlichen Einfluss auf die Entwicklung der Menschheit ausübten wie die genannten Propheten.

Aber Hinweise auf solche unbekannt gebliebenen Propheten gibt es dennoch in der Literatur. So wird in Ahmad Ibn Fadlans Bericht über seine Reise an die Wolga in den Jahren 921/922 ein extrem großer Mensch beschrieben, der wer weiß woher im Königreich der Bulgaren erschien.[17] Der Autor schreibt: »... er maß zwölf Ellen *(mehr als fünf Meter – E.M.)*, der Kopf war groß wie ein riesiger Kessel, die Nase maß mehr als eine Viertel Elle, er hatte riesige Augen, und die Finger – jeder war länger als eine Viertel Elle ... [Er] kam geschwommen ... und es kam vor, dass ein Junge starb, wenn er ihn ansah, und eine Schwangere ihr Kind verlor. Manchmal drückte er einen Menschen mit seinen Händen auch so, dass er fast starb ... Wir haben ihn getötet ...«

Im Genpool der Menschheit befinden sich offensichtlich viele Menschen unterschiedlicher Zivilisationen. Ungeachtet dessen, dass für diesen Genpool die besten Vertreter unterschiedlicher Zivilisationen (reine Seele, völlige Gesundheit) ausgesucht wurden, konnte scheinbar nicht jeder von ihnen die ihm übertragene große Funktion in vollem Umfang erfüllen – zu schwer war diese Mission und zu ungewohnt waren die Bedingungen auf der Erde bei ihrem Wiedererscheinen im physischen Leben (ungewohntes Klima, ungewohnte Geräte, ungewohnte Umgebung). Deshalb konnten das nicht alle von ihnen überstehen, ebensowenig den Widerstand eigennütziger und selbstsüchtiger Menschen, de-

---

17 Muldashev zitiert hier aus *Das Buch Achmed Ibn Fadlan* des Autors Kovalevskij, 1956 auf Russisch erschienen und nie ins Deutsche übersetzt. Es gibt auch keine komplette deutsche Übersetzung von Ibn Fadlans Bericht über die Reise einer arabischen Gesandtschaft mit zuletzt rund 3.000 Kamelen und 5.000 Begleitern, die bis heute eine der wichtigsten Quellen zu den frühen Russen, Chasaren, Wolgabulgaren und anderen Völkern der bereisten Regionen darstellt. Fragmente erschienen 1823 und 1832 in zwei Büchern auf Deutsch in Petersburg, wobei ersteres 1976 unter dem Titel *Ibn-Foszlan's und anderer Araber Berichte über die Russen älterer Zeit*, herausgegeben von Christian M. Fraehn, in Hamburg nachgedruckt wurde. Ebenfalls 1976 erschien Michael Crichtons Roman *Die ihre Toten essen* (auch *Schwarze Nebel*, später als *Der 13. Krieger* verfilmt), der in den ersten drei Kapiteln Teile von Ibn Fadlans tatsächlichem Reisebericht wiedergibt. Anschließend erzählt Crichton allerdings in dessen Schreibstil die fiktive Geschichte einer Reise zu den Wikingern, die er aus erzähltechnischen Gründen als Übersetzung von Originalmanuskripten ausgibt.

rentwegen sie erneut auf der Erde erschienen, um sie auf den Weg des Fortschritts zu bringen.

Es ist klar, dass es die größte Herausforderung für einen Menschen darstellt, ein Vertreter des Genpools der Menschheit zu werden, da das zu Entbehrungen und einem Leben unter schwierigsten Bedingungen verdammt. Man stelle sich nur das eigene Erscheinen nach Tausenden und Millionen von Jahren in einem ungewohnten Klima in der Gesellschaft halbwilder Stämme vor, wenn man allein ist und als einzige Waffe über das Wissen und die Fähigkeit zur Nutzung der psychischen Energie verfügt.

Besonders dem Atlanter, der aus dem Genpool der Menschheit zurückkommt, wird das schwerfallen: Der Aufbau des Auges ist nicht dem Sehen unter den Bedingungen des blauen Himmels angepasst, die Schwimmhäutchen werden auf dem steinigen Boden verletzt, die Nahrung ist hart und schmeckt nicht, ringsum gibt es nur unschöne kleine Menschen. Wahrscheinlich wird er sich nach dem heimatlichen roten Himmel sehnen, der weichen und feuchten Erde, den warmen Meeren, in denen er seine Unterwasserplantagen kultivierte, nach der gewohnten Umgebung mit großen Menschen.

Warum tauchten in einigen Fällen Lemuro-Atlanter als Propheten auf, in anderen Atlanter, in dritten aber Vertreter unserer Zivilisation? Diese Frage zu beantworten fällt uns schwer. Nur der höchste Verstand kann das wissen. Gewiss wurden viele Faktoren berücksichtigt: Wer ist am besten an die derzeit herrschenden Bedingungen auf der Erde angepasst? Wer kann am besten auf die Menschen einwirken? Wessen Wissen ist am besten geeignet für die jeweilige Zeit? Zum Glück ist eine Auswahl möglich, da der Genpool Vertreter von drei Wurzelrassen enthält – Lemurer, Atlanter und Menschen unserer Zivilisation –, die sich in vielem voneinander unterscheiden. Veränderungen der Lebensbedingungen auf der Erde sind nicht vorhersagbar, deshalb bedarf es der Auswahlmöglichkeit.

Welcher Zivilisation die Propheten, die auf der Erde erschienen, aber auch immer angehörten, ihre Bestimmung ist eindeutig: Sie sollten mit Hilfe des alten Wissens auf die Menschen einwirken und ihnen dieses Wissen vermitteln.

Man sagt, dass im Jahr 2000 das Kali-Yuga vom Satya-Yuga (beides Zeitalter) abgelöst wird und ein »Goldenes Zeitalter« anbricht, in dem das alte Wissen wieder verkündet wird. Worin besteht das Wesen des alten Wissens? Nach der Analyse der Angaben über das Leben der Lemurer und Atlanter kann man sagen, dass der Schwerpunkt die Beherrschung der psychischen Energie ist. Die menschliche Seele als Produkt der feinstofflichen Welt besitzt gewaltige unausgeschöpfte Möglichkeiten. Mit einiger Wahrscheinlichkeit kann man sagen, dass die früheren Menschen die Energie der feinstofflichen Welt, die psychische Energie, besser beherrschten als wir. Die Energie der feinstofflichen Welt – das sind nicht nur telepathische und hypnotische Effekte, das sind auch neue Heilmethoden, Einwirkung auf die Schwerkraft (Beförderung von Lasten), neue Prinzipien der Luftfahrt ...

Die Beherrschung der psychischen Energie hat allerdings eine grundlegende Vorbedingung: Sie verlangt eine erleuchtete Seele und reine Gedanken. So lautet meiner Meinung nach das Grundgesetz des Lebens in der feinstofflichen Welt.

Als Bestätigung betrachte ich eine Stelle aus Wladimir Megres erstem *Anastasia*-Buch,[18] in dem der Autor das ungewöhnlich schöne sibirische Mädchen Anastasia beschreibt, das einsam im Wald lebt. Dieses Mädchen beherrscht eine Vielzahl telepathischer und hypnotischer Effekte, versteht die Sprache der Tiere, kommt in der Kälte ohne Kleidung aus und kann in die Vergangenheit und Zukunft sehen. Auf die Frage nach dem Ursprung ihrer ungewöhnlichen Fähigkeiten antwortet sie, dass jeder Mensch solche Fähigkeiten besitzt, für deren Realisierung jedoch lautere Absichten nötig sind, und die psychische Kraft des Menschen von der Reinheit seiner Gefühle abhängt.

Die Worte »Gefühle« und »reine Seele» erscheinen auf den ersten Blick irgendwie nebulös-romantisch. Erinnern wir uns aber, dass für einen tiefen *Samâdhi* die Seele gereinigt werden, man sich also von negativ drehenden Torsionsfeldern befreien muss. Das Resultat der Seelenreinigung ist unglaublich: Der menschliche Körper wird befähigt, sich Tausende und Millionen von Jahren am Leben zu erhalten.

Die Propheten, die aus dem Genpool der Menschheit kamen, *hatten* eine reine Seele und beherrschten die psychische Energie in höchster Vollkommenheit (sonst hätten sie sich nicht in den *Samâdhi*-Zustand begeben können). Sie zeigten den halbgebildeten und halbwilden Menschen die Kraft der psychischen Energie in dem Bemühen, ihnen das alte Wissen vor allem psychoenergetischer Art zu vermitteln, weil das der Weg des harmonischen Fortschritts ist. So entstanden offensichtlich die

---

18 Die insgesamt 10-bändige Buchreihe liegt auf Deutsch, vom Autor überarbeitet, im Govinda Verlag vor, der sie jetzt nach und nach auch als Hörbuch umsetzt.

Religionen. Natürlich sind die religiösen Bücher, sei es die Bibel, der Koran oder der Talmud, in märchenhaft-allegorischer Form geschrieben, aber vieles davon lässt sich schon jetzt vom Standpunkt des psycho-energetischen Herangehens aus erklären.

Wenn man sich die Doppelrolle des Genpools (Überlebenssicherung der Menschheit und Übermittlung früheren Wissens) vergegenwärtigt, ist nicht zu übersehen, dass die Vielzahl der Menschen im *Samâdhi* unerlässlich ist, weil für die Wiedergeburt der Menschheit den genetischen Gesetzen zufolge eine ausreichend große Anzahl verschiedengeschlechtlicher Menschen vorhanden sein muss. In der Geschichte der verschiedenen Zivilisationen sind keine Präzedenzfälle für einen völligen Untergangs der Erdbewohner bekannt. So wurde der Genpool der Menschheit wohl noch nie für die Wiedergeburt der gesamten Menschheit abgerufen. Zur Zeit wird der Genpool dafür genutzt, Propheten erscheinen zu lassen, um Fehlentwicklungen zu korrigieren und eventuell eine teilweise Wiedergeburt der Menschheit zu ermöglichen.

Möglichweise, aber wer weiß das schon, kommt eine Zeit, in der die Wiedergeburt der Menschheit insgesamt nur durch den Genpool der Menschheit erfolgen kann.

Die Struktur des menschlichen Genpools

Nach unseren Vorstellungen ist der Genpool der Menschheit ein ganzes unterirdisches und Unterwasserland mit Vertretern verschiedener Zivilisationen im *Samâdhi*-Zustand. Diese Menschen sind untereinander durch den Allgemeinen Informationsraum verbunden und stehen unter unmittelbarer Kontrolle des höchsten Verstandes.

Beweise dafür, dass die Seele während des *Samâdhi* den Körper verlässt und in direkten Kontakt mit dem höchsten Verstand (dem Jenseits) tritt, gibt es viele, wie alle befragten Lamas, Gurus und *Svâmin* bestätigten. Dabei hält die Seele die Verbindung mit dem Körper im *Samâdhi*-Zustand mit Hilfe der sogenannten Silberschnur aufrecht. Daraus folgt, dass im Genpool der Menschheit zwei Formen des Lebens sozusagen vereint sind, in der feinstofflichen (Seele) und der physischen Welt (Körper).

Fast alle Angaben zeugen davon, dass der Genpool unter der Erde liegt – in Höhlen und Pyramiden. Wobei aber alle Lamas, Gurus und besonderen Menschen darauf verweisen, dass die *Samâdhi*-Höhlen vorrangig in Tibet und im Himâlaja liegen. Warum gerade dort? Die Antwort darauf findet man bei Blavatsky, die bemerkt, dass das Gebiet »Vara« *(der Genpool der Menschheit – E.M.)* in den Polargebieten der Erde geschaffen wurde. Sie schreibt auch, dass das Gebiet des Himâlaja und Tibets den Nordpol darstellte, dessen Lage sich durch die veränderte Neigung der Erdachse verschob.

Der Genpool der Menschheit ist aber offensichtlich auch in anderen Teilen des Erdballs vorhanden. Dazu gibt es ausreichend viele indirekte Hinweise, die irgendwann zu überprüfen wünschenswert wäre. So ist bekanntlich für den *Samâdhi*-Zustand eine Temperatur von +4°C eine notwendige Bedingung. Eine derartige Temperatur ist für Höhlen charakteristisch, für Räume in Pyramiden und für tiefe Wasserschichten. Deshalb steht zu vermuten, dass sich Menschen im *Samâdhi*-Zustand auch in Pyramiden und Unterwasserstrukturen wie beispielsweise Grotten befinden könnten.

Hinsichtlich der Pyramiden heißt es bei Blavatsky, dass sich in Räumen darunter Menschen der dritten, vierten und fünften Rasse befinden. Für deren Existenz in tiefen Wasserschichten würde ich vermuten, dass sich auch dort welche befinden dürften.

Laut Blavatsky befinden sich in den unterirdischen Behausungen Menschen der dritten, vierten und fünften Rasse. Einige meinen, dass die Atlanter den Hauptbestandteil des Genpools der Menschheit ausmachen, Menschen unserer Zivilisation aber nur wenig vertreten sind. Diese Meinung ist offensichtlich gerechtfertigt. Die Atlanter hatten – erinnern wir uns an den Entwicklungszyklus – ein ziemlich hohes geistiges Niveau und konnten sich relativ leicht in den *Samâdhi*-Zustand begeben. Endlose Kriege, die die Atlanter untereinander austrugen, regten wahrscheinlich die Aufstockung des Genpools der Menschheit an – ein Vorzeichen der globalen Katastrophe.

Meiner Ansicht nach darf man die Menschen unserer Zivilisation in Anbetracht ihrer Geistlosigkeit nicht als ungeeignet für den Genpool der Menschheit betrachten. Unter ihnen gibt es nicht wenige Eingeweihte und hochgeistige Menschen. Den Teil des Erdballs, der Indien, Nepal und Tibet umfasst, kann man als das geistige Zentrum unserer Zivilisation ansehen, weil hier der Kult der geistigen Verwirklichung des Menschen etwa in Form von Meditationsschulen, Schulen des *Samâdhi* und des Yoga und dergleichen entwickelt ist. Die geistige Entwicklung, die in diesen Ländern sogar zu Lasten des materiellen Reichtums kultiviert wird, lässt die Grundlagen der psychoenergetischen Verwirklichung des Menschen unter der Wirkungsweise der letzten Botschaft *So'Ham* nicht in Vergessenheit geraten. Mithin dürften in Zukunft auch Menschen unserer Zivilisation zur Aufstockung des Genpools der Menschheit beitragen.

Die Lemurer im Genpool der Menschheit spielen unserer Ansicht nach eine Schlüsselrolle, weil sie am höchsten entwickelt sind und unter den Überlebensbedingungen auf dem Planeten am ehesten zielgerichtet und vernünftig das Leben auf der Erde neu schaffen können. Die von uns angenommene Fähigkeit der Lemurer zur Dematerialisierung und Materialisierung des physischen Körpers kann es ihnen ermöglichen, sich unter widrigen Lebensbedingungen auf der Erde in unterirdische Behausungen zurückzuziehen.

Die psychoenergetische Barriere der *Samâdhi*-Höhlen

Der Satz der Lamas, Stein ist für sie kein Hindernis, bezieht sich offensichtlich auf die Lemurer des Genpools der Menschheit, da sie durch die Dematerialisierung in der Lage sind, durch Steinhindernisse zu gehen. Folglich dürfte der Lemurer-Anteil im Genpool der Menschheit weitestgehend hinter steinernen Platten verborgen sein.

Die Lemurer bilden offensichtlich die Hauptverbindung des Genpools mit dem Shambhala, indem sie steinern-unbeweglich mittels telepathischer Verbindung die technogene unterirdische Zivilisation der Lemurer des Shambhala kontaktieren.

Sie haben im Genpool der Menschheit eine führende Rolle, steuern ihn sozusagen. Wenn die Lamas »Er« sagten, meinten sie wahrscheinlich die Lemurer, die den Zugang zu den *Samâdhi*-Höhlen gewähren können. Sie sind, wie ich denke, der wertvollste Teil des Genpools der Menschheit, weil sie das Produkt der am höchsten entwickelten Zivilisation sind (tausendmal höher als unsere). Deshalb werden sie nur im äußersten Fall abgerufen, wenn die Bemühungen der Atlanter oder der Menschen unserer Zivilisation wirkungslos bleiben, wie etwa beim Erscheinen des Bonpo-Buddhas vor 18.013 Jahren.

Der Körper der Lemurer des Genpools zeigt, wie bereits mehrmals festgestellt, jede Menge Anpassungen an ein teilweises Leben unter Wasser. Folglich darf man annehmen, dass die Wiedererschaffung der Menschheit durch die Lemurer auch dann möglich wäre, wenn die Erdoberfläche vorwiegend überschwemmt ist.

Die Atlanter im Genpool könnten bei weitgehender Überflutung der Erde ebenfalls abgerufen werden. Ihre Körper tragen zwar Merkmale der Lemurer, sind aber mehr an das Leben zu Lande angepasst. Ihr im Vergleich zu den Lemurern geringeres Entwicklungsniveau macht augenscheinlich ihre Bemühungen zur Wiedererschaffung der Menschheit weniger effektiv und kann so die Hilfe der Lemurer erforderlich werden lassen, wie es etwa bei den Söhnen Gottes am Morgen der Wiedergeburt der atlantischen Zivilisation nach dem Untergang der Lemurer der Fall war. In diesem Zusammenhang kann man an die lenkende Rolle des Bonpo-Buddha (eines Lemurers) am Morgen der Wiedergeburt unserer *Âryas*-Zivilisation nach vielen missglückten Versuchen der atlantischen und *Âryas*-Propheten erinnern, die mit dem Evolutionsfaktor der Verwilderung kämpften.

Die letzten Jahrhunderte lassen kaum die Aussage zu, dass sich das geistige Niveau der *Âryas* erhöht hat und eine massive Erweiterung des Genpools der Menschheit gestattete. Das wird durch die Angaben der Lamas und Gurus bestätigt, dass sich innerhalb der letzten Jahrhunderte nur wenige Menschen in einen tiefen *Samâdhi*-Zustand begeben haben.

Die *Âryas* sind allerdings besser an das Leben zu Lande angepasst und dadurch eventuell die Bevorzugten für das Wirken als Propheten unter »trockenen« Lebensverhältnissen.

Letzten Endes kamen wir hypothetisch zu dem Schluss, dass der Genpool der Menschheit die folgende Struktur hat:

- späte Lemurer (Lemuro-Atlanter)
- Atlanter
- *Âryas* (Menschen unserer Zivilisation)

Für den Genpool der Menschheit gibt es, wie bereits beschrieben, unterschiedliche Bewahrungsstätten. Zur Zeit können wir aber konkret sagen, dass der bevorzugte Ort die *Samâdhi*-Höhlen sind.

Davon gibt es unserer Meinung nach drei Arten:

1. *Samâdhi*-Höhlen mit Menschen ausschließlich früherer Zivilisationen:
    a) *Samâdhi*-Höhlen mit Lemurern
    b) *Samâdhi*-Höhlen mit Atlantern
    c) gemischte *Samâdhi*-Höhlen mit Lemurern und Atlantern
2. *Samâdhi*-Höhlen mit Menschen ausschließlich unserer Zivilisation
3. gemischte *Samâdhi*-Höhlen mit Lemurern und Atlantern sowie *Âryas*

Die psychoenergetische Barriere beim Betreten der Höhlen

Vorherrschend dürfte der letzte Typ der *Samâdhi*-Höhlen sein, da er den flexibelsten Einsatz unter den jeweils gegebenen Lebensbedingungen auf der Erde zulässt.

Die *Samâdhi*-Höhlen des zweiten Typs (mit Vertretern unserer Zivilisation) werden schwerlich lange bestehen, weil die psychoenergetische Barriere fehlt. Wie wir von den Lamas erfuhren, streben die *Âryas* danach, sich genau in solchen Höhlen in einen tiefen *Samâdhi*-Zustand zu begeben, wo es Lemurer und Atlanter gibt, indem sie die psychoenergetische Barriere überwinden, die von jenen gesteuert wird.

Die unterirdische Welt des Genpools hingegen ist durch die psychoenergetische Barriere geschützt. Ohne sie wäre der Genpool für jedermann zugänglich, und das Eindringen Unbefugter bringt stets ein gewisses Risiko mit sich, einerseits wegen möglicher schlechter Absichten und übermäßiger Neugier, aber auch wegen einer möglichen Destabilisierung des *Samâdhi*-Zustands durch die Torsionsfelder der Eindringlinge.

Wir stellen uns die psychoenergetische Barriere als eine Variante der Fernhypnose vor. Da kommt natürlich die Frage auf, wie denn ein Mensch im *Samâdhi*-Zustand mit eingestellten Stoffwechselprozessen im Gehirn in der Lage ist, eine so starke Psychowirkung hervorzurufen? Eine Gegenfrage sei gestattet: Kann das Leben in der feinstofflichen Welt (dem Jenseits) etwa ohne energetisches Potenzial auskommen? Keinesfalls. Leider ist die Energie der feinstofflichen Welt durch die Wissenschaft aber zur Zeit kaum erforscht und noch weitgehend rätselhaft. Dabei sehen wir ihre Erscheinungsformen ständig im täglichen Leben, in der tibetischen Medizin, der Einwirkung von Energievampiren, energetischen Spendern oder negativen und positiven Auren über ganzen Ländern.

Mehr noch, alle Beschreibungen des Lebens früherer Zivilisationen zeugen davon, dass sie vorrangig die Energie der feinstofflichen Welt nutzten. Denken wir nur an die Luftfahrt auf der Grundlange des Mantras, den Transport von Lasten mittels des Dritten Auges. Die Macht dieser Energie ist größer als die der physischen Welt. Mithin wirkt die psychoenergetische Barriere der *Samâdhi*-Höhlen durch die Energie der feinstofflichen Welt.

Marat Fathlislamov, der sich mit dem Studium ähnlicher Probleme beschäftigt, berichtete über Yogi, die im Gebiet der *Samâdhi*-Höhlen im Trance sogenannte *Asuras* sehen. *Asuras* sind Schutzsubstanzen der feinstofflichen Welt und haben die Form von Kaulquappen mit einem Schwanz. Erscheint ein Außenstehender, werden diese Substanzen aktiviert. Sie saugen die Energie des Menschen aus und rufen ein Gefühl von Angst, Beunruhigung, Unwohlsein, Kopfschmerz und Schwäche hervor. Die besonderen Menschen können durch Meditation mit den *Asuras* in Kontakt treten. Deshalb findet sich in allen Quellen der östlichen Religion (zum Beispiel auch bei Lobsang Rampa) die Feststellung, dass niemand außer einem Eingeweihten einen Menschen im *Samâdhi*-Zustand aufsuchen könne. Die Energie der Seelen, die Energie der feinstofflichen Welt verhindert das.

Aber wenn die psychoenergetische Barriere der *Samâdhi*-Höhlen durch die Energie der feinstofflichen Welt gesteuert wird, muss doch jemand diese Energie im Bereich der *Samâdhi*-Höhlen steuern. Wer ist dieser Jemand? Darauf gibt es zwei Antworten:

1. Die Energie wird durch die Seelen der Menschen im *Samâdhi*-Zustand gesteuert.
2. Die Energie wird durch das Shambhala gesteuert.

Die erste Variante erinnert an den Mechanismus des tiefen *Samâdhi*-Zustands, der in den Gesprächen mit den Lamas und *Svâmi* beschrieben wurde. Der Geist des Menschen befindet sich dabei im Jenseits und ist durch die sogenannte Silberschnur mit dem physischen Körper verbunden. Vermutlich kommt die Energie des wellenartigen Lebens im Jenseits durch die Silberschnur auf die Erde hinab und übt so im Bereich der *Samâdhi*-Höhle ihren Einfluss aus. Mit anderen Worten: Der Geist des *Samâdhi* kann über den Kanal, der Silberschnur genannt wird, seinen Körper und dessen Umgebung beobachten und energetisch auf einen unerwünschten Fremdling in der *Samâdhi*-Höhle einwirken. So schrieb Blavatsky, dass die *Samâdhi*-Höhlen von »ganzen Streitkräften von Geistern« geschützt werden. Offensichtlich meinte sie, dass alle Menschen im tiefen *Samâdhi*-Zustand mittels ihres Geistes eine Schutzbarriere in der Höhle errichten können.

Der Geist des Menschen im *Samâdhi*-Zustand befindet sich im Jenseits, in einer anderen Raum-Zeit-Dimension, in der sich auch die Wellenform des Lebens befindet. Die Silberschnur ist eine Besonderheit des Menschen im *Samâdhi*-Zustand und unterscheidet ihn von einem Sterbenden. Über sie kann der Geist seinen konservierten physischen Körper finden und erneut in ihn zurückkehren.

Die Natur schuf den Menschen aber so, dass jedes Lebenselement, sei es ein Organ oder die Wellenstruktur, niemals nur eine Funktion erfüllt, in der Regel gibt es deren zwei. Daher darf man annehmen, dass auch die Silberschnur eine Doppelfunktion hat – die Funktion der Verbindung mit dem physischen Körper und die des Schutzes des physischen Körpers mittels der Energie des Jenseits.

Was die Rolle des Shambhala bei der Steuerung der psychoenergetischen Barrieren betrifft, so dürfte sie beträchtlich sein. Das Shambhala als besondere unterirdische Lebensform auf der Erde nutzt vorrangig das Phänomen Materialisierung/Dematerialisierung der unter die Erde gegangenen Lemurern und ist dazu aufgerufen, nicht nur den Status der bedeutenden lemurischen Zivilisation selbst, sondern auch die heiligsten Elemente des irdischen Lebens zu schützen. Und das heiligste Element des Lebens auf der Erde ist der Genpool der Menschheit. Wahrscheinlich hält das unterirdische Königreich des Shambhala genau deshalb den unterirdischen Genpool der Menschheit unter sorgfältiger Kontrolle, geschützt vor allen Stürmen und Kriegen durch viele Meter Erdkruste.

Man kann davon ausgehen, dass die Menschen des Shambhala, deren hauptsächlicher Wohnort nicht das Jenseits ist, in der Lage sind, das energetische Potenzial der Menschen im *Samâdhi*-Zustand zu korrigieren und die psychoenergetische Barriere zweckmäßiger und undurchdringbar zu machen. Es ist auch nicht ausgeschlossen, dass das Shambhala selbst energetisch an der Schaffung und Festigung der psychoenergetischen Barrieren teilnimmt.

Mittels welcher Energie und mittels welcher Informationsquellen nimmt das Shambhala am Schutz der *Samâdhi*-Höhlen teil? Darauf gehen wir im nächsten Kapitel näher ein.

Wie bereits erläutert, beruht die Wirkung der psychoenergetischen Barriere auf der allmählichen Verstärkung der negativen Einwirkung auf den Organismus des Eindringlings. Erst die letzte Etappe ist der Tod. Anfangs entsteht Angst, die schmerzlos abschrecken soll. Das zweite Gefühl ist Unwohlsein als Aufforderung, die heilige Höhle zu verlassen. Und erst danach kommen physische Phänomene auf wie Kopfschmerz, Schwäche und schließlich der Tod.

Der gesamte Mechanismus der psychoenergetischen Barriere warnt sozusagen: *Geh nicht in den Tod, denn du betrittst das Heiligste des Heiligen, den Genpool der Menschheit, wo Neugier keinen Platz hat.*

Die psychoenergetische Barriere der *Samâdhi*-Höhlen ist dem Wesen nach ein Produkt guter Kräfte, die vierfach davor warnen, hineinzugehen, bevor dem neugierigen Eindringling der Tod droht.

»Er«, von dem die besonderen Menschen sprechen, und nur »Er« kann die Befriedigung dieser Neugier gestatten. Ich kann nicht sagen, wer dieser »Er« ist. Vielleicht ein Mensch des Shambhala?

Die geheimnisvollen Adepten

In der Literatur und der östlichen Religion kann man viel über sogenannte Adepten finden. Wer sind diese Adepten? Anfangs fand ich bei der Analyse der Literatur keine Antwort darauf. Einige Autoren nannten die Adepten vergeistigte Langlebige des Ostens, andere hielten sie für Menschen im tiefen *Samâdhi*-Zustand. Erst im Nachhinein wurde mir klar, dass man die Menschen Adepten nennt, die in der Lage sind, sich in einen tiefen *Samâdhi*-Zustand zu begeben. Doch unter dieser Bezeichnung sind zwei *Samâdhi*-Typen vereint:

- Menschen im *Samâdhi*-Zustand, bei denen der Körper in einen versteinert-unbeweglichen Zustand übergeht und die Seele mit dem

Jenseits korrespondiert, ohne die Verbindung zu ihrem Körper zu verlieren (das ist der normale tiefe *Samâdhi*-Zustand);

- Menschen im *Samâdhi*-Zustand, bei denen die Seele mit dem Jenseits korrespondiert, der Körper aber in seinem gewöhnlichen Zustand verbleibt und dabei weiter in der physischen Welt funktioniert.

Der erste Typ des *Samâdhi*-Zustands kann Millionen von Jahren andauern, der zweite Typ währt, wie man uns sagte, Hunderte bis Tausende von Jahren. Menschen im *Samâdhi*-Zustand des zweiten Typs sind folglich jene Eremiten, die 300 bis etwa 2.000 Jahre leben.

Wenn sich ein Mensch in den *Samâdhi*-Zustand des ersten Typs begibt, kann man an ein unendlich langes Leben seines versteinert-unbeweglichen Körpers ja noch glauben. Aber daran zu glauben, dass ein Mensch im *Samâdhi*-Zustand des zweiten Typs ein Alltagsleben führen kann, das sich nur wenig von dem gewöhnlicher Menschen unterscheidet, und dabei über Hunderte und Tausende von Jahren hinweg seine Jugend bewahrt, daran zu glauben fällt uns doch allen ziemlich schwer.

Dennoch gibt es nicht wenige Zeugnisse von der Existenz solcher Menschen. So beschrieb Petchurov (Moskau), der mehr als drei Jahre in Nepal lebte, mehrere Eremiten, die nach Erzählungen der örtlichen Bevölkerung schon 100, 200, 300 und mehr Jahre leben. Den Briefschreiber erstaunte das Fehlen warmer Bekleidung bei diesen Eremiten, ungeachtet der Kälte in den Bergen. Er erinnerte sich besonders an eine Frau, eine Adeptin, die wie eine 35-jährige aussah. Sie lebte in einer Kapelle, meistens auf einem Tigerfell in der Pose Buddhas. Sie speiste selten, aß vegetarisch, immer aber die Pflanze *Soma*. Nach den Worten der Einheimischen war sie über 300 Jahre alt.

Als Beispiel für einen Adepten kann auch der bekannte Babaji gelten, ein mythologischer Sadhu, der seit vielen Jahrhunderten im Himâlaya existieren soll. In Indien sagt man über ihn, dass er 1.700 Jahre alt ist, obwohl er nicht älter als siebzehn zu sein scheint.

Unter den Adepten sind Übergänge des zweiten Typs in den ersten und umgekehrt bekannt. So führte der Mensch, der in Kapitel 10 von Teil II beschrieben ist und schon 300 Jahre lebt, anfangs vorwiegend ein irdisches Leben. Er ging nur manchmal in der Höhle in den *Samâdhi*-Zustand und verbrachte erst später dort einen großen Teil seiner Zeit.

Die Adepten kann man am ehesten als Sonderfall des Genpools ansehen. Sie können aus dem Genpool der Menschheit kommen, einige Zeit unter normalen Menschen verbringen und dann erneut in die Höhlen und in den Genpool eingehen.

Welche Rolle kommt den Adepten zu? Nein, Propheten sind sie nicht, da ihr Einfluss auf die Menschheit eher unbedeutend ist. Unter den Adepten sind nur Menschen unserer Zivilisation beschrieben, aber keine, die den Atlantern oder Lemurern ähneln. Man kann ihnen eine verbindende Funktion zwischen dem Genpool und der Menschheit auf der Erde zuschreiben.

Einige Gedanken zu Adepten, Langlebigkeit und Krebserkrankungen

Dass zwischen dem ersten und zweiten Typ des *Samâdhi*-Zustands Übergänge existieren, spricht für die Nähe zu den Mechanismen der Langlebigkeit in dem einen oder anderen Fall. Offensichtlich spielt hier nicht nur der eingestellte Stoffwechsel mit dem Übergang des Körpers in einen versteinert-unbeweglichen Zustand eine Rolle, sondern auch ein besonderer Zustand des Biofeldes des Menschen, bei dem sich die Alterungsprozesse des Körpers verlangsamen. Es ist jedoch wissenschaftlich erwiesen, dass die Zellen des menschlichen Organismus einen streng bestimmten Lebenszyklus haben. Deshalb erscheint es unvorstellbar, dass sich der Lebenszyklus der Zellen um ein Mehrfaches verlängert. Wie lässt sich das erklären?

Ich habe bereits beschrieben, dass unser Transplantationsmaterial Alloplant die Regeneration des menschlichen Gewebes stimuliert und das Biofeld der Zellen in der Lage ist, die pathologische Regeneration (den Krebs) zu unterdrücken und eine Normalisierung der Funktion der kranken Zellen hervorzurufen.

Ich glaube, ein ähnlicher Mechanismus liegt dem Geheimnis der Langlebigkeit der Adepten zu Grunde. Durch Meditation bringt der Adept sein Biofeld in einen Zustand, dass es die pathologische Regeneration (den Krebs) unterdrückt, die Funktion der kranken Zellen normalisiert und die Regeneration der normalen Zellen des Organismus stimuliert. Mit anderen Worten: *Das Geheimnis der Langlebigkeit der Adepten besteht nicht in einem verlängerten Lebenszyklus der Zellen, sondern im Austausch gealterter Zellen durch neue und der Vorbeugung ihrer krebsartigen Entartung.*

Es ist ja bekannt, dass eine der häufigsten Todesursachen älterer Menschen der Krebs als pathologische Entartung der Zellen ist, die ihren

Lebenszyklus hinter sich haben. Wenn nun durch das Biofeld der pathologischen krebsartigen Regeneration gealterter Zellen vorgebeugt und die Regeneration normaler Zellen durch den Austausch gealterter Zellen durch neue angeregt wird, so kann man die fast unendliche Erneuerung des menschlichen Organismus erreichen und damit über Hunderte und Tausende von Jahren Jugend und Gesundheit bewahren.

Allerdings ist es gängige Meinung, dass hochdifferenzierte Zellen (wie jene des Gehirns, der Netzhaut, des Herzmuskels) nicht die Fähigkeit zur Regeneration haben und nur für ihren Lebenszyklus im Organismus funktionieren. Aber stimmt das wirklich? Die Forschung der letzten Jahre (La Vail, Factorovich, 1991) zeigt, dass sogar so hochdifferenzierte Zellen wie die der Netzhaut unter Einwirkung des Wachstumsfaktors der Fibroblasten, des Hauptbestandteils des Bindegewebes, die Fähigkeit zur Regeneration entwickeln. Dieser Wachstumsfaktor wird durch die sich regenerierenden Zellen erzeugt. Sich regenerierende (wachsende) Zellen! Da wird also bei der Regeneration irgendwelcher Zellen mit Hilfe chemischer Wirkstoffe (des Wachstumsfaktors) eine Regeneration der anderen Zellen hervorgerufen, darunter auch hochdifferenzierter!

Wenn die Regeneration hochdifferenzierter Zellen des Organismus möglich ist, dann ist auch die ständige Erneuerung der Zellen des menschlichen Körpers möglich. Und das ist der Weg zu Langlebigkeit und ewiger Jugend.

Wie kann man nun aber das System der ständigen Erneuerung der Körperzellen starten? Die Adepten erreichen das durch meditative Einwirkung auf ihr Biofeld. Lässt sich das bei gewöhnlichen Menschen ebenfalls erreichen? Offensichtlich wird die Wissenschaft bald so weit sein. Neuerdings verspricht beispielsweise die Einbringung von Alloplant in die Akupunkturpunkte des Organismus eine gewisse Perspektive.

Die Stimulierung der Regeneration normaler Körperzellen des Menschen muss positiv auf das Biofeld des Menschen wirken und so die Zellerneuerung hervorrufen. Perspektive hat auch die Bestrahlung des Organismus mit dem Biofeld junger wachsender Organismen oder Pflanzen. Die Experimente dazu haben bereits begonnen.

Die Höhlen und die Pyramiden

Es stellt sich die Frage, welche Höhlen für den *Samâdhi* geeignet sind. In dem Buch *Sai Baba and Nara Narayana Gufa Ashram* schildert der Autor

Svâmin Maheshwaranand, dass die *Samâdhi*-Höhlen trocken sein müssen.[19] Der *Svâmin* Daram wies auf die Höhenlage der *Samâdhi*-Höhlen an der Schneegrenze hin, wo die Luft sehr sauber ist. Der Bonpo-Lama sagte, dass die *Samâdhi*-Höhlen vor fremden Augen verborgen sind.

Weltweit gibt es sehr viele Höhlen. Aber einige Gruppen sind für die *Samâdhi* besonders anziehend. Marat Fathlislamov wies auf Quellen hin, wonach es in Indien im Gebiet von Badrinath ein ganzes »Höhlenland der Yogi« gibt. Nicht weit entfernt von diesem Ort befindet sich die »Spur Vishnas«, der Abdruck eines gewaltigen menschlichen Fußes.

Folgt man dem Eingeweihten Lobsang Rampa, befinden sich die *Samâdhi*-Höhlen vorrangig in Tibet, im Himâlaja, in Ägypten, Südamerika und an einem Ort in Sibirien. Er schreibt, dass viele Tempel über *Samâdhi*-Höhlen gebaut sind.

Außerdem gibt es zahlreiche Angaben, denen zufolge auch die Pyramiden, in Ägypten und anderswo, Orte für den Genpool der Menschheit sind. Davon sprachen indische *Svâmin* und tibetische Lamas. Blavatsky schrieb, dass sich die Adepten der dritten, vierten und fünften Rasse in unterirdischen Quartieren unter pyramidenähnlichen Bauten befinden.

Mit Ultraschalluntersuchungen wurde festgestellt, dass es unter den Pyramiden tatsächlich Hohlräume gibt. Sind die Pyramiden etwa auch Standorte des Genpools der Menschheit? Ausschließen lässt sich das nicht. Eigentlich ist die Hypothese über die Bestimmung der Pyramiden zur Aufbewahrung des Genpools der Menschheit sogar der herkömmlichen Erklärung von Pyramiden als astronomische Bauten oder Pharaonengräber vorzuziehen. Die Monumentalität der Cheops-Pyramide beispielsweise ist beeindruckend; die Errichtung eines solchen Bauwerks aus 50-Tonnen-Blöcken ist sogar für die moderne Bautechnik unmöglich. Das Monumentale dürfte durch den Zweck, zu dem sie gedacht war, vorausbestimmt sein; und welchen höheren Zweck könnte es geben als den Genpool der Menschheit?

Nach Angaben von Blavatsky wurden die ägyptischen Pyramiden vor 75.000 bis 80.000 Jahren erbaut und nicht etwa vor 4.000 bis 5.000 Jahren – das ergab auch eine Radiokarbonanalyse. Legt man diese Angaben zu Grunde, verdanken die ägyptischen Pyramiden wohl am ehesten

[19] Das ursprünglich auf Hindi erschienene Buch von *Svâmin* Maheshwaranand ist bisher nicht auf Deutsch erschienen; eine Kindle-Ausgabe der englischen Übersetzung nach der vierten Ausgabe (Juni 2010) finden Sie auf https://www.amazon.de/Baba-Nara-Narayana-Ashram-English-ebook/dp/B00HIDWAB4.

den Atlantern der Insel Platons ihre Entstehung, die sie unter Nutzung psychoenergetischer Technik errichteten. (Erinnern wir uns, wie Nostradamus den Bau der Pyramiden durch die Atlanter mittels gerichteter Einwirkung auf die Schwerkraft mit Hilfe des Dritten Auges beschrieb.) Die Atlanter der Insel Platons hatten, wie bekannt, enge Kontakte mit der ägyptischen Zivilisation.

Nach dem Untergang der Atlanter der Insel Platons vor 11.000 Jahren (Komet Typhon) wurde über die Mysterien und okkulten Wissenschaften (nach Blavatsky) der Mantel eines tiefen Geheimnisses gelegt. Kann man das als Geheimhaltung des Genpools der Menschheit interpretieren, hervorgerufen durch den kritischen Zustand der Menschheit als Resultat der kosmischen Katastrophe? Ausschließen lässt sich auch das nicht.

So könnte der für Außenstehende allgemein leichte Zugang zu den Pyramiden der ägyptischen Pharaonen eine geheimhaltende Maßnahme sein, die vom Hauptgeheimnis ablenkt – nämlich dem, was sich darunter befindet.

Die Annahme liegt nahe, dass die Atlanter der Insel Platons, die die Bewegung der Planeten und Kometen beobachteten, schon lange ihren Untergang durch eine kosmische Katastrophe für möglich hielten. Deshalb begannen sie rechtzeitig mit dem Bau von Monumentalbauten (Pyramiden) mit unterirdischen Tempeln, in die sich Vertreter ihrer Zivilisation zurückzogen und in den *Samâdhi*-Zustand begaben. Daraus folgt, dass man unter den Pyramiden (den ägyptischen und wahrscheinlich auch unter den mexikanischen) Atlanter der Insel Platons im *Samâdhi*-Zustand finden kann, also die letzten Atlanter der Erde, die sich vor der weltweiten Überschwemmung zu retten vermochten.

Diese Annahme hat vielleicht einen Schwachpunkt: Die Eingänge in die unterirdischen Tempel sind fest verschlossen und befinden sich tief unter der Erde. Wie können die Atlanter dort herauskommen? Aber hier sei an die Worte der Lamas über die Menschen früherer Zivilisationen erinnert: »Stein ist für sie kein Hindernis.« Und tatsächlich kann die psychoenergetische Einwirkung auf die Schwerkraft eine für uns erstaunliche Form des Heraustretens an die Erdoberfläche ermöglichen.

War der ägyptische Pharao wirklich tot? Oder befand er sich nur im *Samâdhi*-Zustand? Man kann Letzteres nicht völlig ausschließen, zumal die Mumie des ägyptischen Pharaos nach deren Bergung und Unterbringung im Museum zu zerfallen begann. Wenn sich der ägyptische Pharao zuvor im *Samâdhi*-Zustand befand, hat der Temperaturwechsel vielleicht zur Destabilisierung des *Samâdhi*-Zustands und zum Tod des Körpers geführt.

Ebensowenig lässt sich ausschließen, dass die Ägypter damals versuchten, den *Samâdhi*-Zustand künstlich herbeizuführen. Sie wussten vom *Samâdhi* von den benachbarten Atlantern von der Insel Platons, wussten von der Rolle, die die Pyramiden dabei spielten. Das Erreichen eines tiefen *Samâdhi*-Zustands war für sie aber möglicherweise schwierig. Sie versuchten, ihn auf künstlichem Wege (beispielsweise durch chemische Substanzen) herbeizuführen, um ihren Pharaonen das Überleben zu sichern. Deshalb gaben sie ihnen auch Gebrauchsgegenstände und Kostbarkeiten mit ins Grab.

Natürlich kann eine Einbalsamierung der verstorbenen Pharaonen nicht ausgeschlossen werden. Wie das geschah, weiß bis heute allerdings niemand.

Welche dieser Annahmen ist nun richtig? Auf diese Frage zu antworten ist schwer. Man müsste die Pyramiden und Mumien der Pharaonen unter dem Gesichtspunkt dessen, was wir inzwischen über *Samâdhi* wissen, erneut untersuchen.

Doch bei alledem ist Sorgfalt im Umgang mit den Pyramiden und anderen Monumenten des Altertums unerlässlich. Der deutsche Ingenieur Rudolf Gantenbrink drang mit einem Mini-Roboter, der über ein Videosystem verfügte, in einen schmalen Gang der Cheops-Pyramide vor, einen angeblichen Lüftungsschacht. Der Roboter kam bis zu einer steinernen Tür, hinter der der Wissenschaftler Leben vermutete. Jetzt bereitet er die Ausrüstung des Roboters mit einem Laser vor, um eine Öffnung in die Tür zu schneiden und durch diese weiter vorzudringen. Wenn sich nun aber hinter der Tür ein Vertreter einer früheren Zivilisation im *Samâdhi*-Zustand befindet? Die psychoenergetische Barriere wird schwerlich auf den Laser einwirken können, und der *Samâdhi*-Zustand wird destabilisiert.[20]

---

20 Gantenbrink stieß mit seinem Roboterfahrzeug Upuaut 2 in der Cheopspyramide nach mehreren Fehlversuchen im März 1993 auf den Verschlussstein des Südschachts der vier sogenannten Luftschächte. An dem Verschlussstein befanden sich zwei Kupfernadeln. Nachdem dieser Fund an die Presse gelangt war, wurde Gantenbrink der Auftrag zur weiteren Erforschung entzogen und an eine japanische Firma übergeben. Die spätere Kammeröffnung durch den japanischen Roboter, 2002 von Millionen Zuschauern live an den Bildschirmen mitverfolgt, führte zu keinem Ergebnis – eine kleine, leere Kammer. Interessant ist hier jedoch, dass die zweite Kupfernadel bei der ausgestrahlten Öffnung verschwunden war. Ein Schelm, wer annimmt, dass hier zuvor etwas geschehen war, was der Öffentlichkeit nicht bekannt wurde. Auf www.cheops.org finden Sie auf Englisch Gantenbrinks vollständige Forschungsberichte.

Kostet unsere Neugier nicht zu viel? Der frühere Mensch hat sich nicht in den *Samâdhi*-Zustand begeben und so Tausende und Millionen von Jahren verbracht, um unsere Neugier zu befriedigen. Wissenschaftliche Neugier ist der Motor des Fortschritts, aber der Wissenschaftler ist nicht Gott, sollte nicht mit grober Hand in die göttliche Schöpfung eingreifen. Begab sich der frühere Mensch doch in den *Samâdhi*-Zustand für das bedeutsamste Ziel, Vertreter des Genpools der Menschheit zu sein.

Samâdhi und die Zeit

In dem aus dem Hindi übersetzten englischen Buch *Sai Baba and Nara Narayana Gufa Ashram*, beschreibt Swami Maheshwaranand,[21] wie er sich in den Höhlen des Himâlaya in den *Samâdhi*-Zustand versetzte und daraus zurückkehrte. Dabei merkt er an, dass sich achtzehn Tage im *Samâdhi*-Zustand wie 48 Minuten anfühlten.

Mit einer einfachen arithmetischen Rechnung kann man jetzt ermitteln, wie viel schneller die Zeit im *Samâdhi*-Zustand vergeht, nämlich genau 717 Mal schneller als normal. Möglich, dass dies auch der Gang der Zeit ist, nach dem das Jenseits lebt.

Was empfindet ein Mensch im *Samâdhi*-Zustand?

Die Antwort darauf gibt Lobsang Rampa, der sich als Eingeweihter selbst in den *Samâdhi*-Zustand begeben konnte, in *Das Dritte Auge (S. 306).* Er beschreibt, wie die Lamas ihn unter einem Tempel durch geheime Gänge in eine Höhle führten. Sie zeigten ihm drei gewaltige menschliche Körper, zwei Männer und eine Frau; die Frau war drei Meter groß, die Männer über vier Meter. Sie sahen ungewöhnlich aus, wirkten nicht wie tot, sie schienen zu schlafen.

> *»Mein Sohn, sieh sie an«, sagte einer der Äbte. »Sie gingen durch unser Land (Tibet – E.M.), als die Meere unsere Küsten bespülten und als andere Sterne am Himmel standen. Sieh sie an, denn niemand hat sie gesehen außer den Eingeweihten.«*

21 Siehe Fußnote 19.

Weiter beschreibt Lobsang Rampa *(S. 307ff.)*, wie er selbst sich in den *Samâdhi*-Zustand begab:

> *Ich ... machte die besonderen Atemübungen, die man mich jahrelang gelehrt hatte. Das Schweigen und das Dunkel waren bedrückend. Es war das Schweigen des Grabes.*
>
> *Ganz plötzlich wurde mein Körper steif, unbiegsam. Meine Glieder erstarrten und wurden eiskalt. Ich hatte die Empfindung, dass ich sterbe, in diesem Grab, viel mehr als hundert Meter tief unter dem Sonnenlicht sterbe. Ein heftiger Stoß durchbebte mich im Innern und ich hatte, ohne es zu hören, den Eindruck eines eigentümlichen Raschelns und Knarrens, wie wenn man altes Leder entfaltet. Nach und nach erfüllte ein blassblaues Licht das Grab ... Dann gewahrte ich, dass ich wirklich über meinem körperlichem Leib schwebte ... Von der Mitte meines Körpers hing eine silberblaue Schnur herab. Sie war durchpulst von Leben und glühte von Lebenskraft.*
>
> *Ich blickte zu meinem Leib hinab, der nun auf dem Rücken, ein Leichnam unter Leichnamen, dalag ...*
>
> *Von irgendwoher tönte das Brausen des Meeres und das klirrende Rasseln von Strandkieseln unter dem Ansturm der Wellen ... Aus einer nahen Grotte erklangen lachende Stimmen, Stimmen, die lauter wurden, als ich ein paar heitere, sonnenverbrannte Leute herankommen sah. Riesen! Lauter Riesen ...*
>
> *Nach einiger Zeit verblassten die Visionen und es wurde dunkel. Nach und nach verlor ich das Bewusstsein, das astrale und das physische. Später hatte ich das unbehagliche Gefühl, dass mir kalt war – kalt vom Liegen auf einer Steinplatte ...*
>
> *»Du hast dich gut gehalten, mein Sohn. Drei Tage lang lagst du hier. Nun hast du gesehen. Du starbst. Und lebtest.«*

Ich denke, Kommentare sind hier überflüssig.

3 Shambhala und Agartha

Das Wort Shambhala ist den meisten Menschen bekannt. Sie verstehen darunter etwas Rätselhaftes, haben aber meistens keine Vorstellung davon, worum es sich eigentlich handelt. Das Wort Agartha hingegen ist praktisch unbekannt, und nur Spezialisten für alte tibetische Geschichte können einem sagen, dass das rätselhafte Land Agartha neben dem Land Shambhala existiert.

Das ewige Geheimnis Shambhala

Ich erinnere mich nicht einmal mehr, wann ich das Wort Shambhala zum erstenmal gehört habe, sicher in der Studentenzeit bei Gesprächen mit Freunden, die im Altai waren. Später, als ich selber im Altai war, sah ich an den Felswänden entlang der Wanderwege die Aufschrift Shambhala und traf auch oft einzelne Wanderer oder Gruppen mit abwesendem Blick, die das Land Shambhala suchten. Ich fragte sie nach dem Land Shambhala, aber keiner von ihnen konnte mir etwas Vernünftiges dazu sagen. Sie wandelten auf den Spuren des großen russischen Gelehrten Nicholas Roerich, der auch schon das Land Shambhala gesucht habe, bekam ich oft zu hören. Einer der von dieser Welt entrückten Burschen sagte:

– Das Land Shambhala findet man, so ist es prophezeit, am Ende unseres Jahrhunderts. Das ist bestimmt wahr, denn wir haben es nicht gefunden.

Mir als begeistertem Sporttouristen waren diese jungen Menschen, diese Erforscher des Shambhala, irgendwie unangenehm. Sie waren undiszipliniert, beachteten nicht die einfachsten Regeln, erbaten von Vorbeikommenden alles Mögliche. Zu jener Zeit ahnte ich nicht, dass ich selbst einmal das Land Shambhala erforschen sollte.

Von Nicholas Roerich hatte ich schon vor langer Zeit gehört, und als begeisterter Reisender verehrte ich ihn außerordentlich. Wie beneidete ich ihn, der so viele komplizierte Expeditionen zu derart exotischen Orten wie Tibet und den Himâlaja unternahm, und ich war stolz, dass er ein Landsmann von uns war. Als Einwohner eines abgeschotteten kommunistischen Landes malte ich mir Auslandsreisen als etwas Märchenhaftes und Unerfüllbares aus, wodurch Roerich für mich zum Idol wurde.

Einige Male machte ich mich ans Lesen seiner Bücher, aber jedes Mal legte ich sie wieder weg, da ich sie nicht verstehen konnte. Die Betrachtungen zu Themen wie der reinen Seele und des Shambhala waren für mich irrational, die Beschreibung der sportlichen Aspekte seiner Reisen in die tibetischen Berge jedoch begeisterten mich.

Als ich mich mit der Augengeometrie beschäftigte, dachte ich wahrlich nicht daran, dass mich diese trockene mathematische Wissenschaft irgendwann wieder zu Nicholas Roerich und dem Shambhala führen würde. Das »mittelstatistische Auge« der tibetischen Rasse rief mir den Marsch in den Altai wieder in Erinnerung sowie den entrückten Blick der jungen Leute, die das Shambhala gesucht hatten. Ich nahm Roerichs Bücher erneut zur Hand. Und abermals verstand ich rein gar nichts von den Betrachtungen über die reine Seele, die Akzentuierung der guten Gedanken des Menschen (Liebe, Gewissen), die Ablehnung negativer Gedanken (Gier, Egoismus), die Legenden von höheren Wesen, die auftauchen und verschwinden konnten, die Hinweise auf ein unterirdisches Leben. In der Tiefe meiner Seele erkannte ich, dass Roerich genial ist. Darum glaubte ich auch, was er schrieb. Ich spürte, er hatte irgendein anderes Wissen, in dessen Rahmen seine allegorischen und gewundenen Sätze verständlich wurden. Ich fühlte, dass er über das größte Geheimnis der Menschheit schrieb, das aufzudecken wir nicht in der Lage sind, das wir bestenfalls ein wenig lüften können, um uns den geistig-seelischen Gedanken zu nähern, auf denen sich die Welt gründet.

Erst während unserer Expedition nach Indien, Nepal und Tibet, als wir uns in die Psychologie der Lamas, Gurus und *Svâmin* hineinversetzen mussten, begriffen wir, dass jenes Wissen, über das sie verfügen, der Schlüssel zum Verständnis Roerichs und vieler rätselhafter Momente wie des Shambhala war. Viele der komplizierten Sätze Roerichs wurden uns auf einmal verständlich. Die Erklärung etwa, dass man nur mit einer reinen Seele (das hieß ohne negative psychische Energie) den *Samâdhi*-Zustand erreichen konnte, war eine grundlegende Erkenntnis für vieles – für das ewige Leben, die Existenz eines Sicherheitssystems des Lebens auf der Erde und anderes mehr. Wir begannen zu begreifen, dass in der uns fast unbekannten Welt der psychischen

Energie eigene Gesetze und Prinzipien herrschten, von denen zu uns gewöhnlichen Menschen nur ein Wispern vordrang, und dass man, wenn man sie kannte, viele Rätsel und sogar das des Shambhala einigermaßen verstehen konnte.

Nach unserer Expedition beschäftigte ich mich aus meiner veränderten Sichtweise heraus erneut mit etlichen Werken dieser Art und war verblüfft, dass das Geheimnis des Shambhala schon früher so intensiv erforscht worden war. Diese Forschungen waren indirekt sogar einer der Gründe für die größte Tragödie der Menschheit, den Zweiten Weltkrieg!

Hitler und das Shambhala

In der Literatur findet man mehrere Hinweise darauf, dass die altertümliche Mystik des Ostens großen Einfluss auf Hitlers Psyche hatte. Einige Historiker, darunter Louis Pauwels und Jacques Bergier (Frankreich),[22] wiesen darauf hin, dass sich in Deutschland nach dem Ersten Weltkrieg aufgrund alter Legenden über frühere Zivilisationen im Land Shambhala entsprechende Strömungen und Gesellschaften verbreiteten.

Der ehemalige Vorsitzende des Danziger Landbundes und spätere Präsident des Danziger Senats Hermann Rauschning schrieb: »Im Grunde steht jeder Deutsche mit einem Bein in Atlantis. Dort sucht er das beste Schicksal und das beste Erbe.«

Vermutlich im Jahre 1921 wurde in Berlin die Vril-Gesellschaft gegründet, als Nachfolgeorganisation des zwei Jahre zuvor von Karl Haushofer gegründeten Ordens »Brüder des Lichts«. Man nahm an, dass Vril eine Art grandiose Energie war, die das Universum erfüllte, ein Maß der Göttlichkeit des Menschen. Wer über Vril verfügte, der würde zum Beherrscher seines Körpers werden, zum Beherrscher anderer Menschen und der ganzen Welt. Die Mitglieder dieser Gesellschaft glaubten, dass die Übermenschen, die Giganten, die heute in tiefen Höhlen verborgen sind, unter goldenen Hüllen in ihren Himâlaya-Verstecken schliefen. Diese Übermenschen würden bald erscheinen, um die Menschheit zu führen.

22 In Deutschland waren sie während der 1960er und 1970er Jahre bekannt für drei Buchbestseller: *Aufbruch ins dritte Jahrtausend*, *Planet der unmöglichen Möglichkeiten* und *Die Entdeckung des ewigen Menschen*. In einem spannenden und populären Schreibstil, den sie selbst als »fantastischen Realismus« bezeichneten, behandelten sie bis dahin noch wenig bekannte Themen, die von der Parapsychologie über Geheimgesellschaften bis zur Prä-Astronautik reichten.

Die Welt würde sich verändern, sobald sie aus der Erde hervorkämen. Wenn man nicht darauf vorbereitet war und sich nicht mit ihnen verbündete – und dazu musste man sich mit ihnen messen können – , würden alle, gemeinsam mit den gewöhnlichen Menschen, zu Sklaven, zu dem Dünger, auf dem die »Neue Zeit« erblühen würde.

Die Vril-Gesellschaft übte großen Einfluss auf die Entwicklung von Hitlers Weltanschauung aus. Einen noch größeren Einfluss hatte jedoch der österreichische Ingenieur Hanns Hörbiger (1860-1931) mit seiner Theorie der glazialen Kosmologie.

Hörbiger zufolge gingen unserer Zeit Menschen-Götter, Menschen-Giganten voran, ihrem Ausmaß und ihrer Macht nach märchenhafte Zivilisationen, und das über Jahrtausende, wenn nicht gar Jahrmillionen. Diese Giganten hatten Sklaven. Die Zivilisation der Giganten ging durch eine Flut unter. Irgendwann würden auch die Menschen unserer Zeit, nachdem sie kolossale Katastrophen und Mutationen hinter sich gebracht hätten, so mächtig wie ihre Vorfahren sein, erklärte Hörbiger. Alles im Kosmos sei dem zyklischen Gesetz unterworfen, es gebe eine Periodizität von Erlösung und Bestrafung des menschlichen Geschlechts ... Hörbiger nahm an, dass man, um die Menschheit zu retten, die Macht den stärksten und abgehärtetsten Menschen übergeben müsse, und das war seiner Meinung nach die »arische« Rasse, deren nordische Vorfahren in Schnee und Eis stark geworden seien.

Hitler hatte, bevor er an die Macht kam, oft Kontakt mit einem tibetischen Lama, der in Berlin lebte. Diesen Lama nannte man den »Menschen mit den grünen Handschuhen«. Die Eingeweihten nannten ihn den »Schlüsselbewahrer des Königsreichs Agartha«.

Mit dem märchenhaften Königreich Agartha ist die mächtige geistige Organisation »Thule-Gesellschaft« verbunden, die Rudolf von Sebottendorf im Jahre 1918 gründete. Zwei ihrer wichtigsten Mitglieder, der Publizist Dietrich Eckart und der besagte Karl Haushofer, übten einen prägenden Einfluss auf Hitlers Psyche aus. Die Thule-Gesellschaft stützte sich auf eine alte Legende, derzufolge vor dreißig bis vierzig Jahrhunderten in der Wüste Gobi eine Hochzivilisation in voller Blüte stand. Während der Gobi-Katastrophe kamen nicht alle Menschen dieser Hochzivilisation um. Die Überlebenden begaben sich in Himâlaya-Höhlen und teilten sich in zwei Gruppen auf. Die einen nannten ihr Zentrum Agartha (versteckter Ort des Guten), gaben sich der Besinnlichkeit hin und mischten sich nicht in irdische Belange ein. Die anderen gründeten das Land Shambhala (das Zentrum der Macht und der Gewalt, das die Völker und Naturgewalten führte). Es wurde zur Schatzkammer unbekannter Kräfte, zugänglich nur für jene, die in das Geheimnis eingeweiht waren.

Ein anderer Teil der Überlebenden jener Hochzivilisation der Gobi zog in den Norden Europas und den Kaukasus. Diese Emigranten aus der Gobi seien die Wurzel der »arischen« Rasse. Deshalb könne gerade die »arische« Rasse ein Bündnis mit Agartha und Shambhala schließen und diese mächtigen altertümlichen Kräfte beherrschen. Dazu müsse man aber erst Osteuropa, den Kaukasus, den Pamir, Tibet und die Wüste Gobi erobern. Besonders Tibet und Gobi seien Gebiete von herausragender Bedeutung. Wer sie beherrsche, werde den ganzen Planeten beherrschen und zum Herrscher über die Kraft des Shambhala.

Auf Befehl Hitlers wurde 1935 in Deutschland die »Forschungsgemeinschaft Deutsches Ahnenerbe« gegründet, bei der archäologische, anthropologische und geschichtliche Forschungen und Expeditionen im Vordergrund standen. Sie organisierte auch eine Expedition nach Tibet, um das Shambhala und Agartha zu suchen.

Aus all diesen Ideen und seinen Vorstellungen formulierte Hitler die Theorie eines magischen Sozialismus. Demnach erreichten die Menschen alle 700 Jahre ein neues Niveau, wobei sie sich verwandelten. Die Verwandlung ginge im Kampf vor sich, und das Vorzeichen dieses Kampfes sei das Erscheinen der Söhne Gottes. Wenn die Zauberer-Giganten erschienen, würden tiefgreifende Mutationen zu einer neuen progressiven Rasse führen. Diese Rasse müsse die Kraft des Shambhala kennen.

Hieraus zog Hitler den schrecklichen Schluss: Es gebe nur eine wahre Rasse (die »arische«), die berufen sei, den folgenden Zyklus zu erkennen. Ein Teil dieser Rasse sei zum Heldentum berufen unter Führung der »höchsten Unbekannten«. Alle anderen Menschen – die niederen Rassen – seien von der »arischen« Rasse weiter entfernt als Tiere. Deshalb sei die Ausrottung einzelner Rassen (Zigeuner, Juden, Farbiger) absolut legitim.

Nach der Niederlage der Hitlerschen Streitkräfte an der Wolga schrieb Propagandaminister Joseph Goebbels, dass allein die Idee, allein das Verstehen des Universums diese Niederlage erträglich mache. Seit 1943 setzte Hitler den sinnlosen selbstmörderischen Krieg fort. Warum? Die Naziführer warteten auf die von Hörbiger vorausgesagte Flut. Hitler wartete auf das Gottesgericht, wartete auf das Erscheinen der höheren Mächte. Sie sollten vollbringen, was mit menschlicher Kraft nicht zu vollbringen gelang.

Auf einem internationalen Kongress sah ich einen amerikanischen Videofilm mit Belegen für die Entwicklung von Flugapparaten in der Hitlerzeit, die Fliegenden Untertassen glichen. Zwei Kontaktlerinnen (eine Jugoslawin und eine Deutsche) übergaben Hitler Zeichnungen und Beschreibungen des Arbeitsprinzips von Flugapparaten der Menschen früherer Zivilisationen. Aus dem Film ging hervor, dass es Hitlers Wissenschaftlern gelungen war, diese Flugapparate tatsächlich zu bauen, und dass sie auch fliegen konnten. Um die Sache aber zu Ende zu führen, reichte die Zeit nicht – der Krieg war verloren.

Aus den magischen Vorstellungen Hitlers lassen sich zwei Schlussfolgerungen ziehen:

Erstens, Hitlers Anhänger dachten nicht über das einfache philosophische Postulat nach, dass das Gute erschafft, das Böse aber zerstört. Schon zu Zeiten früherer Zivilisationen wurde für den Fall globaler Katastrophen der Genpool der Menschheit geschaffen, das Shambhala und Agartha. Dabei ging es ausschließlich um gute Absichten – die Menschheit zu erhalten und ihre Entwicklung auf den Fortschritt auszurichten. In der gesamten Religion und Literatur gibt es keinen einzigen Hinweis darauf, dass Menschen, die aus dem Genpool kamen, schlechte Absichten hatten. Alle, seien es der Bonpo-Buddha (Rama), Gauthama Buddha oder Jesus, wirkten mittels Überzeugung und Unterweisung, nicht mittels Gewalt. Die Kraft des Shambhala wird sich dem Bösen folglich nicht erschließen, denn sie ist nur für das Gute bestimmt. Und es gibt keine Kraft auf dieser Welt, die die Kräfte des Shambhala beherrschen könnte, weil das Shambhala stärker ist als wir. Und Gott wird nie ein Verbündeter des Bösen sein, weil Gott die Verkörperung des Guten ist.

Zweitens, der Fall Hitler (im Grunde genommen auch der Stalins) spricht von der Gefahr der Machtergreifung durch Menschen schizoiden Typs. Diese »Opfer der Evolution« weisen Größenwahn auf und eine Neigung zu geheimnisvollen Erscheinungen der Natur. Sie können nicht logisch denken, sind nicht befähigt zu einer detaillierten Analyse einzelner Fakten, sondern geneigt, irgendeinen besonders geheimnisvollen und mystischen Fakt überzubewerten. Schizoide an der Macht sind gefährlich. Ein Schizoider, dem Macht zuteil wurde, ist in der Lage, sich mit ebensolchen Schizoiden zu umgeben, die die Gesellschaft auf einen unnormalen Entwicklungsweg führen. Und dies führt in jedem Falle zu einem unglücklichen Ende.

Auch bei der Erforschung des Shambhala muss man Menschen mit schizoider Psyche, die von dem großen Geheimnis der Natur wie von einem Magneten angezogen werden, fürchten.

Hypothese über das Shambhala und Agartha

Meiner Meinung nach liegen der Existenz des Shambhala und Agarthas zwei Naturphänomene zu Grunde:

- Materialisierung und Dematerialisierung sowie
- der Genpool der Menschheit.

Die Materialisierung von Ideen und die Dematerialisierung von Materie erscheinen auf den ersten Blick märchenhaft und fantastisch. Und wirklich, kann man denn an ein »Tischlein deck dich!« glauben, auf dem, kaum dass man daran gedacht hat, verschiedene Dinge erscheinen? Kann man glauben, dass Sai Baba einen Ring, Mehl, Reis und andere Gegenstände materialisierte, die nur dadurch Gestalt annahmen, dass er an sie dachte?

Entfernen wir uns einmal von der landläufigen Vorstellung, dass nur Gaukler »Wunder« vollbringen. Betrachten wir es von einem philosophischen Standpunkt aus. Ich glaube, dass inzwischen wohl niemand mehr ernsthaft die Existenz einer feinstofflichen Welt neben der physischen bestreitet, und zwischen zwei Welten, die parallel existieren, muss es Übergänge geben. Es gibt ja auch Übergänge von Wellenenergie in Materie und umgekehrt. Sie sind sogar aus der Schulphysik bekannt: 2 Gamma = 1 Elektron.

Die feinstoffliche Welt, das heißt die Welt der psychischen Energie (die Welt der extrem hohen Frequenzen), und die physische Welt *müssen* untereinander Wechselbeziehungen vom Typ des Übergangs der Wellenenergie in Materie und umgekehrt aufweisen. Mit anderen Worten: Dass Gedanken sich materialisieren und Materie sich dematerialisiert, daran kann eigentlich kein Zweifel mehr bestehen. Moderne Physiker unterstreichen ständig, dass Gedanken materiell sind, und das ist offensichtlich wahr.

Daraus folgt schon rein logisch, dass die aus dem frühen Altertum überlieferten Legenden und Märchen offenbar eine reale Grundlage haben und keinesfalls Produkte einer überbordenden Fantasie oder Einflüsterungen früherer Leben sind.

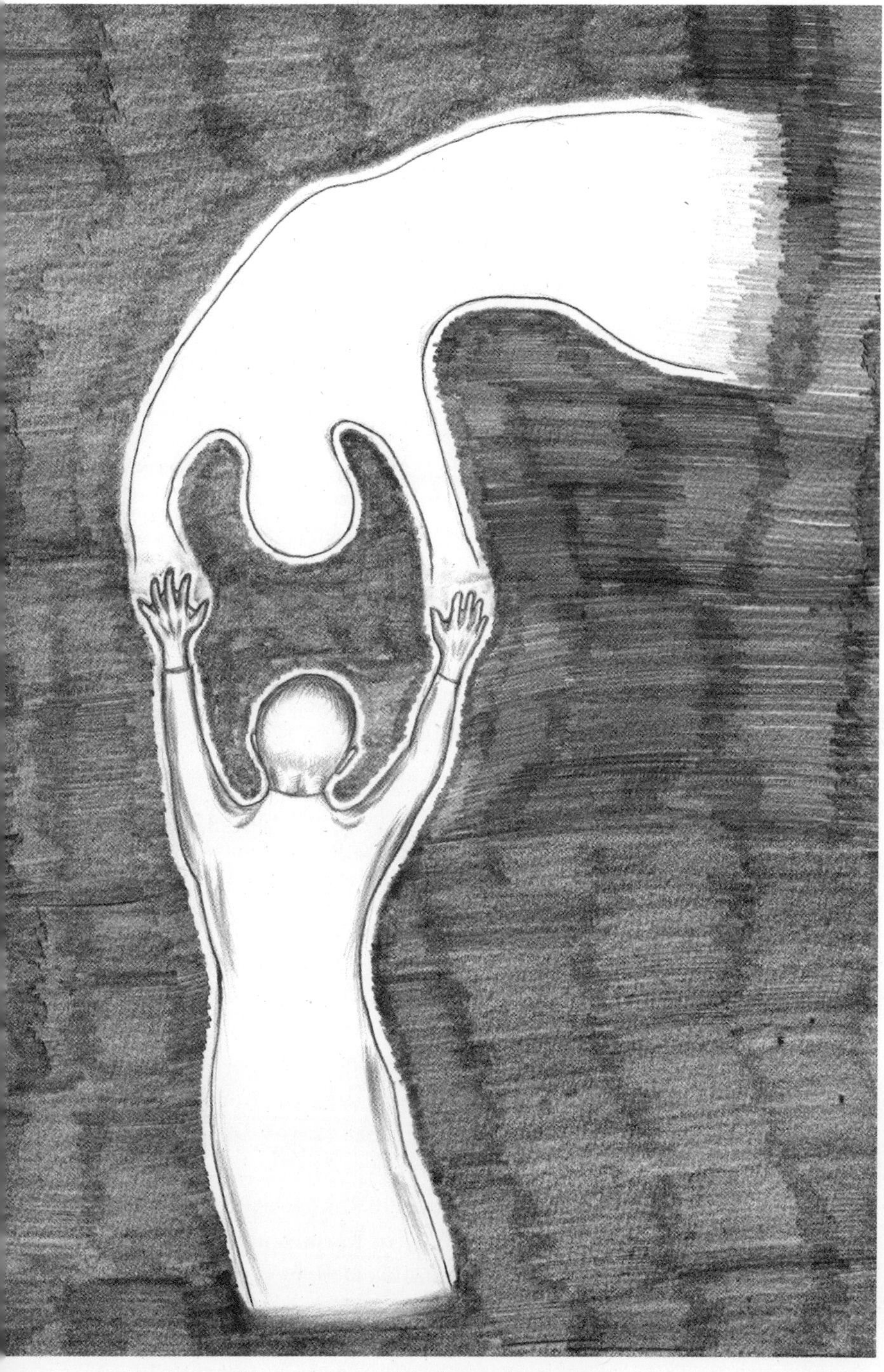

Materialisierung (Zeichnung des Autors)

Außerdem wird in praktisch allen östlichen Werken, die den Yogi und der Meditation gewidmet sind, darauf hingewiesen, dass die höchste Form der Meditation das Erreichen eines solchen Niveaus geistiger Entwicklung ist, dass der Mensch in der Lage ist, sich zu dematerialisieren und wieder zu materialisieren. Unter den gegenwärtigen Yogi ist diese Fähigkeit nicht sehr verbreitet. Offensichtlich gab es sie aber früher.

In der Literatur des Ostens finden sich viele Hinweise darauf, dass einige der früheren Menschen ihren Ort im Raum unvermittelt wechseln konnten, ohne sich dabei zu bewegen. Ist das reine Fantasie? Oder dematerialisierte sich der meditierende Mensch nicht vielmehr und materialisierte an der Stelle wieder, an die er dachte?

Roerich bemerkte zu Legenden über das Shambhala, dass man im Bereich des Eingangs Menschen sehen kann, die, der Himmel weiß woher, plötzlich auf unzugänglichen Felsen erscheinen und genauso rätselhaft wieder von dort verschwinden. Auch in diesem Fall kann es sich um die Fähigkeit zur Dematerialisierung und Materialisierung handeln.

Unserer Vermutung nach ist neben dem Phänomen der Dematerialisierung und Materialisierung der Genpool der Menschheit ein weiteres Naturphänomen, das der Existenz des Shambhala und Agarthas zugrunde liegt. Betrachten wir einmal die Wechselbeziehung dieser beiden Phänomene im Lichte der Hypothese über das Shambhala und Agartha.

Wenn man die Existenz des Phänomens der Dematerialisierung und Materialisierung voraussetzt, wird die Notwendigkeit der Existenz des Genpools der Menschheit strittig. Wozu den menschlichen Körper für Tausende und Millionen von Jahren im *Samâdhi*-Zustand bewahren, wenn man ihn aus der feinstofflichen Welt materialisieren kann?

Doch die religiöse Konzeption der Schaffung des menschlichen Körpers durch Verdichtung des Geistes spricht davon, dass die Materialisierung des Geistes außerordentlich komplex und eine gewaltige evolutionäre Leistung der Natur war. Nach der Schaffung des physischen Körpers mit allen Wirkmechanismen des Genapparats für die Reproduktion des Menschen (die Geburt eines Kindes) haben sich offenbar in den Informationsfeldern des Jenseits hinreichend viele Informationen über den Aufbau des menschlichen Körpers angesammelt. Auf diese Weise entstand so etwas wie ein Informationscode des menschlichen Organismus, der es möglich machte, den menschlichen Körper aus der physischen Welt in die feinstoffliche zu überführen und umgekehrt – zu dematerialisieren und zu materialisieren.

Dematerialisierung (Zeichnung des Autors)

Wir kennen die Funktionsprinzipien des Jenseits (des Allgemeinen Informationsraumes) nicht, aber es erscheint logisch, dass die ihrem Informationsgehalt nach erstaunlichen Torsionsfelder des Jenseits den Informationscode des physischen menschlichen Körpers (die Informationen über den Aufbau jeder Zelle, jedes Moleküls) dort schwerlich sehr lange im Urzustand bewahren können. Deshalb kann die Bewahrung des Informationscodes nicht unendlich lange andauern, und hin und wieder findet eine Materialisierung des menschlichen Körpers statt, um den Informationscode im Jenseits zu korrigieren.

Dadurch erklärt sich auch die Notwendigkeit einer Existenz des Genpools der Menschheit in der physischen Welt. *Er allein vermag sogar unter den Bedingungen einer globalen Katastrophe und des Untergangs aller Menschen der Erde die physische Grundlage des Informationscodes des Menschen zu bewahren.* Der Genpool der Menschheit mit seinen Vertretern verschiedener Zivilisationen im *Samâdhi*-Zustand ist somit eine wesentliche Grundlage für die Ko-Existenz beider Lebensformen – der in der feinstofflichen und der in der physischen Welt. Die Menschen im *Samâdhi*-Zustand sind direkt mit dem Jenseits verbunden (auf sie erstreckt sich die Wirkung des Prinzips *So'Ham* nicht), und deshalb fällt es ihnen möglicherweise leichter als gewöhnlichen Menschen, denen das Prinzip *So'Ham* anhaftet, ihren physischen Körper zu dematerialisieren und zu materialisieren. Der Genpool der Menschheit vereint in sich die geistig fortgeschrittensten Menschen aller Zivilisationen, woraus auch ihre Fähigkeit zur Dematerialisierung und Materialisierung resultiert.

Die Dematerialisierung der Physis des Menschen führt, wie schon erwähnt, zu einer gewaltigen informellen Überanstrengung des Geistes (der gemeinsam mit dem physischen Körper auf der Erde lebt). Es ist, als würde der Geist des Menschen mit zusätzlichen Informationen über alle Strukturen des physischen Körpers angefüllt. Deshalb ist die Dematerialisierung schwerlich ohne die Zuschaltung anderer, darunter auch höherer Strukturen des Jenseits realisierbar. Die Dematerialisierung und Materialisierung des menschlichen Körpers dürfte folglich wohl wesentlich stärker vom höchsten Verstand kontrolliert werden, als dies beim gewöhnlichen Eintreten des Geistes in den physischen Körper des Kindes bei seiner Geburt der Fall ist.[23]

23 Die Wechselbeziehung der feinstofflichen und der physischen (körperlichen) Welt in der Anthropogenesis, also in der Entwicklung des Menschen, wird durch den höchsten Verstand vorgegeben: In den physischen Körper des Kindes – schreibt Muldashev – fliegt der Geist.

Aber wozu ist die Dematerialisierung und Materialisierung des menschlichen Körpers überhaupt notwendig? Der Mensch im *Samâdhi*-Zustand ist durch seine Seele schließlich auch so mit dem Jenseits und dem höchsten Verstand verbunden. Die Antwort auf diese Frage ist im Grunde naheliegend: Die Dematerialisierung und Materialisierung ist für das *unterirdische Leben auf der Erde* notwendig.

Wie sagte doch der tibetische Lama? »Stein ist für sie kein Hindernis!« Anfangs nahm ich an, dass dieser Ausspruch sich auf die Fähigkeit der Menschen früherer Zivilisationen bezieht, durch gerichtete psychische Energie auf die Schwerkraft einwirken zu können. Dann festigte sich in mir aber die Überzeugung, dass dieser Satz sich eher auf die Dematerialisierung und Materialisierung bezieht, für die Stein, Erdreich oder Felsen kein Hindernis sind, erschaffen von der Natur für ein unterirdisches Leben auf der Erde.

Nur, was soll das eigentlich sein, unterirdisches Leben? Nach unseren Untersuchungen handelt es sich dabei vor allem um den Genpool der Menschheit. Aller Wahrscheinlichkeit nach gibt es unter der Erde unzählige Höhlen und Räume, die keine Verbindung zur Erdoberfläche haben. Viele Eingänge zu Höhlen wurden mit den Jahren vermutlich durch Erdrutsche und dergleichen verschüttet. Die Höhlentempel unter den Pyramiden haben (nach Blavatsky) aber überhaupt keine Ausgänge zur Erdoberfläche. Wie gelangten die früheren Menschen an die Oberfläche? Durch Dematerialisierung und anschließende Materialisierung des menschlichen Körpers. Sie scheinen einfach irgendwo aufzutauchen.

Offensichtlich umfasst der Genpool der Menschheit nicht nur Vertreter verschiedener Zivilisationen im *Samâdhi*-Zustand, die sich in Höhlen mit einem Ausgang zur Erdoberfläche befinden, sondern noch weitere, die sich in ausganglosen Höhlen befinden!

Vermutlich wird die Fähigkeit zur Dematerialisierung und Materialisierung des menschlichen Körpers auch im Falle einer geologischen Katastrophe, beispielsweise einer Verschiebung der Kontinentalplatten, genutzt, um die Menschen im *Samâdhi*-Zustand notfalls in eine andere, nicht gefährdete Höhle zu bringen.

Außerdem ermöglicht es diese Fähigkeit anscheinend, beschädigte Körperabschnitte der Menschen im *Samâdhi*-Zustand zu »reparieren« und so ein hohes Niveau ihrer Erhaltung zu gewährleisten.

Man findet in der Literatur immer wieder Angaben über die Existenz einer unterirdischen technogenen menschlichen Zivilisation. Auch bei unseren Gesprächen mit den Lamas und *Svâmin* kam dieses Thema regelmäßig auf. Das erschien mir anfangs besonders märchenhaft. Nach Erfahrungen und Erkenntnissen, die durchaus für eine solche Möglichkeit sprachen, begann ich mich jedoch ernsthafter damit zu beschäftigen. Und ich kann mir bisher keine bessere Methode vorstellen, unter die Erde und wieder zurück zu gelangen, als die Dematerialisierung des menschlichen Körpers. Das lässt auch den Bericht Roerichs über Menschen glaubhaft erscheinen, die auf unzugänglichen Felsen erschienen und, keiner weiß wie, von dort wieder verschwanden. Selbst die Aussagen des Eingeweihten Vissarion[24] sowie von Lamas, Gurus, *Svâmin und* Yogis, dass unter der Erde eine technogene Zivilisation existiere, welche altes Wissen bewahrt und Apparate und Maschinen besitzt, die nach anderen wissenschaftlichen Prinzipien geschaffen wurden, ergeben dann einen Sinn.

Aber möglicherweise sind meine Ausführungen über die Dematerialisierung und Materialisierung des menschlichen Körpers für manche Leser ein wenig weitschweifig und verwirrend. Viele von Ihnen warten sicher schon voller Ungeduld auf eine Antwort auf die ursprüngliche Frage, was es denn nun mit Shambhala und Agartha auf sich hat. Diese Antwort will ich Ihnen gerne geben. Sie beruht auf zwei Varianten der Wechselbeziehung zwischen der feinstofflichen und der physischen Welt.

Erste Variante: Der Geist, Informationsbündel der psychischen Energie, tritt in das Kind ein, das nach den Prinzipien der Regeneration des menschlichen Körpers in der physischen Welt (Stichwort Genapparat) geboren wurde, und lebt gemeinsam mit dem physischen Körper. Nach dem Tod wechselt er dann wieder in die feinstoffliche Welt und kehrt wiederholt in einen neuen physischen Körper zurück.

Zweite Variante: Ein starker Geist, der sich in der feinstofflichen Welt befindet, hält lange Zeit, für Hunderte, Tausende oder Millionen von Jahren, die Verbindung zum physischen Körper aufrecht, der sich im *Samâdhi*-Zustand des ersten oder zweiten Typs befindet, also in einem steinern-unbeweglichen Körper oder einem aktiven Adepten. In diesem Fall kann der Geist den steinern-unbeweglichen Körper in einen funktional aktiven überführen und umgekehrt. Ebenso kann er die Dematerialisierung des physischen Körpers und seine Materialisierung veranlassen.

---

[24] Sergej Anatoljevitch Torop, geboren 1961, besser bekannt als Vissarion, wird seit seinem Erweckungserlebnis 1991 von seinen Anhängern als Wiederkunft Jesu betrachtet. Er gründete in der sibirischen Taiga die »Kirche des Letzten Testaments«. Über 4.000 Anhänger leben mittlerweile in seiner Gemeinschaft »Ökopolis Tiberkul«.

Die erste Variante der Wechselbeziehung zwischen der feinstofflichen und physischen Welt ist für das normale Leben auf der Erde charakteristisch, das heißt für den einfachen Sterblichen. Die zweite Variante ist, so scheint es uns zumindest, für das unterirdische Leben auf der Erde (und möglicherweise auch für das Unterwasserleben) charakteristisch, wobei faktisch die Unsterblichkeit des Menschen erreicht wird. Nach dieser Variante lebt man unserer Meinung im Shambhala und in Agartha.

Demnach sind das Shambhala und Agartha Systeme eines parallelen Lebens auf der Erde, das vorrangig unterirdisch (unter Wasser?) angesiedelt ist. Es wird charakterisiert durch die faktische Unsterblichkeit seiner Menschen (ob nun steinern-unbewegliche oder Adepten), ihrer Fähigkeit zur Dematerialisierung und Materialisierung sowie den Übergang vom funktional passiven Zustand ihres Körpers zu einem funktional aktiven und umgekehrt.

Aber was für Menschen bevölkern denn nun das Shambhala und Agartha? Vergleichen wir dazu die zweite Variante des Lebens auf der Erde mit den Beschreibungen des Lebens der Menschen früherer Zivilisationen – den Lemurern und Atlantern. Aus dieser Gegenüberstellung wird ersichtlich, dass die Prinzipien des früheren Lebens – der Atlanter und besonders der späten Lemurer (Lemuro-Atlanter) – in vielem der zweiten Variante des Lebens auf der Erde ähneln: Sie hatten ebenfalls einen direkten Zugang zum Allgemeinen Informationsraum (Jenseits), heilten ihren Körper mit Hilfe innerer Energie, ihre Technologien beruhten auf der Nutzung der Energie der feinstofflichen Welt (psychische Energie) und so weiter. Hatten die Lemurer und Atlanter die Unsterblichkeit und Fähigkeit zur Dematerialisierung und Materialisierung erreicht? Eine Antwort darauf fällt nicht leicht. In der Literatur gibt es dazu nur verschwommene Hinweise. Aber einzelne Lemurer und Atlanter könnten solche Zustände durchaus erreicht haben.[25]

Vor allem springt ins Auge, dass das Leben und die Technologie der früheren Menschen darauf beruhten, dass sie einen stärkeren Geist hatten. Die zweite Variante des Lebens auf der Erde (das Shambhala und Agartha) beruht ebenfalls auf den Möglichkeiten eines starken Geistes. Diese Entsprechung lässt den Schluss zu, dass das Shambhala und Agartha von Menschen früherer Zivilisationen – Lemurern und Atlantern – bevölkert wird.

---

25 Daran ist laut Muldashev nichts Übernatürliches, denn sogar in unserer weniger entwickelten Zivilisation trifft man Adepten, und es gibt auch Informationen über die Möglichkeit der Materialisierung von Gedanken, beispielsweise bei Sai Baba.

Wer von ihnen spielt nun die Hauptrolle im Shambhala und in Agartha? Sind es die Atlanter oder die Lemurer? Meiner Ansicht nach sind es die Lemurer als Vertreter der am höchsten entwickelten Zivilisation auf der Erde. Die Zivilisation der Atlanter konnte sich nur dadurch entwickeln, dass sich ihnen die Quellen des alten Wissens der Lemurer öffneten. Außerdem kamen beim Untergang der Zivilisation der Lemurer (durch eine kosmische Katastrophe), wie aus Quellen hervorgeht, letztere nicht vollständig um. Es ist durchaus möglich, dass die am weitesten entwickelten Lemurer durch Dematerialisierung und Materialisierung des menschlichen Körpers unter die Erde gingen und sich so vor der Katastrophe retteten. Dort organisierten sie vermutlich das Shambhala und Agartha.

Bei allen Autoren gibt es Hinweise auf die Söhne der Götter, die auf der Erde erscheinen und die Entwicklung der Menschheit entscheidend lenken. Solche Informationen finden sich sowohl über unsere Zivilisation (etwa der Bonpo-Buddha) als auch über die Zivilisation der Atlanter. Vermutlich kommen die Lemurer periodisch aus dem Shambhala und Agartha, um Einfluss auf die Entwicklung der Zivilisationen an der Erdoberfläche zu nehmen.

Gehören nun Atlanter zum Bestand des Shambhala und von Agartha? Bekanntlich war ihre Zivilisation nicht so hoch entwickelt wie die der Lemurer. Nichtsdestoweniger war ihr geistiges Niveau enorm hoch und gestattete es ihnen, sich in den tiefen *Samâdhi*-Zustand zu begeben. Folglich gehören auch die Atlanter zum System des unterirdischen Lebens auf der Erde, wenn auch vorwiegend im passiven steinern-unbeweglichen *Samâdhi*-Zustand. Die Atlanter sind unserer Meinung nach in geringerem Grade zur Dematerialisierung und Materialisierung des menschlichen Körpers fähig, und ihr Zustand (passiver *Samâdhi*, aktiver *Samâdhi*, Dematerialisierung) wird in vieler Hinsicht von den Lemurern kontrolliert. Deshalb erinnerten sich die Lamas und besonderen Menschen auch wiederholt an einen rätselhaften »Ihn«, der Zugang zu den *Samâdhi*-Höhlen gewährt und alles entscheidet, was im Zusammenhang mit den unterirdischen Schatzkammern des Genpools der Menschheit steht. Möglich, dass dieser rätselhafte »Er« ein Lemurer des Shambhala oder aus Agartha ist, dazu berufen, den entsprechenden Teil des Genpools der Menschheit zu kontrollieren.

Gehören auch Menschen unserer Zivilisation zum Bestand des Shambhala und von Agartha? Sicher, aber nur im steinern-unbeweglichen Zustand und abhängig von den Lemurern. Dafür spricht, dass die

Propheten, zum Beispiel Jesus, ihre Ausbildung in Tibet angeblich im Lande Shambhala erhielten. Wahrscheinlich beziehen die Propheten, die – wie unser Forschungsteam annimmt – aus den *Samâdhi*-Höhlen kommen, zusätzliches Wissen aus der technogenen unterirdischen Zivilisation des Shambhala und Agarthas.

Unsere hypothetischen Vorstellungen vom Shambhala und von Agartha stimmen in vieler Hinsicht mit den Angaben mehrerer Menschen überein, die man zu den Eingeweihten zählen kann. So sagte der früher erwähnte russische Klostervorsteher, dass zum Shambhala und zu Agartha Menschen verschiedener Zivilisationen gehören, die in einer einheitlichen unterirdischen Welt vereint sind. Das Shambhala und Agartha werden von Lemurern geführt, deren Entwicklungsniveau das der Atlanter und von Vertretern unserer Zivilisation bei Weitem übersteigt. Die Atlanter sind Kinder im Vergleich mit den Lemurern, und die Menschen unserer Zivilisation sind Kinder im Vergleich mit den Atlantern.

Die Lemurer beherrschen die Energie der feinstofflichen Welt nahezu perfekt. Zu ihrer Zeit, vor einigen Millionen Jahren, erreichten sie ein so hohes Entwicklungsniveau, dass sie ihre Zivilisation während einer schrecklichen weltweiten Katastrophe retten konnten, indem sie sich unter die Erde begaben, wo sie bis heute leben. Sie verfügen auch heute noch unter der Erde über unglaubliche Apparate und Mechanismen, deren technogenes Niveau ausgesprochen hoch ist. Die Lemurer bilden die Grundlage des Genpools der Menschheit und beschützen ihn, und vor sehr langer Zeit teilten sich die Lemurer unter der Erde in zwei Länder auf – das Shambhala und Agartha. Agartha ist das Land mit mehr Güte.

Marat Fathlislamov, der über herausragende Kenntnisse auf dem Gebiet der okkulten Wissenschaften verfügt, sagt, dass der höchste Verstand in den letzten 30.000 Jahren die Anweisung zum Übergang der Lemurer aus dem Genpool der Menschheit in die Länder Shambhala und Agartha gab. Dort, unter der Erde, befinden sie sich jetzt im physischen oder feinstofflichen Zustand. Die Lemurer arbeiten unterirdisch, haben ihre eigene Technologie, zum Beispiel Fliegende Untertassen. Ein Teil der Lemurer befindet sich im *Samâdhi*-Zustand im Genpool der Menschheit. Die Atlanter befinden sich die ganze Zeit dort; sie warten auf die Stunde »X«, wenn das zweite Goldene Zeitalter anbricht – das Zeitalter der Wahrheit, in dem den Menschen das alte Wissen eröffnet wird. Im Zeitalter der Wahrheit werden die Atlanter öfter aus dem *Samâdhi*-Zustand kommen, an der Erdoberfläche erscheinen und den

Menschen unserer Zivilisation andere Lebensprinzipien vermitteln. Auch Menschen unserer Zivilisation befinden sich im *Samâdhi*-Zustand im Genpool der Menschheit.

Welche Technologien beherrschen die Lemurer des Shambhala und Agarthas? Sie dürften auf einem anderen energetischen Prinzip beruhen, das für uns heute noch unverständlich ist, denn das Shambhala und Agartha nutzen vor allem die Energie der feinstofflichen Welt. Eine Erscheinungsform der Technologie des Shambhala und Agarthas sind unserer Meinung nach die uns allen bekannten Unidentifizierten Flugobjekte oder UFOs.

Die Existenz von UFOs zu leugnen fällt schwer, es gibt zu viele Informationen darüber. Es sind geräuschlos schwebende Flugobjekte, die eine unwahrscheinlich hohe Geschwindigkeit entwickeln. Sie können jäh die Flugrichtung ändern, auf der Erde landen, unter Wasser manövrieren, unerwartet verschwinden und erneut auftauchen. Unzählige UFO-Arten wurden bereits gesichtet, von Schiffen gewaltigen Ausmaßes bis zu kleinen UFOs. Menschen haben menschenähnliche Wesen von gewaltigem Wuchs und kleine Zwerge getroffen.

Vergleichen wir die Beschreibung der früheren Flugapparate der Lemurer und Atlanter (*Vimânas*) mit der von UFOs. Nach literarischen Quellen hatten die *Vimânas* der früheren Lemurer und Atlanter ebenfalls die Form Fliegender Untertassen. Auch sie konnten über der Erde und dem Wasser schweben, jäh die Flugrichtung ändern und anderes mehr. Zwischen den heutigen UFOs und den *Vimânas* des Altertums gibt es also große Ähnlichkeiten. Daraus kann man den hypothetischen Schluss ziehen, dass die UFOs im Shambhala und in Agartha nach der alten Technologie der Lemurer geschaffen wurden und noch geschaffen werden. Die technogene Zivilisation der Lemurer des Shambhala und Agarthas hat offensichtlich die alten Technologien für den Bau von Flugapparaten nicht verloren.

Aber warum konnte noch kein Mensch unserer Zeit je ein lemurisches UFOs detailliert untersuchen? Warum verschwinden die UFOs jedes Mal im letzten Moment auf rätselhafte Weise? Offenbar können auch sie dematerialisiert und materialisiert werden. Andernfalls wäre das unerwartete Verschwinden der UFOs schwer zu erklären. Und anscheinend wurde noch nie ein lemurischs UFO gefunden. Ihr Bau und ihre Stationierung dürften wohl unterirdisch im Shambhala und in Agartha realisiert werden, der Austritt an die Erdoberfläche und das Abtauchen unter die Erde durch Dematerialisierung erfolgen.

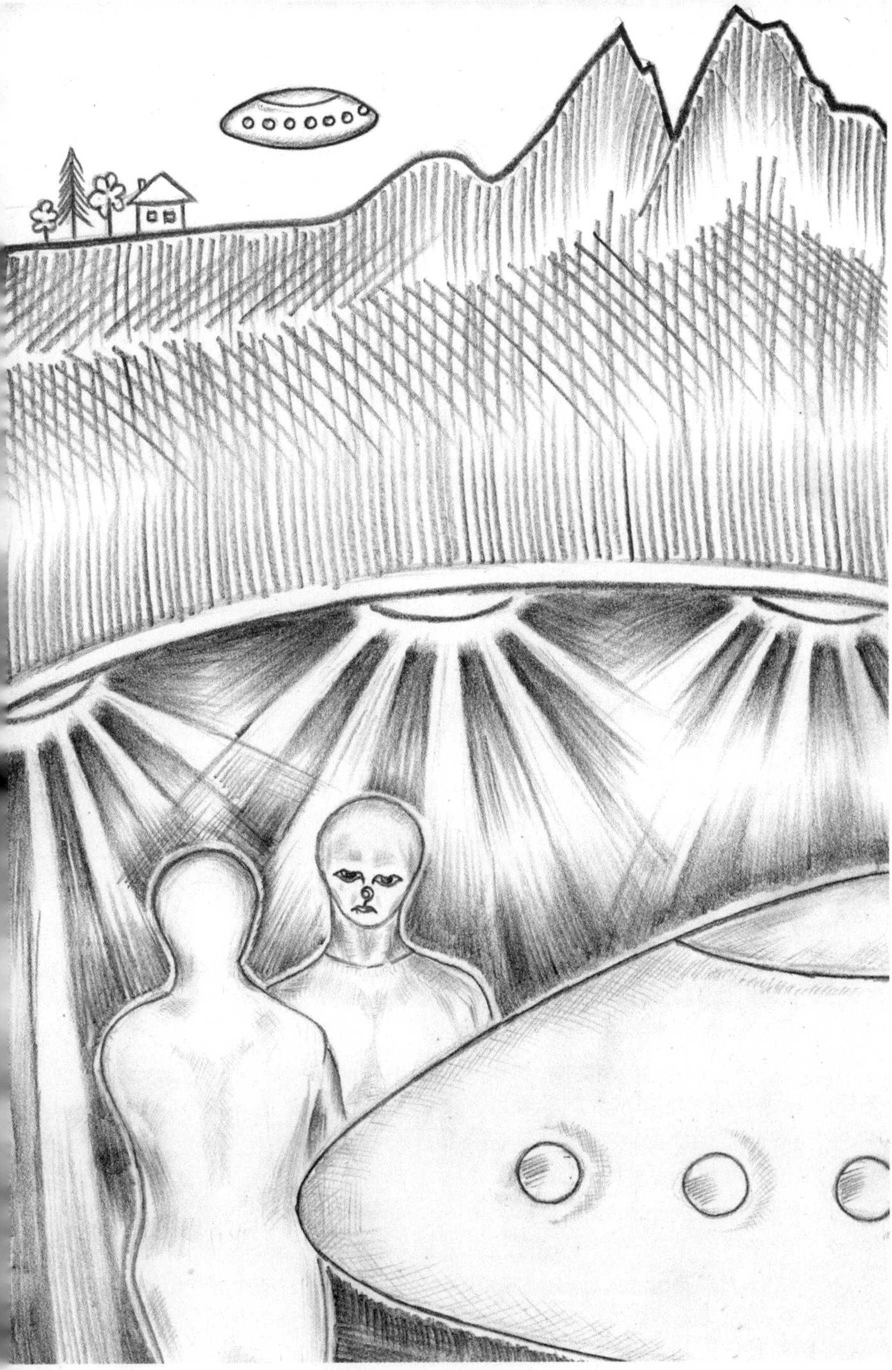

Das Shambhala (Zeichnung des Autors)

Üblicherweise hält man UFOs für Flugapparate von Außerirdischen. Doch da sind wir uns gar nicht so sicher. Unserer Überzeugung nach könnte es sich dabei ebensogut um technologische Errungenschaften des Shambhala und Agarthas handeln.

Die Hypothese über die Existenz der unterirdischen technogenen Zivilisation der Lemurer wirft verständlicherweise die Frage auf, wie sich die Lemurer ernähren, da es ja schwierig ist, unterirdisch Lebensmittel zu produzieren. Von unserem gegenwärtigen Niveau aus ist das eigentlich unvorstellbar. Allerdings können wir vermuten, dass die Lemurer gelernt haben, Nahrung durch die Materialisierung von Gedanken zu gewinnen. Erinnert sei an die ungewöhnlichen Nachrichten über die Materialisierung von Reis und anderen Lebensmitteln in Swami Maheshwaranands Buch *Sai Baba and Nara Narayana Gufa Ashram*, in dem er unter anderem das Leben der Eremiten im Ashram Gufa beschreibt.[26]

Auch von einem Eingang ins Shambhala war schon zu hören. Marat Fathlislamov meint, dass dieser sich irgendwo im indischen Himâlaja befinde und durch eine Barriere in Form einer leuchtenden Kugel geschützt sei. Vissarion schreibt, dass im Eingangsbereich zum Shambhala (im Himâlaja) die mächtige Quelle einer unbekannten Energie wirke.

Es erscheint uns durchaus möglich, dass ein solcher Eingang zum Shambhala existiert, aber im Grunde spielt das keine wesentliche Rolle. Die Fähigkeit zur Dematerialisierung und Materialisierung gestattet es schließlich, ohne jeden Eingang auszukommen.

In der Literatur findet man auch viel über den sogenannten Hausherrn des Shambhala. Fast alle Religionen prophezeien sein Erscheinen. In islamischen Quellen wird er Imam Mahdi genannt und ist ein Nachkomme des Propheten Mohammed, in der Bibel spricht man von der Rückkehr Christi, die Buddhisten erwarten die Ankunft des Buddhas Matreiya. Man geht allgemein davon aus, dass der Hausherr des Shambhala von immenser Größe ist und seine Ankunft auf der Erde mit dem Erscheinen des Antichristen verbunden ist, der in Europa geboren und sich »Gott« nennen wird. Der Hausherr des Shambhala wird allgemeine Liebe propagieren und sich dem Antichristen entgegenstellen.

Nun ja. Wenn der Hausherr des Shambhala auf der Erde erscheint, wird das wohl am ehesten einer der Lemurer aus dem Shambhala oder Agartha sein. Es ist auch nicht auszuschließen, dass ein Atlanter oder

[26] Siehe Fußnote 19.

Mensch unserer Zivilisation, mit einer solchen Friedensmission betraut, aus dem Genpool der Menschheit kommen wird.

Aus alledem kann man folgern: Shambhala und Agartha, das ist ein System eines parallelen unterirdischen Lebens (Unterwasserlebens?) von Menschen verschiedener Zivilisationen (Lemurern, Atlantern und Vertretern unserer Zivilisation), das auf anderen Prinzipien der Wechselbeziehung von physischer und feinstofflicher Welt beruht, vor allem auf der Fähigkeit der Dematerialisierung und Materialisierung. Im Shambhala und in Agartha sind Leben und Tod miteinander verbunden, dort halten sich Menschen verschiedener Zivilisationen gemeinsam auf, die Zeit vergeht anders. Das Shambhala und Agartha wurden im Zusammenhang mit globalen Katastrophen auf der Erde während der Zivilisation der Lemurer geschaffen, und im Weiteren spielte es im Leben auf der Erde die Rolle der Überlebenssicherung. Das Shambhala und Agartha sind sicher unter der Erde verborgen und nicht anfällig für kosmische und geologische Katastrophen. Das Leben im Shambhala und in Agartha ist um ein Vielfaches besser geschützt als das an der Erdoberfläche.

Das Shambhala und Agartha haben zwei Hauptbestandteile:

1. Den Genpool der Menschheit.
2. Die technogene unterirdische Zivilisation der Lemurer.

Dabei erfüllt die technogene Zivilisation der Lemurer die Funktion, den Genpool der Menschheit zu schützen. Mit ihrer Fähigkeit zur Dematerialisierung und Materialisierung erscheinen die Lemurer des Shambhala periodisch in verschiedenen unterirdischen Kammern des Genpools der Menschheit und kontrollieren den Zustand der Menschen im *Samâdhi*-Zustand. Sie helfen den Menschen in den Höhlen, aus dem *Samâdhi*-Zustand zurückzukehren und an die Erdoberfläche zu gelangen. Die Vertreter der technogenen Zivilisation der Lemurer besitzen genaue Informationen über die Lebensumstände auf der Erdoberfläche und unterweisen die Propheten, wie es zum Beispiel bei Jesus geschah. Die Flugapparate der unterirdischen Lemurer (UFOs) beobachten permanent das Leben auf der Erdoberfläche etwa unter technogenen, biologischen und politischen Aspekten. Dieses Wissen wird analysiert und an die Propheten auf der Erdoberfläche weitergegeben.

Es ist anzunehmen, dass der rätselhafte »Er«, der den besonderen Menschen Zugang zu den *Samâdhi*-Höhlen gewährt, ein Vertreter der technogenen Zivilisation der Lemurer ist. Die Erregung der besonderen Menschen beim Anblick unseres Bildes mit dem hypothetischen Lemurer lässt sich damit erklären, dass möglicherweise technogene Lemurer in den Höhlen unerwartet vor den besonderen Menschen materialisieren, die dort ihre monatlichen Aufgaben zur Kontrolle der Körper im *Samâdhi*-Zustand erfüllen. Man kann sich die Aufregung der besonderen Menschen gut vorstellen, wenn zwischen den konservierten Körpern im *Samâdhi*-Zustand, deren Anblick ihnen vertraut ist, plötzlich, wie aus dem Nichts, ein lebendiger, handelnder Mensch von immenser Größe erscheint.

Die technogenen Lemurer des Shambhala begeben sich periodisch in den steinern-unbeweglichen *Samâdhi*-Zustand und frischen so den Genpool der Menschheit auf. Aus ihm kehren periodisch Lemurer zurück und füllen so die technogene unterirdische Zivilisation der Lemurer auf. Das heißt, zwischen dem Genpool der Menschheit und der technogenen Zivilisation der Lemurer gibt es eine Wechselbeziehung.

Die unterirdische technogene Zivilisation der Lemurer hat sich unserer Meinung nach vom Genpool der Menschheit als seinem aktiven Teil aus folgenden Gründen abgetrennt:

- Aktiverer Schutz des Genpools der Menschheit;
- Bewahrung und Entwicklung der von der Zivilisation der Lemurer genutzten Technologien (des höchsten auf der Erde erreichten technologischen Niveaus);
- aktives Studium der Entwicklung des Lebens auf der Erde, um die Handlungen der Propheten und anderer Einwirkungen auf die Menschheit zu korrigieren.

Der Genpool der Menschheit und die unterirdische technogene Zivilisation der Lemurer, das ist also ein einheitliches System des Lebens parallel zu dem auf der Erde – das Shambhala und Agartha.

Worin unterscheidet sich nun das Shambhala von Agartha? Da gibt es zwei Vermutungen:

1. Sie unterscheiden sich anhand der geografischen Lage. In der Literatur gibt es reichlich Hinweise darauf, dass das Shambhala sich in Tibet, im Himâlaja und der näheren Umgebung befindet. Wo befindet sich aber Agartha? Möglicherweise im Gebiet der ägyptischen Pyramiden, einschließlich naher Regionen, etwa der arabischen Halbinsel oder Afrikas. Folglich kann man von der Existenz zweier unterirdischer Länder sprechen, dem Shambhala und Agarthas, wobei jedes

»Er« (Zeichnung des Autors)

einen Teil des Genpools der Menschheit und der technogenen Zivilisation der Lemurer umfasst.

2. Den Angaben der Thule-Gesellschaft (Eckart und Haushofer) zufolge haben sich die Menschen einer Hochzivilisation, aus der Gobi, aus den Höhlen des Himâlaja kommend, in zwei Zweige geteilt, die das Shambhala und Agartha bewohnen, wobei ersteres das Zentrum der Macht und unbekannten Kräfte, das zweite aber der geschützte Ort des Guten und der Besinnlichkeit sei. Demzufolge kann man vermuten, dass das Shambhala die technogene Zivilisation der Lemurer ist, Agartha hingegen der Genpool der Menschheit. In dem Fall hat das hypothetische Urland »Shambhala + Agartha« (die technogene Zivilisation der Lemurer einschließlich des Genpools der Menschheit) offenbar ein unterirdisches Zentrum in Tibet und Himâlaja und ist über die gesamte Erdkugel verbreitet.

Welche dieser beiden Vermutungen ist wahr? Schwer zu sagen. Aber das Wesen der Sache besteht nicht darin, was man wie nennt, sondern darin, dass ganz offensichtlich ein System eines parallelen unterirdischen Lebens existiert. Die Grundlage dieses parallelen Lebens bildet jedoch der Genpool der Menschheit.

Sie sind stärker als wir

Während des bereits erwähnten Gesprächs mit dem Vorsteher eines russischen Klosters hatte ich den Gedanken geäußert, dass wir den Genpool der Menschheit und das Shambhala vor Angriffen schützen müssten. Der Vorsteher unterbrach mich damals:

– Man braucht sie nicht zu schützen. Sie sind stärker als wir. Viel stärker ...

Da gab es das Problem Dematerialisierung und Materialisierung des menschlichen Körpers für mich noch nicht, deshalb verstand ich kaum etwas und widersprach dem Vorsteher.

– Sie verstehen nicht, was das ist ... die Energie der feinstofflichen Welt, sagte der Vorsteher. Mit ihr kann man per Blick gewaltige Steine anheben, sie augenblicklich im Raum fortbewegen, einen allgemeinen hypnotischen Schlaf hervorrufen ...

Nach diesen Worten kamen bei mir Zweifel auf. Wozu gibt es das Shambhala überhaupt, wenn es stärker ist als wir, warum wird die Erdoberfläche, auf der es sich doch besser leben lässt, nicht einfach mit Gewalt erobert? Warum werden die Menschen unserer Zivilisation nicht durch die höher entwickelten Lemurer ersetzt? Zu jener Zeit war meine Psychologie noch dem starken Einfluss herkömmlicher Vorstellungen verhaftet, ich konnte nicht genügend abstrahieren, um anders zu denken und mit wissenschaftlicher Logik in das Geheimnisvolle und Nichterkennbare vorzudringen. Die Worte des Vorstehers über die Stärke des Shambhala riefen in meiner Einbildung fantastische Bilder eines Krieges der Lemurer gegen die Menschen unserer Zivilisation hervor.

Geben wir uns dieser Fantasie einmal hin und stellen wir uns einen imaginären Krieg der technogenen unterirdischen Lemurer des Shambhala gegen uns vor. Das wird uns helfen, die Macht des Shambhala zu erkennen und zu verstehen.

Angenommen, in irgendeinem Land, zum Beispiel in Russland, in irgendeiner Stadt, zum Beispiel in Moskau, im Zentrum der Stadt, zum Beispiel auf dem Roten Platz, bei einem großen Volksauflauf, zum Beispiel anlässlich der Feier des Tages der Verfassung, taucht urplötzlich wie aus dem Nichts ein sieben bis zehn Meter großer ungewöhnlich aussehender Mensch auf materialisiert sich einfach so. Alle sind geschockt. Der Gigant mustert die ihn umgebenden Menschen und bleibt mit seinem Blick zum Beispiel am Lenin-Mausoleum hängen. Sein Blick wird schwer, und die Menschen fühlen irgendeine ungewöhnliche Kraft dieses Blickes, sehen, dass sich vom Mausoleum erst ein Stück der Wand löst und das Mausoleum danach wie ein Kartenhaus in sich zusammenfällt. Der Gigant hebt mit seinem Blick ein Stück der Marmorwand in die Luft, spielt dort mit diesem tonnenschweren Block und wendet seinen Blick ab, wodurch der Brocken krachend herabfällt.

Schließlich fängt der Gigant die auf ihn gerichteten Blicke ein; durch seinen Blick fühlen die Menschen eine unverständliche Schwäche, schlafen ein und sinken zu Boden. Jemand von der Kremlwache hebt seine Pistole, um auf den Giganten zu schießen. Der reagiert jedoch durch Gedankenlesen, schaut ihn nur an, und der Unglückliche schwebt gemeinsam mit einem Stück der Mauer, neben der er stand, nach oben. Ein herbeigerufener Trupp Soldaten wird durch den Anblick des Giganten demoralisiert und von einer unbekannten Kraft zusammen mit der gepanzerten Technik zur Seite geschleudert. Schützenpanzerwagen und Panzer, wie Federn durch die Luft segelnd, fallen auf Häuser und zerstören sie. Die Piloten einer Hubschrauberstaffel, die sich dem Ort der Ereignisse nähert, stellen fest, dass alle Navigationsgeräte ausgefallen sind, gerade so, als wären die Hubschrauber in eine Zone mit stärkster Magnetanomalie geraten. Angst und Unruhe überkommen sie, verbunden mit Kopfschmerz und großer Schwäche. Die Hubschrauber stürzen ab und explodieren.

Der Gigant steht indessen weiter mitten auf Platz, verfolgt ruhig die Ereignisse. Falls noch jemand der auf dem Boden Liegenden den Kopf heben kann, wird er sehen, dass der Gigant ein paar Schritte geht, sich sein Körper anspannt und ... er verschwindet. Nur die Zerstörungen, Brände und herumliegenden Menschen erinnern noch an ihn.

Die Giganten werden weltweit in vielen Städten auftauchen und Angst und Schrecken verbreiten. Es kommt zu Massenhypnosen in zahlreichen Ländern. Versuche der Militärs, die Giganten zu vernichten, bleiben erfolglos: Der Überraschungsfaktor des Erscheinens und Verschwindens der Giganten lässt keine Möglichkeit, die Verteidigung zu organisieren. Zudem sind alle Versuche bewaffneter Angriffe auf die Giganten zum Scheitern verurteilt, da die Kraft der Waffen von einer unbekannten Kraft absorbiert wird. Über den Städten und besonders über Militärobjekten erscheinen Flugobjekte, die wie Untertassen aussehen. Diese Flugapparate der Giganten werden Geräte und Apparate, die Elektroenergie benötigen, beeinflussen. Unter der Einwirkung einer unbekannten Energie, die von diesen Fluggeräten ausgeht, verstummen die Motoren von Autos, Zügen, Schiffen und Flugzeugen, verlöscht das Licht in den Häusern, fallen medizinische Geräte und Computer aus und stehen Kraftwerke still. Führungs- und Leitsysteme der Raketeneinheiten fallen aus und versagen. Führungslose Atomkraftwerke explodieren und verseuchen die Erde mit Radioaktivität.

Versuche, die Fluggeräte mit Raketen abzuschießen, scheitern, da die Raketen in starke energetische Felder geraten, abgelenkt oder mit einem gerichteten Energiestrahl abgeschossen werden. Da die Fluggeräte der Giganten ihre Flugrichtung bei großer Geschwindigkeit jäh ändern, ist ein gezieltes Feuer auf sie nicht möglich. Sie verschwinden und erscheinen immer wieder ganz unerwartet (dematerialisieren und materialisieren), entziehen sich so jedem Angriff. Auch ihre unterirdischen Basen sind nicht angreifbar.

Allmählich wird so das gesamte energetische System unserer Zivilisation zerstört. Das Kernwaffenpotenzial wird ausgeschaltet. Der Verkehr bricht zusammen, die Industrie und auch die Landwirtschaft verfallen. Hunger und Krankheiten treiben die Menschen in die Wälder. Wir sterben millionenfach. Es kommt zur Verwilderung der Überlebenden, und nach einigen Generationen wird die Menschheit sich in eine Gruppe kleiner halbwilder Stämme verwandelt haben.

Unsere Zivilisation wird vernichtet sein. Unsere Errungenschaften, basierend auf den Kenntnissen der physischen Welt, werden nicht vor denen der Lemurer bestehen können. Die Energie der feinstofflichen Welt ist stärker. Bei der Zerstörung unserer Zivilisation werden die Lemurer nicht einmal Verluste davontragen. Sie sind viel stärker als wir!

Ist ein Überfall der technogenen Zivilisation der Lemurer des Shambhala auf unsere Zivilisation möglich? Man kann es nicht völlig ausschließen, da naturgemäß der Stärkere den Schwächeren bezwingt. Analysieren wir diese Frage einmal aus historischer Sicht.

Die Zivilisation der Lemurer entstand und entwickelte sich vor vielen Millionen Jahren auf der Grundlage des Wissens vom Allgemeinen Informationsraum, da zu jener Zeit das Prinzip *So'Ham* nicht existierte. Die Lemurer nutzten also zu ihrer Entwicklung das Wissen des Jenseits, einer Lebensform in der feinstofflichen Welt. Dabei haben sie sich vor allem die Energie der feinstofflichen Welt zu Eigen gemacht. Ihre Zivilisation hatte die längste Entwicklungsphase ohne Krieg auf der Erde und hat sich deshalb bis zum höchsten Niveau entwickelt. Ungeachtet dessen entstanden auch in dieser höchsten Zivilisation Widersprüche, die zu Kriegen führten, für welche die Energie der feinstofflichen Welt eingesetzt wurde. Die größte Sünde hatte stattgefunden – göttliches Wissen des Jenseits wurde nicht zur Erschaffung, sondern zur Zerstörung genutzt.

Die geistig fortgeschrittensten Lemurer deuteten die Vorzeichen einer globalen Katastrophe richtig. Sie begaben sich in Höhlen in einen tiefen *Samâdhi*-Zustand und organisierten den Genpool der Menschheit. Die besten unter ihnen, die das Phänomen der Dematerialisierung und Materialisierung des menschlichen Körpers vollendet beherrschten, bauten die unterirdische technogene Zivilisation der Lemurer auf, um die technischen Errungenschaften der lemurischen Zivilisation zu bewahren und zu entwickeln, aber auch, um den Genpool der Menschheit zu schützen. Die unterirdischen Lemurer entdeckten die Möglichkeit der Selbsterneuerung der Zellen des Organismus und wurden so praktisch unsterblich. Auf diese Weise entstanden das Shambhala und Agartha.

Nach der globalen Katastrophe und dem Untergang der Lemurer nahmen die Lemurer des Shambhala und Agarthas Einfluss auf die Entwicklung der Zivilisation der Atlanter (das Erscheinen der Söhne der Götter). Als das geistige Niveau der Atlanter ein ausreichend hohes Maß erreicht hatte und einige Atlanter den Genpool der Menschheit aufstockten, gaben die Lemurer des Shambhala und Agarthas ihnen nach und teilten ihre Kenntnisse. Auf der Grundlage dieses Wissens begann die Zivilisation der Atlanter sich schnell zu entwickeln. Leider konnten sie nicht der Versuchung widerstehen, ihre Streitfragen militärisch zu lösen. Wieder kam es zu einer Sünde bei der Nutzung göttlichen Wissens im Namen des Bösen, was dann auch zur globalen Katastrophe der atlantischen Zivilisation führte.

Wegen dieser beiden Sünden führte der höchste Verstand für die fünfte (unsere) Zivilisation das Prinzip *So'Ham* ein und blockierte damit den Zugriff auf das Wissen des Jenseits. Die Lemurer des Shambhala und Agarthas waren und sind noch immer bemüht, die Entwicklung unserer Zivilisation mit Hilfe der Propheten, die aus dem Genpool der Menschheit kamen, auf den Fortschritt auszurichten. Wir aber können, im Unterschied zu den Atlantern, wegen des Prinzips *So'Ham* nicht selbständig den Allgemeinen Informationsraum und das Wissen des Jenseits nutzen. Wir sind restlos vom Shambhala und von Agartha abhängig. Wir werden nur über das Wissen verfügen, das sie uns vermitteln. Unsere Zivilisation ist sogar stärker vom Shambhala und von Agartha abhängig als die Atlanter.

Davon ausgehend kann man schlussfolgern, dass unsere Zivilisation (wie auch die der Atlanter) ein Kind des Shambhala und Agarthas ist. Und wer wird schon mit seinem Kind kämpfen? Niemand. Und beide – das Shambhala und Agartha – sind bestimmend für das derzeitige Leben, für die Bewahrung des Genpools der Menschheit und die Entwicklung der menschlichen Zivilisation auf der Erde. Die technogenen Lemurer des Shambhala werden ihre Größe und Unsterblichkeit niemals gegen eine sterbliche Lebensvariante auf der Erde eintauschen. Deshalb werden sie uns nie bekämpfen.

Kann man das Shambhala finden?

Als wir zu unserer Trans-Himâlaja-Expedition aufbrachen, haben uns viele Menschen gefragt:

– Na, fahrt ihr das Shambhala suchen?

Als wir während der Expedition erkannten, dass es den Genpool der Menschheit wirklich gibt, hielten wir ihn für das Shambhala. Aber nach der Analyse der Literatur und dem Erwerb einiger zusätzlicher Informationen wurde uns klar, dass der Genpool der Menschheit nur ein Teil (wenn auch der hauptsächliche) des Shambhala und Agarthas ist, dass das Shambhala und Agartha darüber hinaus noch die technogene unterirdische Zivilisation der Lemurer als aktiven Teil des Genpools der Menschheit umfasst. Wir verstanden, dass das Shambhala und Agartha ein ganzes System unterirdischen Lebens auf der Erde ist.

Ich denke, dass man das Shambhala unmöglich finden kann; es ist unter uns und neben uns, es lebt mit uns, unsichtbar und rätselhaft, und studiert uns. Im Shambhala zu verweilen (»es zu besuchen«) ist unmöglich, weil die unterirdischen technogenen Lemurer das nicht brauchen – wir sind für sie auch so ein offenes Buch. Neidlos müssen wir anerkennen, dass unsere Geistesbildung und Technologie von der des Shambhala so weit entfernt ist wie die der Steinzeitmenschen von unserer.

Die Religion prophezeit ein Goldenes Zeitalter, eines der Wahrheit, die uns mit dem Wissen der Lemurer vertraut machen wird, eines Wissens, das im Shambhala und in Agartha als heilig gehütet wird und das nicht nur die einstige Größe der lemurischen Zivilisation bestimmt hat, sondern auch die Zivilisation der Atlanter mächtig machte. Sicherlich werden das Shambhala und Agartha berücksichtigen, dass nicht einmal dieses Wissen die Atlanter vor der Nutzung ihrer wundertätigen Technologien im Namen des Bösen und des Geltungsbedürfnisses bewahrte, was dann auch zum Untergang ihrer Zivilisation führte.

Wird dieses Goldene Zeitalter kommen? Alles hängt von uns selbst ab. Wenn wir das einfache göttliche Postulat »Man muss mit reiner Seele leben« verstehen, wenn die Psychologie der reinen Seele in den Menschen wurzeln kann und zur Grundlage ihrer Existenz wird, dann kann man erwarten, dass einer oder mehrere von uns ins Shambhala eingelassen werden, um die wundersame Welt von Morgen zu erblicken, um des unwahrscheinlichen Wissens teilhaftig zu werden, mit dessen Hilfe die Welt grundlegend verändert werden kann. Ich wiederhole nochmals, dass das Shambhala uns studiert und alles über uns weiß. Deshalb gibt es nur einen einzigen Weg, an die wundertätige Technologie des Shambhala zu gelangen – sein Vertrauen zu gewinnen mit unendlich vielen guten Absichten und einer absoluten Psychologie des Guten.

Ich glaube, dass jene psychoenergetische Barriere, die ich in der *Samâdhi*-Höhle zu spüren bekam, durch das Shambhala gesteuert wurde. Ich konnte das Shambhala zwar nicht sehen, aber ich spürte es. Ich spürte seine Kraft.

Mit reinen Gedanken allein erhält man keinen Zugang zum Shambhala. Es denkt in allgemein menschlichen Kategorien. In unserer Welt, im Sturm der Leidenschaften und menschlichen Begierden entscheidet ein Mensch gar nichts. Man braucht nicht viel Fantasie, um sich auszumalen, was geschieht, wenn Kenntnisse des Shambhala in die Hände eines Menschen geraten und zu einer neuen Technologie führen, wie dann Spionage beginnt, die Militärs sich dafür interessieren ... und sich diese Technologie in eine neue schreckliche Waffe verwandeln wird. Das Shambhala wird nach der betrüblichen Erfahrung von Atlantis seine Geheimnisse so lange bewahren, bis auf der Erde durchgängig die guten Gedanken und die Reinheit der Seelen triumphiert haben.

Werden wir das erreichen? Ich weiß es nicht. Aber noch beschützt das Shambhala das Leben auf der Erde: Die technogene unterirdische Zivilisation der Lemurer bewacht den Genpool der Menschheit, weil sie uns nicht traut, weil es noch zu wenige reine Seelen unter uns gibt.

Wir können zur Zeit lediglich durch Logik und wissenschaftliche Einsicht erkennen, was das Shambhala ist. Aber selbst das wird schon Früchte tragen: Wir werden wissen, dass wir nicht allein auf der Welt sind, dass es parallel zu uns ein anderes Leben gibt, dass gute Gedanken und eine reine Seele zu Fortschritt und Erblühen führen. Man muss sich vergegenwärtigen, dass die Menschen des Shambhala mit einer geläuterten reinen Seele leben. Die unbekannte Kraft des Shambhala – das ist die Kraft der kristallklaren Seele des Menschen.

Das Shambhala archäologisch zu entdecken ist unmöglich.

Das Shambhala ist etwas Höheres.

4 Die Geschichte der Menschwerdung

Die bisher dargelegten Vorstellungen über die Entstehung und Entwicklung der Menschheit unterscheiden sich grundlegend von denen, die üblicherweise vermittelt werden. Aus allen Quellen, die wir analysiert haben, geht hervor, dass der Mensch durch Verdichtung des Geistes entstand, dass es auf der Erde fünf Rassen (wir sind die fünfte) gab und jede aus der vorangegangenen hervorging.

Der ewige Streit zwischen Materialisten und Idealisten über die Entstehung der Menschheit ist nicht unser Thema. Die moderne Wissenschaft hat bereits das Niveau der wissenschaftlichen Erkenntnis der Religion erreicht und erkennen lassen, dass die Darwinsche Theorie von der Entwicklung des Menschen aus dem Affen zu primitiv und die Religion nichts anderes als eine allegorische Darlegung des Wissens früherer Zivilisationen ist. Hier geht es um einen zusammenfassenden chronologischen Überblick über die Entstehung und Entwicklung der Menschheit von ihrem Ursprung bis zur Jetztzeit. In mancherlei Hinsicht werde ich mich sicherlich irren, in anderer recht haben, aber so ist das eben bei einer historischen Forschung, die auf der Summe fragmentarischer Fakten beruht.

Weltgefüge und Anthropogenesis

Dass die Materie aus der Leere entstand, gilt schon lange als wahrscheinlich. Das nimmt auch der geniale russische Physiker Gennadi I. Shipov an, dem es gelang, eine Gleichung herzuleiten (was Albert Einstein nicht gelang), die das physikalische Vakuum beschreibt, das absolute Nichts oder Absolute. Auch unser Expeditionsmitglied Valerij Lobankov, Kandidat der technischen Wissenschaften und Spezialist der Feldphysik, geht von der Richtigkeit der Shipovschen Gleichung aus. Ich habe viel mit ihm über dieses Thema diskutiert. Hier in Kürze, zu welchen Ergebnissen wir kamen:

Was ist das Absolute? Es ist nicht einfach das Nichts, es ist Leere, mit etwas angefüllt. Womit, das ist der Wissenschaft noch nicht bekannt. Nach Shipov entstehen das Atom und das Antiatom immer aus dem Absoluten. Wenn sie zusammenstoßen, vernichten sie sich gegenseitig. So hält das Absolute sein Gleichgewicht aufrecht. Aber einmal in vielen Millionen Jahren kommt der Moment, in dem sich die Atome und Antiatome im Raum verteilen. So entsteht aus dem Absoluten physische Materie.

Gleichzeitig entstehen aus dem Absoluten aber auch Torsions- (drehende) und Antitorsionsfelder (entgegengesetzt drehende) mit extrem hohen Frequenzen, die sich gegenseitig vernichten und damit das Absolute aufrechterhalten. Dabei kann der Moment eintreten, dass die sich gegenseitig vernichtenden Torsionsfelder auseinanderstreben. So entstand aus dem Absoluten die feinstoffliche Welt.

Nach der Hypothese von Shipov besteht zwischen den Torsionsfeldern der feinstofflichen Welt und dem Bewusstsein eine unmittelbare Verbindung, weil die Torsionsfelder die materiellen Träger der Seele und des Geistes sind. So bildeten sich aus dem Absoluten zwei Welten heraus, die physische und die feinstoffliche.

Die physische Welt wurde allmählich komplexer. Es entstanden Sterne, Planeten, Galaxien und alles Mögliche andere. Aber auch die feinstoffliche Welt, bestehend aus verschiedenen Torsionsfeldern, nahm an Komplexität zu. Schwer zu sagen, wie die Zunahme der Komplexität und die Vervollkommnung der feinstofflichen Welt erfolgten. Vermutlich wurden die Raum-Zeit-Drehfelder (Torsionsfelder) immer informationshaltiger, konnten also immer mehr Informationen einschließen. Durchaus möglich, dass (aus geometrischer Sicht) zunehmend mehrschichtige Torsionsfelder entstanden, aber genauso kann es auch sein, dass die Komplexität der Torsionsfelder einen anderen Charakter trug. Allmählich entstand jedenfalls in der feinstofflichen Welt der Geist – gebündelte psychische Energie in Form von Torsionsfeldern, die einen großen Informationsgehalt ewig (unsterblich) in sich bewahren konnten. Viele davon bildeten Verbindungen untereinander und schufen den Allgemeinen Informationsraum, das Jenseits, das Führungszentrum – das, was wir Gott nennen.

So entstand das Leben in der feinstofflichen Welt. In jener Zeit, als in der feinstofflichen Welt der Prozess der Vervollkommnung, Sicherung und Übertragung der Informationen ablief, war die parallel existierende physische Welt noch tot und gesichtslos.

Bekanntlich ist aber entstandenes Leben bestrebt, sich auszubreiten und immer neue Lebensbereiche zu erobern. Das Leben in der physischen Welt konnte durch die Verdichtung lebensfähiger Materie der Torsionsfelder der feinstofflichen Welt bis zu einem Dichtegrad erschlossen werden, der der physischen Welt eigen ist. So begann die Verdichtung des Geistes, deren Resultat letztlich der menschliche Körper in der physischen Welt ist.

Bei der Entstehung einer beliebigen Lebensform spielt die Bewahrung und Übertragung von Informationen von Generation zu Generation eine grundlegende Rolle. Beim Menschen in der physischen Welt wird das durch die Gene und möglicherweise das Gewebewasser realisiert. Ich glaube, die Gene (und das Wasser?) entstanden durch Verdichtung der informationshaltigsten Teile des Geistes, als seine Torsionsfelder Atome zu Molekülen der DNA zusammenfügten, die in der Lage waren, Informationen über den Aufbau des menschlichen Körpers zu bewahren und von Generation zu Generation weiterzugeben.

Man stelle sich die unwahrscheinliche Komplexität des Geistes vor, der einen solchen Genapparat zu schaffen vermag, bei dem sich in einer einzigen Eizelle und in einem einzigen Spermium die Informationen über den Aufbau des gesamten menschlichen Organismus einschließlich aller Moleküle und Zellen befinden. Man stelle sich weiterhin vor, wie vollkommen die Lebensform in der feinstofflichen Welt (im Jenseits) ist und um wieviel sie evolutionär gesehen älter sein muss, damit mit Hilfe ihrer Energie der Genapparat und der gesamte menschliche Körper geschaffen werden kann. Nicht umsonst sagen die Alten, dass der Mensch der Mikrokosmos des Makrokosmos ist.

Neben der Schaffung des Menschen durch die feinstoffliche Welt (das Jenseits) wurden auch einfachere Lebensformen in der physischen Welt erschaffen – Tiere, Insekten, Pflanzen und vieles andere mehr. Das Prinzip war jedoch immer das Gleiche, die Verdichtung einfacherer Formen von Torsionsfeldern des Jenseits.

Kann der Mensch in der physischen Welt ohne das Jenseits leben? Der Geist behielt sich, nachdem er den Genapparat geschaffen und mit seiner Hilfe den Prozess der Reproduktion des Menschen angestoßen hatte, die wichtigste Gedankenfunktion vor: jene nämlich, wie aus der Religion hervorgeht, sich nach der Geburt in das Kind zu begeben und später dann die grundlegende Denkfähigkeit des Menschen zu bestimmen. Wir denken also hauptsächlich mit Hilfe des Geistes, der in der feinstofflichen Welt lebt und die Energie der feinstofflichen Welt nutzt. Das Gehirn des Menschen kann, indem es die Energie der physischen Welt nutzt (Ernährung), die Torsionsfelder der feinstofflichen

Welt drehen und so dem Geist beim Denkprozess helfen. Außerdem generiert das Gehirn zusätzliche Torsionsfelder, wobei sich in Form des astralen, ätherischen, mentalen und anderer Körper, die dem menschlichen Organismus in seiner Funktion helfen, die Seele (das Biofeld) bildet. Nach dem Tod des menschlichen Körpers werden auch viele Bestandteile der Seele zerstört (der Astralkörper, der Mentalkörper), der Geist jedoch begibt sich ins Jenseits und lebt in der feinstofflichen Welt weiter, um irgendwann erneut in einen physischen Körper zu gehen. Auf diese Art und Weise stellt der Mensch, erschaffen in der physischen Welt durch die »Anstrengungen« der feinstofflichen Welt, eine Kombination beider Lebensformen dar.

Allen ist der Begriff des Karmas bekannt, der »geistigen Spuren früheren Lebens«. Der Geist kann sich während des irdischen Lebens vervollkommnen, aber auch degenerieren. Gute Gedanken, wissenschaftliche Leistungen und Erfindungen vervollkommnen den Geist, schlechte Gedanken jedoch, Eitelkeit und Müßiggang tragen zu seiner Degradation bei. Darin unterscheidet sich der Mensch vom Tier: dass sein Denkapparat dazu berufen ist, den Geist zu vervollkommnen (mehr schöpferische Informationen hinzuzufügen) und dadurch die Lebensform in der feinstofflichen Welt zu vervollkommnen. Der Mensch als physisches Kind des Lebens in der feinstofflichen Welt ist dazu bestimmt, über die physische Welt zum Fortschritt der feinstofflichen Welt beizutragen. Dafür wurde er erschaffen.

Zweifelsohne ist die Lebensform in der feinstofflichen Welt (im Jenseits) dem Niveau nach wesentlich höher entwickelt als das Leben in der physischen Welt. Das wird schon dadurch bestätigt, dass der Geist unsterblich ist. Wenn der menschliche Körper nicht nur 70 bis 80 Jahre leben könnte, sondern 1.000 oder 2.000 Jahre und länger, wären die Möglichkeiten zur Vervollkommnung des Geistes durch die physische Welt größer, da das Verlassen des einen und das Hineinfahren in einen anderen Körper mit einer langen gedanklich wenig aktiven Phase verbunden ist (Kindheit, Alter). Deshalb entwickelt sich das physische Leben offenbar durch eine verlängerte Lebenszeit. Und tatsächlich, vor einigen hundert Jahren betrug die mittlere Lebenserwartung 30 bis 40 Jahre, heute aber liegt sie bei 70 bis 80 Jahren.

Wie lässt sich eine Verlängerung des Lebens erreichen? Durch Kultivierung von Güte, Liebe und Wissen. Und genau das propagieren alle Religionen und *Avatâra* (wie Sai Baba). Auf den ersten Blick haben endlose Gespräche über Liebe und Güte keine grundlegende Bedeutung, aber sie ergeben Sinn. Das Jenseits ist so aufgebaut, dass gute Gedanken und Kenntnisse zur Entwicklung der Torsionsfelder der feinstofflichen Welt beitragen, schlechte Gedanken und Müßiggang jedoch zu ihrer Degradation führen. Der häufige Wechsel von Leben und Tod ist erforderlich, um einen schlechten, egoistischen und müßigen Menschen schneller durch einen neuen zu ersetzen, in der Hoffnung, dass nach der »Bestrafung« des Geistes dieses Menschen im Jenseits die nächste Reinkarnation besser und der Mensch gütiger wird. Das ist der Hintergrund aller Geschichten über die Hölle und das Paradies.

Offensichtlich war das Böse vor einigen hundert Jahren stärker (endlose Kriege, Brandschatzungen) als heute (Kriege waren bis vor Kurzem seltener geworden). Das hat sich auf die mittlere Lebenserwartung der Menschen positiv ausgewirkt. Es spielen aber nicht einzelne gute Individuen eine Rolle, sondern die Massenpsychologie des Guten oder Bösen – so lauten die Gesetze des Jenseits. Durch einen schnellen Wechsel von Leben und Tod mit anschließender »Bestrafung des bösen Geistes« schützt sich das Jenseits vor dem zerstörerischen Einfluss negativer psychischer Energie.

Dennoch entsteht der Eindruck, dass das »verbreitete Gute« vorankommt und sich dadurch auch die durchschnittliche Lebensdauer verlängert. Das Jenseits reagiert damit auf die Balance zugunsten des Guten.

Ich denke, dass die am höchsten entwickelte Zivilisation der Erde, die Zivilisation der Lemurer, die eine sehr lange Entwicklungsphase hatte, den Weg des Fortschritts vor allem deswegen ging, weil in ihrem Schoß das Gute und das Wissen überwogen. Deshalb wurden die Lemurer 1.000 oder 2.000 Jahre alt und sogar älter. Ihre vorherrschende Reinheit und Güte veranlasste das Jenseits, die Lebensdauer zu verlängern, was schon deshalb zweckmäßig war, weil sich der Geist während eines langen Lebens besser vervollkommnen lässt.

Wie wir bereits wissen, ist die vollständige Befreiung von negativer psychischer Energie die Hauptbedingung für das Versetzen in einen tiefen *Samâdhi*-Zustand, in dem der Mensch praktisch unsterblich wird. Im passiven *Samâdhi*-Zustand (versteinert-unbeweglich) des Körpers kommt es allerdings zu keiner intensiven Vervollkommnung des Geistes, da der Körper nicht aktiv ist. Im aktiven *Samâdhi*-Zustand (bei den Adepten, die 200, 300, 1000 und mehr Jahre leben und bei denen sich die Zellen des Organismus ständig erneuern) findet offensichtlich eine intensivere Vervollkommnung des Geistes statt, wenn auch sicherlich in geringerem Maße als bei den Lemurern.

Den Gipfel der Menschwerdung stellen unserer Meinung nach die technogenen Lemurer des Shambhala und Agarthas dar, die vor allem aufgrund der Reinheit ihrer Gedanken und ihrer hohen Aktivität beim Wissenserwerb fast die Unsterblichkeit erreichten. Durch ihr aktives Leben auf höchstem Niveau in der physischen Welt leisten sie einen gewaltigen Beitrag zur Vervollkommnung des Geistes und des Jenseits, zumal das Shambhala und Agartha die besten Vertreter der lemurischen Zivilisation vereinte, der höchstentwickelten der Erde. Möglicherweise sah der höchste Verstand voraus, dass die folgenden Zivilisationen nicht das Niveau der Lemurer erreichen würden. Deshalb trug er zur Organisation eines Systems des parallelen unterirdischen Lebens auf der Erde bei, um so die Errungenschaften der lemurischen Zivilisation zu erhalten und weiterzuentwickeln.

Das Ideal und Ziel der Anthropogenesis, der Menschheitsentwicklung, ist offensichtlich das Erreichen des Niveaus des Shambhala durch die gesamte Menschheit. Diesen Entwicklungsweg möchte ich jetzt kurz skizzieren.

Das Zeitalter der engel- und geisterähnlichen Menschen

Vor vielen Millionen Jahren erschienen durch die Verdichtung des Geistes die ersten engelähnlichen Geschöpfe, die eine Größe von 60 Metern und mehr erreichten. Diese engelähnlichen Menschen waren noch nicht so dicht, sie konnten ungehemmt durch Gestein und andere Hindernisse hindurchgehen. Die Natur (Pflanzen, Tiere) waren ebenfalls noch nicht von solcher Dichte.

Ungeachtet dessen bildete sich bei diesen Menschen bereits ein lockerer Genapparat, der es ihnen ermöglichte, sich auf knospungs- und teilungsähnliche Weise zu reproduzieren. Sie lebten noch eher nach den Gesetzen der feinstofflichen Welt und waren unmittelbar mit dem Jenseits verbunden. Es fiel ihnen noch schwer, in der entschieden dichteren physischen Welt etwas zu bewirken. Deshalb ging die Vervollkommnung des Geistes, die in direktem Zusammenhang mit der Aktivität des Menschen steht, nur in geringem Maß vonstatten.

Das Zeitalter der engelähnlichen Menschen kann man als das Säuglingsalter der Menschheit bezeichnen. Das Jenseits und der Geist unterstützten die Menschen, ohne dafür eine Gegenleistung zu erhalten.

Mit der allmählichen Verdichtung und Verringerung der Größe des menschlichen Körpers wandelten sich die engelähnlichen Menschen (der ersten Rasse) zu geisterähnlichen (der zweiten Rasse). Die hatten ein Zyklopenauge, das in der feinstofflichen Welt sehen konnte. Sie vermehrten sich durch Knospung und Teilung, konnten durch Gestein gehen, sogar einige Arbeiten in der physischen Welt ausführen, wozu sie aber einstweilen die Energie der feinstofflichen Welt nutzten (zum Beispiel durch Einwirkung auf die Schwerkraft, um Lasten zu bewegen). Die beginnende Tätigkeit der geisterähnlichen Menschen in der physischen Welt brachte die ersten Beiträge zur Vervollkommnung des Geistes im Jenseits; es begann der Übergang vom Säuglingsalter zur Kindheit der Menschheit.[27]

Die größten Gaben erhielt das Jenseits jedoch von der Zivilisation der Lemurer zurück.

Die Zivilisation der Lemurer

Nach weiterer Verdichtung des Körpers der geisterähnlichen Menschen erschienen die frühen Lemurer, die etwa 20 Meter groß, vierarmig und zweigesichtig waren. Die beiden vorderen Arme dienten den beiden Augen, die in der physischen Welt (Licht) sahen, die beiden hinteren dem Auge, das in der feinstofflichen Welt (energetisch) sah. Die frühen Lemurer konnten schon nicht mehr durch Gestein gehen, mit ihren vier Armen aber in der physischen Welt aktiv sein. Sie konnten die Energie der feinstofflichen Welt voll nutzen, indem sie beispielsweise Einfluss auf die Schwerkraft nahmen oder psychisch auf Tiere einwirkten, und sie nutzten die Energie der physischen Welt (Muskelkraft, Feuer, Wasser) zumindest hinreichend effektiv. Die Formierung des Genapparats erreichte bei ihnen eine solche Vollkommenheit, dass sie sich in Männer und Frauen teilten, die Kinder gebaren. Die frühen Lemurer lebten anscheinend zu Zeiten der Dinosaurier.

Die Verdichtung des Körpers verstärkte sich. Gleichzeitig wurden die späten Lemurer (die Lemuro-Atlanter) kleiner (ca. 10 Meter). Das hintere Dritte Auge zog sich ins Schädelinnere zurück, bewahrte aber

27 Möglicherweise haben sich einige Lebensformen geisterähnlichen Charakters evolutionsmäßig nicht in Richtung der Verdichtung weiterentwickelt und bis heute in jener Form erhalten, meint Muldashev: »Damit könnte man Phänomene wie Vorhersehen, Geister und dergleichen besser erklären.«

auch weiterhin seine Funktion als Abstimmungsorgan auf die Wellen des Jenseits. Die beiden hinteren Arme verschwanden. Die späten Lemurer führten ein Leben teilweise unter Wasser. Kleine Kiemen halfen ihnen, unter Wasser zu atmen. Sie erbauten riesige Städte, erreichten höchstes Niveau in der Technik, benutzten Flugapparate, eroberten das All, entwickelten eine erstklassige Wissenschaft, heilten ihren Körper durch die Lenkung innerer Energie. Sie lebten 1.000 bis 2.000 Jahre und länger.

Die späten Lemurer lernten, die Energie der physischen Welt allseitig zu nutzen. Ihre Technologie beruhte vor allem auf ihren Kenntnissen der Gesetze der feinstofflichen Welt. Alle Lemurer hatten Verbindung zum Jenseits, schöpften von dort ihr Wissen, und ihre Tätigkeit (Wissenschaft, gute Taten) ergänzte das Wissen des Jenseits. Sie konnten sich verhältnismäßig leicht in den *Samâdhi*-Zustand versetzen. Die am weitesten fortgeschrittenen späten Lemurer lernten, sich zu dematerialisieren und zu materialisieren. Sie eigneten sich die Levitation an (Überwindung der Schwerkraft und Schwebezustand des eigenen Körpers) sowie die augenblickliche Fortbewegung ihres Körpers im Raum. Es wurde sogar die Dematerialisierung und Materialisierung von Flug- und anderen Apparaten erreicht.

Der Mensch in der Zivilisation der Lemurer machte sich nicht nur die physische Welt zu eigen und kräftigte die physische Lebensform, sondern bereicherte durch seine Forschungen und guten Taten auch unablässig die Torsionsfelder des Allgemeinen Informationsraums, indem er dem Jenseits neue Informationen zuführte. Das Ziel war erreicht – ein Leben in der physischen Welt mit hohem Niveau war geschaffen, das zur Vervollkommnung und zum Fortschritt des Lebens in der feinstofflichen Welt beitrug.

Die lemurische Periode war die längste und fortschrittlichste Periode in der Menschheitsgeschichte. Über Millionen von Jahren triumphierte der Kult des Guten und des Wissens, was zum Fortschritt führte. Dennoch wurde in dieser lemurischen Zivilisation von höchstem Niveau der Kult des Wissens allmählich von dem der Macht abgelöst. Man begann das Wissen zur Erlangung von Macht zu nutzen. Damit wurde der großartige Kult des Guten zerstört, und das Böse entstand. Man begann Waffen herzustellen, die Lemurer teilten sich in Gruppen und bedrohten sich gegenseitig. Über der Erde entstand eine negative psychische Aura. Von den Lemurern gelangten nicht nur Wissen und positive psychische Energie guter Schöpfungstaten in den Allgemeinen Informationsraum, sondern auch negative psychische Energie, die zerstörerisch auf die Torsionsfelder des Jenseits einwirkte.

Warum aber wurde bei den Lemurern der Kult des Wissens durch den der Macht abgelöst? Schwer zu sagen, warum es geschah. Es ist durchaus möglich, dass die Lemurer, nachdem sie nie dagewesene Höhen erreicht hatten, sich durch ihr Wissen um die Wirkungsgesetze der physischen und der feinstofflichen Welt als unumschränkte Herrscher über die Natur zu fühlen begannen und Macht über sie erlangen wollten. Damit begingen die Lemurer die größte aller Sünden – sich als Götter zu fühlen. Und da von allen Lemurern nur einer Gott sein konnte, begann der Kampf um die Macht.

Die am weitesten entwickelten Lemurer (die die Dematerialisierung und Materialisierung sowie die Levitation beherrschten) verstanden, dass Gott eine zerstörerische Einwirkung negativer psychischer Energie, welche die »Datenbank« des Lebens auf der Erde in den Torsionsfeldern des Jenseits löschte, nicht lange zulassen würde. Sie verstanden, dass die feinstoffliche und die physische Welt einen gemeinsamen Anfang hatten – das Absolute, in dem die feinstoffliche Welt sich vor der physischen entwickelt hatte. Doch nun beeinflusste letztere das Absolute stark, was zur Veränderung der Lage kosmischer Objekte (Planeten, Asteroide) mit einer anschließenden globalen Katastrophe führen musste.

Die Unausweichlichkeit der Katastrophe bewegte viele Lemurer, Höhlen aufzusuchen, sich in den *Samâdhi*-Zustand und damit in den Genpool der Menschheit zu begeben. Die am weitesten entwickelten Lemurer gingen per Dematerialisierung und Materialisierung, mit ihren Apparaten und Mechanismen ebenfalls unter die Erde und organisierten das Shambhala und Agartha, um unter den Bedingungen des unterirdischen Lebens die Technologie der lemurischen Zivilisation zu bewahren und zu entwickeln und den Genpool der Menschheit zu beschützen.

Die kosmische Katastrophe folgte unausweichlich, wodurch die Zivilisation der Lemurer an der Erdoberfläche unterging. Das war der Preis für die Ablösung des Kults des Wissens durch den der Macht. Der höchste Verstand konnte die vollständige Zerstörung der »Datenbank« für das Leben auf der Erde in den Torsionsfeldern des Jenseits nicht zulassen. Nur das Shambhala und Agartha blieben als Manifestation der großen lemurischen Zivilisation übrig und setzen bis heute die Vervollkommnung des Jenseits mit Wissen fort.

Schon lange vor der Katastrophe wurden in der lemurischen Gesellschaft Menschen geringeren Wuchses und anderen Aussehens geboren.

Die Zahl dieser kleineren Menschen (drei bis fünf Meter groß) nahm allmählich zu. Das waren die ersten Vertreter der nächsten Rasse – der Atlanter. Ein Teil von ihnen überlebte auf der Erdoberfläche die lemurische Katastrophe, wovon einige wenige Stämme zeugen.[28]

Die Zivilisation der Atlanter

Die Atlanter stützten sich während der lemurischen Zivilisation auf das Wissen und die Technologie ihrer »älteren Brüder«, der Lemurer, die sie als Söhne der Götter ansahen. Die Atlanter konnten sich ein selbständiges Leben schwer vorstellen.

Nach dem Untergang der lemurischen Zivilisation wurde das Überleben für die Atlanter schwer. Die Lebensbedingungen auf der Erde änderten sich drastisch, und die »älteren Brüder«, die Lemurer, gab es nicht mehr. Nur wenige der überlebenden Atlanter konnten fortbestehen, indem sie zu einer natürlichen halbwilden Lebensweise übergingen. Die Atlanter wie auch die Lemurer hatten ein gut entwickeltes Drittes Auge und konnten sich mit seiner Hilfe auf die Wellen des Allgemeinen Informationsraumes abstimmen und von dort das Wissen der Lemurer beziehen. Das Wissen der lemurischen Zivilisation in den Torsionsfeldern des Jenseits erschloss sich den Atlantern jedoch nur allmählich. Deshalb dauerte die halbwilde Etappe im Leben der Atlanter sehr lange.

Warum konnten die Atlanter das Wissen des Allgemeinen Informationsraums nicht nutzen? Hierzu gibt es zwei bemerkenswerte Annahmen:

1. Das Gehirn der Atlanter war weniger entwickelt als das der Lemurer. Deshalb konnten die Atlanter, selbst wenn sie sich mit dem Allgemeinen Informationsraum in Verbindung setzten, nicht genau verstehen, worum es ging. Die gewohnte Praxis, sich in allem auf die Lemurer zu verlassen, hinderte sie daran, das Wissen selbst zu analysieren und es für den Fortschritt anzuwenden.
2. Der höchste Verstand unterbrach die Verbindung der Atlanter mit dem Allgemeinen Informationsraum (dem Jenseits) und führte das Prinzip *So'Ham* ein, das »Verwirkliche dich selbst«. Höchstwahrscheinlich geschah das noch zu Zeiten der lemurischen Zivilisation,

[28] Laut Muldashev haben sie sich möglicherweise in Höhlen in den *Samâdhi*-Zustand begeben, um dort die Katastrophe zu überdauern.

als Konflikte und der Kult der Macht aufkamen, um das Informationsfeld des Jenseits vor der zerstörerischen negativen psychischen Energie zu schützen, die von der Erde ausging. Einzig das Shambhala und Agartha, die sich auf den Kult des Wissens und gute Gedanken stützen, blieben von der Wirkung des Prinzips *So'Ham* verschont, das den Zugang zum Wissen des Jenseits blockierte.

Welche dieser beiden Annahmen ist nun richtig? Aus meiner Sicht die zweite, da der höchste Verstand auf den Ansturm so viel negativer psychischer Energie auf die Informationsstruktur des Jenseits reagieren musste. Offensichtlich ist das blockierende Prinzip *So'Ham* nicht nur ein individuelles Attribut unserer Zivilisation, sondern ein universelles Werkzeug des höchsten Verstandes, um eine Zerstörung der Informationsfelder des Jenseits zu verhindern. Durch das Wirken des Prinzips *So'Ham* bleibt die Menschheit »unter sich«, sie muss sich selbst verwirklichen, ohne das Wissen des Jenseits. Das Prinzip *So'Ham* bewahrt vor allem das Wissen, das in der fortschrittlichen Zivilisationsperiode der Lemurer – der höchsten Zivilisation auf der Erde – erworben und in den Torsionsfeldern gespeichert wurde. Und nur dem Shambhala und Agartha ist das Wissen immer zugänglich.

Die Religion verheißt ein »Goldenes Zeitalter«, in dem den Menschen das alte Wissen eröffnet wird. Dann wird das blockierende Prinzip *So'Ham* von der Menschheit genommen werden, und sie hat wieder Zugang zum alten Wissen der Lemurer.

Die Zivilisation der Atlanter entwickelte sich unter den Bedingungen des »Verwirkliche dich selbst« sehr langsam. Die Menschen erschlossen sich einige Arten physischer Energie (Muskelkraft, Feuer, Wasser), bauten Häuser, entnahmen ihre Nahrung hauptsächlich dem Meer, führten ein Leben halb unter Wasser. Das Shambhala und Agartha, welche die Atlanter unsichtbar beobachteten, begannen Lemurer als Propheten aus dem Genpool der Menschheit zu entsenden. »Die Söhne der Götter sind zurückgekehrt«, riefen die Atlanter bei ihrem Anblick sicherlich, in deren Gedächtnis die alten Legenden über die gewaltigen Riesen der lemurischen Periode haften geblieben waren. Diese Propheten hatten es nicht eilig, ihre Technologie und ihr Wissen an die Atlanter weiterzugeben, sie propagierten Liebe und Güte als Grundlage für den Fortschritt.

Allmählich wurde durch die Bemühungen der Propheten der Kult der Macht durch den des Wissens abgelöst, das Gute und die Liebe triumphierten. Der Fortschritt begann. Es wurden andere Arten physischer Energie erschlossen, die Städte wurden besser und schöner, die Population der Atlanter wuchs. Aber die Energie der feinstofflichen Welt konnten die Atlanter noch nicht nutzen. Das Shambhala und Agartha, die den Fortschritt der Atlanter bemerkten, informierten das Führungszentrum des Allgemeinen Informationsraums über die Möglichkeit, das Prinzip *So'Ham* aufzuheben, um durch die Energie der feinstofflichen Welt zum weiteren Fortschritt beizutragen. Und die Blockierung des jenseitigen Wissens wurde tatsächlich aufgehoben. Für die Atlanter begann ein Goldenes Zeitalter. Das gewaltige Wissen der Lemurer wurde ihnen zuteil.

Die Zivilisation der Atlanter kam auf dem Weg des Fortschritts schnell voran. Telepathie, die psychische Einwirkung auf die Schwerkraft, die Kraft der Mantras (Beschwörungen) und andere Energiearten der feinstofflichen Welt wurden erschlossen. Die Atlanter begannen Städte zu bauen, Lasten per Blick zu bewegen, konnten durch innere Energie heilen, die Luftfahrt wurde durch die Kraft der Mantras realisiert. Es entstanden gewaltige Städte, über der Erde schwebten Flugapparate (*Vimânas*), unter Wasser wurden Plantagen angelegt, mächtige Monumente, die bis heute überdauerten, zeugen von der großartigen Zivilisation der Atlanter. Die Welt lebte in purpurroten Farben.

In dieser Periode bestimmte der Kult des Guten und der Liebe das Leben der Atlanter. Der Kult des Wissens blieb eher unbedeutend, da die Atlanter durch das Dritte Auge über die Wellen des Allgemeinen Informationsraums per Telepathie zum Wissen der vorhergehenden Zivilisation – der Lemurer – uneingeschränkt Zugang hatten. Die Kinder der Atlanter besuchten keine Schulen. Mit der Entwicklung des Gehirns kam das Wissen von selbst aus dem Allgemeinen Informationsraum.

Das Wissen der lemurischen Zivilisation, gespeichert in den Torsionsfeldern des Jenseits, war so uferlos, dass für die Atlanter keine Notwendigkeit bestand, die Wissenschaft intensiv zu entwickeln und wenigstens einen Teil der lemurischen Erkenntnisse zu nutzen. Das Unvermeidliche geschah: Wissenschaftlicher Müßiggang setzte ein.

Bekanntlich erfordert die Wissenschaft eine gewaltige Tüftelarbeit, Beharrlichkeit bei der Überwindung theoretischer Probleme, praktischer Schwierigkeiten und der Trägheit von Kollegen, sie erfordert Selbstaufopferung für das Wissen und bringt dafür seelischen Aufschwung. Genau deshalb erreichten die Lemurer nie dagewesene Höhen in der Wissenschaft und erschufen den Kult des Wissens, der die wissenschaftliche Forschung vorantrieb. Fertiges Wissen, das man auf telepathischem Wege aus dem Jenseits abrufen konnte, gab es für sie nicht. Die Atlanter hingegen konnten das Wissen der Lemurer jederzeit nutzen. Ihr wissenschaftlicher Müßiggang stärkte den Kult des Wissens nicht, der für die Entwicklung des Informationsfeldes so wichtig ist. Das Schwierigste im Leben ist die Erlangung neuen Wissens durch die fähigsten und fortschrittlichsten Menschen. Bei den Atlantern konnte jeder Wissen erlangen, der sich auf die Wellen des Allgemeinen Informationsraums abstimmte. So gelangte das Wissen auch zu beschränkten, eitlen Leuten, die der Versuchung nicht widerstehen konnten, damit zu Macht zu kommen.

Der Kult des Wissens wich dem Kult der Macht. Der Kult des Guten konnte den negativen machtsüchtigen Bestrebungen nicht widerstehen. Menschliche Bestrebungen – das ist die gewaltigste Kraft, der man sich kaum widersetzen kann. Menschliches Streben kann man nicht aufhalten, man muss es auf einen anderen Weg bringen, zum Beispiel auf den Weg der Erlangung von Wissen. Wenn die Atlanter den Kult des Wissens besessen hätten, wäre das gesamte menschliche Streben auf den uferlosen und ewigen Wissensbereich gerichtet worden und hätte sich nicht in Machthunger verwandelt.

Der Mensch – sei es ein Lemurer, ein Atlanter oder einer von uns – ist so veranlagt, dass er ständig nach etwas streben muss. Der Mensch ist ein sich selbst entwickelndes Wesen. Sein Streben muss auf das Wissen und das Gute gerichtet sein. Der Kult des Guten und der des Wissens, das sind die Hauptbestandteile des Fortschritts der Menschheit. Ansonsten kommt es zum Kult der Macht und damit zum Bösen und zum Untergang.

Der bei den Atlantern aufkommende Kult der Macht verstärkte sich. Sie teilten sich in untereinander verfeindete Gruppen. Das Wissen des Jenseits wurde zur Schaffung von Waffen genutzt. Endlose Kriege begannen. Negative psychische Energie gelangte in hohem Maß in die Torsionsfelder des Jenseits.

Deshalb begaben sich die am weitesten entwickelten Atlanter in Höhlen in den *Samâdhi*-Zustand. Sie wollten den Genpool der Menschheit auffüllen. Es müssen sich relativ viele Atlanter in den *Samâdhi*-Zustand begeben haben, weil sie heute den Genpool der Menschheit weitgehend dominieren.

Das Shambhala und Agartha konnten die globale Katastrophe nicht verhindern. Die Überzeugungskraft der Propheten reichte nicht aus, und für das Shambhala waren Waffen durch den Kult des Guten und des Wissens tabu.

Ich bezweifle, dass die Atlanter die unterirdische Zivilisation der Lemurer vervollständigten. Offensichtlich erreichten sie das Niveau der Dematerialisierung und Materialisierung nicht, das für das Leben im Shambhala und Agartha unerlässlich ist.

Die Katastrophe ereignete sich vor 850.000 Jahren. Die Erdachse änderte ihre Lage, die Pole verschoben sich, es kam zu einer weltweiten Überschwemmung. Das blockierende *So'Ham* begann zu wirken.

Die Zivilisation der Atlanter ging allerdings nicht sofort unter. Einem Teil von ihr – den gelben Atlantern – gelang es, auf Luftschiffen (*Vimânas*) in das Gebiet des Himâlajas, von Tibet und der Wüste Gobi zu fliehen, dem höchstgelegenen Gebiet der Erde, das bis dahin der Nordpol gewesen war. Dort, auf den Bergen und Inseln des inneren Meeres, das im Gebiet der Gobi lag, ließen sie sich nieder und lebten noch einige zehntausend Jahre. Die Isolation aber, ihre geringe Anzahl und hauptsächlich das Fehlen des »Rettungsrings«, das das Wissen des Allgemeinen Informationsraums (das Prinzip *So'Ham* war schließlich eingeführt worden) für sie darstellte, führte zur Degradation der Gesellschaft, zu ihrer Verwilderung und zum Untergang. Der zur Gewohnheit gewordene wissenschaftliche Müßiggang sorgte dafür, dass die Atlanter nicht überlebten.

Ein anderer Teil von ihnen – die schwarzen Atlanter – überlebte in höher gelegenen Gebieten des afrikanischen Kontinents. Auch sie degenerierten, verwilderten und gingen schließlich aus den gleichen Gründen unter. Einer Hypothese zufolge trugen diese schwarzen Atlanter zur Herausbildung der heutigen schwarzen Bevölkerung bei.

Ein dritter Teil der Atlanter überlebte auf der sogenannten Insel Platons, die sich im Gebiet des Atlantischen Ozeans befand.[29] Diese Atlanter erwiesen sich als die fortschrittlichsten. Sie ließen ihr Wissen trotz fehlenden Kontakts mit dem Allgemeinen Informationsraum (wegen des blockierenden Prinzips *So'Ham*) nicht verkommen und vermochten die wissenschaftliche Forschung zu organisieren, die Technologien zu bewahren und die Menschen dazu zu bringen, sich auch ohne direkte Unterstützung des Jenseits in geistiger Hinsicht zu vervollkommnen.

Den Atlantern der Insel Platons gelang es, sich unter den neuen Bedingungen auf der Erde zu behaupten und lange Zeit zu überleben, von vor 850.000 bis vor 11.000 Jahren. Im Laufe dieser Zeit senkte sich das Wasser allmählich, das die Erde weltweit überschwemmt hatte. Es ent-

---

29 Der aus Platons Werken bekannte Prototyp des legendären Atlantis.

stand neues Land, auf dem sich die Menschen der neuen fünften Rasse niederließen – die Menschen unserer Zivilisation.

Diese neuen Menschen kamen den Atlantern der Insel Platons klein (zwei bis drei Meter groß), aggressiv und dumm vor. Mit einigen dieser neuen Menschen kämpften sie, mit anderen hatten sie freundschaftliche Kontakte, besonders mit den alten Ägyptern, denen sie viel technologisches Wissen vermittelten und mit denen sie die Pyramiden bauten, wozu sie zum Transport von Lasten (der Steinblöcke) die psychoenergetische Einwirkung auf die Schwerkraft nutzten. Die Pyramiden wurden vor 75.000 bis 80.000 Jahren gebaut. Nach dem Pyramidenbau begaben sich viele Atlanter und auch einige Ägypter in Behausungen unter den Pyramiden in einen tiefen *Samâdhi* und ergänzten den Genpool der Menschheit.

Vor 11.000 Jahren sagten die Astronomen der Insel Platons den baldigen Absturz des Kometen Typhon auf die Erde voraus. Der Komet näherte sich und stürzte in den Atlantischen Ozean. Die letzte Heimstatt der Atlanter, die Insel Platons, ging unter, sank auf den Meeresboden. Die Zivilisation der Atlanter hörte auf zu existieren.

Die Zivilisation der Atlanter hatte nicht so lange überdauert wie die der Lemurer und nicht einmal einen Bruchteil des Niveaus der lemurischen Vorväter erreicht. Ihr wissenschaftlicher Müßiggang hatte die Atlanter untergehen lassen.

Das Zeitalter der *Âryas*

Aus irgendwelchen Gründen nennen wir die Deutschen Arier. In allen alten Quellen nennt man aber die Menschen unserer Zivilisation insgesamt Arier (oder *Âryas)*.

Die *Âryas* entstanden im Schoß der atlantischen Zivilisation, vor etwa einer Million Jahren. Unter den Atlantern wurden Menschen geringerer Größe, ohne Schwimmhäutchen, mit großer Nase und Füßen geboren. Sie waren besser an das Leben auf dem Lande angepasst und hatten dadurch sogar einige Vorteile gegenüber den Atlantern. Diese dem Aussehen nach ungewöhnlichen Menschen waren aktiv und arbeitsfähig, in geistiger Hinsicht jedoch, besonders was ihre psychoenergetischen Fähigkeiten anging, bedeutend schwächer als die Atlanter. Nichtsdestoweniger war das Niveau ihrer geistigen Entwicklung erheblich höher als das der heutigen Menschen. Die ersten *Âryas* erlernten von ihren Vorvätern die Beherrschung einiger Energiearten der feinstofflichen Welt, konnten sich in den *Samâdhi*-Zustand begeben und telepathische und telekinetische Effekte hervorrufen. Die ersten *Âryas* waren Giganten im Vergleich mit den heutigen Menschen und erreichten eine Körpergröße von zwei bis drei Metern, was im Vergleich mit den Atlantern aber recht klein war.

In der Endphase der Zivilisation der Atlanter, als die ersten *Âryas* aufkamen, wirkte das blockierende Prinzip *So'Ham* noch nicht. Deshalb konnten die *Âryas* wie auch die Atlanter das Wissen des Jenseits nutzen. Die Kinder der ersten *Âryas* gingen nicht zur Schule, sie bekamen ihr Wissen aus dem Allgemeinen Informationsraum gemäß dem Wachstum ihres Gehirns. Das Dritte Auge der ersten *Âryas* war besser entwickelt als beim heutigen Menschen, funktionierte aber schwächer als bei den Atlantern.

Die Anfangsperiode des Lebens der ersten *Âryas* fiel mit der Periode der Streitigkeiten, Kriege und des Kults der Macht bei den Atlantern zusammen, der sich in unserer Zivilisation bis heute erhalten hat. Die ersten *Âryas* nahmen gemeinsam mit den Atlantern an Bruderkriegen teil. Sie waren zäher und anspruchsloser als die Atlanter.

Die *Âryas* sahen auch die nahende globale Katastrophe, der Kult der Macht hingegen war stärker. Am Vorabend der globalen Katastrophe gingen viele *Âryas* in Höhlen und begaben sich in einen tiefen *Samâdhi*-Zustand. Sie füllten den Genpool der Menschheit auf. Ich denke, dass der »arische« Teil des Genpools der Menschheit aus diesen ersten *Âryas* (aus der Zeit vor der weltweiten Überschwemmung) besteht, die, bevor sie sich in den *Samâdhi*-Zustand begaben, ohne das blockierende Prinzip *So'Ham* lebten und deshalb die grundlegenden Kenntnisse des Jenseits und einige psychoenergetische Effekte (Wiederbelebung, Heilung von Krankheiten) beherrschten. Die Propheten, die für uns ein gewöhnliches Aussehen haben (Jesus, Mohammed, Moses), waren meiner Meinung nach die ersten *Âryas*, die sich noch vor der weltweiten Überschwemmung in den *Samâdhi*-Zustand begaben. Die ersten *Âryas* wussten wahrscheinlich vom Shambhala und von Agartha, beteten sie an und verehrten die Lemurer, die »Söhne der Götter«.

Am Vorabend der globalen Katastrophe begaben sich viele der ersten *Âryas* in den *Samâdhi*-Zustand, um den Genpool der Menschheit aufzufüllen. Es geschah aber auch, um in den Höhlen die Katastrophe selbst zunächst einmal vorüberziehen zu lassen.

Während der weltweiten Überschwemmung vor 850.000 Jahren kamen die meisten *Âryas* und Atlanter ums Leben. Nur wenige Atlanter und *Âryas* überlebten auf den verbliebenen Festlandabschnitten. Schwere Zeiten brachen für sie an: Häuser, Technologien und Apparate waren verloren. Am schwersten wog jedoch, dass wegen des blockierenden Prinzips *So'Ham* die Verbindung zum Wissen des Jenseits abgerissen war. Es begannen die Verwilderung und der allmähliche Übergang zu einer primitiven Lebensweise.

Unter diesen Bedingungen führten die *Âryas* ständig Kriege mit den verbliebenen Atlantern. Die *Âryas*, besser angepasst an die rauhen Lebensbedingungen, verdrängten die Atlanter aus vielen Gebieten. Sie besiedelten die nach der weltweiten Überschwemmung wiederentstehenden Festlandabschnitte schneller und bauten dort ihre Städte und Dörfer. Die Atlanter lebten in isolierten Kolonien und degenerierten infolge ihrer geringen Anzahl und durch Inzucht.

Über Jahrtausende hinweg gab es in der Gesellschaft der *Âryas* keinen Fortschritt. Das hatte durchaus objektive Gründe: Die Erde, das waren nach der weltweiten Überschwemmung für sehr lange Zeit nur einzelne felsige Inseln. Isolation und Inzucht führten zur Degeneration und zur Verschlechterung der genetischen Parameter der *Âryas*. Es gibt Angaben, wonach in dieser Periode einige Propheten (Buddhas) erschienen, deren Wirken aber offensichtlich erfolglos war; die degenerativen Prozesse in der Gesellschaft der *Âryas* waren stärker. Die *Âryas* wurden nur noch anderthalb Meter groß und lebten mehr und mehr in wilden Stämmen.

Offensichtlich gab es vor ungefähr 100.000 bis 200.000 Jahren drei Hauptgruppen von *Âryas* – im Gebiet Tibets, im Gebiet von Südafrika und in der Gegend des Mittelmeers. Die ersten beiden Gruppen degradierten und verwilderten allmählich endgültig, und nur die Gruppe am Mittelmeer begann ganz allmählich den Weg des Fortschritts zu beschreiten, wodurch sich die altägyptische Zivilisation herausbildete. Bei deren Herausbildung spielten offensichtlich nicht nur Propheten, sondern auch die engen Kontakte zu den Atlantern der Insel Platons eine Rolle. Die ägyptische Zivilisation erreichte ein hohes Entwicklungsniveau; der Pyramidenbau ist offensichtlich ihr gemeinsames Werk mit den Atlantern der Insel Platons. Wann und warum ging die ägyptische Zivilisation unter? Mir fällt es schwer, darauf zu antworten. Aber zweifellos konnte sie die Folgen des Kometeneinschlags vor 11.000 Jahren und den Untergang der Atlanter der Insel Platons, deren Wissen und Können sie für sich genutzt hatten, nicht überleben.

Vor 18.013 Jahren erschien im Gebiet Tibets und des Himâlajas ein neuer Prophet. Einige nannten ihn Manu, andere Rama, wieder andere

Bonpo-Buddha. Dieser Prophet war von gewaltigem Wuchs und sah ungewöhnlich aus. *Ich glaube, es sind seine Augen, die auf den tibetischen Tempeln dargestellt sind.* Nach unserer Analyse dieser Augen schrieben wir sie einem Lemurer zu. Demnach kam ein Lemurer als Prophet aus dem Genpool der Menschheit.

Ich habe den Eindruck, dass während der gesamten Daseinsperiode der »arischen« Rasse, beginnend mit der weltweiten Überschwemmung vor 850.000 Jahren, nur Atlanter und frühe *Âryas* als Propheten aus dem Genpool der Menschheit kamen. Es waren keine Lemurer darunter. Das Wirken dieser Propheten führte zu keinem bleibenden Erfolg; die »arische« Rasse degenerierte mehr und mehr. Vor 18.000 Jahren etwa bestand die Menschheit vorwiegend aus wilden und halbwilden Stämmen, deren Entwicklungsaussichten ständig abnahmen. Nur die ägyptische Zivilisation stach hervor, aber auch sie tendierte zum Rückschritt.

Das Shambhala und Agartha, welche die »arische« Zivilisation genau beobachteten, entschieden letztlich, einen Lemurer als Propheten zu senden. So erschien vor 18.013 Jahren der Bonpo-Buddha (Rama, Manu) auf der Erde. Im Gebiet Tibets wählte er die besten Männer und Frauen der *Âryas* aus, isolierte sie von den halbwilden Stämmen, unterwies sie vielfältig und trug zu ihrer Verbreitung und der Besiedlung der Erdkugel bei. Und genau diese Menschen hatten und haben unserer Meinung nach noch immer das »mittelstatistische Auge« der tibetischen Rasse. Genau sie breiteten sich über die Erdkugel aus und verdrängten die halbwilden Stämme. Die Migration eben dieser Menschen vollzogen wir mit dem augengeometrischen Schema nach, und die halbwilden Stämme, die nicht in dieses Schema passten, blieben halbwild bis heute.

Bei den vom Bonpo-Buddha Geweihten begann ein allmählicher Fortschritt. Sie setzten sich im Konkurrenzkampf um Territorien gegen die halbwilden Stämme durch und lösten zumeist die halbwilden *Âryas* ab. An einigen Orten vermischten sie sich auch mit halbwilden Stämmen (Afrika, Indonesien, Australien), an anderen Orten hingegen (Europa, Asien) konnten sie die Reinheit der Rasse – von Tibet ausgehend – erhalten, wobei sich ihr Äußeres entsprechend den Lebensbedingungen veränderte. Halbwilde Stämme sind in isolierten Gebieten, so auf einigen Inseln des Stillen Ozeans und im Dschungel des Amazonas und Afrikas, erhalten geblieben. Angemerkt sei hier, dass nach den Daten des augengeometrischen Schemas einige Gruppen der *Âryas*, die aus Tibet kamen, dennoch verwilderten, etwa in Südamerika und auf den polynesischen Inseln.

Ungeachtet der Vermischung mit halbwilden Stämmen und der Fakten über regionale Verwilderung konnten die *Âryas*, die aus Tibet kamen, unserer Zivilisation einen allmählichen Fortschritt bringen. Der Lemurer-Prophet wendete die Degeneration der »arischen« Rasse ab und blieb deswegen für immer im Gedächtnis der Menschen, so dass seine Augen heute alle tibetischen Tempel als Symbol des Fortschritts zieren.

Auf die »arische« Zivilisation warteten aber noch ernste Prüfungen. Nach dem Einschlag des Kometen Typhon in den Atlantischen Ozean verdunkelte Rauch die Erde, hervorgerufen durch den Ausstoß gewaltiger Glutmassen (Magma) in die Atmosphäre. Einige Autoren schreiben, dass die Finsternis 1.000 bis 2.000 Jahre dauerte, andere nennen eine beträchtlich kürzere Zeit. Wie die Lebensbedingungen nach dieser Katastrophe aussahen, ist schwer zu sagen, aber sie dürften äußerst rau gewesen sein. Unter diesen Bedingungen waren die *Âryas* aus dem Tibet besser dran. Sie konnten Häuser bauen, sie beheizen, Kleidung nähen, Haustiere halten, Landwirtschaft betreiben. Viele halbwilde und wilde Stämme überlebten nicht, und dadurch wurde die Menschheit sozusagen von rückschrittlicher Wildheit befreit. Einige halbwilde Stämme überlebten jedoch und blieben bis heute auf diesem Niveau.

Nach der Katastrophe durch den Einschlag des Kometen Typhon normalisierten sich die Lebensbedingungen allmählich. Der Fortschritt der gesellschaftlichen Entwicklung wurde aber immer noch dadurch aufgehalten, dass der Kult der Macht aufblühte und Güte und Wissen in den Hintergrund drängte. Endlose Kriege führten außerdem noch dazu, dass sich das Ideal des Menschen als Kämpfer-Beschützer oder Kämpfer-Eroberer herausbildete.

Man muss zugeben, dass das blockierende Prinzip *So'Ham*, das die Nutzung jenseitigen Wissens ausschließt, dem Kult des Wissens nicht gerade zuträglich war. Die Degeneration dieses Kults führte dazu, dass die Menschen die Religion allmählich vergaßen, und nur das »Flüstern des Karmas« verriet ihnen noch ihre Geistigkeit, ihre spirituelle Essenz. Dadurch entwickelte sich Heidentum, der Glaube an Idole. Der Menschheit fehlte eindeutig göttliches Wissen.

In dieser Situation blieben das Shambhala und Agartha nicht tatenlos. Vor gerade einmal 2.000 Jahren erschienen mehrere Propheten (Buddha, Jesus Christus, Mohammed), die der Menschheit das Wissen des Jenseits zu vermitteln begannen. Durch das erfolgreiche Wirken dieser Propheten entstanden die Religionen: die buddhistische, hinduistische, christliche, islamische, jüdische und andere. Damit nahm der

Kult des Guten und des Wissens wieder zu, konnte aber den Kult der Macht nicht besiegen. Bruderkriege wurden von religiösen Kriegen abgelöst. Es begann die Neuaufteilung der Territorien auf religiöser Grundlage. Erneut wich die Menschheit vom rechten Weg der Entwicklung ab, und schuld daran war der Kult der Macht. Es konnte nicht einmal mehr die Rede davon sein, der »arischen« Zivilisation das alte Wissen der Lemurer zu eröffnen.

Im achtzehnten bis neunzehnten Jahrhundert entwickelte sich allerdings in einigen Teilen der Welt (hauptsächlich in Europa) ein ganz ungewöhnlicher Kult des Wissens, der allein der Erforschung der physischen Welt durch technischen Fortschritt, Darwinismus und dergleichen diente, ohne das göttliche Wissen zu erfassen. Der Fortschritt war gewaltig, ungeachtet des blockierenden Prinzips *So'Ham*. Die *Âryas* zeigten, dass technischer Fortschritt auch ohne das Wissen des Jenseits möglich ist.

Dieser Kult des Wissens war jedoch folgenschwer: Der Wissenserwerb diente vorrangig dem Kult der Macht, der Nutzung für die Erringung von Macht. Die Katastrophe kam in zwei Weltkriegen zum Ausdruck.

Nach dem Zweiten Weltkrieg fühlte die Menschheit die zerstörerische Kraft der Waffen, die auf der Grundlage des neuen Wissens geschaffen worden waren. Die Menschheit begann darüber nachzudenken, dass der Kult des Wissens und der der Macht nicht miteinander vereinbar sind. Die Anzahl der Kriege nahm ab.

Bei alledem darf man nicht übersehen, dass die verschiedenen Religionen, die vor etwa 2.000 Jahren entstanden, bereits zu Hemmschuhen geworden waren, da sie verstärkt zu Kriegen um religiöse Einflusssphären führten. Der bis heute gedeihende Kult der Macht macht die Existenz verschiedener religiöser Strömungen gefährlich. Zu wenig wird beachtet, dass alle Religionen eine gemeinsame Wurzel haben. Die Vereinigung der Religionen und die Schaffung einer einheitlichen Religion steht an. Wird das friedlich und ohne Katastrophen vonstatten gehen? Ich vermag es nicht zu sagen.

1999 ist nicht nur das Jahr, in dem ich dieses Buch vorlege. Es ist auch das Ende des Kali Yuga und der Beginn des Satya Yuga.[30] Viele Wahrsagungen verheißen, dass in dieser Periode das Ende der Welt anbricht. Nostradamus, Vira Brahmandra und einige andere haben geschrieben, dass am 11. August 1999 eine beispiellose, lange dauernde

30 Östliche epochale Zeitrechnung. »Yuga« ist im Hinduismus die Bezeichnung für die vier Weltzeitalter. Man geht dabei von der Vorstellung aus, dass das Sein einem sich immer wiederholenden Ablauf von Werden und Vergehen ausgesetzt ist.

völlige Sonnenfinsternis stattfinden wird. Darauf sollen mehrere katastrophale Ereignisse folgen, das schrecklichste davon der Einschlag eines Kometen oder Meteoriten, der in den Atlantischen Ozean stürzt. Gewaltige Flutwellen sollen die Ostküste der USA und viele Gebiete Europas heimsuchen, verbunden mit Seebeben, Hurrikans und Tornados. Zwei Drittel der Menschheit sollen dabei umkommen. Neue Propheten sind angekündigt, darunter der Regent des Shambhala, die eine einheitliche Religion des Guten und der Liebe schaffen wollen. Es werden auch falsche Propheten erscheinen, geschickt vom Antichristen. Allmählich wird das Goldene Zeitalter anbrechen, und der Menschheit wird das alte Wissen wieder zugänglich werden. Andere wiederum werden sagen, besonders Satya Sai Baba, dass sie mit der Entwicklung der Menschheit zufrieden sind, dass das Ende der Welt nicht kommen wird und wir die Schaffung einer einheitlichen Religion sehen werden.

Kommt das Ende der Welt?

Kommt das Ende der Welt? Wer weiß das schon. Wer die Zukunft voraussagt, stützt sich offenbar auf das Wissen des Allgemeinen Informationsraums. Ich sehe die Zukunft dort nicht als unabwendbare Kette bevorstehender Ereignisse definiert, sonst wäre das Grundprinzip der Schaffung des Menschen als sich selbstentwickelnder Beginn ausgeschlossen. Aus meiner Sicht ist die Zukunft im Allgemeinen Informationsraum in Form positiver und negativer Entwicklungsprognosen dargestellt.

Welche Prognose wird zutreffen? Das hängt von uns selbst ab. Wir müssen im Auge behalten, dass das Gute und das Wissen Faktoren sind, die positiv wirken, das Böse und Machtgier hingegen globale Katastrophen herbeiführen können, bis hin zur Verwilderung oder gar zum Ende der Welt.

5 Die Verwilderung als regressiver Evolutionsfaktor

Bei unserer Analyse der Menschheitsentwicklung war schon von der Verwilderung der Menschen die Rede, von der Verwandlung ganzer Völker in halbwilde und wilde Stämme – und davon, dass die Verwilderung ein regressiver Evolutionsfaktor ist, den man nicht unterschätzen darf.

Vor zwei Jahren folgte ich einer Einladung des Chefophtalmologen nach Indonesien. Vor etwa 100 indonesischen Augenärzten hielt ich einen Vortragszyklus und demonstrierte unsere neuen Augen- und plastischen Operationen. Mir gefielen die indonesischen Ärzte. Lächelnd, aufgeweckt und aufgeschlossen allem Neuen gegenüber, erwiesen sie sich als sehr zivilisiert und hochgebildet. Dennoch drängte es mich danach, sie nach dem Kannibalismus zu fragen, der in diesem Land früher so sehr verbreitet war.

– Sagen Sie, wird bei Ihnen noch Menschenfleisch gegessen?, konnte ich mich nicht enthalten, den Chefophtalmologen in einem persönlichen Gespräch zu fragen.

– Wo denken Sie hin, antwortete er, wir sind ein zivilisiertes Land, die Zeit des Kannibalismus ist längst vorbei.

– So schnell ist es Ihnen gelungen, die alten Bräuche der wilden Stämme auszumerzen?, hakte ich nach.

– Nun, antwortete er verwirrt, insgesamt gehören rund 13.000 Inseln zu Indonesien, und auf einigen von ihnen mag es noch Kannibalismus geben. Dafür haben wir eine spezielle Polizei. Wenn das auf irgendeiner Insel passiert, fliegen sie hin und bestrafen die Wilden.

– Bemüht man sich, diesen halbwilden Stämmen Bildung und eine zivilisierte Lebensweise beizubringen?

– Natürlich bemühen wir uns, meinte er. Es gibt ein spezielles staatliches Programm dafür. Aber ich halte es für nutzlos, die Wilden nehmen es kaum an. Sie sind wie Tiere, leben nach ihren Instinkten. Sicher waren diese Stämme vor vielen Jahren zivilisierter, jetzt aber sind sie unumkehrbar und endgültig verwildert. Ich bezweifle, dass man ihnen die Zivilisation nahebringen kann, eher werden sie von zivilisierten Menschen verdrängt und allmählich aussterben.

– Habe ich Sie richtig verstanden? Menschen, die zu einer primitiven Lebensweise und Verwilderung übergegangen sind, können Ihrer Meinung nach unmöglich ins zivilisierte Leben zurückfinden?

– Ich denke, dass es so ist, sagte der Chefophtalmologe. Ich war selbst bei diesen Stämmen, wollte ihre Augen heilen. Sie verstehen aber gar nichts, ihr Gehirn ist schlecht entwickelt.

Ich schwieg. Aus der Geschichte der Menschheit wusste ich, dass sich im Umfeld der indonesischen Inseln irgendwann der Hauptkontinent von Atlantis mit einer blühenden Zivilisation befunden hatte. Das gesamte Wissen konnte doch nicht in Vergessenheit geraten sein! Ließ sich der Prozess der Verwilderung denn nicht aufhalten? Es konnte doch nicht sein, dass die beginnende Verwilderung unumkehrbar war!

Stammt der Affe vom Menschen ab oder der Mensch vom Affen?

Die Schulweisheit besagt, dass der Mensch vom Affen abstammt. Rudolf Steiner nimmt an, nachdem er die Akasha-Chronik *(Aus der Akasha-Chronik, S. 96f.)* analysiert hatte, dass der Affe vom Menschen abstammt.

> Steiner schreibt: »*Eine Weiterentwicklung war jetzt nur dadurch möglich, dass sich ein Teil der Menschenwesen auf Kosten der anderen höher hinauf bildete. Zunächst mussten die ganz Geistlosen preisgegeben werden. Eine Vermischung mit ihnen zum Zwecke der Fortpflanzung hätte auch die besser Entwickelten auf ihre Stufe hinabgedrängt. Alles, was Geist empfangen hatte, wurde daher von ihr abgesondert. Dadurch fielen sie immer mehr auf die Stufe der Tierheit hinunter. Es bildeten sich also neben den Menschen menschenähnliche Tiere. Der Mensch ließ sozusagen auf seiner Bahn einen Teil seiner Brüder zurück, um selbst höher zu steigen ... So sind die Affen rückgebildete Menschen einer vergangenen Epoche. So wie der Mensch einstmals unvollkommener war als heute, so waren sie einmal vollkommener, als sie es heute sind.*«

Glaubt man Rudolf Steiner, stammen die Affen vom Menschen ab, und die heutigen Wilden Indonesiens, des Amazonas und Afrikas be-

Verwilderung (Zeichnung des Autors)

finden sich im Stadium des allmählichen Übergangs zu affenähnlichen Wesen. Vermutlich ist sogar der Schneemensch ein Seitenzweig des verwilderten Menschen.

Ist es wirklich so? Schwer zu sagen. Aber die Hypothese der Abstammung des Affen vom Menschen ist nicht weniger überzeugend als die der Abstammung des Menschen vom Affen, weil in der Natur neben dem progressiven auch ein regressiver Evolutionsprozess abläuft, der in Bezug auf den Menschen Verwilderung genannt wird.

Die Verwilderung in der Geschichte der Menschheit

Östlichen Quellen habe ich entnommen, dass mit Phasen globaler Katastrophen eine massenhafte Verwilderung der Menschen einhergeht. Dieser massenhaften Verwilderung unterlagen sowohl die Atlanter als auch die *Âryas*. Nur die Lemurer entgingen ihr (obwohl man selbst bei ihnen eine teilweise Verwilderung nicht ausschließen kann). In der Zeit der großen lemurischen Katastrophe kamen die meisten Lemurer um, die besten von ihnen jedoch, die die Dematerialisierung und Materialisierung beherrschten, begaben sich unter die Erde und organisierten das Shambhala und Agartha. Im System des parallelen Lebens auf der Erde (Shambhala und Agartha) erreichten die Lemurer die höchste Entwicklungsstufe. Über eine Verwilderung unter den Lemurern fanden wir in der Literatur nichts.

Die Atlanter unterlagen zweimal einer massenhaften Verwilderung. Die in der lemurischen Zivilisation geborenen Atlanter, die die globale lemurische Katastrophe überlebten, verfielen allmählich in eine primitive Lebensweise. Wie Lobsang Rampa schreibt (*Ein Arzt aus Lhasa*), wurden die völlig verwilderten Stämme der Atlanter von progressiveren verdrängt, und das setzte sich fort, bis die alten Schriften der Lemurer wiedergefunden wurden. Auf der Grundlage dieses historischen Wissens begann der Fortschritt der Atlanter.

Die zweite massenhafte Verwilderung unter den Atlantern erfolgte nach der weltweiten Überflutung vor 850.000 Jahren. Lobsang Rampa schreibt dazu in *Ein Arzt aus Lhasa*, dass die Menschen ihre Kultur vergaßen und ins Stadium der Verwilderung zurückfielen; sie fertigten Kleidung aus Tierfellen, aßen Beeren und trugen Keulen mit sich. So verwilderten die nach der weltweiten Überschwemmung übriggebliebenen Atlanter immer mehr, wurden von den Stämmen der *Âryas* verdrängt und starben aus. Einzig die Atlanter der Insel Platons vermochten der Verwilderung zu entgehen und konnten ihre Zivilisation bis vor 11.000 Jahren bewahren, bevor auch sie durch eine kosmische Katastrophe umkamen.

Die *Âryas*, die im Schoße der atlantischen Zivilisation geboren wurden und die weltweite Überschwemmung überlebten, unterlagen ebenfalls einer massenhaften Verwilderung. Davon zeugen viele Quellen, darunter Blavatsky und Lobsang Rampa (*Ein Arzt aus Lhasa*). Die Verwilderung unter den Atlantern war derart tief und umfassend, dass es erst vor einem relativ kurzen historischen Zeitraum (vor 18.000 Jahren) den Propheten gelang, die regressive evolutionäre Entwicklung aufzuhalten und einen Fortschritt herbeizuführen. Wahrscheinlich kam es vor 11.000 Jahren nach dem Einschlag des Kometen Typhon durch die Veränderung der Lebensbedingungen zu dieser massenhaften Verwilderung.

Aber nicht alle verwilderten Menschen kamen um. Viele von ihnen haben in verschiedenen Regionen der Erde überlebt.

Wer sind sie, die Wilden?

Heute kann man wilde und halbwilde Stämme in Indonesien, Neu-Guinea, Australien, Vietnam, Chile, Brasilien, Peru, Bolivien, Ecuador, Sibirien und zahlreichen Ländern Afrikas antreffen. Von den Aborigines Australiens weiß Helena Blavatsky allerdings zu berichten, dass sie direkte Nachfahren der Lemurer sind. Verschafft man sich einen Überblick über die östliche religiöse Literatur (Pillai, 1956; Zvebil, 1973, u.a.), zeigt sich, dass auch die Tamilen (Sri Lanka) Nachfahren der Lemurer sind.

Kann man glauben, dass Nachfahren der Lemurer, die vor vielen Millionen Jahren lebten, sich bis heute erhalten haben? Auf diese Frage zu antworten, fällt schwer. Vor allem deswegen, weil die erwähnten Aborigines unter dem Gesichtspunkt der Paläoanatomie noch nicht ernsthaft erforscht wurden. Es könnte durchaus sein, dass bei den Aborigines wirklich einige ungewöhnliche anatomische Besonderheiten gefunden werden, die der Beschreibung der Lemurer ähneln, etwa in Bezug auf den Bau der Kieferhöhle, des Rachens, der Zähne, des Schulterblatts, der Arme und der Beine.

Blavatsky bemerkt an mehreren Stellen in ihrem Buch, dass einige Aborigines der Inseln des Stillen Ozeans direkte Nachfahren der Atlanter sind.

Im Gebiet dieser Inseln lag einst der Hauptkontinent von Atlantis. Nach seiner Überschwemmung blieben nur noch Inseln übrig, auf denen Atlanter überlebten und verwildert bis in unsere Tage erhalten blieben.

Entspricht das den Tatsachen? Zur Frage der direkten Nachfahren der Atlanter liegen keinerlei Forschungen vor. Es müssten zunächst einmal vergleichende anatomische Untersuchungen durchgeführt werden, etwa indem man nach Analogien zum Aussehen Buddhas sucht.

Natürlich werden sich direkte Nachkommen von Lemurern und Atlantern (wenn es sie denn wirklich gibt!) in Tausenden und Millionen Jahren stark verändert haben und inzwischen vermutlich den *Âryas* ähneln; vielleicht haben sich aber auch gewisse Merkmale, an denen man sie noch unterscheiden kann, erhalten.

Doch beim größten Teil der Wilden haben wir es wohl mit *Âryas* zu tun. Möglicherweise gibt es auf den isolierten Inseln des Stillen Ozeans noch frühe *Âryas*, die in den Urzeiten der ersten Jahrtausende nach der weltweiten Überschwemmung verwilderten. Um relativ frühe *Âryas* könnte es sich bei einigen Wilden Afrikas handeln, die nicht in das augengeometrische Schema passen. Dieses Schema zeigt nämlich, dass die Wilden Südamerikas, einige Wilde Australiens, Neuseelands, Indonesiens und Sibiriens verhältnismäßig späte *Âryas* sind, die sich vor 18.000 Jahren von Tibet aus über den Erdball auszubreiten begannen. Obwohl die tibetische Welle unserer »arischen« Zivilisation den Fortschritt brachte, konnten nicht alle Menschen dem regressiven Evolutionsprozess mit dem Übergang zur Verwilderung entgehen. Die Aborigines Australiens zum Beispiel haben, folgt man dem augengeometrischen Schema, eine gemeinsame Wurzel mit den Japanern und Finnen, unterscheiden sich von diesen aber durch vollständige Verwilderung.

Die Verwilderung ist ein äußerst interessantes und komplexes Problem, das offensichtlich noch seiner Erforschung harrt.

Werden die Wilden überleben?

Zur Beantwortung dieser Frage möchte ich zwei Beispiele anführen.

Vor einigen Jahren wurden Doktor Salichov und ich zur Demonstration unserer neuen Augenoperationstechniken nach Manaus (Brasilien) eingeladen, das mitten im Amazonasbecken liegt. Nach einer Woche anstrengender chirurgischer Arbeit führte man uns in Booten in die Tiefe des Amazonas-Dschungels, um uns die dortige Exotik zu zeigen.

Man schlug uns eine nächtliche Krokodiljagd vor. Im Licht der Halogenlampen leuchteten die Augen der gewaltigen Reptilien grün, und mit den Motorbooten konnte man ganz dicht an sie heranfahren. Das Licht blendete sie, man konnte sie mit einem Stock berühren, kleine Krokodile sogar mit der Hand fangen. Da die Jagd auf sie verboten ist, beschränkten wir uns darauf, ihre eisige Seelenruhe zu stören. Mich verwunderte die enorme Anzahl der Krokodile; alle 150 bis 200 Meter waren ihre leuchtenden Augen zu sehen.

Darüber hinaus war eine Exkursion zu halbwilden Indianern vorgesehen. Als wir uns ihrem Dorf näherten, berichtete uns unser Begleiter, dass hier am Tag zuvor noch eine etwa zwanzig Meter lange Anakonda gesehen worden war.

Die Behausungen der Indianer waren armselig. Aus Platten zusammengezimmert, erinnerten sie eher an Hühnerställe. Sie standen im Wasser auf Pfählen. Die Indianer verrichteten ihre Notdurft durch eine Öffnung im Boden, und von dort holten sie auch ihr Trinkwasser herauf. Eine Matte und ein kleiner Satz Gefäße war ihr ganzer Hausrat, absolut ärmlich ihre Kleidung. Die Temperatur am Amazonas liegt stabil bei 30 bis 35 Grad. Mücken oder andere blutsaugende Insekten gibt es hier keine.

Die Yanomami, wie die Amazonas-Indianer sich nennen, leben von der Latexgewinnung aus den Kautschukbäumen und vom Fischfang. Sie stellen aus Leinen gefertigte Netze auf, um einen Fisch zu fangen, der bis zu 300 Kilogramm wiegen kann. Wenn sie einen Fisch gefangen haben, isst das ganze Dorf mit, wenn nicht, hungern alle.

– Sagen Sie, fragte ich einen der Indianer, der ein klein wenig Englisch sprach. Fallen die Krokodile und Anakondas auch Menschen an?

– Natürlich, antwortete der Indianer. Die Krokodile fressen die Frauen, die Anakondas die Männer.

– Wieso das?

– Sehen Sie dort meine zweite Frau, wies der Indianer mit einer Kopfbewegung zum Fluss. Sie wäscht das Geschirr am Ufer. Das hat auch meine erste Frau getan, als sich ein Krokodil unbemerkt näherte, sie ins Wasser zerrte und zerfleischte.

– Kommt das oft vor?

– Oft, sehr oft. Mein Nachbar hat durch Krokodile zwei Frauen verloren. Auch viele Kinder wurden schon von Krokodilen gefressen.

– Fürchten Sie denn nicht um Ihre zweite Frau?

– Natürlich ängstige ich mich. Sicher wird auch sie irgendwann einem Krokodil zum Opfer fallen. Einmal wurde sie schon angefallen, konnte aber entkommen. Die Frau muss nun mal das Geschirr am Ufer waschen. Wenn sie ebenfalls verschlungen wird, nehme ich mir eine dritte Frau, sagte der Indianer mürrisch.

– Und die Anakondas überfallen die Männer?

– Viele Männer des Dorfes werden von Anakondas getötet.

– Warum?

– Sie haben sicher gesehen, wie dicht der Urwald ist. Man kann ihn nur auf ausgetretenen Pfaden durchqueren. Alle Tiere nutzen diese Pfade. Wir Männer genauso, wenn wir Latex ernten gehen. Die Anakonda hängt sich über den Pfaden in die Bäume und wartet auf Beute. Sie fällt alles Lebende an, sei es ein Mensch, ein Tapir oder ... Voriges Jahr hat eine Anakonda meinen Cousin verschlungen, nur die Mütze blieb übrig. Vorher war schon sein Sohn im Wald verschwunden. Weil die Anakonda ...

– Sind die Anakondas groß?

– Es gibt sehr große, aber auch kleinere, die nur Kinder fressen.

– Haben Sie Waffen, um sich zu schützen?

– Nein, wir haben keine Waffen. Wir haben nur das dort, er zeigte auf seine Hütte.

– Warum haben Sie keine Waffen?

– Die sind teuer.

– Können Sie sich denn nicht eine Waffe erarbeiten?, hakte ich nach. Man kann Fische fangen, salzen und in der Stadt verkaufen, statt sie gleich alle zu essen. Man kann Möbel aus dem roten Holz herstellen und sie verkaufen. Man kann Kleinigkeiten aus Holz fertigen oder Piranhas ausstopfen, die sicher gefragt sind. Man kann Mais, Zuckerrohr, Kaffee, Kakao, Ananas anbauen. Warum machen Sie das nicht?

– Wir können es nicht, antwortete der Indianer betrübt.

– Gibt es unter Ihnen niemanden, der sich damit etwas auskennt?

– Nein.

– Sind alle Analphabeten? Sie können nicht lesen?

– Nein, können wir nicht.

– Sie haben doch einen Häuptling?

– Ja.

– Er kann aber sicher lesen und schreiben?

– Nein. Er lebt genauso wie wir, sagte der Indianer.

– Und woher kennen Sie die englische Sprache?

– Als kleiner Junge ging ich in die Stadt und lebte lange neben einem Touristenhotel. Dort habe ich Englisch gelernt.

– Was haben Sie in der Stadt gemacht?, fragte ich weiter.

– Ich habe gebettelt, Koffer getragen, Müll beseitigt, lautete die Antwort des Indianers.

– Und wo haben Sie gewohnt?

– Auf der Straße ... Später hab ich mir eine Hütte aus Kisten gemacht.

– Und versucht der Staat, Ihnen zu helfen, so wie die weißen Menschen zu leben?

– Ja. Aber wir können nicht leben wie sie.

Ich verstummte angesichts seiner absoluten Hoffnungslosigkeit. Er tat mit leid. Wie konnte man ihm helfen? Ich verstand, dass diese Indianer den Kontakt mit weißen Menschen nicht aushalten; sie empfinden ihnen gegenüber einen tief verwurzelten Minderwertigkeitkomplex, der sie psychologisch hemmt. Das degradiert sie nur noch schneller, und so sterben sie allmählich aus. Diese Menschen sind noch nicht vollständig verwildert, sie leben noch nicht allein nach ihren Instinkten, sind nach wie vor in der Lage, das Entwürdigende ihrer Unterentwicklung zu spüren. Einst waren sie in der wilden Natur sicher glücklich, fühlten Überlegenheit gegenüber den Tieren. Sie haben sich bestimmt nicht träumen lassen, dass andere Menschengruppen weiter fortgeschritten sein könnten, Maschinen entwickelten, ein Bildungssystem schufen, Städte errichteten. Möglicherweise spüren sie unbewusst, dass sie die Zeit nicht mehr zurückholen können, bevor sie sorg- und tatenlos den regressiven Evolutionsweg einschlugen, ohne Erinnerung an ihre großen Vorfahren, und sich immer mehr der wilden geistlosen Natur näherten. Woher sollen sie auch wissen, dass die Evolution keine stabilen Zustände duldet, dass es nur zwei Alternativen gibt, Fortschritt oder Rückschritt – und der Fortschritt erfordert Anstrengungen, gewaltige Anstrengungen.

Später brachte man uns zu einer Amazonas-Fähre. An den Ufern standen ärmliche Hütten. Neben mir stand ein Indianerjunge in einem verschmutzten T-Shirt mit der widersinnigen Aufschrift *Cowboy*. Ich sah ihn an und dachte, dass er wohl nie Bildung erfahren wird, dass sein Schicksal durch den regressiven Müßiggang seiner frühen Vorfahren vorherbestimmt ist und er den Rest seines Lebens in einer dieser Hütten verbringen würde, wenn ihn nicht vorher ein Krokodil oder eine Anakonda verschlang. Ich bedachte mein unverdientes Glück – meine frühen Vorfahren hatten hart gearbeitet, waren den Weg des Fortschritts gegangen.

Ein anderes Beispiel bezieht sich auf Sibirien, auf das Gebiet der Tajmyr-Halbinsel. Wir wanderten dort auf einer Route höchster Schwierigkeitsstufe und gelangten an einen Ort, den, wie man sagt, noch nie ein

Menschenfuß betreten hat. Es regnete, mit Schnee vermischt. Ringsum war Tundra, durchzogen von felsigen Schluchten. Es war sehr kalt, man wollte sich nur noch irgendwie vor dem allgegenwärtigen und schneidenden Wind schützen.

Da entdeckten wir in der Tundra die Jurte eines Rentierzüchters. Erfreut gingen wir hin. Hunde schlugen an, und einige mit Rentierfell bekleidete Menschen kamen aus der Jurte. Der Älteste von ihnen schlug sich auf die Brust und sagte:

– Chef.

Ich nahm den Rucksack ab und sagte, mir ebenfalls auf die Brust schlagend:

– Chef.

Der Rentierzüchter zeigte auf die Jurte und sagte:

– Gut.

Es war zu merken, dass der Hausherr der Jurte nur diese zwei Worte Russisch kannte. Er sah mich an, deutete auf den Kessel mit gekochtem Rentierfleisch und sagte:

– Chef. Gut.

Wir begannen zu essen. Ich ging zu meinem Rucksack, holte eine Flasche Schnaps, zeigte sie dem Hausherrn und sagte:

– Chef. Gut.

Der Hausherr blickte in die Runde, auf seine Familie und auf uns. Danach deutete er auf sich und mich und sagte:

– Chef. Gut.

Da verstand ich, dass nur er und ich trinken durften – die Chefs. Ich schenkte den Schnaps ein, und wir tranken. Der Hausherr sagte:

– Chef. Gut.

Ich aß von dem Ren und sagte meinerseits:

– Chef. Gut.

Das »Gespräch« zog sich hin. Es wurde Nacht, wir legten uns schlafen. Plötzlich zeigte der Hausherr auf eine der Frauen in der Jurte und sagte deutlich:

– Chef. Gut.

Ich kannte diesen Brauch nordischer Völker, war aber dennoch verwirrt und bedeutete ihm mit den Händen, dass ich schlafen wollte und sagte:

– Chef. Gut.

Der Hausherr ging zu der Frau, klopfte ihr auf den Rücken und sagte:

– Chef. Gut.

Schließlich wurde der Hausherr es müde, mich zu überreden. Wir schliefen ein.

Morgens wollte er uns zunächst begleiten. Er hob einen von unseren Rucksäcken hoch, stöhnte aber dann ob dessen Gewicht und ging erneut zu der besagten Frau, klopfte ihr auf die Schulter und sagte vorwurfsvoll:

– Ach, Chef, gut.

Wir machten uns wieder auf den Weg. Nach einigen Kilometern trafen wir einen einzelnen Rentierzüchter, der auf einem Schlitten fuhr. Er sprach recht gut Russisch. Wir blieben stehen und unterhielten uns. Es stellte sich heraus, dass er einige Jahre in der Siedlung gelebt, sich aber armgesoffen hatte und jetzt mit der Familie umherzog, bei der wir gerade gewesen waren.

– Der Alte *(der Chef – E.M.)* ist sehr weise. Er zieht an den entlegendsten Orten herum und hütet sich davor, mit weißen Menschen zusammenzutreffen. Er weiß, dass unser Volk *(die Nenzen – E.M.)* den Kontakt mit den weißen Menschen nicht verträgt, wir fangen an zu saufen und sterben. Wenn ich mit den weißen Menschen zusammenleben würde, wäre ich schon längst tot. Der Alte hat mich gerettet. Aber es werden immer mehr Weiße in der Tundra, sie kommen mit Hubschraubern und Geländefahrzeugen. Wir weichen immer weiter nach Norden zurück, bald wissen wir nicht mehr, wohin wir noch gehen sollen.

Werden die Wilden und Halbwilden überleben? Wohl eher nicht. Reservate für sie zu schaffen, in denen sie nach ihren Bedingungen leben können, ist sinnlos, weil Fortschritt nur möglich ist, wo der Wille dafür da ist, der Wunsch zu kämpfen und Schwierigkeiten zu bewältigen. Pflegten die frühen Vorfahren regressiven Müßiggang, der die allmähliche Verwilderung überhaupt erst bewirkte, leiden ihre Nachkommen jetzt unter dieser todbringenden Sünde.

Verwilderungsfaktoren

Wie gesagt ist der Müßiggang der frühen Vorfahren einer der Hauptfaktoren der Verwilderung. Müßiggang ist immer regressiv, weil der Mensch als ein Wesen geschaffen wurde, das sich weiterentwickelt, immerzu und ewig fortschreitend. Wenn die müßigen Generationen einander ablösen, merken sie nicht einmal, dass bei ihnen viele geistige Elemente degenerieren, vor allem der Wille, und dadurch degeneriert das Gehirn. Von Generation zu Generation werden die Menschen dann unfähiger, und das Animalische (Essen, Schlafen, Fortpflanzen) gewinnt immer mehr die Oberhand.

Ein weiterer Verwilderungsfaktor ist die Isolation. Deshalb sind die Bewohner kleiner isolierter Inseln meistens Wilde. Es ist aber auch festzustellen, dass der Wunsch einiger kleiner Völker, zum Beispiel der Tschetschenen, sich selbst in Form eines souveränen Staates zu isolieren, ebenfalls ein regressiver Faktor sein kann, da eine Vermischung des Blutes und ein dynamischeres Leben in einem großen Staat den Fortschritt voranbringt.

Ein anderer Verwilderungsfaktor ist der fanatisch-totalitäre Charakter der Regierung einiger Staaten und Stämme. Der Regierende propagiert irgendeine Theorie (Kommunismus, Religion, Schamanismus, Opferungen) und schafft eine totalitäre Gesellschaft, in der die Menschen fanatisch an diese Theorie glauben. Alle Gegner werden verfolgt oder gar vernichtet. Am stärksten werden die fähigsten Menschen verfolgt, deren geistiges Niveau höher ist. Allmählich verringert sich die Anzahl der fähigen Menschen, und immer mehr unzivilisierte Gesetze und Sitten setzen sich in der Gesellschaft durch. Als Beispiele dafür können die frühere UdSSR (leninistische und stalinistische Repressionen, die zu einer starken Degradation führten) und der Irak (fanatischer muslimischer Glaube) dienen.

Der bedeutendste Verwilderungsfaktor sind aber globale Katastrophen, die die Überlebenden immer weiter in die Primitivität treiben. Nur ein gewaltiger Wille und Unternehmungsgeist kann hier eine rasche Verwilderung verhindern.

Die *Samâdhi* als Gegengewicht zur Verwilderung

Der Fortschritt ist ein schwieriger und langwieriger Evolutionsprozess, während der Rückschritt der Gesellschaft mit dem Übergang zur Wildheit beträchtlich leichter und schneller vonstatten geht. Prozesse der Zerstörung und des Zerfalls erfordern nun einmal viel weniger Anstrengungen als Schöpfertum und Aufbau.

In der Geschichte der Menschheit gab es offensichtlich viele verlockende Gelegenheiten, auf den unumkehrbaren Weg der massenhaften Degenerierung und Verwilderung einzuschwenken. Das ist in fast allen religiösen und literarischen Quellen nachlesbar, die der Anthropogenesis gewidmet sind. Und aus all diesen Quellen geht ebenso hervor, dass vorher, woher auch immer, jedes Mal Propheten erschienen, die sich bemühten, den Rückschritt zu verhindern und einen fortschrittlichen schöpferischen Neuanfang einzuleiten.

Unserer Hypothese nach kamen die Propheten aus dem Genpool der Menschheit, was darauf schließen lässt, dass der Genpool der Menschheit und das ihm zu Grunde liegende Phänomen der *Samâdhi* auch dazu geschaffen wurde, der Verwilderung vorzubeugen.

Die Konsequenz daraus ist atemberaubend: Das weise Shambhala und Agartha beobachten und analysieren uns und warten nur auf den richtigen Zeitpunkt, um den heiligen Genpool mit den besten Menschen der drei letzten Zivilisationen zu Hilfe zu rufen. Einige Völker und Stämme, die dann weiter in Müßiggang verwildern, werden Opfer des regressiven Evolutionsprozesses, während andere dem geistigen Einfluss der Propheten ausgesetzt werden, deren Wirken ein Zeichen des gewaltigen Wissens des Shambhala und des Schöpfers selbst ist.

6 Das Gute, die Liebe und das Böse

Für das Ende des Buches hatte ich eigentlich geplant, Bilanz zu ziehen hinsichtlich der dargelegten Fakten und logischen Konstruktionen. Aber ganz unerwartet für mich selbst verstand ich auf einmal, dass jenen erstaunlichen Naturerscheinungen – der Konservierung von Menschen in Höhlen, dem Shambhala, der letzten Botschaft *So'Ham* und all den anderen Phänomen – etwas Bestimmtes zugrunde liegt: die Einheit und der Widerstreit der einfachen und wohlbekannten Konzepte des »Guten«, der »Liebe« und des »Bösen«.

Was ist das Gute? Was ist Liebe und was das Böse? Zumeist wird das recht allgemein definiert, gestützt auf Beispiele aus dem Leben. Über einen guten Menschen urteilen wir anhand seiner Absichten, in der Not zu helfen, auf Grund warmer Worte, seiner Uneigennützigkeit und anderer guter Eigenschaften. Einen bösen Menschen assoziieren wir mit einem Neider, Karrieristen, Verbrecher, Verräter und ähnlich negativen Charakteren. Und Liebe haben wir sicherlich alle schon erfahren. Wir erinnern uns, dass sie ein Gefühl des Energiezustroms ist, der Vergötterung eines anderen Menschen und liebevoller schlafloser Nächte.

Das »Gute«, die »Liebe« und das »Böse« sind Gefühlskategorien, die man weder messen noch mit irgendwelchen materiellen Methoden analysieren kann; sie bewohnen das Unterbewusstsein. Nur unsere inneren Stimmen lassen uns im Flüsterton intuitiv erahnen, was es damit auf sich hat. Die Kraft dieser Stimmen ist manchmal so groß, dass wir uns ganz und gar in die Macht dieser Gefühle begeben und uns völlig dem Wunsch hingeben, dieses Gefühlsproblem zu lösen. Aus Liebe beispielsweise wurden schon ganze Länder zerstört, kamen Völker um oder gab es bedeutende Entdeckungen. Gefühle wie Neid und Machtgier führten zu Repressionen und dem Untergang von Millionen Menschen.

Welchen Ursprung hat die unglaubliche Kraft dieser Stimmen, die sich auf die Seite des Guten, der Liebe oder des Bösen schlagen? Um diese Frage zu beantworten, komme ich noch einmal auf die Hauptmomente des Weltgefüges und der Anthropogenesis zurück.

Die Materie, die aus dem Absoluten entstand, teilte sich in zwei Welten, die feinstoffliche und die physische. Die physische Welt veränderte sich allmählich durch die Bildung von Galaxien, Sternen, Planeten und interplanetaren Gasen. Die feinstoffliche Welt, also die Welt der extrem hohen Frequenzen, veränderte sich ebenfalls, aber auf andere Weise. In der feinstofflichen Welt entstanden sich drehende Felder, die nach und nach immer komplexer wurden und durch die sich die feinstoffliche Welt weiterentwickelte. Genau diese Torsionsfelder sind die Quelle der grundlegenden Gefühle des »Guten«, der »Liebe« und des »Bösen« – jenes intuitiven Flüsterns, das wir unablässig hören.

Wie entstanden das Gute, das Wissen und das Böse?

Der Torsionseffekt macht evolutionär sehr viel Sinn: In den sich drehenden Feldern extrem hoher Frequenzen blieben Informationen erhalten. Mehr noch: Die Informationen wirkten auf die Torsionsfelder zurück und trugen dazu bei, dass diese zur besseren Informationssicherung immer komplexer wurden. Übrigens sind Feldübertragung und Informationssicherung nichts Übernatürliches; man denke nur an das Fernsehen oder ans Radio.

In der feinstofflichen Welt waren an diesem Vorgang zweierlei Kräfte beteiligt: Die einen führten zum Andrehen der hochfrequenten Felder, die anderen wirkten dem entgegen. Diejenigen Kräfte, die die Felder in Drehung versetzten, waren nützlich (positiv); sie brachten »Gutes« hervor, da sie der Informationserhaltung dienten. Die Kräfte, die dem entgegenwirkten, waren naturgemäß schädlich (negativ), da sie Informationen löschten.

Psychische Energie, die wir auch beim Denken, Fühlen und bei der Wahrnehmung unserer Intuition freisetzen, ist allen Menschen eigen. Wie die Physik festgestellt hat, befindet sie sich im Bereich extrem hoher Frequenzen und hat eine direkte Beziehung zur feinstofflichen Welt. Mit anderen Worten: Beim Denkprozess nutzen wir die Energie der feinstofflichen Welt, und das Gehirn versetzt die Torsionsfelder des Geistes in Drehung. Deshalb stellen viele Physiker (wie Shipov und Lobankov) eine Analogie zwischen der feinstofflichen Welt und der Welt der psychischen Energie her; die Seele (den Geist) betrachten sie als Energiebündelung der feinstofflichen Welt in Form sich drehender (Torsions-)Felder.

Daraus lässt sich schließen, dass wir den Prozess des Andrehens der Felder in der feinstofflichen Welt, der die Information bewahrt und sichert, psychisch mit dem »Guten« assoziieren, und den Prozess, der dem entgegenwirkt, der die Information wieder löscht, mit dem »Bösen«. Wir empfinden dies als »gut« oder »böse«, weil die Ergebnisse sich nicht nur in der physischen, sondern auch in der feinstofflichen Welt zeigen. Das Empfinden des Guten ist das Empfinden der Informationserhaltung in den Torsionsfeldern unseres Geistes, das Empfinden des Bösen das der Zerstörung der Information in unserem Geist.

Somit sind das »Gute« und das »Böse« die fundamentalen Kategorien der feinstofflichen Welt, die deren Entwicklung und Evolution zugrunde liegen. Wenn das Gute siegt, wird die Information in den Torsionsfeldern der feinstofflichen Welt bewahrt und es entsteht Wissen. Siegt das Böse, wird Wissen vernichtet. Das Wissen, dem die Information der Erfahrung des Kampfes zwischen »gut« und »böse« zugrunde liegt, trägt zum Sieg des Guten und zum evolutionären Fortschritt bei. Deshalb kann man von der Einheit von Gutem und Wissen sprechen, man kann sie als einheitliche Kategorie darstellen – *das Gute plus Wissen.*

Das primäre, sekundäre ... Gute und Böse

In der Anfangsphase der Evolution der feinstofflichen Welt gab es nur das primäre Gute und das primäre Böse. Beim Kampf zwischen ihnen ging es nicht ums Leben, sondern um den Tod. Hätte das Gute gewonnen, dann hätte es absolut gewonnen, hätte das Böse gewonnen, hätte es das Gute vernichtet. Diesen kompromisslosen Kampf gewann das Gute, weil es mit dem Wissen zusammenwirkte; das Böse begann zu verschwinden.

Doch mit dem Verschwinden des Bösen stagnierte der Fortschritt im Evolutionsprozess der feinstofflichen Welt, denn das *Wissen* bestand vor allem aus Informationen über die Erfahrung des Kampfes zwischen dem Guten und dem Bösen.

Das Böse durchlief seinen eigenen Evolutionsprozess, um dem Guten entgegenzuwirken, das dieses Wissen geschaffen hatte und gegen das Böse einsetzte. So entstand, glaube ich, das sekundäre Böse. Während das primäre Böse Energie der feinstofflichen Welt war, die der Drehung der Torsionsfelder entgegenwirkte und die in ihnen gespeicherten Informationen (das Wissen) löschte, handelt es sich beim sekundären Bösen um Energie, die die hochfrequenten Felder der feinstofflichen Welt in die dem Guten entgegengesetzte Richtung drehte. Diese »bösen« oder negativen Torsionsfelder konnten auch Informationen (Wissen) erhalten, der sich aus dem Widerstreit des Bösen und des Guten ergab, und für den Kampf nutzen.

Als Antwort auf das Erscheinen des sekundären Bösen erschien das sekundäre Gute in Form komplexer sich positiv drehender Torsionsfelder, welche die Information über die Erfahrung des Kampfes mit dem sekundären Bösen enthielten. Es kam zum Kampf des positiven mit dem negativen Wissen. Und als Reaktion auf das Erscheinen des sekundären Guten entstand das tertiäre Böse in Form noch komplexerer sich negativ drehender Torsionsfelder, die die Information über die Erfahrung des Kampfes mit dem sekundären Guten enthielten.

Und so ging es ständig weiter. Nach und nach entstanden immer komplexere (bildlich gesprochen: »mehrschichtigere«) Torsionsfelder der feinstofflichen Welt, die eine gewaltige Menge an positiven und negativen Informationen gleichzeitig enthielten. Es kämpften schon nicht mehr nur das Gute und das Böse gegeneinander, sondern das positive und das negative Wissen.

Aus alledem folgt, dass das Böse ein unverzichtbares Merkmal der Evolution ist, ohne das der Fortschritt und die Entwicklung der feinstofflichen Welt stagnieren würden. Warum sagen wir dann nicht, dass »gut« und »böse« gleichrangig sind? Warum bevorzugen wir das Gute und damit den Fortschritt und die Entwicklung? Erinnern wir uns an das primäre Gute und Böse, die sich kompromisslos bekämpften. Der Kampf zwischen Gut und Böse trägt zum Fortschritt bei, solange er auf einem zehnten, neunten oder auch dritten Niveau stattfindet. Aber gebe Gott, dass dieser Kampf nicht das erste Niveau erreicht, die primäre Ebene! Wenn das Böse dort siegt, wird die gesamte Information aus den Torsionsfeldern der feinstofflichen Welt gelöscht und es kommt zum Informationsdebakel. Die Evolutionsarbeit der Natur müsste erneut beginnen.

Das ist der Grund, warum die Kräfte des Guten den Sieg des Bösen auf den obersten Stufen nicht zulassen dürfen: Sie müssen verhindern, dass das Böse bis zum ersten Niveau, zur primären Ebene, vordringt und auf diesem Niveau vielleicht sogar siegt. *Deshalb* kann man sich mit dem Bösen nicht einfach abfinden. Man muss ihm entgegengetreten, wo immer es sein Haupt erhebt, denn wir dürfen nie vergessen, dass Gleichgültigkeit gegenüber dem Bösen schrecklich enden kann.

Das Gute und das Böse (Zeichnung des Autors)

Was ist Liebe?

Im Evolutionskampf des Guten mit dem Bösen, beide in »Wissen« gehüllt, gibt es ein Moment, das die Waagschale zugunsten des Guten neigt. Dieses Moment nennt man Liebe.

Was ist »Liebe«, vom Standpunkt der Hypothese über die Torsionsfelder der feinstofflichen Welt aus betrachtet? Liebe ist eine Beschleunigung und Verstärkung der sich positiv drehenden Torsionsfelder der feinstofflichen Welt durch die Einwirkung anderer positiver Torsionsfelder. Bildlich gesprochen können zwei positive oder »gute« Torsionsfelder bei gegenseitigem Kontakt die Drehung der Torsionsfelder verstärken. Damit erhöht sich ihre Wirkung auf die negativ drehenden Torsionsfelder, die Information (das Wissen) wird besser bewahrt und es entsteht die Möglichkeit, neues Wissen aufzunehmen.

Negative oder »böse« Torsionsfelder sind bei gegenseitigem Kontakt nicht in der Lage, die Drehung zu verstärken. Sie besitzen keine Liebe, nur Eigenliebe, weil das sekundäre, tertiäre und andere Niveaus sich negativ drehender Torsionsfelder im Bereich eines Komplexes von Torsionsfeldern (in einem Geist) sich gegenseitig verstärken können.

Liebe wirkt vorrangig auf dem primären, grundlegenden Niveau der Torsionsfelder, schützt sie vor dem Bösen, das alle Informationen löschen und den Geist zerstören kann. *Bei Parität des Wissens, über das das Gute und Böse verfügen, kann die Liebe den Geist retten.*

Gerade wegen der Liebe wird das Gute letztlich immer siegen. Die Liebe ist ein Garant für die Erhaltung und Erlangung von Wissen in den Torsionsfeldern der feinstofflichen Welt, sie ist eine der Grundlagen des wellenartigen Lebens.

Das Jenseits – ein Geheimnis?

Wir definierten das Jenseits als eine *wellenartige kosmische Lebensform* in der feinstofflichen Welt. Die Analyse der Konzepte des »Guten«, der »Liebe«, des »Wissens« und des »Bösen« vom Standpunkt der Physik der feinstofflichen Welt aus stützt unsere Vermutung, dass sie der Funktion des Jenseits zugrunde liegen.

Eine wellenartige kosmische Lebensform! Schwer vorzustellen, dass so etwas existieren kann. Aber was ist Leben? Leben, das ist vor allem die Fähigkeit des materiellen Substrats, Informationen zu beziehen und weiterzugeben (zu vererben), aber auch, sich zu vervollkommnen, also den Weg des Fortschritts zu gehen. Wenn das irdische Leben auf dem Erhalt und der Vererbung von Informationen über den Genapparat beruht, liegt der wellenartigen kosmischen Lebensform die Erhaltung und Weitergabe der Informationen in den Torsionsfeldern der feinstofflichen Welt zugrunde. Und der Fortschritt der wellenartigen kosmischen Lebensform verwirklicht sich dann auf der Grundlage der Einheit und des Kampfes des Guten (der positiven psychischen Energie) gegen das Böse (die negative psychische Energie).

Das Auftreten des sekundären, tertiären ... hundertsten, tausendsten Guten und Bösen (nach dem primären Guten und Bösen) und die gegenseitige Verstärkung der Drehung der »guten« Torsionsfelder beim Kontakt miteinander (Liebe) führten zur Bildung komplexester Feldstrukturen im Jenseits, die nicht nur in der Lage sind, Informationen (Wissen) zu erhalten und weiterzugeben, sondern auch sich selbst zu vervollkommnen. Diese äußerst komplexen Energiebündel der feinstofflichen Welt (der psychischen Energie), die man sich bildlich als mehrschichtige Torsionsfelder vorstellen kann, sind *die Seelen*. Der Hauptbestandteil der Seele, der die Kerninformation enthält, ist *der Geist*. Der Geist ist, wie aus der Religion bekannt, unsterblich. Die Kerninformation oder das wesentliche Wissen, das durch die Evolution geschaffen und in den Torsionsfeldern der feinstofflichen Welt gespeichert wird, ist *unsterblich*. Die Torsionsfelder der Seele (ätherischer Körper) können vergehen, die in ihnen gespeicherten Informationen gelöscht werden. Die Haupttorsionsfelder der Seele, *der Geist*, in dem die Kerninformation gespeichert ist, bleibt jedoch ewig erhalten.

In der Religion gibt es die Vorstellung vom guten und vom bösen Geist. Offensichtlich ist es tatsächlich so! Der eine Geist enthält die Kerninformation, die vorwiegend in positiven oder »guten« Torsionsfeldern enthalten ist, ein anderer wiederum jene, die vorwiegend in negativen oder »bösen« Torsionsfeldern abgelegt ist. Der Evolutionsprozess im Jenseits beruht auf dem Kampf des Guten gegen das Böse und umgekehrt, wobei jeder Geist einen guten und einen bösen Ansatz hat, nur dass im einen Fall das »Gute« überwiegt, im anderen Fall das »Böse«. Dennoch hat ein guter Geist mehr Chancen zur Selbstvervollkommnung, da er in der Lage ist, die Drehung seiner positiven Torsionsfelder durch die Einwirkung eines anderen positiven Torsionsfeldes (der »Liebe«) zu verstärken. Aus diesem Grund propagiert die Religion ständig die Liebe als Grundlage des Fortschritts und des Lebens.

Die Liebe als Verstärker guten Sinnens und Trachtens beim Kontakt der Seelen (des Geistes) hat offensichtlich bewirkt, dass im Evolutionsprozess des Jenseits die »Geiste« – wie ich die Mehrzahl des Geistes als Kernbestandteil der Seele einmal nennen möchte – untereinander Kontakt aufzunehmen begannen und sich nach und nach zum Allgemeinen Informationsfeld vereinigten. Das Aufkommen der Gemeinschaft der »Geiste«, die wie ein Computernetzwerk miteinander verbunden sind, führte zur Ausprägung einer Information allgemeinen Charakters für alle »Geiste«. Deren Bedeutung nahm mit der zunehmenden Komplexität jedes Geistes im Evolutionsprozess immer mehr zu, da der Fortschritt sich nicht nur selber in den Grenzen jedes einzelnen Geistes regulieren, sondern einer allgemeinen Korrektur in den Grenzen des gesamten Allgemeinen Informationsraums unterzogen werden muss. Allgemeine Funktionen wurden einer Gruppe am weitesten entwickelter Geiste übertragen, bei denen nach und nach allgemeine Torsionsfelder mit darin gespeicherten Informationen allgemeinen Charakters entstanden. Die Führungsrolle für den gesamten Informationsraum mit allen verschiedenartigen in ihm vereinigten Geisten führte zur Beschleunigung der Entwicklung und Komplexität dieser allgemeinen Torsionsfelder. In ihnen begann sich eine gewaltige Informationsmenge anzusammeln, die zur Steuerung des gesamten wellenartigen Lebens des Jenseits genutzt wird. Dieses vom Informationsgehalt und den Denkfähigkeiten her mächtigste Energiebündel der feinstofflichen Welt, das man sich als extrem vielschichtige Torsionsfelder vorstellen kann, nennen wir *Gott.*

Gott ist das Führungszentrum der wellenartigen kosmischen Lebensform, also des Jenseits. Gott ist dem Wesen nach der kosmische Verstand.

In der religiösen Literatur wird nicht selten der große Geist des Bösen erwähnt, der gegen Gott arbeitet und alle bösen Taten steuert. Folglich scheint es zwei Führungszentren der wellenartigen kosmischen Lebensform zu geben, ein positives (Gott) und ein negatives Führungszentrum (der große Geist des Bösen). Entspricht das den Tatsachen?

Ich vermag es nicht zu beurteilen, weil mein Verstand im Vergleich zum kosmischen Verstand extrem schwach ist. Nichtsdestoweniger denke ich, dass es nicht zwei Götter gibt, den des »Guten« und den des »Bösen«, sondern nur einen, den *universellen Gott.* Rein logisch betrachtet ist der Kampf zwischen dem Guten und dem Bösen die Grundlage des evolutionären Fortschritts im Jenseits, denn jeder Geist enthält »gute« und »böse« Elemente, so dass eine ständige Stimulierung zur Selbstvervollkommnung erfolgt. Meiner Ansicht nach trägt Gott als zentraler supermächtiger Geist in sich positive (gute) und negative (böse) Elemente psychischer Energie. Er kann nicht *nur* gut sein, weil die Lenkung des Lebens sowohl Tugend als auch Sühne erforderlich macht und der Kampf mit dem Bösen und die Liebe Grundlagen für den Fortschritt in der ewigen kosmischen Lebensform sind.

Die göttliche Tugend können wir als höchste Belobigung des Kampfes gegen das Böse ansehen, das göttliche »Böse« hingegen als Bestrafung für die Abkehr vom Kampf gegen das Böse und für zerstörerisches Wirken. Gott wird vor der unerlässlichen Präsenz von Elementen des »Bösen« nicht zurückschrecken, weil nur in der Auseinandersetzung mit dem Bösen Wissen als Grundlage des Weltgefüges erlangt wird. Deshalb schließt der Satz »Gott ist einheitlich« wahrscheinlich nicht nur den Gedanken der Einheitlichkeit für alle Religionen ein, sondern auch den der Einheitlichkeit gütiger und strafender Taten.

Gott hat ein *kolossales* Potenzial an Liebe, da er das *Ergebnis* von Liebe ist (nämlich des gegenseitigen Kontakts der »Geiste«, die den guten Beginn und die Erhaltung der Information verstärken). Und die Tugend und »Bestrafung«, die von Gott ausgehen, werden immer Zeugnis der wahren großen Liebe Gottes sein. Gott, das ist vor allem der gute Beginn, da er selbst aus dem Sieg des Guten und der Liebe über das Böse hervorgegangen ist.

Vergessen wir bei alledem nicht, dass das Wissen insbesondere Erfahrung aus dem Kampf des Guten mit dem Bösen ist. Die Bewahrung dieses Wissens und die Erlangung neuen Wissens sind die Grundlage des Lebens, weil sich gerade dadurch lebende Materie von toter unterscheidet.

Logischerweise braucht selbst Gott einen entgegenwirkenden Beginn, um sich zu entwickeln. Der Widerspruch besteht in sich – in der Vorstellung, etwas sei gut und etwas anderes böse. Möglicherweise gibt es auch äußere Widersprüche in Form anderer »Götter« in anderen räumlichen Dimensionen oder Welten. Aber das ist ein Bereich, in den der schwache menschliche Verstand nicht vorzudringen vermag.

Somit hat das Jenseits folgende Hauptfunktionsprinzipien:

- Entstanden als Einheit und im Widerstreit positiver mit negativer psychischer Energie, entwickelt es sich evolutionär durch das Sammeln von Informationen (Wissen) über die Erfahrung des Kampfes zwischen dem Guten (positive Energie) und Bösen (negative Energie) in den Torsionsfeldern der feinstofflichen Welt. Die Erlangung neuer Informationen (Wissen) verhilft dem Guten im Kampf gegen das Böse zur Überlegenheit.

- Beim vollständigen Sieg des Bösen wird alles Wissen gelöscht, und der Informationstod tritt ein. Deshalb hat im ewigen Evolutionskampf des Guten gegen das Böse das Gute den Vorrang. Ausgetragen wird er über die Liebe, die Fähigkeit positiver (»guter«) Torsionsfelder, beim gegenseitigen Kontakt den Grad ihrer Drehung zu verstärken und damit den negativen Torsionsfeldern entgegenzuwirken.
- Die Liebe trägt zur Vereinigung der Bündel psychischer Energie bei, welche die Kerninformation (der Geiste) bewahren, in einem einheitlichen System (dem Allgemeinen Informationsraum) und zur Herausbildung des Führungszentrums des Informationsraums in Form eines supermächtigen Geistes (Gott). Die Liebe schuf Gott.

Das Jenseits und das irdische Leben

Auf Grundlage dieser Prinzipien erreichte das Jenseits das höchste Evolutionsniveau der wellenartigen kosmischen Lebensform, und es begann, sich andere Materieformen zu Eigen zu machen, besonders die physische Welt.

Ich bin absolut davon überzeugt, dass das physische Leben durch *Verdichtung des Geistes* geschaffen wurde. Alle Theorien über die Entstehung des Lebens auf der Erde durch Entstehung komplexer Moleküle und ihrer Konzentration zu lebenden Organismen hält der Kritik weder vom Standpunkt religiösen Wissens noch von dem moderner Vorstellungen der Physik und Chemie aus stand. Hauptsächlich steht diesen Theorien die Selbstentstehung des genetischen Apparats entgegen, dessen unfassbare Komplexität sich teilweise sogar dem wissenschaftlichen Verständnis entzieht. Es ist tatsächlich schwer zu begreifen, wie eine Gruppe von Molekülen (DNA) in einer einzelnen Zelle die Informationen über das Leben des gesamten menschlichen Organismus einschließlich *jeder* seiner Zellen und Moleküle enthalten und vererben kann. Noch schwieriger zu begreifen ist, wie sich so ein unfassbar hoher Informationsgehalt in der DNA selbst hat herausbilden können.

Die Hypothese von der Schaffung des Lebens auf der Erde durch Verdichtung des Geistes kann eine Erklärung für das Gesagte bedeutend erleichtern. Der Evolutionsprozess im Jenseits, der dank der Einheit und des Kampfes zwischen dem Guten und dem Bösen sowie der Ansammlung von Informationen in den Torsionsfeldern der feinstofflichen Welt immer weiter voranschreitet, führte zur Herausbildung komplexester und höchstorganisierter Strukturen in der feinstofflichen Welt, *der Geiste*. Der zentrale supermächtige Geist, *Gott*, fand eine Methode der räumlichen Änderbarkeit und Verdichtung des Geistes unter Einbezug des Übergangs zur Materie der physischen Welt.

Wir verstehen die Organisation der feinstofflichen Welt erst näherungsweise und können über das Wesen seines materiellen Substrats lediglich mutmaßen. In den östlichen Religionen allerdings ist die Materialisation von Gedanken, das heißt der Übergang von Materie der feinstofflichen Welt in physische Substanz, seit Langem bekannt. Ich persönlich gehe inzwischen davon aus, dass der genetische Apparat der irdischen Organismen durch physische Materialisation der feinstofflichen Substanz der Geiste geschaffen wurde.

Mit anderen Worten: *Der irdische genetische Apparat ist ein Abbild der feinstofflichen Struktur des Geistes.* Dabei ist er jedoch wesentlich primitiver und stellt nur sein teilweises Abbild dar. Viele gedankliche und andere Fähigkeiten bleiben dem Geist vorbehalten, der unsichtbar in jedem Menschen ist. Das Jenseits schuf durch diese Materialisation eine gute, sich selbst reproduzierende »Maschine«, den menschlichen Organismus, mit dessen Hilfe der Mensch (der Geist) in der physischen Welt leben kann – es schuf aber auch die Umwelt, die Pflanzen und Tiere und alles andere.

Die Hypothese über die Entstehung des Lebens auf der Erde durch die Materialisation von Elementen des wellenartigen kosmischen Lebens (der Geiste) wird manchen als völlig neu erscheinen, könnte aber auch schlicht als Variante der religiösen Vorstellung über die Verdichtung des Geistes verstanden werden. Allerdings ginge das am Wesentlichen vorbei. Diese Hypothese gestattet es ganz einfach, viele unverständliche Fakten zu erklären und die Geschichte der Menschheit auf eine neue Weise zu betrachten.

Der Evolutionsprozess der Materialisation des Geistes lief auf der Erde allmählich ab – im Laufe vieler Millionen Jahre:

- **Die Menschen der ersten Rasse** (die engelähnlichen Menschen) stellten mehr Geist dar als physische Materie, doch war bei ihnen bereits der erste genetische Apparat ausgebildet, der dem noch sehr »lockeren« Körper die Vererbung durch Knospung und Teilung erlaubte. Die Menschen der ersten Rasse waren nicht vom Jenseits abgeschnitten, lebten noch nach den Gesetzen und Prinzipien des wellenartigen kosmischen Lebens, hatten aber schon eine irdische physische Hülle. Sie fühlten sich mehr als Vertreter des Jenseits denn als Erdenmenschen. Die Konzepte des »Guten«, der »Liebe« und des »Bösen« waren für sie wesentlich wichtiger als materielle Probleme.

- **Die Menschen der zweiten Rasse** (die geisterähnlichen Menschen) lebten hauptsächlich wie die Menschen der ersten Rasse, obwohl ihre irdische Hülle schon fester und der genetische Mechanismus der Vererbung des physischen Körpers vollkommener war.
- **Die Menschen der dritten Rasse** (die Lemurer) hatten bereits einen ausreichend festen und vollkommenen physischen Körper, waren aber in der frühen Periode gewaltige vierarmige und zweigesichtige Wesen, später zweiarmige und eingesichtige Giganten. Der Geist, der in den Körper der Lemurer fuhr, war noch vollständig mit dem Jenseits verbunden. Das Prinzip *So'Ham* wirkte nicht. Der Lemurer lebte nach den Gesetzen und Prinzipien eines wesentlich höher entwickelten Jenseits, obwohl die aktive Tätigkeit in der physischen Welt ihn auch für irdische Sorgen zugänglich machte.
- **Die Menschen der vierten Rasse** (die Atlanter) bewahrten sich ebenfalls die Verbindung ihres Geistes zum Jenseits, aber die irdischen materiellen Sorgen waren ihnen schon näher. Die Konzepte des »Guten«, der »Liebe« und andere Kategorien des Jenseits wurden allmählich zurückgedrängt. Durch Essen, Trinken und andere für uns heute notwendige Handlungen begann das Interesse an der physischen Welt zu überwiegen.
- **Die Menschen der fünften Rasse** (die *Âryas*) kann man als Sklaven des physischen Körpers bezeichnen. Der Geist, durch das Prinzip *So'Ham* vom Jenseits abgeschnitten, erfüllt jetzt nicht mehr die Funktion der Verbindung und der Einheit mit dem Jenseits, sondern der Versorgung des physischen Körpers. Die Hauptkategorien des Jenseits, das »Gute«, die »Liebe« und das »Böse«, wirken nur noch als intuitives Flüstern.

Der alte Spruch, dass der Mensch der Mikrokosmos des Makrokosmos ist, entspricht zweifellos der Wahrheit. *So führte die Materialisation der feinstofflichen Materie des Geistes auf der Erde zur Schaffung sich selbst reproduzierender physischer Körper des Menschen und der lebenden Umwelt.* Ohne das Jenseits ist ein solches physisches Leben unmöglich. In jedem

Menschen gibt es einen Geist, der auf der Erde in einer »wunderschönen Maschine« lebt, dem menschlichen Körper. Wir, die Erdenmenschen, sind das Produkt der Anpassung des wellenartigen kosmischen Lebens an die physischen Bedingungen. *Deshalb ist der Erdenmensch zugleich Geist und physischer Körper.*

Man kann vermuten, dass das wellenartige kosmische Leben (das Jenseits) auch auf anderen Planeten des Universums physisches Leben durch Materialisation geschaffen hat. Wie könnte es aussehen, das Leben auf anderen Planeten? Sicher wurden für die Materialisation des Geistes dort andere chemische Elemente und Moleküle verwendet, charakteristisch für den betreffenden Planeten. Sicher prägten die Bedingungen auf diesen Planeten, etwa die Zusammensetzung der Atmosphäre, ihre Temperatur und Anziehungskraft, die jeweilige Größe des physischen Körpers und den Bau der Organe der Außerirdischen. Grundsätzlich dürften Außerirdische den Erdenmenschen aber im Wesentlichen ähneln, sind sie doch ebenfalls ein Produkt der Materialisation des Geistes und der einheitlichen Schöpferarbeit des Jenseits. Auch Außerirdische können meiner Meinung nach das »Gute«, die »Liebe« und das »Böse« empfinden, weil dies einheitliche Kategorien des gesamten wellenartigen kosmischen Lebens und des kosmischen Verstandes sind. Außerdem dürften wohl auch sie nach dem Prinzip *Geist plus physischer Körper* gebaut sein. Deshalb werden die Erdenmenschen, wenn sie erst die telepathische Sprache (Gedankenübertragung) wieder gelernt haben, sich mit ihren Brüdern von anderen Planeten verständigen können, nach Art der Verständigung des Geistes, die dem Jenseits zugrunde liegt.

Viele Eingeweihte schreiben, dass die Erdenmenschen vor langer Zeit einmal alles physische Leben auf den verschiedenen Planeten angeführt haben, da sie den größten Fortschritt erreicht hatten.

Das trifft auf die Lemurer zu.

Das lemurische Phänomen

Die lemurische Zivilisation erreichte ein unwahrscheinlich hohes Entwicklungsniveau. Die Lemurer beherrschten die Energie der feinstofflichen Welt, besuchten mit ihren Flugapparaten lautlos andere Planeten und verständigten sich mittels Gedankenübertragung. Das Wissen des Jenseits stand ihnen offen, gleichzeitig vervollkommneten sie das Wissensreservoir des Jenseits durch das von ihnen erworbene Wissen. Gerade die lemurische Zivilisation vermochte es, das Informationspotenzial des Jenseits mit den wertvollsten Kenntnissen über das Leben auf der Erde zu versehen, und ist bis heute Maßstab für die irdischen Errungenschaften. Die folgenden Zivilisationen (die Atlanter und wir) konnten das Niveau der Lemurer nicht annähernd erreichen.

Was führte zu dem großartigen Lebenserfolg der Lemurer? Sie fühlten sich während ihres Lebens auf der Erde als Kinder des Jenseits und nutzten vor allem die dortigen Gesetze und Prinzipien. Ihnen war klar, dass die Kraft und Rolle der psychischen Energie unvergleichlich höher ist als die der physischen Energie und der menschliche Körper gemeinsam mit der Seele, der höchsten Schöpfung auf der Erde, Wunder vollbringen kann. Deshalb richteten sie ihr gesamtes positives Wirken auf die Selbstvervollkommnung des Menschen und die Beherrschung der Energie, die in ihm steckt.

Sich als Kind und Schöpfung des Jenseits zu fühlen ist sehr wichtig, da dieses Empfinden die Wahl des progressiven Entwicklungswegs bestimmt. Kinder des Jenseits werden von ihrem Urvater (Gott) lernen und nicht die Sünde begehen, sich für Gott zu halten. Sie werden nicht an das Selbstansammeln von Molekülen im genetischen Apparat, an die Abstammung des Menschen vom Affen glauben und sich nicht als Herrscher über die Natur fühlen. Sie werden verstehen, dass der Mensch der Mikrokosmos des Makrokosmos ist.

Unsere Zivilisation nutzt die kosmische Energie bisher nicht, obwohl diese Energie wahrhaft kolossal ist. Einige moderne Physiker glauben, dass ein Kubikmeter des Absoluten ein energetisches Potenzial hat, das der Kraft von vierzig Trillionen Atombomben entspricht. Das zeigt schon: Um sie zu nutzen, müssen wir die kosmische Energie auch beherrschen. Aber das kann der Mensch, weil er der Mikrokosmos des Makrokosmos ist.

Die Lemurer beherrschten die kosmische Energie. Ihre Vorgehensweise war im Jenseits begründet. Sie beruhte auf derart einfachen Konzepten wie – so merkwürdig es auch klingen mag – dem »Guten« und der »Liebe«. Die Lemurer wussten, dass diese kolossale Energie in den Torsionsfeldern der feinstofflichen Welt steckt und dass das »Gute« und das »Böse« als Hauptattribute der Torsionsfelder ebenfalls diese kolossale Kraft haben. Über das »Gute« und das »Böse« ist der Mensch in der Lage, die Energie der Torsionsfelder der feinstofflichen Welt einzusetzen. Dabei haben die Lemurer bereits erkannt, dass die Nutzung des Bösen (negativer Torsionsfelder) zur Erlangung dieser Energie riskant ist, weil es einen explosionsartigen Informationskollaps herbeiführen kann. Deshalb nutzten sie für ihre Ziele das »Gute«. Sie nutzten auch die »Liebe«, um den von den positiven Torsionsfeldern erhaltenen energetischen Effekt durch gegenseitigen Kontakt zu verstärken.

Die Lemurer verwirklichten sich als mächtigste energetische Schöpfung auf der Erde vollständig selbst, weil sie die Fähigkeit hatten und in der Lage waren, die Energie der feinstofflichen Welt zu beherrschen – durch »das Gute« und die »Liebe«.

Das »Gute« und die »Liebe« waren für sie keine abstrakten, intuitiven Gefühle, sondern bildeten ein mächtiges System der Lebenssicherstellung und Energieversorgung der Menschheit.

Für uns, die *Âryas,* haben sich die Konzepte des »Guten« und der »Liebe« auf die bloße Wahrnehmung von Gefühlen reduziert. Durch das Prinzip *So'Ham* blockiert und in der physischen Materie versunken, ahnen wir nicht einmal, welche Macht diese auf den ersten Blick so einfachen Konzepte haben. Für die Lemurer waren es keine leeren Worte. Vielmehr lag das, was sie damit verbanden und aus dem Jenseits bezogen, ihrem Leben zugrunde und war, in einem unfassbar essenziellen Ausmaß, kolossal energiehaltig.

Aber warum stellt die feinstoffliche Welt (Jenseits) ihre Energie der Erde für ihre Bedürfnisse zur Verfügung? Erstens ist das irdische Leben ein Produkt (das Kind) des Jenseits. Zweitens wird die Energie aus dem Jenseits auf der Erde für die Verwirklichung guter Gedanken genutzt, was den Informationsraum des Jenseits vervollständigt.

Das vorherrschende energetische Verfahren der Lemurer waren meiner Meinung nach die *Mantras*, Beschwörungsformeln, wie sie in vielen religiösen Quellen beschrieben und noch heute verwendet werden. Die Lemurer »beschworen« ihre Flugapparate und versorgten so gewissermaßen die »Akkus« dieser Apparate mit der Energie der feinstofflichen Welt. Auf ähnliche Weise stellten sie die Energie für die Arbeit vieler anderer irdischer Apparate sicher, wobei sie sich selbst als mächtigste energetische Maschine nutzten.

Die Lemurer hatten verstanden, dass die Energie der feinstofflichen Welt der Schwerkraft entgegenwirken kann. Darauf beruhten ihre Bautechnologien, wenn sie gewaltige Steinblöcke kraft ihres Blickes transportierten. Mittels eines Torsionsgenerators, der auf die Handfläche passte, konnten sie riesige Steinblöcke in der Luft jonglieren.

Die Lemurer vervollkommneten sich systematisch. Den Antigravitationseffekt der Energie der feinstofflichen Welt nutzten sie auch für ·········

die Levitation, das freie Schweben des menschlichen Körpers in der Luft. Ein für uns noch unverständliches und hypothetisches Prinzip nutzend, konnten sie sich übergangslos durch den Raum bewegen und ihren Aufenthaltsort auf der Erde verändern. Ihre Körper heilten sie mit innerer Energie.

Die bedeutendste Errungenschaft der Lemurer war jedoch das Phänomen der Materialisation und Dematerialisation. Die Schaffung des physischen menschlichen Körpers durch Materialisation des Geistes versuchten sie in umgekehrter Richtung nachzuvollziehen – indem sie sich *dematerialisierten*. Dabei bedienten sie sich der »Informationsübertragung«: Die gesamte Information über den Bau des menschlichen Körpers einschließlich jeden Moleküls wurde in den Torsionsfeldern des Geistes gespeichert. Man kann sich das so vorstellen, dass unter Anstrengung des hochentwickelten lemurischen Geistes zusätzliche freie Hüllen der Torsionsfelder geschaffen wurden, so dass auf ihnen die Information über den menschlichen Körper gespeichert werden konnte.

Der Geist folgte mit der gespeicherten Information über den physischen Körper allen Erfordernissen, begab sich unter die Erde, bewegte sich im Raum, und auf der Grundlage dieser gespeicherten Information fand auch die »Montage« des menschlichen Körpers statt – die *Materialisation*. Der Aufbau begann meiner Meinung nach auf der Ebene der Atome und einfachen Moleküle (wie Wasser), wodurch die Materialisation des menschlichen Körpers praktisch unter beliebigen Bedingungen möglich war.

Bei genauer Betrachtung muss man also von zwei Typen der Materialisation sprechen: von evolutionärer Materialisation und Informationsübertragung.

Während die evolutionäre Materialisation viele Millionen Jahre brauchte, ging die Materialisation durch Informationsübertragung fast sofort vonstatten. Wahrscheinlich wurden die Geiste des Jenseits während der Schaffung des irdischen Lebens in der lemurischen Zeit so vollkommen, ihr Informationsgehalt wurde so groß und die Einwirkung auf die physische Materie so bedeutend, dass sie sich das Phänomen Dematerialisation/Materialisation durch Informationsübertragung dienstbar machen konnten.

Die Lemurer konnten dieses Phänomen aber nicht nur auf ihren physischen Körper anwenden, sondern es auch für ihre Apparate nutzen. Ihre Fluggeräte beispielsweise konnten augenblicklich verschwinden und wieder auftauchen.

Auf der Grundlage des Phänomens Dematerialisation/Materialisation schufen die Lemurer am Ende ihrer Zivilisation das Shambhala und Agartha. Sie gingen in der Erwartung einer globalen Katastrophe unter Nutzung dieses Phänomens unter die Erde und organisierten die unterirdische technogene Zivilisation der Lemurer.

Dem lemurischen Wunder lag also die Erkenntnis zugrunde, wie bedeutend die Konzepte des »Guten«, der »Liebe« und des »Bösen« als wichtigste Triebkräfte des Jenseits und der Bestimmung des Menschen sind. Von Anfang an wussten die Lemurer um die Notwendigkeit ständigen Fortschritts, da der Geist des Menschen als sich im Kampf zwischen Gut und Böse selbstentwickelnd angelegt war, und grenzten sich vom Bösen als stimulierendem Element des geistigen Fortschritts ab. Ihr Verständnis dafür, dass Müßiggang das »Böse« ist und hartnäckiger Kampf im Namen des Fortschritts die erste Menschenpflicht, reichte aus, dass sich die lemurische Zivilisation ohne Rückfälle und Katastrophen bis zum höchsten Niveau entwickelte. Die Lemurer ließen keinen blindwütigen Kampf zwischen Gut und Böse zu. Es gelang ihnen, die Kraft des Guten und der Liebe zu nutzen. Die Torsionseffekte des Guten und der Liebe wurden nicht im Kampf gegen das Böse verbraucht, sondern beständig für die Vervollkommnung des Menschen und seines Lebens eingesetzt.

Wie wichtig ist es doch, die Notwendigkeit anhaltenden Fortschritts zu verstehen! Wie wichtig ist es, nicht zuzulassen, dass die Kräfte des Guten und der Liebe im Kampf gegen das dumpfe Böse vergeudet werden! Welch ein schreckliches Wort – Müßiggang!

Die Lemurer haben all dies von Anfang an verstanden und erreichten dadurch ein so hohes Niveau der geistigen Entwicklung, dass sie sogar mit Gott in Dialog treten konnten. Das machte sie zu wahrhaft göttlichen Geschöpfen auf der Erde.

Was ist mit ihnen geschehen? Warum ging ihre Zivilisation – bis auf das Shambhala und Agartha – unter? Das liegt noch im Dunkeln. Vielleicht ist es ja auch in ihren Reihen irgendwann zu tödlichem Müßiggang gekommen?

Das Gute, die Liebe und der *Samâdhi*

Kehren wir zu den *Samâdhi* zurück. Stellen wir uns die Frage, wie sich ein so tiefer *Samâdhi*-Zustand erreichen lässt, wie er für den Genpool der Menschheit erforderlich ist. Die Lamas hielten dafür den Fokus auf die Liebe zur Menschheit insgesamt für unerlässlich, nämlich auf dem Wege der Meditation. Als ich das von den Lamas hörte, verstand ich es zunächst nicht, und erst die vage Ahnung von etwas sehr Wichtigem brachte meine Gedanken auf Trab.

Mittlerweile verstehe ich mehr vom *Samâdhi*-Zustand. Die Liebe stimuliert das Gute. Starke Liebe vertreibt durch die verstärkte Drehung der positiven (guten) Torsionsfelder die negative (böse) psychische Energie.

Eine menschliche Seele ohne böse psychische Energie nennt man reine Seele. Und die ist in der Lage, Wunder zu vollbringen. In der reinen Seele wird die positive (gute) psychische Energie nicht für den nutzlosen Kampf gegen das Böse vergeudet, sondern kann vollständig auf die Erfüllung einer beliebigen schöpferischen Aufgabe ausgerichtet werden, zum Beispiel darauf, den Körper des Menschen für Tausende und Millionen von Jahren zu konservieren, also den *Samâdhi*-Zustand zu erreichen.

Dabei überführen die Torsionsfelder der Seele, hoch fokussiert, jedes Molekül des menschlichen Wassers in den vierten (unbekannten!) Zustand, der alle Stoffwechselprozesse anhält und den Körper fest werden lässt. Das Wasser, so scheint mir, ist ein Attribut und materielles Substrat gerade der positiven (guten) psychischen Energie. Deshalb verhindern negative (böse) psychische Elemente in der Seele einen vollwertigen *Samâdhi*-Zustand. Nur eine reine Seele ist in der Lage, dieses Phänomen zu realisieren.

Aus alledem lässt sich folgern, dass der Genpool der Menschheit, der noch zu Zeiten der Lemurer durch die reinen Seelen auf der Erde geschaffen und mit den besten Menschen anderer Zivilisationen aufgefüllt wurde, ein Resultat des Sieges des Guten und der Liebe ist.

Die Adepten – unsere Zukunft

Mitten unter uns, im Schoß der materiell belasteten *Âryas*-Zivilisation, soll es, wie schon erwähnt, irgendwo im Nepal und in Indien ungewöhnliche, weltabgewandte und einfach gekleidete Menschen geben, die einem versichern, dass sie bis zu 1.000 Jahre alt sind – oder sogar älter. Das sind die Adepten.

Natürlich fällt es uns schwer, ihnen zu glauben. Es klingt einfach zu unwahrscheinlich. Aber gerade diese Menschen sind unsere Zukunft. Ihnen, den Adepten, ist es nämlich gelungen, das Gute und die Liebe in den Dienst ihrer Gesundheit und der Verlängerung ihres Lebens zu stellen. Gott liebend und in diese Richtung meditierend, verstärken sie die positive (gute) Energie der Seele und befreien sich dadurch teilweise von negativer (böser) Energie: *Sie reinigen ihre Seele.*

Mittlerweile habe ich den Eindruck, dass pathologische Krebszellen nichts weiter als materielles Substrat negativer (böser) psychischer Energie sind und wachsende (sich regenerierende) Zellen das Substrat positiver (guter) Energie.

Im menschlichen Organismus gibt es einen ständigen Kampf zwischen normal wachsenden und Krebszellen, genauso wie beim Kampf zwischen Gut und Böse. Deshalb lässt sich mit *Liebe* die gute Grundlage in der Seele stimulieren, die Heilung von Krebszellen herbeiführen sowie die ständige Erneuerung der Körperzellen und die Verlängerung des Lebens.

Wie kann man lieben lernen, um zu heilen? Man muss lernen, das Leben zu lieben, Gott zu lieben. Wenn diese Liebe stark und selbstlos ist, tritt der Heilungseffekt von selbst ein. Aber so lieben zu lernen ist sehr schwer. Man muss sich von irdischen Problemen lösen und völlig der Andacht zum Leben und zu Gott widmen.

Das ist auch der Grund, weshalb die heutigen *Âryas*-Adepten äußerst einfach aussehen und uns ungewöhnlich erscheinen. Dahinter steht die Notwendigkeit, für ein so tiefes selbstloses Lieben dem gewöhnlichen schöpferischen Leben zu entsagen.

Und doch: Die Menschheit hat den »physischen Keller« bereits weit durchschritten, den tiefsten materiellen Punkt des kosmischen Entwicklungszyklus inzwischen hinter sich gelassen. Der Aufstieg zur geistigen Entwicklung hat begonnen. Die heutigen Adepten werden irgendwann lebensaktive Leitfiguren der menschlichen Gesellschaft sein und sie zur geistigen Entfaltung führen.

Das Gute, die Liebe und wir

Als Kind eines kommunistischen Landes war ich mein ganzes Leben lang von der Religion losgelöst. Meine Vorfahren, religiöse Persönlichkeiten, waren den schrecklichen Leninschen Repressionen unterworfen. Als ich in meinen Studentenjahren irgendwelchen Materialismus und Empiriokritizismus studierte und examiniert wurde, war ich verwundert über den unbändigen Zorn, mit dem man die religiösen Postulate zerschlug.

Wozu ist das nötig, dachte ich naiv, wo die Religion doch zum Guten aufruft, zu Güte, Liebe und Glaube an Gott? Damals verstand ich noch nicht, dass vor allem die Liebe zu Gott den Kommunisten im Halse stecken blieb, weil der tiefere Sinn ihrer Tätigkeit in der Schaffung ihres eigenen Gottes bestand – etwa unter Lenin und Stalin.

Später, beim Lesen religiöser Schriften, wunderte ich mich über die unendliche und sogar eindringliche Akzentuierung der menschlichen Aufmerksamkeit auf die Probleme des Guten und der Liebe. Und das Konzept der Liebe als Grundlage des Denkens entnahm ich den Büchern des großen Sathya Sai Baba, der selber wahrhafte Wunder vollbrachte.

Warum spricht man so viel über die Liebe und das Gute?, fragte ich mich. Da wusste ich noch nicht, dass sich hinter diesen alltäglichen Worten eine gewaltige und starke Energie verbirgt, die in der Lage ist, in kürzester Zeit unser Leben zu verändern und zu verbessern.

Erst als ich unter Nutzung des wissenschaftlich-logischen Herangehens die philosophische Analyse unserer Himâlaja-Expedition durchführte, begann ich endlich den tiefen Sinn sowohl der Religion als auch der Reden Sai Babas zu verstehen und noch vieles andere, bei dem es um das Gute und die Liebe geht. Und dieser tiefe Sinn besteht darin, dass das Gute und die Liebe der grundlegende schöpferische Beginn im Leben des Menschen sind.

Ich bin ein ganz normaler Vertreter der in der Materie versunkenen *Âryas*-Menschheit. Mein Gehirn und mein Denken sind ungemein schwach im Vergleich mit der Denkleistung der Lemurer und mehr noch mit der des kosmischen Verstands. Aber selbst mein noch so schwacher Verstand ließ mich durch logische Analyse der Fakten zu dem für manchen verwunderlichen Schluss kommen: *Das Gute und die Liebe sind die grundlegenden Kategorien des menschlichen Lebens, die den Fortschritt bestimmen.*

Früher schenkte ich solchen vermeintlichen Worthülsen wie »die Seele reinigen«, »für Sünden Buße tun« oder »die Seele nicht mit Sünden belasten« keinerlei Beachtung. Sie erschienen mir belanglos und unverständlich. Als ich aber Nicholas Roerich las, traf ich erneut auf das Konzept der »reinen Seele«. Roerich schrieb, dass das rätselhafte Shambhala von Menschen mit reiner Seele bewohnt wird.

Was ist eine reine Seele?, fragte ich mich damals. Warum halten alle Religionen die Reinigung der Seele für so wichtig?

Ich befragte dazu sogar einen Popen. Der antwortete mir mit einer Predigt, von der ich absolut nichts verstand. Natürlich konnte ein Dorfpope, der ein paar Predigten und Gebete auswendig gelernt hatte, mir den grundlegenden Sinn des Begriffs »reine Seele« nicht erklären.

Jetzt ist mir vieles klarer. Eine reine Seele ist ein qualitativ anderer Zustand von Seele und Geist, der sich einstellt, wenn die positive Energie der Torsionsfelder (das Gute/die Liebe) nicht für den Kampf mit negativer psychischer Energie (das Böse) vergeudet, sondern allein auf den Schaffensprozess ausgerichtet wird. In einer reinen Seele gibt es kein Böses, das im Kampf gewöhnlich Wissen und Fortschritt gebiert. Das Fehlen des stimulierenden Bösen wird in der reinen Seele durch die tiefe Einsicht ersetzt, dass ständiger Fortschritt unerlässlich ist. Hauptfeind der reinen Seele ist der Müßiggang.

Früher habe ich über Müßiggang nie nachgedacht. Mir waren müßige Menschen, die ziellos dahinleben, zwar nie sonderlich sympathisch, aber ich wusste nicht, dass Müßiggang so ein schrecklicher Gegner der reinen Seele ist. Welch gute Gedanken ein müßiger Mensch auch haben mag, durch seinen Müßiggang stellt er sich immer quer zur Natur des Menschen, der nun einmal als sich selbst entwickelnder Beginn geschaffen wurde. Durch Müßiggang gingen große Imperien unter, wurden Dynastien und Schicksale zerstört.

Wie die *Svâmin* und Lamas sagen, kann man die Reinheit der Seele einzig durch ständige Arbeit an sich selbst erreichen, durch Selbstverwirklichung und sogar Selbstaufopferung, und unerlässlich ist dabei auch, dass diese Arbeit dienenden Charakter hat: Sie darf nicht nur der eigenen Selbstbehauptung, sondern muss der Erreichung eines *menschheitlichen* Ziels dienen. Die Lamas geben den Weg zur reinen Seele vor: Mitgefühl mit den Menschen und Liebe zur Menschheit. Diese Worte bringen den grundlegenden Sinn präzise zum Ausdruck, klingen aber zunächst noch abstrakt. Man muss erst lernen, Mitgefühl zu empfinden. Das Ziel, für das man sich aufopfert und selbstverwirklicht, muss unbedingt eine gesamtmenschheitliche Dimension haben. Das zu erreichen ist sehr schwer, außerordentlich schwer.

In der modernen Gesellschaft gibt es keine Menschen mit reiner Seele. Am nächsten kommen diesem Ideal meiner Meinung nach die Wissenschaftler, die wahren Wissenschaftler, die – beispielsweise in der Medizin – für Erfindungen, die Verwirklichung von Zielen und die Überwindung von wissenschaftlichem Konservatismus unter Aufbietung von Mitgefühl für die Kranken und bedingungsloser Liebe zu ihnen zahlreiche Entbehrungen auf sich nehmen, von denen schlaflose Nächte und ein niedriger Verdienst noch die geringsten sind.

Für den wahren Wissenschaftler sind die Nationalität eines Kranken, wissenschaftliches Prestige und Geld vollkommen zweitrangig. Er zieht seine Befriedigung daraus, dass seine Arbeit, seine Entbehrungen und sein Kampf gegen den Konservatismus unzähligen Menschen Nutzen bringt. Deshalb verdient er gesellschaftliche Achtung und Anerkennung.

Die positive psychische Energie des Guten und der Liebe in einer reinen Seele, befreit von der Notwendigkeit des Kampfes gegen das Böse, kann Wunder vollbringen. Eines dieser Wunder ist der *Samâdhi*-Zustand. Erinnert sei an die Worte der Lamas, dass man den *Samâdhi*-Zustand durch Liebe und Mitgefühl zur Menschheit erreichen kann und dass es das Ziel des *Samâdhi* ist, ein Vertreter des Genpools der Menschheit und irgendwann auch ein Prophet und Urvater einer neuen menschlichen Zivilisation zu werden. Ein anderes dieser Wunder ist das Phänomen der Dematerialisation und Materialisation, ein weiteres die Verlängerung des Lebens und die Unsterblichkeit.

Das Wissen der Alten und die Religion weisen den Hauptweg des Fortschritts – die Reinigung der Seele. Sie ermöglicht die Steuerung der positiven Energie der feinstofflichen Welt durch den Menschen, sodass sich das Wissen des Jenseits auftun kann, und wenn das geschieht, wird der heutige Mensch sein großes energetisches Potenzial spüren, wie vor ihm schon die Lemurer. Die Reinigung der Seele setzt aber Güte voraus und die Bereitschaft, alles zu geben für das Erreichen hoher Ziele – bis hin zur Selbstkasteiung. Man muss sich nicht schonen, denn der Mensch ist als sich selbst entwickelnder Beginn geschaffen worden. Eine Bestätigung dafür sind die vielen bedeutenden Wissenschaftler, die für ihre Ziele arbeiteten, ohne sich zu schonen, und bis ins hohe Alter hinein intellektuelle Leistungsfähigkeit und jugendlichen Elan bewahrten. Sie reinigten ihre Seele und widerstanden der Versuchung, sich nach vorangegangenen Erfolgen dem Müßiggang hinzugeben.

Natürlich könnte man mir entgegenhalten, dass es nicht nur gute Menschen mit großer Wirkung gibt, die dem Fortschritt dienen. Es gibt auch böse Genies wie Napoleon, Lenin oder Hitler, denen es gelang, ihre verhängnisvollen Ideen und Theorien auf eine Weise umzusetzen, dass sie weltweit Zerstörung und Tod brachten.

Diesem Einwand begegnete ich zunächst ganz naiv. Ich fragte mich, warum diese bösen Menschen die Sinnlosigkeit von Zerstörung und Kriegen denn nicht selbst begriffen und ob sie – da dies doch ganz offensichtlich war – überhaupt Genies waren.

Da wusste ich noch nicht, dass in der feinstofflichen Welt eine Parität von positiver und negativer psychischer Energie besteht und die Information (das Wissen) im Kampf zwischen Gut und Böse geboren wird. Auch das Böse ist in der Lage, auf seinen Torsionshüllen Informationen über seinen Kampf mit dem Guten zu speichern und böses Wissen zu erschaffen. Aufgrund der bestehenden Parität muss bei Weitem nicht immer das gute Wissen siegen, hin und wieder wird sich auch das schlechte Wissen als stärker erweisen, das dann »böse Genies« hervorbringt. Der Sieg des Bösen ist aber ein trügerischer Sieg, weil danach auf dem primären Niveau des Guten und Bösen eine vollständige Informationslöschung vonstatten geht. Es kommt also zu einem Informationscrash! Zur Bestätigung braucht man sich nur das Ende eines jeden beliebigen »bösen Genies« anzuschauen – sie alle endeten katastrophal. Napoleon verlor den Krieg und starb ruhmlos. Hitler beging Selbstmord, nachdem er Europa zerstört hatte. Das wahnwitzige Leninsche Werk, die kommunistische Gesellschaft, zerfiel in seine Bestandteile.

Gibt es Fälle, in denen das Böse gewinnen könnte? Ich bin der festen Überzeugung, dass das Böse das Gute nur bei nicht ausreichender oder fehlender Liebe als Stimulator guten Wirkens besiegen kann. In einer Gesellschaft, in der die Liebe zur Frau, zum Nächsten, zum Volk gedeiht, werden böse Genies nie Unterstützung finden.

Aber wie kann man eine böse von einer guten Idee unterscheiden? Was ist der Maßstab dafür? Fragen dieser Art bewegen sicher jeden. Auch ich habe immer wieder darüber nachgedacht, und unerwartet für mich selbst fand ich die Antwort in dem genialen Science-fiction-Film *Stalker* von Andrei Tarkowski.[31]

Die Prämisse des Films besteht darin, dass unbekannte Außerirdische auf der Erde ein als »Zone« bezeichnetes Gebiet einrichteten, in dem noch alle Menschen umkamen, die dort hineingerieten. Die Zone verstärkt das Hauptgefühl des Menschen, sein Gewissen! Die Menschen sterben daran, dass ihr Gewissen nicht rein ist!

Für mich ist das Gewissen der Maßstab für Gut und Böse. Das Gewissen meldet sich bei uns, wenn negative psychische Energie, die zu bösen Taten führt, in der Seele aufkommt. Wissenschaftlich ausgedrückt ist das Gewissen also das Empfinden negativ drehender Torsionsfelder der Seele. Damit liegt einem schlechten Gewissen eine in den Torsionsfeldern der Seele abgespeicherte Information darüber zugrunde, dass in irgendeinem

---

31 Siehe Fußnote 7.

Moment aus irgendeinem Anlass die Torsionsfelder in negativer Richtung gedreht wurden. Diese Information wird in jedem ähnlich gelagerten Fall daran erinnern, dass man so nicht vorgehen kann. Die Information ist quälend und unangenehm. Besser ist es, eine derartige Information nicht zu haben, also nicht gegen sein Gewissen zu handeln.

Lauschen wir im Leben aufmerksam auf unser Gewissen! Dieses tiefe Gefühl sagt die Wahrheit. Wenn man auch nur einmal gegen sein Gewissen verstößt, bleibt für immer ein großer und schmutziger Fleck auf der Seele zurück.

Ich bin sehr froh, dass ich in Russland geblieben und nicht nach Amerika ausgewandert bin, wo man mir mehr Geld und ausgezeichnete Arbeitsbedingungen geboten hat. Allein mein Gewissen hinderte mich daran, weil mir Freunde und Kollegen in meinen schwersten Zeiten, in denen ich wegen »ketzerischer wissenschaftlicher Gedanken« alles verloren hatte, aus Gewissensgründen gefolgt waren.

In meinen Studentenjahren erhielt ich Unterricht in »Weltanschauung«. Dabei wurde ständig der Begriff des Jenseits kritisiert. Man beteuerte immer wieder, dass der Mensch dazu neige, sich Fantasiegeschichten und Märchen auszudenken, um den Zustand der Ausbeutung der Arbeiter durch die Reichen der Welt besser zu ertragen.

Aber warum glauben nicht nur Ausgebeutete, sondern auch Ausbeuter ans Jenseits? Warum sprechen alle Weltreligionen vom Jenseits? Warum haben alle Nationen und Nationalitäten die Begriffe Jenseits, Paradies und Hölle in ihrem Sprachschatz? Das fragte ich mich insgeheim während meines Examens in Atheismus.

Es wollte mir nicht in mein von der kommunistischen Propaganda vergiftetes Gehirn, dass es Rauch ohne Feuer nicht gibt. Menschen, die durch Meere und Ozeane voneinander getrennt sind, glauben an ein und dasselbe! Also muss es doch eine gesamtmenschheitliche Wurzel geben, die sich aus grauer Vorzeit in unserem Unterbewusstsein erhalten hat. Das Wissen um Gott, das Jenseits, das Paradies und die Hölle haben sich in den Religionen niedergeschlagen und wurden von den Propheten verbreitet, und es hat sich deshalb so leicht im Bewusstsein der Menschen eingenistet, weil es unserem unterbewussten Wesen entspricht. Pure Fantasterei und Märchen hätten die Massen nicht so erfasst.

Leben – Tod – Leben – Tod – Leben – Tod … Das Lebensrad dreht sich. Wir Menschen stehen unter dem Einfluss des Prinzips *So'Ham* und vergessen vorübergehend das Jenseits, das uns hervorgebracht hat, bis wir wieder dorthin zurückkehren, und dann kommen wir erneut auf die Erde und geraten abermals unter den Einfluss des *So'Ham*, damit der Mensch und die Menschheit sich ständig und ununterbrochen entwickeln.

Die Lemurer waren glücklicher als wir. Das Prinzip *So'Ham* wirkte bei ihnen nicht, weil es in ihrer Gesellschaft mehr Gutes und weniger Böses gab. Sie fühlten sich während ihres irdischen Lebens als Kinder des Jenseits, kehrten ohne Furcht an ihren Ursprung zurück und gingen demütig wieder auf die Erde, Schritt für Schritt das physische Leben erobernd.

Ich hoffe, dass in Zukunft die positiven Kräfte auf der Erde überwiegen werden und es zu keinen globalen Natur- oder anderen Katastrophen kommt. Dann wird es immer mehr Menschen mit zunehmend reiner Seele geben, auf die das Prinzip *So'Ham*, das auf der Erde das Jenseits blockiert, nicht wirkt. Sie werden der Menschheit die Energie der feinstofflichen Welt bringen, die das Leben von Grund auf ändern wird. Sie werden das grundlegende Wesen des Menschen bestätigen, dass er der Mikrokosmos des Makrokosmos ist. Und irgendwann, wenn das Gute das Böse weit überwiegt, wird das Prinzip *So'Ham* von der Menschheit genommen werden. Dann werden sich alle Menschen als Kinder des Jenseits fühlen, werden dessen großes Wissen nutzen und neues Wissen dort einbringen.

Ich glaube, dass in nächster Zukunft eine neue einheitliche Religion entstehen wird, die nicht auf märchenhaften Allegorien beruht, sondern einem wissenschaftlichem Herangehen verpflichtet ist. Die Staatsgrenzen werden verschwinden, eine einheitliche Weltsprache wird entstehen. Die Verständigung mittels Gedankenübertragung wird fortschreiten. Es wird eine einheitliche Weltregierung geben, ähnlich dem Führungszentrum des Jenseits – Gott. Und die Menschen werden von *Gott* das Regieren lernen. Sie werden wie Gott nicht das Böse zum Regieren nutzen, sondern sich auf das Gute und die Liebe stützen.

Ein stürmischer Prozess wird in Gang gesetzt, wenn die Menschen massenhaft wahrhaftig an Gott und das Jenseits zu glauben beginnen und sich als Teil davon fühlen.

Von wem stammen wir ab?

Im direkten Sinn des Wortes stammen wir *Âryas* von den Atlantern ab. Aber die gesamte Menschheit wurde durch Gott und das Jenseits geschaffen. Der Mensch ist das Produkt des Sieges des Guten und der Liebe über das

Böse. Das Gute und das Böse sind die Hauptkriterien der Vervollkommnung des Menschen und des Fortschritts der Menschheit.

In unserer physischen Welt gibt es zur Zeit noch zu viel Böses. Deswegen sichert man uns ab. In den Tiefen der Erde befindet sich der Genpool der Menschheit in Form konservierter Menschen früherer Zivilisationen, die man nicht befühlen und berühren darf, weil unsere halbwilde Neugier ihnen gefährlich werden kann. Wenn wir uns selbst vernichten, werden sie heraufkommen und dem Leben auf der Erde eine neue Chance geben.

Aber damit es dazu nicht kommen muss, bemühen Sie sich morgen, wenn Sie auf die Straße gehen, Ihren Mitmenschen mit Güte und Liebe zu begegnen.

Wir sind alle Kinder der Anderen Welt.

Epilog

Eigentlich wollte ich das Buch mit einigen Ratschlägen beenden. Doch mittlerweile befürchte ich, wie ein gewöhnlicher Prediger zu klingen. Ich habe dennoch gesagt, was ich zu sagen hatte, weil ich gern demonstrieren wollte, dass sowohl die Religion als auch wir – in unserer wissenschaftlichen Argumentation – zu demselben Schluss über die Wege der menschlichen Selbstvervollkommnung mit dem Ziel des Menschheitsfortschritts gelangen. Erst als mir das klar wurde, begann ich selbst an Gott zu glauben und die Religionsdiener zu verehren, die das wahre Wissen über Jahrtausende menschlicher Ignoranz hinweg bewahrt haben. Ich kann mich deshalb nicht enthalten, Ihnen einige Empfehlungen zu geben.

Wie gesagt, wenn Sie morgen auf die Straße gehen, bemühen Sie sich, Ihren Mitmenschen mit Güte und Liebe zu begegnen. Seien Sie nicht sparsam mit freundlichen und wohlmeinenden Worten. Sie werden sich gleich glücklich fühlen, weil die Menschen in ihrer Nähe sich mit ihren Nöten und Freuden an Sie wenden. Machen Sie sich nicht lustig, wenn Sie auf Unverständnis oder Böses treffen, reagieren Sie nicht ihrerseits mit Bösem darauf, sondern bewahren Sie Ihre Würde und Ihren Stolz. Verwandeln Sie sich nicht in einen Prediger, sondern bemühen Sie sich, in Wort und Tat zu zeigen, dass das Gute ohnehin über das Böse siegt. Verstehen Sie, dass es ohne den Kampf gegen das Böse keinen Fortschritt gibt und dass dieser Kampf ein natürlicher Zustand ist. Und seien Sie nie gleichgültig, denn Gleichgültigkeit ist das Böse. Hören Sie auf Ihr Gewissen. Arbeiten Sie im Schweiße ihres Angesichts, zeigen Sie Anteilnahme, verlieben Sie sich stets aufs Neue ...

Stellen Sie sich die lemurische Zivilisation vor. Mit welcher Kraft wogten dort die Liebe und das Gute, die dieser märchenhaften Zivilisation zugrunde lagen! Und mit welch unfassbarer Kraft wogen die Liebe und das Gute im Jenseits, das die Liebe, das Gute und Gott erst geschaffen hat! Das werden wir alles *dort* erkennen ...

Hier ist die Erzählung nicht zu Ende. Es wird neue Expeditionen geben. Es wird neue Forschungen geben. Davon werden Sie aus anderen Büchern erfahren.

Editorische Notiz

Ein wenig verfänglich könnten für uns heute Begriffe wie »Wurzelrassen« und »Unterrassen« klingen, die im vorliegenden Buch verwendet werden, zumal sie im Zusammenhang mit dem derzeit sehr sensiblen Thema der weltweiten Migrationsbewegungen der Menschen stehen. Diese Wortwahl sollte nicht politisch missverstanden werden. Sie geht auf die erste deutsche Übersetzung von Helena Blavatskys *Die Geheimlehre* zurück, die Dr. Robert Froebe 1899 in Leipzig vorlegte. Erst hundert Jahre später erschien mit der Adyar-Studienausgabe (heute im Verlag Aquamarin lieferbar) eine Neuübersetzung. »Root Races« sind dort die »Evolutionsperioden der Menschheit«, »Sub Races« die verschiedenen »Menschheitszweige«, die sich innerhalb der »Sieben Menschheitsstadien« (»Seven Races«) entwickelt haben. Da diese deutsche Neuübersetzung unter Leitung von Hank Troemel sich noch nicht verbreitet hatte, als der Übersetzer Uwe Selke an Muldashevs Buch arbeitete, folgen die Blavatsky-Zitate noch der Froebe-Übersetzung, auf die sich auch die Seitenangaben im vorliegenden Buch beziehen. Verwendet wurde als Quelle ein Faksimile-Nachdruck im Verlag Esoterische Philosophie, Hannover 1999, demselben Jahr, in dem die Adyar-Studienausgabe erschien.

Wir haben bei der deutschen Neuausgabe die sehr wörtliche Übersetzung von Froebe beibehalten, und zwar aus drei Gründen: Zum einen zitiert Muldashev aus der englischen Originalfassung der *Geheimlehre*, in der eine Wortwahl wie »Root Races« und »Sub Races« – zumal im England Ende des neunzehnten Jahrhunderts, vor dem Nazi-Regime – keinen bitteren Beigeschmack hat. Zum anderen verbindet der Sowjetbürger Muldashev mit einem Begriff wie »Rasse« nicht die

Gräueltaten, mit denen die Deutschen seit dem Ende des Zweiten Weltkriegs sozialisiert wurden, und verwendet sie schlicht als wissenschaftliche Termini. Und schließlich lag uns daran, so wenig wie möglich am Ansatz der ursprünglichen deutschen Ausgabe von Muldashevs Buch zu verändern, um ihrem klassischen Stellenwert gerecht zu werden. Wir möchten aber jenen, die tiefer in das Werk Blavatskys eintauchen und vielleicht künftig damit arbeiten wollen, unbedingt die Adyar-Studienausgabe empfehlen.

Die Rechtschreibung und Grammatik der deutschen Erstveröffentlichung wurde für die vorliegende Ausgabe so behutsam wie möglich korrigiert, desgleichen einige Namen und Ausdrücke sowie deren Schreibweise vereinheitlicht. Im Übrigen haben wir uns bei dieser Neuausgabe am Originalmanuskript des Übersetzers orientiert.

Auf eine Besonderheit möchten wir allerdings noch hinweisen: Sowohl in der *Geheimlehre* (bei Froebe und Troemel) als auch in der ursprünglichen deutschen Ausgabe von Muldashevs Buch ist von »Lemuriern« und »Atlantiern« die Rede, für die englischen Begriffe »Lemurians« und »Atlanteans«. Wir empfinden diese Übersetzung als veraltet. Inzwischen werden im deutschen Sprachraum allgemein die Begriffe »Lemurer« und »Atlanter« verwendet. Um den Leser nicht zu irritieren, haben wir uns deshalb für die durchgängige Verwendung der heute gebräuchlichen Begriffe entschieden.

Zur deutschen Erstausgabe

Viele für die Menschheit bedeutende Ereignisse und Erfindungen begannen mit einer Zufallsentdeckung.

Ein Zufall inspirierte auch den renommierten Augenchirurgen Ernst Muldashev zu Untersuchungen und Forschungen auf dem Gebiet der Augengeometrie. Diese Methode ermöglicht unter anderem die Diagnose von Krankheiten sowie die Einschätzung von Persönlichkeitsmerkmalen und macht die Herkunft und Entwicklung von Völkern und Nationen nachvollziehbar. Durch die Anwendung seiner Methode auf vorhandene Klassifizierungen heutiger menschlicher Rassen kam er zu dem Schluss, dass der Ursprung der Menschheit in Tibet liegt. Ausgehend davon vertritt er eine ungewöhnliche Theorie über die Migrationswege der Menschheit.

Allein die Gedanken und Ideen dieses Buchteils wären es uns wert gewesen, *Das Dritte Auge* den Lesern in unserem Kulturkreis vorzustellen. Der gedankliche Reichtum des Buches geht aber über diese Thematik weit hinaus. Der Autor macht uns mit dem Wissen des Ostens über frühere Kulturen und sogar den Ursprung unserer Zivilisation bekannt. Die Analyse der auf den tibetischen Tempeln dargestellten Augen, die Rekonstruktion des dazugehörenden Antlitzes (siehe Cover) und die Suche nach dem »Besitzer« dieser Augen brachten ihn im Rahmen einer internationalen Himâlaya-Expedition mit Wissenschaftlern und religiösen Würdenträgern in Indien, Nepal und Tibet zusammen. Seine systematische Spurensuche und deren Ergebnisse lassen das herkömmliche Bild der Menschheitsentwicklung ins Wanken geraten.

Die erste Ausgabe des Buches erschien 1999 in Moskau, stieß auf ein riesiges Leserinteresse und war sofort vergriffen.

Unsere deutsche Übersetzung geht auf die neunte russische Auflage zurück, die bereits zwei Jahre später vorlag.

Die ständige Aktualität des Buches von Professor Muldashev ergibt sich aus der Darlegung seiner Sicht auf Fragen wie der einheitlichen Abstammung aller Rassen, dem Ursprung der Religionen und dem östlichen Verständnis der Begriffe des Guten, des Bösen und der Liebe.

Für die Unterstützung und Mitarbeit bei der Entstehung der ersten deutschen Buchausgabe sagen wir hiermit Dieter Wrobel, Barbara Cwojdzinska-Köhn, Udo Sobiech, Frank Ziesing sowie allen nicht namentlich genannten Konsultanten herzlichen Dank.

Halle und Berlin, 2001

»Die Festung Tibet« von Nicholas Roerich

Zur deutschen Neuausgabe

Nichts geschieht zufällig. Das ist meine feste Überzeugung. Weder dass ein russischer Augenchirurg, geboren am Fuß des Uralgebirges, das Europa von Asien trennt, bei seinen wissenschaftlichen Forschungen auf den Ursprung der Menschheit stößt, noch dass sein Buch auf Deutsch – obwohl es von vornherein für beträchtliches Aufsehen sorgte – so lange nicht erhältlich war und gut fünfzehn Jahre lang nur vereinzelt und zu horrenden Sammlerpreisen angeboten wurde. Wir sollten *jetzt* wieder vom Genpool der Menschheit erfahren, in einer schwierigen Zeit für uns alle, damit das Wissen, das im vorliegenden Buch weitergegeben wird, mehr Mut und Leichtigkeit in uns hervorbringt, um besser in der Welt bestehen zu können. *Es bringt uns das Wissen, dass keine wie auch immer geartete Katastrophe die Menschheit auslöschen kann.*

Nein, das alles ist kein Zufall. 2003 entdeckte ich *Das Dritte Auge* in einem verborgenen Winkel einer esoterischen Buchhandlung. Es zog mich magisch an. Ich erwarb es sofort, las es atemlos durch, und es prägte meine Vorstellungen vom Leben der Lemurer und Atlanter und der geistigen Kraft des Ostens in einem Maße, wie ich es nicht für möglich gehalten hätte. Das, was meine persönliche Spiritualität von jeher auszeichnete, die Ahnung von einem verborgenen Weltganzen, bestätigte sich auf der Ebene der Menschheitsgeschichte: *Wir sind alle eins.* Aber wir sind nicht nur geistig zu jeder beliebigen Zeit alle miteinander verbunden und bilden ein gemeinsames Bewusstseinsfeld, wie ich es schon immer spürte, wir sind auch durch die Generationen mit dem Ursprung unserer Geschichte und der gesamten Menschheit verbunden. Die Lemurer, die Atlanter, die Indigenen zu Lande und zu Wasser, der moderne und angeblich so zivilisierte Mensch – das sind alles wir.

Und wir waren schon immer eins. Dieses Buch beweist es. Wir sind eingebunden in den Genpool der Menschheit.

Ich verstand damals die Dimension des Gelesenen noch nicht, aber es gab mir wohl unbewusst den Anstoß, mich zum Energietherapeuten und zum Rückführungsbegleiter ausbilden zu lassen. Schließlich geschieht nichts zufällig ... Eine Zeit lang praktizierte ich auch durchaus erfolgreich und mit großer Freude, was ich gelernt hatte, bis mir eine eigentümliche Klarheit immer stärker ins Bewusstsein drang: Ich hatte seit Jahrzehnten hauptberuflich in allen denkbaren Funktionen für zahlreiche deutsche Verlage gearbeitet – es war jetzt meine Aufgabe, im eigenen Verlag spirituelle Unterstützung anzubieten, nicht so sehr das heilende Wissen selbst anzuwenden, sondern es zu verbreiten, um meinen Teil zu einem globalen Bewusstseinswachstum beizutragen.

Als dann 2006 das erste Buch im Amra Verlag erschien, enthielt es Durchsagen von Sai Baba, die den Menschen ihre Angst in dieser Zeit nehmen sollten. Sie stammten – und da hatte ich *Das Dritte Auge* längst nicht mehr in Erinnerung – von demselben indischen Avatar, der Muldashev das Konzept der universellen Liebe vermittelt hatte. Kein Zufall. Irgendwann im folgenden Jahr fiel mir auch Muldashevs Buch wieder ein, und ich stellte fest, dass es nicht mehr erhältlich war. Aber Russisch kann ich nicht, und meine Versuche, mit den Machern der deutschen Ausgabe in Kontakt zu treten, verliefen im Sande.

Jetzt: Schneller Vorlauf um einige Jahre. Im August 2015 machte ich gerade Urlaub in Budapest, als Regierungschef Viktor Orbán einen Zaun an der Grenze zu Serbien bauen ließ. Bis dahin war ich kein sehr politischer Mensch, aber das legte einen Schalter in meinem Kopf um – und noch einen, als ich auf der Rückfahrt gleich hinter der österreichischen Grenze Dutzende von Menschen auf der Autobahn sah, die zu Fuß unterwegs waren. Bekanntlich war das erst der Anfang, und es kam zu einer Debatte über Flüchtlingsströme, die ich intensiv mitverfolgte. Mein Fazit: Selbst wenn man der vermutlich aufgeklärtesten Denkhaltung anhängt und diese Flüchtlingsströme als eine künstlich herbeigeführte Migrationsbewegung versteht, die als geopolitische Waffe eingesetzt wird, handelt es sich immer noch um Menschen, die da in Bewegung gesetzt werden – um Menschen *einer* Menschheit. Und solange wir angstfrei miteinander umgehen und die Gewalt im Griff behalten, gibt uns diese neue Situation die Chance, etwas sehr Wesentliches für den Fortbestand der gesamten Menschheit zu lernen – vielleicht das Wesentlichste überhaupt: dass wir alle Teil *einer* Menschheit sind, *ein* kollektives Bewusstsein, das bis zum Ursprung zurückreicht, und dass wir – so schwer es auch manchmal zu glauben ist – *alle* miteinander verwandt sind, einerlei welche kulturelle Prägung wir haben.

Tja, und dann – irgendwann im November 2016 – führte ich wieder mal ein Telefonat mit einem befreundeten Verleger und hörte: »Wissen Sie, auf meinem Schreibtisch liegt ein Buch, das nicht in mein Verlagsprogramm passt. Es hat einen spirituellen Hintergrund. Wäre das nicht etwas für Sie?« Es war Muldashevs *Das Dritte Auge*. Und so liegt es jetzt – zehn Jahre, nachdem ich mich vergeblich um die deutschen Rechte bemüht hatte – im Amra Verlag vor. Und ich danke dem befreundeten Verleger von Herzen für die Gelegenheit, allen spirituell offenen Menschen dieses unschätzbare Wissen anbieten zu dürfen.

Warum ich Ihnen das erzählt habe? Es ist ein sehr persönlicher Bericht, ich weiß – und ich hoffe, dass Sie das nicht gestört hat. Aber das hat seinen Grund: Ich möchte Sie dafür gewinnen, dieses Buch – genau wie ich – *persönlich* zu nehmen. Machen Sie sich bitte bewusst und empfinden Sie es zutiefst, dass hier von *Ihnen* die Rede ist! Sie sind ein Teil des Genpools der Menschheit, und wie jeder Mensch sind Sie mit großer Macht ausgestattet. Sie sind ein Nachkomme der Lemurer und Atlanter ... Und Sie wissen ja – in unserer modernen Popkultur werden Sie mir dieses Zitat von Stan Lee nicht übel nehmen, ich halte es für wegweisend: *Mit großer Macht kommt große Verantwortung.*

Also nehmen Sie Ihre Verantwortung bitte wahr. Leben Sie Ihre Macht in der Liebe zu allen Menschen. Dafür sind Sie jetzt hier.

Auf Sie kommt es an!

Michael Nagula
Hanau, Februar 2017

Ernst Rifgatovich Muldashev

ein Wissenschaftler von Weltrang, wurde 1948 in Sermenevo geboren, einem kleinen Ort in Baschkortostan, einer russischen Republik am äußersten Ostrand Europas, westlich des Uralgebirges. Er ist Direktor des Gesamtrussischen Zentrums für Augenheilkunde und Plastische Chirurgie in Ufa, Mitglied der Internationalen Akademie der Wissenschaften, der Amerikanischen Akademie für Augenheilkunde sowie weiterer wissenschaftlicher Gremien. Große Bekanntheit erlangte er als Erfinder des Biomaterials Alloplant, das der Regenerativen Chirurgie durch Züchtung körpereigenen Gewebes neue Möglichkeiten eröffnete.

Sein Interesse an der Herkunft der Menschheit leitet sich von seinen Forschungen in der Augenchirurgie ab. Als Wissenschaftler befasste er sich dabei mit der Frage menschlicher Energien nicht nur in medizinischer, sondern auch in philosophischer und fachübergreifender Hinsicht, was ihn zu Erkenntnissen führte, die in Russland bereits in neue Heilmethoden und Therapieformen eingeflossen sind.

Wahrheiten, die Sie niemals für möglich gehalten hätten.

Michael E. Salla
ANTARKTIS – DIE VERBOTENE WAHRHEIT
Geheime Weltraumprogramme, interplanetarer Sklavenhandel, Kolonie außerirdischer Flüchtlinge
432 Seiten, gebunden, oranges Leseband
€ [D] 26,99 / € [A] 27,80 • ISBN 978-3-95447-395-3

Seit siebzig Jahren betreibt die Antarktis ein politisches Ränkespiel hinter den Kulissen. Nach einer Geheimvereinbarung mit Eisenhower entstand dort gemeinsam mit den USA ein transnationaler Konzern, der sich auf Basis von Alien-Wissen zu einer gewaltigen Weltraummacht entwickelte. Die jetzt anstehende Offenlegung dieses Global Players wird entscheidend zur Transformation unseres Planeten beitragen!

Vom Autor aktualisierte und mit einem exklusiven Nachwort versehene deutsche Erstausgabe.

Gregg Braden
MENSCH: GEMACHT
Von der zufälligen Evolution zur bewussten Transformation
352 Seiten, gebunden, oranges Leseband
€ [D] 24,99 / € [A] 25,70 • ISBN 978-3-95447-337-3

Neueste Forschungen zeigen, dass der Mensch, so wie er heute existiert, vor 200.000 Jahren urplötzlich entstand – aufgrund einer Verschmelzung von Genen, die bewusst herbeigeführt worden sein muss. Und von Anfang an zeichnen wir uns durch enorme Fähigkeiten aus, die uns auf Abruf zur Verfügung stehen. Bradens neues Buch überwindet die Grenzen zwischen Wissenschaft und Spiritualität und stellt sich der zeitlosen Frage: *Wer sind wir?*

DER SPIEGEL-Bestseller

Len Kasten
DIE GEHEIME WELTHERRSCHAFT DER REPTILOIDEN
Ihr Ursprung, ihr Sternenreich und ihr Wirken auf unserer Erde
400 Seiten, gebunden, oranges Leseband
€ [D] 24,99 / € [A] 25,70 • ISBN 978-3-95447-319-9

Angefangen bei ihrer ersten Kolonisierung der Erde bis zur Infiltration der großen Regierungen in heutiger Zeit, schildert Len Kasten, wie die Reptiloiden durch raffinierte Intrigen die Menschheit versklavten. Ihre Rolle im Nazi-Deutschland und bei den US-Geheimdiensten wird ebenso beleuchtet wie die Unterstützung der Illuminaten, ihrer menschlichen Verbündeten an den Schaltstellen der Macht.

Das erste umfassende Enthüllungswerk!

Alle Bücher auch als eBooks. Leseproben auf www.AmraVerlag.de